Rapport final
de la quarantième
Réunion consultative
du Traité sur l'Antarctique

RÉUNION CONSULTATIVE
DU TRAITÉ SUR L'ANTARCTIQUE

Rapport final
de la quarantième
Réunion consultative
du Traité sur
l'Antarctique

Pékin, Chine
22 mai - 1er juin 2017

Volume II

Secrétariat du Traité sur l'Antarctique
Buenos Aires
2017

Publié par :

Secretariat of the Antarctic Treaty
Secrétariat du Traité sur l' Antarctique
Секретариат Договора об Антарктике
Secretaría del Tratado Antártico

Maipú 757, Piso 4
C1006ACI Ciudad Autónoma
Buenos Aires - Argentina
Tel: +54 11 4320 4260
Fax: +54 11 4320 4253

Ce rapport est également disponible à : *www.ats.aq* (version numérique)
et exemplaires achetés en ligne

ISSN 2346-9889
ISBN (vol. II): 978-987-4024-56-5
ISBN (œuvre complète): 978-987-4024-48-0

Table des Matières

VOLUME I

Acronymes et abréviations

PREMIÈRE PARTIE – RAPPORT FINAL

1. Rapport final de la XLᵉ RCTA

2. Rapport du CPE XX

3. Appendices

DEUXIÈME PARTIE – MESURES, DÉCISIONS ET RÉSOLUTIONS

1. Mesures

2. Décisions

3. Résolutions

VOLUME II

Acronymes et abréviations

ACAP	Accord sur la conservation des albatros et des pétrels
AMP	Aire marine protégée
ASOC	Coalition sur l'Antarctique et l'océan Austral
BP	Document de contexte
CCAMLR	Convention pour la conservation de la faune et de la flore marines de l'Antarctique et/ou Commission pour la conservation de la faune et de la flore marines de l'Antarctique
CCNUCC	Convention-cadre des Nations Unies sur les changements climatiques
COI	Commission océanographique intergouvernementale
COMNAP	Conseil des directeurs des programmes antarctiques nationaux
CPE	Comité pour la protection de l'environnement
CPPA	Convention pour la protection des phoques de l'Antarctique
CS-CAMLR	Comité scientifique de la CCAMLR
EGIE	Évaluation globale d'impact sur l'environnement
EIE	Évaluation d'impact sur l'environnement
EPIE	Évaluation préliminaire d'impact sur l'environnement
FIPOL	Fonds d'indemnisation pour les dommages dus à la pollution par les hydrocarbures
GCI	Groupe de contact intersessions
GIEC	Groupe d'experts intergouvernemental sur l'évolution du climat
GSPG	Groupe subsidiaire sur les plans de gestion
GSRCC	Groupe subsidiaire chargé de la réponse au changement climatique
IAATO	Association internationale des organisateurs de voyages dans l'Antarctique
IGP&I Clubs	Groupe international de clubs de protection et d'indemnisation
IP	Document d'information
MARPOL	Convention internationale pour la prévention de la pollution par les navires
OACI	Organisation de l'aviation civile internationale
OHI	Organisation hydrographique internationale
OMI	Organisation maritime internationale
OMM	Organisation météorologique mondiale
OMT	Organisation mondiale du tourisme
PNUE	Programme des Nations unies pour l'environnement

PTRCC	Programme de travail en réponse au changement climatique
RCBA	Régions de conservation biogéographiques de l'Antarctique
RCC	Centre de coordination des opérations de sauvetage
RCTA	Réunion consultative du Traité sur l'Antarctique
RETA	Réunion d'experts du Traité sur l'Antarctique
SAR	Recherche et sauvetage
SCAR	Comité scientifique pour la recherche en Antarctique
SEEI	Système électronique d'échange d'informations
SMH	Sites et monuments historiques
SOLAS	Convention internationale pour la sauvegarde de la vie humaine en mer
SOOS	Système d'observation de l'océan Austral
SP	Document du Secrétariat
STA	Système du Traité sur l'Antarctique ou Secrétariat du Traité sur l'Antarctique
UAV/RPAS	Véhicules aériens sans pilote / Systèmes aériens pilotés à distance
UICN	Union internationale pour la conservation de la nature
WP	Document de travail
ZGSA	Zone gérée spéciale de l'Antarctique
ZICO	Zones importantes pour la conservation des oiseaux
ZSPA	Zone spécialement protégée de l'Antarctique

PARTIE II

Mesures, Décisions et Résolutions (Suite)

4. Plans de gestion

Plan de gestion révisé pour la Zone spécialement protégée de l'Antarctique (ZSPA) n°109

ÎLE MOE, ÎLES ORCADES DU SUD

Introduction

La Zone spécialement protégée de l'Antarctique (ZSPA) n° 109 île Moe, îles Orcades du Sud (60°44' de latitude sud, 45°41' de longitude ouest) a été désignée principalement pour protéger les valeurs environnementales qu'elle abrite, et plus particulièrement la faune et la flore terrestres présentes dans la Zone.

Cette Zone a été pour la première fois désignée dans la Recommandation IV-13 (1966, ZSP n° 13) sur proposition du Royaume-Uni, qui considérait que la Zone constituait un échantillon représentatif de l'écosystème maritime antarctique, que la recherche expérimentale intensive menée sur l'île Signy voisine était susceptible de perturber cet écosystème, et que l'île Moe devait être spécialement protégée en tant que zone de référence en vue de comparaisons ultérieures.

Les raisons invoquées à l'époque restent d'actualité. Bien qu'il ne soit pas prouvé que les activités de recherche sur l'île Signy aient perturbé de façon significative les écosystèmes locaux, le système terrestre de basse altitude a été profondément modifié en raison de l'expansion rapide de la population d'otaries antarctiques à fourrure (*Arctocephalus gazella*). Les communautés végétales de la proche île Signy ont été physiquement perturbées par les piétinements des otaries à fourrure, tandis que l'enrichissement en azote provenant des excréments des otaries a provoqué le remplacement des bryophytes et des lichens par la macroalgue *Prasiola crispa*. Les lacs de basse altitude ont été fortement perturbés par le ruissellement enrichi provenant de leur environnement immédiat. L'île Moe a pour l'instant été relativement peu envahie par les otaries à fourrure, et il est peu probable que celles-ci pénètrent dans les espaces plus sensibles de l'intérieur de l'île du fait de sa topographie. L'île Moe ne fut visitée qu'en de rares occasions, et les lieux ne furent jamais investis pour des durées dépassant quelques heures.

La Résolution 3 (2008) recommandait d'utiliser l'« Analyse des domaines environnementaux du continent antarctique » en tant que modèle dynamique pour l'identification de zones susceptibles d'être désignées comme zones spécialement protégées de l'Antarctique dans le cadre environnemental et géographique systématisé mentionné dans l'article 3(2) de l'Annexe V du Protocole (consulter également Morgan *et al.* 2007). Selon ce modèle, la ZSPA n° 109 relève du domaine environnemental G (géologie des îles au large des côtes de la péninsule antarctique). La rareté du domaine environnemental G par rapport aux autres domaines d'environnement a incité la mise en œuvre d'efforts importants pour conserver les valeurs de cet environnement présentes dans d'autres zones : les autres zones protégées où l'on retrouve le domaine G sont les ZSPA 111, 112, 125, 126, 128, 145, 149, 150, et 152 et les ZSGA 1 et 4.

La Résolution 6 (2012) recommandait que les Régions de conservation biogéographiques de l'Antarctique (RCBA) servent à « identifier les zones pouvant être désignées en tant que zones spécialement protégées de l'Antarctique dans le cadre environnemental et géographique systématisé visé à l'article 3(2) de l'Annexe V du Protocole sur l'environnement. La

ZSPA n° 109 se trouve dans la Région de conservation biogéographique de l'Antarctique (RCBA) 2 îles Orcades du Sud.

Dans la Résolution 5 (2015), les Parties ont reconnu l'intérêt des zones importantes pour la conservation des oiseaux de l'Antarctique (ZICO) dans la planification et le déploiement d'activités en Antarctique. La ZSPA n° 109 comprend la ZICO ANT020 île Moe, laquelle fut désignée pour ses grandes colonies de manchots à jugulaire, de damiers du Cap et de prions de l'Antarctique.

Les deux autres ZSPA présentes dans les îles Orcades du Sud (à savoir la ZSPA n° 110, île Lynch et la ZSPA n° 111, île Powell du Sud et îles adjacentes) ont été désignées dans le but principal de protéger la végétation terrestre et les communautés d'oiseaux. L'île Moe complète le réseau local de ZSPA en ceci qu'elle abrite un échantillon représentatif de l'écosystème maritime en Antarctique, y compris les communautés terrestres et côtières dominées par les cryptogames.

1. Description des valeurs à protéger

À la suite d'une visite de la ZSPA en février 2016, les valeurs énoncées dans la désignation antérieure ont été réaffirmées. Ces valeurs sont exposées comme suit :

- La Zone présente des valeurs environnementales exceptionnelles liées à la composition et à la diversité biologique d'un type d'écosystème littoral et terrestre antarctique pratiquement vierge.
- L'île Moe contient les plus grandes étendues continues de tourbes de mousse *Chorisodontium-Polytrichum* connues en Antarctique.

2. Buts et objectifs

La gestion de l'île Moe poursuit les buts et objectifs suivants :

- éviter toute modification majeure de la structure et de la composition de la végétation terrestre, en particulier les bancs de tourbes de mousses ;
- prévenir toute perturbation inutile par l'homme dans la Zone ;
- éviter ou réduire au maximum l'introduction de plantes, d'animaux et de microorganismes non indigènes dans la Zone ;
- permettre la recherche scientifique dans la Zone, sous réserve qu'elle obéisse à des raisons impérieuses qui ne prévalent pas ailleurs, et qu'elle ne mette en péril le système écologique naturel de cette Zone ;
- permettre des visites pour des besoins de gestion en soutien aux objectifs du plan de gestion ;
- réduire au maximum les risques d'introduction d'agents pathogènes susceptibles de provoquer des maladies parmi les populations aviaires dans la Zone ;

3. Activités de gestion

Les activités de gestion suivantes devraient être entreprises dans le but de protéger les valeurs de la Zone :

- Des visites seront effectuées selon que de besoin pour déterminer si la ZSPA continue de répondre aux objectifs pour lesquels elle a été désignée et pour veiller à ce que les mesures de gestion et d'entretien soient appropriées.

- Le plan de gestion doit être réexaminé au moins une fois tous les cinq ans et mis à jour en conséquence.

- Les balises, panneaux ou autres structures érigés dans la Zone pour des besoins de recherche scientifique ou de gestion devront être solidement fixés, maintenus en bon état et retirés lorsqu'ils ne seront plus d'utilité.

- Conformément aux dispositions de l'Annexe III du Protocole au Traité sur l'Antarctique relatif à la protection de l'environnement, les équipements ou matériels abandonnés seront enlevés dans toute la mesure du possible, à condition que leur enlèvement n'ait un impact préjudiciable sur l'environnement et les valeurs de la Zone.

- Un exemplaire de ce plan de gestion sera mis à la disposition de la station de recherche de Signy (Royaume-Uni, 60°42′30″ S, 045°36′30″ O) et de la station Orcadas (Argentine, 60°44′15″ S, 044°44′20″ O).

- Le cas échéant, les programmes antarctiques nationaux sont invités à agir en étroite collaboration afin de s'assurer de la mise en œuvre des activités de gestion. Ils sont notamment conviés à communiquer entre eux de manière à éviter l'échantillonnage excessif de matières biologiques à l'intérieur de la Zone. De plus, les programmes antarctiques nationaux sont encouragés à compte de la mise en œuvre conjointe de lignes directrices visant à minimiser l'introduction et la dispersion d'espèces non indigènes dans la Zone.

- Toutes les activités scientifiques et de gestion entreprises au sein de la Zone devraient faire l'objet d'une évaluation d'impact sur l'environnement conformément à ce que requiert l'Annexe I du Protocole au Traité sur l'Antarctique relatif à la protection de l'environnement.

4. Durée de désignation

La Zone est désignée pour une période indéterminée.

5. Cartes et photographies

Figure 1. Carte de l'emplacement de l'île Moe par rapport aux îles Orcades du Sud et aux autres zones protégées dans la région. Encart : emplacement de l'archipel des Orcades du Sud en Antarctique. Spécifications de la carte : Projection : WGS84 Stéréographique polaire antarctique. Parallèles de référence : 71 °S. Méridien central 45°W.

Figure 2. Carte plus détaillée de l'île Moe. Spécifications de la carte : Projection : WGS84 Stéréographique polaire antarctique. Parallèles de référence : 71 °S. Méridien central 45 °O.

6. Description de la Zone

6(i) *Coordonnées géographiques, bornage et caractéristiques du milieu naturel*

LIMITES ET COORDONNÉES

Les coordonnées des limites de la Zone, à partir du point le plus au nord-ouest et dans le sens des aiguilles d'une montre, sont indiquées dans le tableau 1.

Nombre	Latitude	Longitude
1	60°43'40'' S	045°42'15'' O
2	60°43'40'' S	045°40'30'' O
3	60°43'55'' S	045°40'10'' O
4	60°44'40'' S	045°40'10'' O
5	60°44'40'' S	045°42'15'' O

La Zone comprend l'île Moe dans son ensemble ainsi que les îles et îlots adjacents sans nom. La Zone englobe tout le terrain libre de glace, la glace éternelle et la glace semi-éternelle qui se trouvent dans ses limites, à l'exclusion de l'environnement marin qui s'étend au-delà de 10 m au large à partir de la laisse de basse mer (Figure 2). Aucune borne n'a été installée.

DESCRIPTION GÉNÉRALE DE LA ZONE

L'île Moe, îles Orcades du Sud, est une petite île aux contours irréguliers située à 300 m de l'extrémité sud-ouest de l'île Signy, dont elle est séparée par le chenal Fyr. Elle mesure 1,3 km environ du nord-est au sud-est, et 1 km environ du nord-ouest au sud-est (1,22 km^2). Il convient de signaler que la position de l'île Moe sur la carte de l'Amirauté n° 1775 (60°44'S, 45°45'O), ne correspond pas exactement aux données plus précises présentées sur la Figure 2 (60°44'S, 45°41'O).

Le relief de l'île présente une pente abrupte sur ses versants nord-est et sud-est jusqu'au pic Snipe (226 m d'altitude). Il existe un sommet secondaire sur la pointe South (102 m d'altitude) ainsi que des collines s'élevant sur chacun des trois promontoires du versant occidental au niveau de la pointe Corral (92 m), de la pointe Conroy (39 m) et de la pointe Spaull (56 m). Il existe de petites zones de glace permanente sur les versants orientés au sud et à l'est, avec de la neige tardive sur les pentes raides qui plongent côté occidental. Il n'y a pas de cours d'eau ou de mares permanents.

GÉOLOGIE

Les roches sont métamorphiques, principalement des schistes de quartz et de mica, avec une présence occasionnelle de biotite et de lits riches en quartz. Il existe un lit épais d'amphibolite indifférenciée sur la côte nord-est. La plus grande partie de l'île est recouverte de dépôts glaciaires et de pierriers. Les sols sont principalement de jeunes dépôts d'argiles et de sables fins à grossiers mélangés à du gravier, des pierres et des blocs rocheux. Dans les sites exposés ou d'altitude, ces dépôts sont fréquemment modelés par l'alternance gel-dégel en petits cercles, polygones, rayures ou lobes. On trouve de profondes accumulations de tourbe (jusqu'à 2 m d'épaisseur sur les versants occidentaux), dont une large portion de la surface est à nu et érodée.

COMMUNAUTÉS BIOLOGIQUES TERRESTRES

Les communautés végétales dominantes sont l'espèce *Andreaea-Usnea* sur des terres nues ainsi que des bancs de tourbes de mousse *Chorisodontium-Polytrichum* (le plus grand exemple de ce type de communauté connu en Antarctique). L'utilisation de techniques de télédétection (Indice différentiel normalisé de végétation) a révélé une surface de végétation verte de 0,58 km^2 au sein de la ZSPA (soit 48 % de la superficie de la ZSPA; figures 3 et 4). Ces bancs de mousse ont une valeur biologique de premier ordre et constituent l'un des motifs de désignation de la Zone. La flore cryptogamique est variée. La plupart de ces bancs de mousse ont été peu endommagés par les otaries à fourrure et présentent très peu de signes de dégradation. Les bancs les plus septentrionaux situés autour de la pointe Spaull sont cependant une exception à cette observation. Tout en restant étendue, il a été estimé lors d'une étude en janvier 2016 que la tourbe de mousse aurait ici diminué de 50 % suite aux dégâts provoqués par les activités des otaries antarctiques à fourrure (*Arctocephallus gazella*) ; de telles observations ont été confirmées en février 2016. Une otarie antarctique à fourrure mâle juvénile était présente sur cet espace de tourbe de mousse lors de l'étude conduite en janvier 2016. Il est pratiquement établi que les otaries à fourrure accèdent à cette communauté végétale par une pente douce conduisant à l'intérieur des terres depuis la petite plage de galets située à l'angle nord-est de l'anse Landing.

Les acariens *Gamasellus racovitzai* et *Stereotydeus villosus* ainsi que le collembole *Cryptopygus antarcticus* sont communs sous les pierres.

FAUNE VERTÉBRÉE

On dénombrait en 1978-1979 cinq colonies de manchots à jugulaire (*Pygoscelis antarctica*), pour un total de 11 000 couples environ. Une visite menée en février 1994 observa moins de 100 couples sur le versant nord de l'anse Landing, et plus d'un millier sur le versant sud. Une visite menée en février 2011 observa environ 75 couples sur le versant nord de l'anse Landing, et environ 750 sur le versant sud. Près de 100 couples en phase de reproduction furent observés sur la pointe Spaull lors d'une visite en janvier 2006. De nombreux autres oiseaux se reproduisent sur l'île, en particulier environ 2000 damiers du Cap (*Daption capensis*) répartis en 14 colonies (1966), de même qu'un grand nombre de prions de l'Antarctique (*Pachyptila desolata*). Des pétrels des neiges (*Pagodroma nivea*) ont été observés en phase de reproduction sur l'île Moe en 1957-1958, alors que la colonie comprenait 34 couples en phase de reproduction (Croxall *et al.*, 1995) ; ils furent confirmés en phase de reproduction lors d'une étude menée en 2005-2006 (R. Fijn, communication personnelle, 2015, cité dans Harris *et al.*, 2015).

Des phoques de Weddell (*Leptonychotes weddellii*), des phoques crabiers (*Lobodon carcinophagus*) et des phoques léopards (*Hydrurga Leptonyx*) et des petits groupes d'éléphants de mer du sud (Mirounga leonina) peuvent être observés dans les baies de la partie occidentale de l'île. Un nombre croissant d'otaries à fourrure (*Arctocephalus gazella*), principalement des mâles juvéniles, viennent à terre sur le versant nord de l'anse Landing, ce qui a provoqué certains dégâts sur la végétation de cette zone (25 otaries y furent dénombrées en février 2016). Il est possible que la nature du terrain contraigne ces animaux sur ce petit promontoire, qui connaîtrait dès lors des dégâts plus marqués.

6 (ii) Accès à la Zone

- L'accès s'effectuera par petite embarcation, dans la mesure du possible. Il n'y a aucune restriction particulière sur les débarquements de bateaux depuis la mer. Les débarquements sont généralement le plus sûr à l'angle nord-est de l'anse Landing (60°43'55" de lat. sud, 45°41'06" de long. ouest ; Figure 2). Si les conditions de glace interdisent l'accès à l'anse Landing, le point le plus à l'ouest de la pointe Spaull, (60°43'54" de lat. sud, 45°41'15" de long. ouest), juste en face d'un rocher émergeant des eaux à 26 m d'altitude, offre un site de débarquement alternatif.

- Dans des circonstances exceptionnelles s'inscrivant dans les objectifs du plan de gestion, les hélicoptères peuvent atterrir à l'intérieur de la Zone.
- Les hélicoptères ne peuvent se poser que sur le col situé entre la colline de 89 m et le versant occidental du pic Snipe (60°44'09" de lat. sud, 45°41'23" de long. ouest, Figure 2). L'atterrissage sur la végétation de ce col doit être évité au maximum, dans la mesure du possible. Afin d'éviter le survol de colonies d'oiseaux, l'approche se fera de préférence depuis le sud, bien qu'une approche par le nord soit autorisée.
- À l'intérieur de la Zone, le pilotage d'aéronefs doit s'effectuer au minimum conformément aux Lignes directrices pour les aéronefs à proximité des concentrations d'oiseaux énoncées dans la Résolution 2 (2004). Lorsque les conditions imposent aux aéronefs de voler à des altitudes inférieures à celles qui sont recommandées dans les directives, les aéronefs doivent voler à la plus haute altitude possible et réduire au minimum le temps nécessaire pour traverser la Zone.
- L'utilisation de grenades fumigènes par les hélicoptères est interdite dans la Zone, sauf en cas de nécessité absolue pour des raisons de sécurité. En cas d'utilisation de fumigènes, les grenades doivent être récupérées.

6(iii) Emplacement des structures à l'intérieur de la Zone et adjacentes à celle-ci

Un tableau de marquage est placé derrière la petite plage de galets à l'angle nord-est de l'anse Landing, au-delà de la zone d'embruns, fixé sur un rocher plat (60°43'55" de lat. sud, 45°41'05" de long. ouest). Lors des périodes de fortes chutes de neige, le tableau de marquage peut être enfoui et difficile à localiser.

Il existe un cairn ainsi que les vestiges d'un pylône d'étude érigé en 1965-1966 sur la pointe Spaull (60°43'49" de lat.sud, 45°41'05" de long. ouest). Ce pylône est utile aux études lichenométriques ; il ne faut pas le retirer. Il n'existe aucune autre structure sur l'île Moe.

6(iv) Emplacement d'autres zones protégées à proximité de la Zone

La ZSPA n° 110, île Lynch, se trouve à 10 km environ au nord-nord-est de l'île Moe. La ZSPA n° 111, île Powell du Sud et îles adjacentes, se trouve à 41 km environ à l'est (Figure 1).

6(v) Aires spéciales à l'intérieur de la Zone

Aucune

7. Critères de délivrance des permis

7(i) Critères généraux

L'accès à la Zone n'est autorisé que sur présentation d'un permis délivré par une autorité compétente en vertu de l'article 7 de l'Annexe V du Protocole au Traité sur l'Antarctique relatif à la protection de l'environnement.

Les critères de délivrance d'un permis pour entrer dans la Zone sont les suivants :

- le permis est délivré pour des motifs scientifiques impérieux qu'il n'est pas possible de servir ailleurs ; ou

- pour des raisons impérieuses de gestion, telles que des activités d'inspection, d'entretien ou d'examen ;
- les actions autorisées ne doivent pas mettre en péril l'écosystème naturel de la Zone ;
- toutes les activités de gestion soutiennent la réalisation des buts et objectifs du présent plan de gestion ;
- les activités autorisées sont conformes au présent plan de gestion ;
- le permis, ou une copie certifiée conforme, doit être conservé durant toute la visite dans la Zone ;
- les permis seront délivrés pour une période déterminée ;
- un ou plusieurs rapports doivent être soumis à l'autorité ou aux autorités compétentes ayant délivré le permis ;
- les autorités compétentes doivent être informées de toute activité ou mesure qui ne serait pas autorisée par le permis.

7 (ii) *Accès à la Zone et déplacements à l'intérieur et au-dessus de celle-ci*

- Les véhicules terrestres sont interdits dans la Zone.

- Les déplacements dans la Zone devront se faire à pied.

- Les pilotes, les équipages des hélicoptères et des bateaux ou d'autres personnes à bord des hélicoptères ou des bateaux ne sont pas autorisés à s'éloigner à pied de la proximité immédiate des sites prévus pour l'atterrissage ou l'accostage, sauf autorisation expresse stipulée dans le permis.

- Le trafic pédestre doit être limité au minimum nécessaire pour atteindre les objectifs de toute activité autorisée, et tout doit être raisonnablement mis en œuvre pour minimiser les effets d'éventuels piétinements. En d'autres termes, tous les déplacements doivent se faire avec précaution, afin de réduire au minimum les perturbations du sol et des surfaces revêtues de végétation, en marchant, si possible, sur un terrain rocheux.

- Le survol de colonies d'oiseaux dans la Zone par des systèmes d'aéronef télépiloté (RPAS) n'est pas autorisé, sauf à des fins scientifiques ou opérationnelles, et en vertu d'un permis émis par une autorité nationale compétente.

7(iii) *Activités pouvant être menées dans la Zone*

- Des travaux de recherche scientifique indispensables qui ne peuvent être entrepris ailleurs et ne risquent pas de mettre en péril l'écosystème de la Zone.
- Les activités de gestion essentielles, notamment le suivi.

7(iv) *Installation, modification ou démantèlement de structures*

Aucune nouvelle structure ne sera installée dans la Zone, ni aucun équipement scientifique, sauf en cas de raison scientifique ou de gestion impérative et uniquement pour une période prédéfinie, ainsi que le précisera un permis. L'installation (y compris le choix du site), l'entretien, la modification ou l'enlèvement des structures ou équipements doivent être menés de façon à limiter autant que possible les perturbations apportées aux valeurs de la Zone. Toutes les structures ou les équipements scientifiques installés dans la Zone doivent identifier clairement le pays, le nom du responsable de l'équipe de recherche et l'année d'installation. Tous ces objets ne peuvent contenir aucun organisme, propagule (semence, œufs) ou terre non stérile, et doivent être composés de matériaux résistants aux conditions environnementales et présenter un risque de contamination minime pour la Zone. Le retrait de structures ou d'équipements spécifiques pour lesquels le permis a expiré devra figurer parmi les critères du permis. Les structures ou installations permanentes sont interdites.

7(v) Emplacement des camps

Il n'est normalement pas permis de camper dans la Zone. S'il est essentiel de camper pour des raisons de sécurité, les tentes devront être montées en s'efforçant de causer le moins de dégâts possible à la végétation, et de perturber le moins possible la faune.

7 (vi) Restrictions sur les matériaux et les organismes pouvant être introduits dans la Zone

L'introduction délibérée dans la Zone d'animaux, de végétaux ou de micro-organismes vivants est interdite. Pour garantir le maintien des valeurs floristiques et écologiques de la Zone, des précautions spéciales devront être prises pour prévenir toute introduction accidentelle de microbes, d'invertébrés ou de plantes provenant d'autres sites antarctiques, y compris des stations, ou d'autres régions. Tout le matériel d'échantillonnage et les balises introduits dans la Zone doivent être nettoyés et stérilisés. Dans la mesure du possible, les chaussures et autres équipements utilisés ou introduits dans la Zone (y compris les sacs et les sacs à dos) doivent être minutieusement nettoyés avant d'entrer dans la Zone. D'autres conseils sont disponibles dans le Manuel des espèces exotiques du CPE (édition 2011) et les listes de contrôle du COMNAP/SCAR pour les responsables logistiques des programmes antarctiques nationaux en vue de réduire les risques de transfert d'espèces exotiques. Compte tenu de la présence de colonies d'oiseaux nicheurs dans la Zone, aucun produit provenant ou dérivé d'espèces avicoles - notamment les déchets, les produits contenant des œufs en poudre non pasteurisés - ne doit être introduit dans la Zone ou déversé dans la mer au large ou à proximité de la Zone.

Aucun herbicide ni pesticide ne devra être introduit dans la Zone. Tout autre produit chimique, y compris les radionucléides ou les isotopes stables, susceptibles d'être introduits pour des raisons scientifiques ou de gestion visées dans le permis, sera retiré de la Zone au plus tard à la fin de l'activité pour laquelle le permis a été délivré. La libération directement dans l'environnement de radionucléides ou d'isotopes stables par une méte.ode les rendant irrécupérables doit être évité. Le carburant ni tout autre matériau chimique ne peut être entreposé dans la Zone, à moins que le permis ne l'autorise spécifiquement. Auquel cas, ces matériaux doivent être entreposés et manipulés de façon à limiter les risques d'introduction accidentelle dans l'environnement. Tous les matériaux sont introduits dans la Zone pour une période déterminée uniquement ; ils doivent être enlevés lorsque cette période est échue. En cas de déversement susceptible de mettre en péril les valeurs de la Zone, leur retrait est encouragé à condition que l'impact de celui-ci ne soit pas susceptible d'être supérieur à celui consistant à laisser les substances in situ. L'autorité compétente doit être informée de tout élément introduit et non retiré qui ne figurait pas dans le permis agréé.

7(vii) Prélèvement de végétaux et capture d'animaux ou perturbations nuisibles à la faune et la flore

Tout prélèvement de plante ou capture d'animaux, ainsi que toute perturbation nuisible à la faune ou à la flore indigène, sont interdits, sauf en possession d'un permis délivré conformément à l'Annexe II du Protocole au Traité sur l'Antarctique relatif à la protection de l'environnement. Dans le cas de captures ou de perturbations nuisibles d'animaux, le *Code de conduite du SCAR pour l'utilisation d'animaux à des fins scientifiques dans l'Antarctique* doit être utilisé comme norme minimale.

7(viii) Prélèvement ou retrait de matériaux non introduits dans la Zone par le titulaire du permis

Le prélèvement ou le retrait de tout élément qui n'a pas été apporté dans la Zone par le détenteur du permis ne devra se produire que dans le cadre d'un permis et devra se limiter au strict nécessaire pour répondre aux besoins scientifiques et de gestion.

Les autres matériaux d'origine humaine susceptibles de mettre en péril les valeurs de la Zone, et qui n'ont pas été introduits dans la Zone par le titulaire d'un permis (ou au moyen d'une autre autorisation), peuvent être retirés de la Zone, à moins que l'impact environnemental du retrait soit susceptible d'être plus important que de laisser le matériau sur place ; si tel est le cas, l'autorité compétente doit en être informée et une approbation doit être obtenue.

7(ix) Élimination des déchets

À titre de norme minimale, tous les déchets devront être éliminés conformément à l'Annexe III du Protocole au Traité sur l'Antarctique relatif à la protection de l'environnement. Tous les déchets seront en outre retirés de la Zone. Les déchets humains liquides peuvent être évacués dans la mer. En revanche, les déchets humains solides ne doivent pas être jetés à la mer et ils seront retirés de la Zone. Les déchets humains solides ou liquides ne doivent en aucun cas être jetés à l'intérieur des terres.

7(x) Mesures éventuellement nécessaires pour assurer la poursuite de la réalisation des buts et objectifs du plan de gestion

- Des permis peuvent être délivrés pour entrer dans la Zone afin d'y faire des travaux de recherche scientifique, de surveillance et d'inspection de site, qui font intervenir le prélèvement d'un petit nombre d'échantillons à des fins d'analyse, pour ériger ou entretenir des panneaux ou pour appliquer des mesures de protection ;
- Tous les sites de suivi de longue durée doivent être signalés par des bornes ou des panneaux dûment entretenus.
- Les activités de nature scientifique seront menées conformément au Code de conduite environnemental du SCAR pour la recherche scientifique terrestre en Antarctique.

7(xi) Exigences liées aux rapports

Pour chaque visite dans la Zone, le titulaire principal d'un permis devra soumettre un rapport à l'autorité nationale compétente, dès que possible et au plus tard six mois après la fin de la visite. Ces rapports doivent contenir, le cas échéant, les informations identifiées dans le formulaire de rapport de visite du Guide pour l'élaboration des plans de gestion des Zones spécialement protégées de l'Antarctique. Le cas échéant, l'autorité nationale doit également transmettre une copie du rapport de visite à la Partie qui a proposé le plan de gestion afin de contribuer à la gestion de la Zone et à la révision du plan de gestion. Dans la mesure du possible, les Parties doivent déposer des originaux ou des copies des rapports de visite originaux dans un dossier accessible au public afin de conserver des archives d'usage, pour toute révision du plan de gestion et pour l'organisation de l'utilisation scientifique de la Zone.

8. Bibliographie

Croxall, J. P., Rootes, D. M. & Price, R. A. 1981. Increases in penguin populations at Signy Island, South Orkney Islands. *British Antarctic Survey Bulletin* 54, 47-56.

Croxall, J. P., Steele, W. K, McInnes, S. J., and Prince, P.A. 1995. Breeding distribution of the Snow Petrel *Pagodroma nivea. Marine Ornithology* 23, 69-99.

Harris, C.M., Lorenz, K., Fishpool, L.D.C., Lascelles, B., Cooper, J., Coria, N.R., Croxall, J.P., Emmerson, L.M., Fijn, R.C., Fraser, W.L., Jouventin, P., LaRue, M.A., Le Maho, Y., Lynch, H.J., Naveen, R., Patterson-Fraser, D.L., Peter, H.-U., Poncet, S., Phillips, R.A., Southwell, C.J., van Franeker, J.A., Weimerskirch, H., Wienecke, B., and Woehler, E.J. 2015. *Important Bird Areas in Antarctica 2015*. BirdLife International and Environmental Research & Assessment Ltd., Cambridge.

Longton, R.E. 1967. Vegetation in the maritime Antarctic. In Smith, J.E., *Editor*, A discussion of the terrestrial Antarctic ecosystem. *Philosophical Transactions of the Royal Society of London*, B, 252, 213-235.

Morgan, F., Barker, G., Briggs, C., Price, R. and Keys, H. 2007. Environmental Domains of Antarctica Version 2.0 Final Report, Manaaki Whenua Landcare Research New Zealand Ltd. 89 pp.

Ochyra, R., Bednarek-Ochyra, H. and Smith, R.I.L. *The Moss Flora of Antarctica*. 2008. Cambridge University Press, Cambridge. 704 pp.

Øvstedal, D.O. and Smith, R.I.L. 2001. *Lichens of Antarctica and South Georgia. A Guide to their Identification and Ecology*. Cambridge University Press, Cambridge, 411 pp.

Peat, H., Clarke, A., and Convey, P. 2007. Diversity and biogeography of the Antarctic flora. *Journal of Biogeography,* 34, 132-146.

Poncet, S., and Poncet, J. 1985. A survey of penguin breeding populations at the South Orkney Islands. *British Antarctic Survey Bulletin* 68, 71-81.

Smith, R. I. L. 1972. British Antarctic Survey science report 68. British Antarctic Survey, Cambridge, 124 pp.

Smith, R. I. L. 1984. Terrestrial plant biology of the sub-Antarctic and Antarctic. In: Antarctic Ecology, Vol. 1. Editor: R. M. Laws. London, Academic Press.

Figure 1. Map showing the location of Moe Island in relation to the South Orkney Islands and the other protected areas in the region. <u>Inset</u>: the location of the South Orkney Islands in Antarctica.

Figure 1. Carte de l'emplacement de l'île Moe par rapport aux îles Orcades du Sud et aux autres zones protégées dans la région. <u>Encart</u> : emplacement de l'archipel des Orcades du Sud en Antarctique.

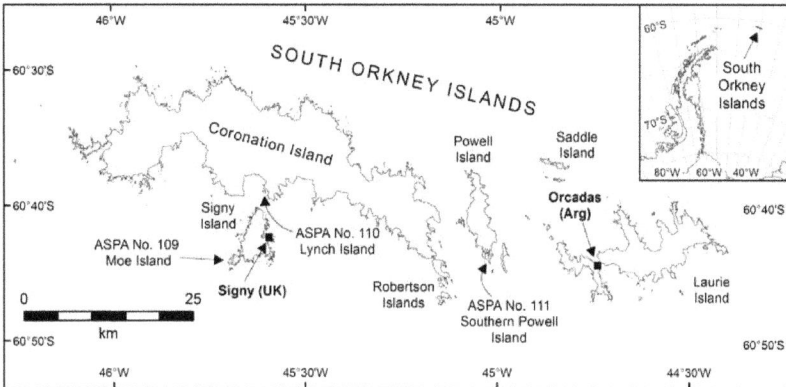

Figure 2. Carte plus détaillée de l'île Moe.

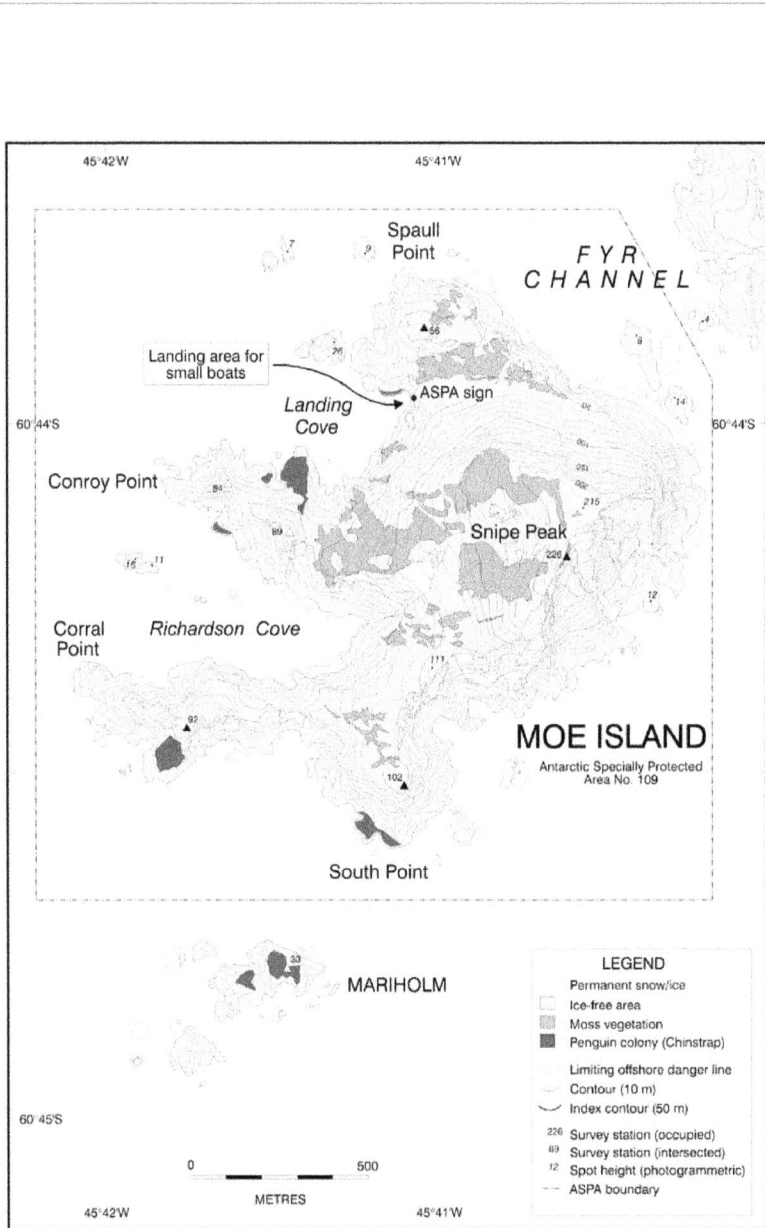

Figure 3. Image satellite en fausses couleurs de la ZSPA n°109, île Moe, îles Orcades du Sud, sur laquelle la végétation apparaît en rouge.

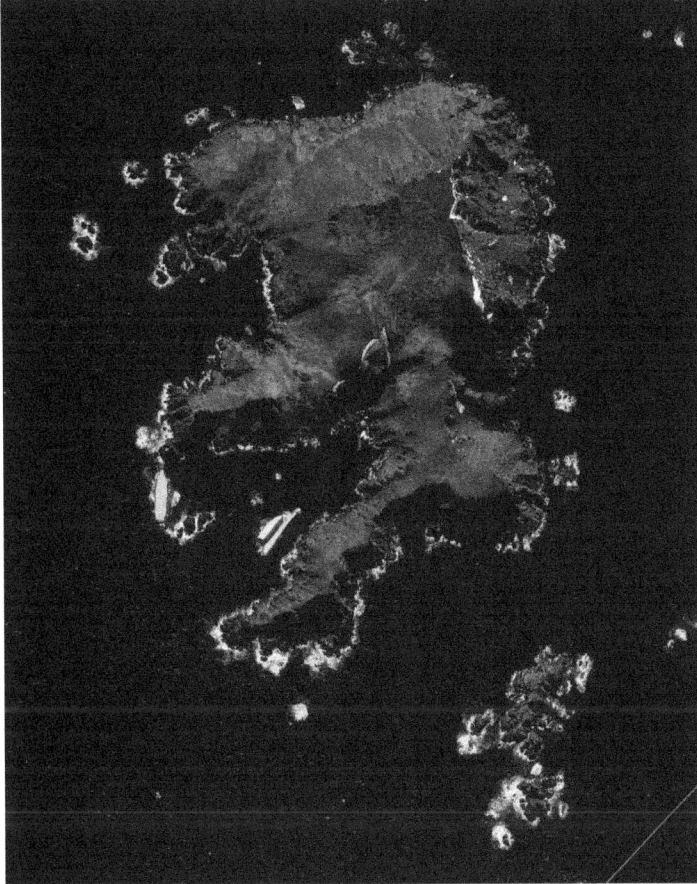

Figure 4. Indice différentiel normalisé de végétation (NDVI), provenant d'images satellites, pour la ZSPA n°109, île Moe, îles Orcades du Sud. La couverture végétale est indiquée par une échelle de couleur allant du blanc au rouge en passant par l'orange, le rouge représentant les valeurs les plus élevées du NDVI.

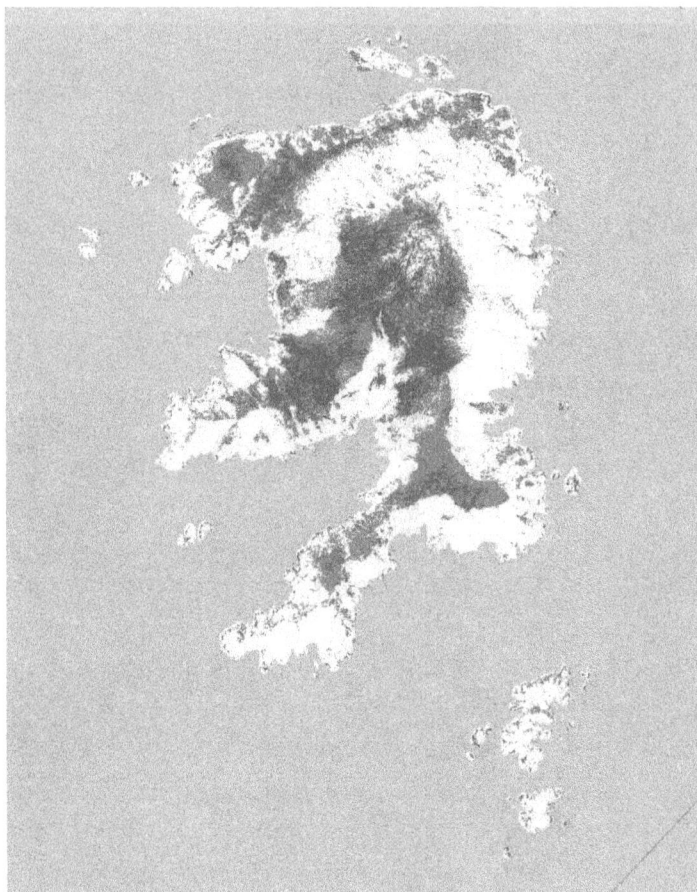

Plan de gestion pour la zone spécialement protégée de l'Antarctique n° 110

ÎLE LYNCH, ÎLES ORCADES DU SUD

Introduction

La raison principale de la désignation de l'île Lynch, îles Orcades du Sud (Latitude 60°39'10'' S, Longitude 045°36'25'' O; 0,14 km²) en tant que zone spécialement protégée de l'Antarctique (ZSPA) 110 est la protection de ses valeurs environnementales, et en particulier sa flore terrestre.

L'île Lynch, dans la baie Marshall, îles Orcades du Sud, avait été désignée à l'origine comme zone spécialement protégée dans la Recommandation IV-14 (1966, ZSP N°14) sur une proposition du Royaume-Uni. Elle avait été désignée au motif qu'elle « possède l'une des région les plus étendue et dense de pacage (*Deschampsia antarctica*) connue dans la zone du Traité et que cette région constitue un exemple magnifique d'un système écologique peu commun ». Ces valeurs ont gagné en importance et ont été développées par la Recommandation XVI-6 (1991), lors de l'adoption d'un plan de gestion pour le site.

L'île Lynch se situe à 2,4 km de l'île Signy, où se trouve la station de recherche Signy (R.-U.), et à 200 m environ de l'île Coronation, la plus large des îles Orcades du Sud. La zone jouit d'une protection spéciale depuis le quasi début de l'ère moderne des activités scientifiques dans la région, les permis d'accès ayant été uniquement délivrés à des fins scientifiques indispensables. L'île a donc été peu visitée, et le nombre d'études scientifiques ou d'échantillonnages a été limité. Depuis 1983, le nombre d'otaries à fourrure antarctiques a augmenté considérablement dans les îles Orcades du Sud, ce qui a pour conséquence la destruction des surfaces de végétation accessibles qu'elles occupent. Certaines aires de végétation sur l'île Lynch ont été endommagées, comme des surfaces accessibles de mousses *Polytrichum* et *Chorisodontium* et de canche *Deschampsia* sur les parties nord-est et est de l'île, qui ont été lourdement touchées à certains endroits. Lors d'une visite en février 2011, des otaries à fourrure ont été repérées vers le versant est de l'île (à peu près entre le débarcadère [Lat. 60°39'05" S, Long. 045°36'12" O; Figure 2] et le sommet de l'île [Lat. 60°39'05" S, Long. 045°36'12" O]). Des otaries ont été observées au point le plus élevé de l'île, avec une trentaine d'individus sur le sommet. Malgré cela, les herbes antarctiques *Deschampsia Antarctica* et *Colobanthus quitensis* semblaient prospérer. La surface couverte de *Deschampsia*, tel qu'indiqué dans le rapport de février 2011, est plus vaste que lors du rapport précédent (février 1999). L'herbe est maintenant plus abondante et mieux répartie dans l'est de l'île, et s'étend à l'ouest vers le point le plus élevé, et recouvre une bonne partie du sommet et de la zone autour du cairn du sommet (Figure 3). Il a été observé lors d'une visite en 1999 que les zones herbeuses les plus luxuriantes sur les pentes nord et nord-ouest n'avaient pas encore été affectées, et la visite de février 2011 a confirmé cette observation. Nonobstant quelques dommages localisés, et comme indiqué plus haut, les valeurs principales de l'île n'ont pas été compromises par la présence de l'homme ou des otaries à ce jour.

La Résolution 3 (2008) recommandait que l'« Analyse des domaines environnementaux pour le continent antarctique » serve de modèle dynamique pour l'identification des zones spécialement protégées de l'Antarctique dans le cadre environnemental et géographique systématisé visé à l'article 3(2) de l'Annexe V du Protocole (voir également Morgan et al., 2007). La ZSPA 110 n'est pas catégorisée dans Morgan et al., mais elle devrait être incluse dans le domaine environnemental G (îles au large des côtes de la péninsule Antarctique). La relative rareté du domaine environnementale G par rapport aux autres domaines signifie que des efforts conséquents doivent être fournis pour conserver les valeurs de ce type d'environnement à d'autres endroits : d'autres zones protégées comprennent des domaines G, notamment les ZSPA n° 109, 111, 112, 125, 126, 128, 145, 149, 150, et 152, ainsi que les ZGSA n° 1 et 4.

La Résolution 6 (2012) recommandait que les régions de conservation biogéographique de l'Antarctique (RCBA) soient employées pour l'identification de zones pouvant être désignées comme zones spécialement protégées de l'Antarctique dans le cadre environnemental et géographique systématisé visé à l'article 3(2) de l'Annexe V du Protocole. La ZSPA n° 110 se trouve dans la région de conservation biogéographique de l'Antarctique (RCBA) 2 : îles Orcades du Sud.

Les deux autres ZSPA des îles Orcades du Sud (ZSPA 109 île Moe et ZSPA 111 île Powell du Sud et îles adjacentes) ont été désignées principalement pour protéger leur végétation terrestre et leurs communautés d'oiseaux. La ZSPA n°110 île Lynch complète le réseau local de ZSPA en protégeant un échantillon représentatif de l'écosystème marin de l'Antarctique incluant des communautés terrestres dominées par les phanérogrames.

1. Description des valeurs à protéger

À la suite d'une visite de la ZSPA en février 2016, les valeurs spécifiées dans la désignation précédentes ont été réévaluées. La zone présente les valeurs suivantes :

- La zone contient des tapis luxuriants de canche antarctique *Deschampsia antarctica*, ainsi qu'une grande quantité de l'unique autre espèce de plante à fleur d'Antarctique, la sagine antarctique (*Colobanthus quitensis*). Il s'agit également de l'un des seuls sites où la *Deschampsia* est connue pour pousser directement sur les surfaces de mousse *Polytrichum-Chorisodontium*.
- La végétation cryptogamique est typique de la région, mais plusieurs espèces de mousses de l'île (*Polytrichastrum alpinum [=Polytrichum alpinum]* et *Muelleriella crassifolia*) sont exceptionnellement fertiles pour leur emplacement au sud. Il est aussi probable que ce soit le seul lieu connu en Antarctique où la *Polytrichastrum alpinum* développe des sporophytes en grande quantité chaque année. En outre, la *Polytrichum strictum (=Polytrichum alpestre)* produit ponctuellement des inflorescences mâles en abondance au niveau local, ce qui est rare pour cette espèce en Antarctique. On observe également une espèce rare de mousse, la *Plagiothecium ovalifolium*, dans les crevasses de rochers humides ombragés à proximité de la côte.
- Le sol limoneux peu profond, associé aux tapis d'herbe, abrite une riche faune d'invertébrés. La densité de population des communautés d'arthropodes, associée à la *Deschampsia* sur l'île Lynch, est exceptionnellement élevée ; certaines mesures suggèrent qu'il s'agit de l'une des plus fortes au monde. Le site offre également une diversité rare pour l'Antarctique. Une espèce rare de ver Enchytraeidae a également été trouvée dans des mousses humides dans des crevasses rocheuses dans la partie nord de l'île. Une espèce d'arthropode (*Globoppia loxolineata*) se trouve à l'extrême limite septentrionale de sa répartition connue, et des spécimens collectés sur l'île Lynch ont montré des caractéristiques morphologiques inhabituelles, comparés à ceux observés ailleurs dans la région des îles Orcades du Sud-péninsule antarctique.
- On trouve des bactéries *Chromobacterium*, des levures et des champignons en densité plus élevée que sur l'île Signy, qui semblent associées à l'acidité moins élevée des sols combinée à la *Deschampsia* et au micro-climat plus favorable sur l'île Lynch.
- Le sol limoneux et graveleux peu profond situé sous les tapis denses de *Deschampsia* représente probablement l'un des types de sols les plus riches en Antarctique.

2. Buts et objectifs

La gestion de l'île Lynch poursuit les buts et objectifs suivants :

- éviter tout changement majeur de la structure et de la composition de la végétation terrestre ;
- éviter toute perturbation humaine inutile dans la zone ;
- éviter ou minimiser l'introduction de plantes, d'animaux et de micro-organismes non indigènes dans la zone ;
- permettre d'effectuer des recherches scientifiques dans la zone, pour autant qu'elles soient indispensables, qu'elles ne puissent être menées ailleurs et qu'elles ne portent pas atteinte à l'écosystème naturel de la zone ;
- assurer que la flore et la faune ne soient pas mises en péril par l'échantillonnage excessif dans la zone ;
- autoriser des visites à des fins de gestion en vue d'appuyer la réalisation des buts du plan de gestion ;
- minimiser les risques d'introduction d'agents pathogènes susceptibles de provoquer des maladies parmi les populations vertébrés dans la zone.

3. Activités de gestion

Les activités de gestion suivantes seront entreprises pour protéger les valeurs de la zone :

- des visites seront organisées le cas échéant afin de déterminer si la zone répond toujours aux objectifs pour lesquels elle a été désignée et de s'assurer que les mesures de gestion et d'entretien sont adéquates ;
- le plan de gestion sera réexaminé au moins tous les cinq ans et mis à jour en conséquence.
- Les bornes, les panneaux ou autres structures érigés dans la zone à des fins scientifiques et de gestion seront attachés et maintenus en bon état, puis enlevés lorsqu'ils ne sont plus nécessaires.
- Tout matériel ou équipement abandonné sera enlevé dans toute la mesure du possible, à condition que cela ne nuise pas à l'environnement et aux valeurs de la zone, conformément à l'Annexe III du Protocole au Traité sur l'Antarctique relatif à la protection de l'environnement.
- Un exemplaire de ce plan d'action sera mis à disposition de la station de recherche Signy (R.-U. ; 60°42'30" S, 045°36'30" O) et à la station Orcadas (Argentine ; 60°44'15" S, 044°44'20" O).
- Le cas échéant, les programmes nationaux antarctiques sont encouragés à collaborer étroitement pour s'assurer que des activités de gestion soient mises en œuvre. Ils sont particulièrement encouragés à se consulter les uns les autres afin d'éviter tout échantillonnage excessif de matériaux biologiques dans la zone. En outre, ils sont invités à envisager la mise en œuvre conjointe des lignes directrices visant à limiter l'introduction et la dispersion d'espèces non indigènes dans la zone.
- Toutes les activités scientifiques et de gestion conduites dans la zone doivent faire l'objet d'une Étude d'impact environnemental, conformément à l'Annexe I du Protocole au Traité sur l'Antarctique relatif à la protection de l'environnement.

4. Durée de désignation

La zone est désignée pour une période indéterminée.

5. Carte et illustrations

Figure 1. Emplacement de l'île Lynch par rapport aux îles Orcades du Sud et aux autres zones protégées de la région. En médaillon : emplacement des îles Orcades du Sud en Antarctique. Spécifications de la carte : Projection : WGS84 Projection stéréographique polaire antarctique. Parallèles d'échelle conservée : 71 °S. Méridien central 45 °O.

Figure 2. ZSPA n° 110, île Lynch, îles Orcades du Sud, carte topographique. Projection : Conique conforme de Lambert : Parallèles d'échelle conservée : 1er 60°40'00'' O; 2e 63°20'00'' S. Méridien central : 045°26'20'' O. Latitude d'origine : 63°20'00'' S. Sphéroïde : WGS84. Ligne de référence : niveau moyen de la mer. Précision horizontale des points de contrôle : ±1 m.

Figure 3. Indice différentiel normalisé de végétation (IDNV), dérivé de l'imagerie satellite, pour la ZSPA n°110 île Lynch, îles Orcades du Sud, montrant une couverture de végétation verte à l'aide d'une gamme de couleurs jaune → orange → rouge, le rouge indiquant les valeurs IDNV les plus élevées.

6. Description de la zone

6(i) Coordonnées géographiques, bornage et caractéristiques du milieu naturel

FRONTIÈRES ET COORDONNÉES
La zone comprend la totalité de l'île Lynch mais exclut toutes les îles et îlots adjacents sans noms. La zone comprend également tous les sols libres de glace, la glace permanente et semi-permanente de l'île Lynch, mais exclut les environnements marins au-delà de 10 m au large à partir de la ligne de flottaison en marée basse. (Carte 2). Il n'y a pas de bornes délimitant les limites de la zone, étant donné que la côte délimite la zone d'une façon évidente et visible.

DESCRIPTION GÉNÉRALE
L'île Lynch (Latitude 60°39'10" S, Longitude 045°36'25" O; zone) est une petite île située à l'extrémité est de la baie Marshall, dans les îles Orcades du Sud, à environ 200 m au sud de l'île Coronation et à 2,4 km au nord de l'île Signy (Carte 1). L'île mesure 500 m x 300 m, avec des petites falaises atteignant 20 m de haut dans les parties sud, est et ouest, découpées par des ravines remplies de roches. Le versant nord contient une petite falaise en dessous d'une terrasse rocheuse située à 5-8 m d'altitude, au-dessus de laquelle des pentes modérées montent vers un plateau large à une altitude de 40-50 m environ, avec une altitude maximum de 57 m. Une plage située à l'extrémité orientale de la côte nord offre un accès facile à des pentes relativement faibles menant à la zone de plateau centrale. Les falaises du littoral rendent l'accès à la partie haute de l'île difficile par les autres itinéraires, bien que possible via des ravines sur les flancs est et nord. De petits ruisseaux issus de glace fondue peuvent apparaître en été, mais il n'existe pas de ruisseaux ou de bassins permanents et peu de parcelles de neige non fondue subsistent dans la partie sud de l'île. Aucune donnée météorologique n'est disponible pour l'île Lynch, mais on estime que les conditions y sont similaires à celles de la station de recherche Signy. Cependant, des observations anecdotiques suggèrent des différences significatives dans le

microclimat de l'île Lynch, comme semble l'attester la croissance plus prolifique de communautés de végétaux. L'île est exposée au sud-ouest au vent catabatique et au fœhn descendant de l'île Coronation située au nord. Cependant, l'île est relativement bien protégée des vents régionaux du nord, de l'est et du sud par l'île Coronation, le cap Hansen et l'île Signy respectivement. L'effet du fœhn peut augmenter brièvement la température de l'air de 10° C sur l'île Signy. L'île Lynch est souvent baignée de soleil alors que la région environnante est voilée de nuages bas. L'angle d'incidence du rayonnement solaire est aussi relativement élevé sur le côté nord de l'île en raison de ses pentes et de ses formes. Les facteurs évoqués ci-dessus peuvent fournir une bonne explication à la croissance des deux plantes à fleur sur l'île.

GÉOLOGIE

Le substrat rocheux de l'île Lynch est constitué de roches quartzo-feldspathiques et de schistes micacés du complexe métamorphique Scotia, mais il est mal exposé ; des roches équivalentes sont mieux exposées dans la zone du cap Hansen, à l'est de l'île Coronation.

PÉDOLOGIE

Trois types de sols ont été identifiés sur l'île Lynch :

(i) Un sol de tourbe acide (pH 3,8 – 4,5), formé par les mousses hautes propices à la croissance du couvert végétal *Chorisodontium aciphyllum* et *Polytrichum strictum* (=*Polytrichum alpestre*), est présent surtout à l'extrémité nord-est de l'île. Cette tourbe peut atteindre une épaisseur de 50 cm est est semblable à la tourbe trouvée sur l'île Signy, où elle peut avoir 2 m de profondeur. On trouve un pergélisol là où la tourbe excède 30 cm de profondeur. À certains endroits où le substrat est humide, des sols tourbeux de 10-15 cm (pH 4,8 - 5,5) se sont accumulés sous les espèces de mousses en tapis *Warnstorfia laculosa* (=*Calliergidium austro-stramineum*) et *Sanionia uncinata* (=*Drepanocladus uncinatus*).

(ii) Un sol limoneux et graveleux, peu profond, semblable aux sols bruns de toundra, est présent sous des tapis denses de canche *Deschampsia antarctica*. Sa profondeur n'excède que rarement les 30 cm (pH 5,0 – 5,8) et il représente sans doute l'un des types de sol les plus riches en Antarctique.

(iii) Un till glaciaire avec des roches variées allant de l'argile fin (pH 5,2 – 6,0) et du sable au gravier et aux pierres de plus grande tailles. Ce till recouvre le plateau au sommet et on le trouve dans des dépressions rocheuses dans l'ensemble de l'île, ainsi qu'à certains endroits de la terrasse de roche. Sur le plateau, la cryoturbation a travaillé la surface jusqu'à lui donner des motifs de petits cercles pierreux et de polygones sur terrain plat et des bandes sur les pentes. À l'extrémité nord-est de l'île, les dépôts de coquilles de patelles (*Nacella concinna*) par des goélands (*Larus dominicanus*) ont rendu les minéraux des sols plus calcaires dans des dépressions rocheuses avec un pH de 6,5 - 6,8.

FLORE TERRESTRE

La végétation cryptogamique et phanérogamique typique des milieux marins en Antarctique est présente sur la majorité de l'île (Figure 3). Les techniques de télédétection par satellite (indice différentiel normalisé de végétation) ont révélé que la surface de végétation verte dans ZSPA est de 35 000 m² (soit 25 % de la surface totale de l'a ZSPA). La caractéristique la plus significative de la végétation est l'abondance et la prolifération de deux plantes à fleurs antarctiques indigène, la canche antarctique (*Deschampsia antarctica*) et la sagine antarctique (*Colobanthus quitensis*), qu'on trouve principalement sur les pentes septentrionales (Carte 3). Les deux espèces fleurissent généreusement et la viabilité de leurs graines semble être très supérieure à celles de l'île Signy. L'île Lynch comporte les plus vastes étendues de *Deschampsia* et la plus grande quantité de *Colobanthus* connues dans les îles Orcades du Sud, et l'une des plus importantes dans toute la zone du Traité sur l'Antarctique. Sur la terrasse rocheuse et la pente humide grimpant au-dessus de la côte nord, l'herbe s'exprime en de vastes tapis, jusqu'à 15 × 50 m. Ces tapis peuvent être des étendues végétales luxuriantes continues sur les sites et les corniches humides, ou des végétaux jaunâtres, plus isolés sur les terrains plus secs, plus rocailleux et plus exposés. On trouve généralement la *Colobanthus* avec la canche, mais ici les deux espèces ne se regroupent pas en parcelles d'herbe fermées. Il s'agit d'un des rares sites où la *Deschampsia* est connue pour pousser directement sur les mousses *Polytrichum-Chorisodontium.* À d'autres endroits de l'île, la canche et, à un degré moindre, la sagine, s'associent fréquemment à d'autres communautés, en particulier dans des étendues plus denses de végétation de zone pierreuse, où elles prolifèrent à l'aide d'espèces variées de mousses et de lichens (surtout en direction de la pointe ouest de la terrasse nord).

Des surfaces peu profondes mais parfois vastes (environ 50 m²) de *Chorisodontium aciphyllum* et de *Polytrichum strictum* sont fréquentes à l'extrémité nord-est de l'île, et, dans une proportion moindre, dans la partie sud. Ces caractéristiques sont typiques des surfaces de mousses présentes sur l'île Signy et ailleurs dans l'Antarctique maritime du nord, avec plusieurs espèces de lichens encroûtant et fruticuleux qui poussent de manière épiphyte sur les surfaces de mousse. Dans de petites dépressions humides, on trouve des tapis de *Warnstorfia laculosa* et de *Sanionia uncinata*, avec quelques *Warnstorfia sarmentosa* (=*Calliergon sarmentosum*) et des *Cephaloziella varians* (= *C. exiliflora*). La mousse *Brachythecium austro-salebrosum* est fréquente sur les sols humides et les corniches de pierre. Sur les sols plus secs, plus balayés par le vent, plus rocailleux et sur les surfaces pierreuses (notamment dans la zone du plateau), une communauté typique de végétation de roches, composée de nombreux taxons de bryophyte et de lichens, dessine une mosaïque complexe. Les espèces dominantes à cet endroit sont les lichens *Usnea antarctica* et *U. aurantiaco-atra* (=*U. fasciata*) et la mousse *Andreaea depressinervis.* Le lichen *Sphaerophorus globosus* et d'autres espèces (*Alectoria, Andreaea, Cladonia,* et *Stereocaulon)* sont également fréquents, alors que les espèces *Himantormia lugubris* et *Umbilicaria antarctica* sont rares. Le lichen encroûtant est abondant sur toutes les surfaces de roches. Les mousses et les macrolichens de cette zone ont une attache fragile, et ils sont facilement endommagés. De grands thalles d'*Usnea spp.* et de *Umbilicaria antarctica* sont présents sur des blocs de roche et des faces de rochers humides et abrités, en particulier dans la partie sud de l'île.

On trouve des communautés de lichen encroûtant dans les falaises situées au-dessus de la ligne des hautes eaux, notamment là où les roches sont affectées par les oiseaux qui se reproduisent ou qui se perchent. La répartition de plusieurs espèces délimite des zones distinctes, liées aux inondations par les embruns et à l'exposition au vent. Les communautés les plus développées du taxon ornithocoprophile aux couleurs vives se trouvent à l'extrémité occidentale de l'île, où les espèces *Caloplaca spp., Haematomma erythromma, Mastodia tesselata, Physcia caesia, Xanthoria candelaria, X. elegans,* ainsi que des espèces de *Buellia* et de *Verrucaria* sont fréquentes. L'espèce moins commune de mousse halophile *Muelleriella crassifolia* est aussi présente dans la zone des embruns autour de l'île.

La seule espèce de mousse rare enregistrée sur l'île Lynch est *Plagiothecium ovalifolium*, qu'on trouve dans des crevasses humides et ombragées près de la côte. Cependant, l'île est le seul site connu en Antarctique maritime où la mousse *Polytrichastrum alpinum* développe un grand nombre de sporophytes chaque année. Cela se produit parmi les populations de *Deschampsia*, de *Colobanthus* et de cryptogames dans la partie septentrionale de l'île. Les sporophytes sont très rares certaines années dans d'autres parties de l'Antarctique. De plus, la *Polytrichum strictum* produit des inflorescences mâles, phénomène rare pour cette espèce en Antarctique. Alors que l'hépatique thalloïde *Marchantia berteroana* est commune sur l'île Signy, l'île Lynch est l'un des rares sites où elle a été observée dans les îles Orcades du Sud. Plusieurs espèces cryptogamiques ayant une distribution très restreinte en Antarctique, mais qui sont communes sur l'île Signy et l'île Coronation à quelques centaines de mètres de distance, n'ont pas été observées sur l'île Lynch.

INVERTÉBRÉS TERRESTRES

La faune de micro-invertébrés conjuguée aux riches tapis de Deschampsia décrits jusqu'à présent comporte 13 taxons : trois collemboles (*Cryptopygus antarcticus*, *Friesea woyciechowskii* et *Isotoma (Folsomotoma) octooculata* (=*Parisotoma octooculata*)), un acarien mésostigmate (*Gamasellus racovitzai*), deux acariens cryptostigmates (*Alaskozetes antarcticus* et *Globoppia loxolineata*), et sept acariens prostigmates (*Apotriophtydeus sp.*, *Ereynetes macquariensis*, *Nanorchestes berryi*, *Stereotydeus villosus*, et trois espèces d'*Eupodes*). Il est probable que le nombre de taxons identifiés augmente avec de plus amples échantillonnages. La communauté est dominée par la collembole, et particulièrement la *Cryptopygus antarcticus* (84 % de tous les arthropodes extraits), avec un nombre relativement important de *I. octooculata*. L'acarien dominant était une espèce non déterminée d'*Eupodes*. L'acarien *Globoppia loxolineata* se trouve à la limite nord de sa distribution connue. En général, la densité de population des communautés d'arthropodes vivant dans les herbes sur l'île Lynch semble être exceptionnellement élevée, certaines mesures suggèrent qu'il s'agit de l'une de plus hautes au monde. Elle montre également une diversité importante pour un site antarctique, bien que ces observations se basent sur un nombre restreint de répliques d'échantillons. Il serait nécessaire de mener plus d'échantillonnages pour déterminer les densités de manière plus fiable, ce qui est difficile à mettre en œuvre sur l'île Lynch étant donnée la rareté des communautés disponibles pour l'échantillonnage.

L'île Lynch est le premier site antarctique où un enchytraeidae terrestre a été découvert (sous un sol de mousse *Hennediella antarctica*, sur une corniche rocheuse au-dessus de la côte nord). Ces vers ont été observés dans quelques sites des îles Orcades du Sud seulement, bien que quelques échantillons aient été prélevés et que les espèces doivent encore être identifiées. Parmi la faune tardigrade, la plupart des 16 individus isolés d'un échantillon de *Brachythecium* étaient des *Hypsibius alpinus* et des *H. pinguis* avec quelques *H. dujardini*, alors que parmi les 27 individus isolés d'un échantillon de *Prasiola crispa*, une grande majorité étaient de l'espèce *H. dujardini* et quelques-uns étaient des autres espèces d'*Hypsibius*.

MICRO-ORGANISMES

Les sols minéraux et organiques de l'île Lynch ont un pH un peu plus élevé que ceux de l'île Signy aux alentours. Sa composition plus basique et plus riche en nutriments, conjuguée au micro-climat plus favorable, engendre un nombre plus élevé de bactéries (incluant la *Chromobacterium*), de levures et de champignons que dans des sols semblables sur l'île Signy. Le nombre de bactéries présentes dans les tourbes *Polytrichum* et *Warnstorfia* sur l'île Lynch est respectivement huit fois et six fois plus élevé que dans les tourbes similaires de l'île Signy, alors que la quantité de levures et de champignons est comparable. Le sol, associé aux deux plantes à fleur, contient plusieurs espèces de champignons nématophages : *Acrostalagmus goniodes*, *Cephalosporium balanoides* et *Dactylaria gracilis* dans les sols de *Deschampsia* ; *Cephalosporium balanoides*, *Dactylaria gracilis*, *Dactylella stenobrocha* et *Harposporium anguillulae* dans les sols de *Colobanthus*. Les champignons basidiomycètes *Galerina antarctica* et *G. longinqua* sont présents sur les mousses humides.

VERTÉBRÉS

L'île n'abrite pas de colonies de manchots ou de colonies reproductrices importantes d'autres espèces d'oiseaux. Des groupes de manchots à jugulaire (*Pygoscelis antarctica*), de manchots Adélie (*P. adeliae*) et de manchots papous (*P. papua*), et parfois des cormorans impériaux *Phalacrocorax atriceps*), se rassemblent aux extrémités nord-est et ouest de l'île. Plusieurs couples de labbes antarctiques (*Catharacta lonnbergii*) et au moins deux couples de goélands dominicains (*Larus dominicanus*) nicheurs ont été observés au début des années 1980 dans le coin nord-est de l'île. Une petite colonie de sternes couronnées (*Sterna vittata*) peut également se trouver dans les environs, bien qu'aucun comportement de reproduction n'ait été observé en février 1994. Les damiers du Cap (*Daption capense*) et les pétrels des neiges (*Pagodroma nivea*) se reproduisent sur des falaises plus élevées à l'extrémité est et le long de la côte nord-ouest de l'île. Quelques couples de pétrels des neiges et d'océanites de Wilson (*Oceanites oceanicus*) nichent sur des corniches et sous des rochers dans la partie sud de l'île.

Des phoques de Wedell (*Leptonychotes weddellii*), des phoques crabiers (*Lobodon carcinophgus*), occasionnellement des léopards de mer (*Hydrurga leptonyx*) et de petits groupes d'éléphants de mer (*Mirounga leonina*) sont régulièrement observés sur la côte et sur des blocs de glace dans les environs. Aucun d'entre eux n'est connu pour ses comportements de reproduction sur l'île Lynch. Depuis le début des années 1980, un nombre croissant d'otaries à fourrure antarctique (*Arctocephalus gazella*), tous probablement des individus mâles non reproducteurs, ont été observés sur l'île Lynch. Certains d'entre eux s'aventurent vers les zones de végétation offrant des pentes plus faibles au nord-est, et ont causé des dommages localisés mais importants aux surfaces de mousse *Polytrichum-Chorisodontium* et à d'autres communautés.

Les phoques accèdent à l'île principalement par une plage de la côte nord-est. Une fois que les phoques ont atteint l'île, il n'existe pas d'obstacle géographique d'envergure qui les empêcherait de se mouvoir à travers l'île. Des groupes de phoques ont été observés à proximité du sommet. La destruction de tapis de *Deschampsia* a été signalée pour la première fois en 1988. Au moment de la dernière inspection de l'île (en février 2016), il a été observé que les zones les plus luxuriantes de *Deschampsia* et de *Colobanthus* sur les pentes nord et nord-ouest n'avaient pas encore été affectées. Les zones de végétation accessibles sur les versants est et nord-est de l'île, et notamment les surfaces de mousses *Polytrichum* et *Chorisodontium*, ont subi de graves dégâts causés par les otaries à fourrure antarctiques. Dans certaines zones à l'est et au nord-est qui ont été particulièrement affectées par la présence des otaries à fourrure, des parcelles de *Deschampsia* et de *Colobanthus* ont été endommagées ou détruites, mais elles continuent leur croissance et leur expansion dans d'autres parties moins fréquentées à des altitudes plus élevées, augmentant ainsi leur répartition au sein de l'île (voir Carte 3).

6 (ii) Accès à la zone

- Dans la mesure du possible, l'accès à la zone se fera par de petites embarcations. Les débarquements par la mer doivent se faire sur la plage située à l'extrémité est de la côte nord de l'île (Lat. 60°39'05" S, Long. 045°36'12" O; Carte 2), sauf en cas d'autorisation spéciale délivrée dans un permis, ou si le débarquement est impossible à cet endroit en raison de conditions défavorables.
- Dans des circonstances exceptionnelles, et si celles-ci entrent dans le cadre des objectifs du plan d'action, des hélicoptères peuvent être autorisés à atterrir dans la zone.
- Les hélicoptères doivent atterrir au site d'atterrissage désigné sur la plateforme rocheuse (à 8 m) à l'extrémité nord-ouest de l'île (Lat. 60°39'04.5" S, Long. 45°36'12" O; Carte 2).
- Les opérations de survol de la zone doivent, comme condition minimum, être réalisées conformément aux « Lignes directrices pour l'exploitation d'aéronefs à proximité des concentrations d'oiseaux dans l'Antarctique », inscrites dans la Résolution 2 (2004). Si les conditions requièrent un survol à une altitude inférieure à celle recommandée dans les lignes directrices, l'aéronef doit se maintenir à l'altitude la plus élevée possible et réduire au maximum son temps de trajet.
- L'utilisation des grenades fumigènes des hélicoptères est interdite, sauf pour des raisons de sécurité. En cas d'utilisation, toute grenade fumigène doit être récupérée.

6(iii) Emplacement des structures à l'intérieur de la zone et adjacentes à elle

Il n'y a aucune structure à l'intérieur de la zone, à l'exception de plusieurs cairns qui identifient les sites utilisés pour les relevés topographiques. Le cairn au sommet de l'île est situé à Lat. 60°39'05" S, Long. 045°36'12" O. Un panneau notifiant le statut protégé de l'île Lynch a été érigé en 1994 sur un affleurement rocheux en saillie au-dessus de la plage de débarquement recommandée, mais a été détruit par des vents violents.

La station de recherche Signy (R.-U.) se situe à 6,4 km au sud, dans la crique Factory, baie Borge, sur l'île Signy.

6(iv) Emplacement d'autres zones protégées à proximité directe de la zone

Les zones protégées les plus proches de l'île Lynch sont l'île Moe (ZSPA n°109), à environ 10 km au sud/sud-ouest, et l'île Powell du Sud et ses îles adjacentes (ZSPA n° 111), située à environ 35 km à l'est (voir Carte 1).

6(v) Aires spéciales à l'intérieur de la zone

Aucune

7. Critères de délivrance des permis

7(i) Critères généraux

L'accès à la zone n'est autorisé que sur présentation d'un permis délivré par une autorité compétente en vertu de l'article 7 de l'Annexe V du Protocole au Traité sur l'Antarctique relatif à la protection de l'environnement.

Les critères de délivrance d'un permis pour entrer dans la zone sont les suivants :

- il est délivré pour un objectif scientifique impérieux qui ne peut être mené ailleurs ;
- il est délivré à des fins de gestion essentielles comme l'inspection, l'entretien et la révision ;
- les activités autorisées ne mettront pas en péril l'écosystème naturel de la zone ;
- toutes les activités de gestion entreprises le seront à l'appui des objectifs du présent plan de gestion ;
- les activités autorisées sont conformes au présent plan de gestion ;
- le permis, ou une copie autorisée, sera emporté à l'intérieur de la zone ;
- les permis seront délivrés pour une période donnée ;
- un ou plusieurs rapports de visites devront être soumis à l'autorité ou aux autorités nommées dans le permis ;
- les autorités compétentes doivent être informées de toute activité ou mesure qui ne serait pas autorisée par le permis.

7(ii) Accès à la zone et déplacements à l'intérieur ou au-dessus de celle-ci

- Les véhicules terrestres sont interdits dans la zone.

- Les déplacements à l'intérieur de la zone doivent se faire à pied.

- Il est strictement interdit aux pilotes, à l'équipage des embarcations et des hélicoptères ou à toute autre personne à bord, de se déplacer à pied au-delà des alentours immédiats du site de débarquement, sauf avis contraire stipulé dans le permis.

- La circulation piétonnière doit être réduite au minimum, conformément aux objectifs de toute activité autorisée, et toutes les dispositions raisonnables doivent être prises pour éviter les effets de piétinement, c'est-à-dire que tout déplacement doit être mesuré afin de ne pas perturber les sols et les surfaces de végétation ,et qu'il est préférable de marcher sur les terrains rocheux quand c'est possible.

- Le survol de colonies d'oiseaux dans la Zone par des systèmes d'aéronef télépiloté (RPAS) n'est pas autorisé, sauf à des fins scientifiques ou opérationnelles, et en vertu d'un permis émis par une autorité nationale compétente.

7(iii) Activités pouvant être menées dans la zone

- Des travaux de recherche scientifique indispensables qui ne peuvent être entrepris ailleurs et ne risquent pas de mettre en péril l'écosystème de la zone
- Les activités de gestion essentielles, notamment le suivi

7(iv) Installation, modification ou démantèlement de structures

Aucune nouvelle structure ne sera installée dans la zone, ni aucun équipement scientifique, sauf en cas de raison scientifique ou de gestion impérative et uniquement pour une période prédéfinie, ainsi que le précisera un permis. L'installation (y compris le choix du site), l'entretien, la modification ou l'enlèvement des structures ou équipements doivent être menés de façon à limiter autant que possible les perturbations infligées aux valeurs de la zone. Toutes les structures et tout le matériel scientifique installés dans la zone doivent être clairement identifiés par pays, nom du principal chercheur et année d'installation. Tous ces objets ne doivent contenir aucun organisme, propagule (semence, œufs) ou terre non stérile (voir Section *7(vi)*), et doivent être composés de matériaux résistants aux conditions environnementales et présenter un risque de contamination minime pour la zone. L'enlèvement d'un équipement ou structure spécifique pour lequel le permis est arrivé à expiration sera l'un des critères de délivrance du permis. Les structures ou installations permanentes sont interdites.

7(v) Emplacement des camps

Tout campement doit être évité dans la zone. Cependant, lorsque c'est nécessaire pour remplir des objectifs qui entrent dans le cadre d'un permis, le campement est autorisé au site désigné à l'extrémité nord-ouest de l'île (Lat. 60°39'04" S, Long. 045°36'37" O; Carte 2).

7(vi) Restrictions concernant les matériaux et organismes pouvant être introduits dans la zone

Aucun animal vivant, aucune forme de végétation et aucun micro-organisme ne seront introduits délibérément dans la zone. Pour garantir la préservation des valeurs de la flore et de l'écologie de la zone, des précautions spéciales devront être prises par les visiteurs pour prévenir toute introduction accidentelle de microbes, d'invertébrés ou de végétaux provenant d'autres sites antarctiques ou de régions hors de l'Antarctique. Tout le matériel d'échantillonnage et les balises introduits dans la zone doivent être nettoyés et stérilisés. Dans la mesure du possible, les chaussures et autres équipements utilisés ou introduits dans la zone (y compris les sacs et les sacs à dos) doivent être minutieusement nettoyés avant d'entrer dans la zone. D'autres directives sont présentées dans le *Manuel du CPE sur les espèces non indigènes* (CPE, 2016) et le *Code de conduite environnemental pour les recherches scientifiques terrestres sur le terrain en Antarctique* (SCAR, 2009).

Aucun herbicide ou pesticide ne doit être introduit dans la zone. Tout autre produit chimique, y compris les radionucléides ou les isotopes stables, qui peuvent être introduits pour des raisons scientifiques ou raisons de gestion visées dans le permis, seront enlevés de la zone au plus tard à la fin de l'activité pour laquelle le permis a été délivré. La libération directe de radionucléides ou d'isotopes stables dans l'environnement, qui les rendrait irrécupérable, est à éviter. Le carburant ou tout autre matériau chimique ne peut être entreposé dans la zone, à moins que le permis ne l'autorise spécifiquement. Auquel cas, ces matériaux doivent être entreposés et manipulés de sorte à limiter les risques d'introduction accidentelle dans l'environnement. Tous les matériaux sont introduits dans la zone pour une période déterminée uniquement, et doivent être enlevés lorsque cette période est échue. En cas de déversement susceptible de mettre en péril les valeurs de la zone, leur enlèvement est encouragé à condition que l'impact de celui-ci ne soit pas susceptible d'être supérieur à celui consistant à laisser le matériel sur le site. L'autorité compétente doit être notifiée de tout élément libéré dans la zone et qui n'en a pas enlevé, à moins que cela soit autorisé par le permis.

7(vii) Prélèvement de végétaux et capture d'animaux ou perturbations nuisibles à la faune et la flore

Le prélèvement de végétaux et la capture d'animaux, ou les interférences nuisibles avec la faune et la flore sont interdits, hormis sur délivrance d'un permis conformément à l'Annexe II du Protocole au Traité sur l'Antarctique Protocole relatif à la protection de l'environnement. Dans le cas de captures ou de perturbations nuisibles d'animaux, le *Code de conduite du SCAR pour l'utilisation d'animaux à des fins scientifiques dans l'Antarctique* doit être utilisé comme norme minimale.

7(viii) Prélèvement ou enlèvement de matériel non introduit dans la zone par le détenteur de permis

Le prélèvement ou l'enlèvement de tout élément qui n'a pas été apporté dans la zone par le détenteur du permis ne devra se produire que dans le cadre d'un permis, et devra se limiter au strict nécessaire pour répondre aux besoins scientifiques et de gestion.

Un permis ne sera pas délivré s'il y a lieu de croire que l'échantillonnage envisagé impliquerait de prélever, de retirer ou d'endommager des quantités de sol et de faune et de flore indigènes telles que leur distribution ou leur abondance à l'intérieur de la zone en serait fortement modifiée.

Les matériaux d'origine humaine susceptibles de mettre en péril les valeurs de la zone, qui n'ont pas été introduits dans celle-ci par le détenteur du permis ou qui n'ont pas été autrement autorisés, peuvent être enlevés de la zone à moins que l'impact environnemental de l'enlèvement ne soit plus grand que si les matériaux sont laissés sur le site. Si tel est le cas, l'autorité compétente doit en être informée et son autorisation obtenue.

7(ix) Élimination des déchets

En tant que norme minimale, tous les déchets doivent être éliminés conformément aux dispositions reprises à l'Annexe III du Protocole au Traité sur l'Antarctique relatif à la protection de l'environnement. En outre, tous les déchets seront enlevés de la zone. Les déchets liquides d'origine humaine peuvent être jetés à la mer. Les déchets humains solides ne seront pas jetés à la mer, mais seront extraits de la zone. Les déchets humains solides ou liquides ne doivent en aucun cas être éliminés à l'intérieur des terres.

7 (ix) Mesures nécessaires afin de continuer à répondre aux buts et objectifs du plan de gestion

- Des permis peuvent être délivrés pour entrer dans la zone afin d'y réaliser des activités de recherche scientifique, de suivi et d'inspection du site, ce qui peut impliquer le prélèvement limité d'échantillons à des fins d'analyse scientifique, ou pour la mise en place et l'entretien de panneaux ou l'application de mesures de protection.

- Tous les sites faisant l'objet d'un suivi sur le long terme doivent être signalés de manière adéquate et les panneaux ou les bornes doivent être entretenus.

- Les activités scientifiques doivent être menées conformément au *Code de conduite du SCAR pour les activités se déroulant en environnement géothermique continental en Antarctique*.

7(xi) Rapports de visite

Le principal détenteur du permis pour chaque visite dans la zone soumet dès que possible et, au plus tard, six mois après que la visite a été effectuée, un rapport à l'autorité nationale compétente. Ces rapports doivent contenir, le cas échéant, les informations identifiées dans le formulaire de rapport de visite du Guide pour l'élaboration des plans de gestion des zones spécialement protégées de l'Antarctique. Le cas échéant, l'autorité nationale doit également transmettre une copie du rapport de visite à la Partie qui a proposé le plan de gestion afin de contribuer à la gestion de la zone et à la révision du plan de gestion. Les Parties doivent, dans la mesure du possible, déposer les originaux ou les copies de ces rapports dans une archive à laquelle le public pourra avoir accès afin de conserver une archive d'usage qui sera utilisée pour toute révision du plan de gestion et pour l'organisation de l'utilisation scientifique de la zone.

8. Bibliographie

Convey, P. 1994. Modelling reproductive effort in sub- and maritime Antarctic mosses. *Oecologica* **100**: 45-53.

Block, W. and Christensen, B. 1985. Terrestrial Enchytraeidae from South Georgia and the Maritime Antarctic. *British Antarctic Survey Bulletin* **69**: 65-70.

Bonner, W.N. and Smith, R.I.L. (Eds) 1985. *Conservation areas in the Antarctic*. SCAR, Cambridge: 73-84.

Bonner, W.N. 1994. Active management of protected areas. In Smith, R.I.L., Walton, D.W.H. and Dingwall, P.R. (Eds) *Developing the Antarctic Protected Area system. Conservation of the Southern Polar Region I*. IUCN, Gland and Cambridge: 73-84.

Booth, R.G., Edwards, M. and Usher, M.B. 1985. Mites of the genus Eupodes (Acari, Prostigmata) from maritime Antarctica: a biometrical and taxonomic study. *Journal of the Zoological Society of London (A)* **207**: 381-406. (samples of Eupodes analysed)

Buryn, R. and Usher, M.B. 1986. A morphometric study of the mite, *Oppia loxolineata*, in the Maritime Antarctic. *British Antarctic Survey Bulletin* **73**: 47-50.

Chalmers, M.O. 1994. Lynch Island fur seal exclosure report 01/01/94. Unpublished British Antarctic Survey report BAS Ref AD6/2H/1993/NT2.

Greene, D.M and Holtom, A. 1971. Studies in *Colobanthus quitensis* (Kunth) Bartl. and *Deschampsia antarctica* Desv.: III. Distribution, habitats and performance in the Antarctic botanical zone. *British Antarctic Survey Bulletin* **26**: 1-29.

Hodgson, D.A. and Johnston, N.M. 1997. Inferring seal populations from lake sediments. *Nature* **387**(1 May).

Hodgson, D.A., Johnston, N.M., Caulkett, A.P., and Jones, V.J. 1998. Palaeolimnology of Antarctic fur seal *Arctocephalus gazella* populations and implications for Antarctic management. *Biological Conservation* **83**(2): 145-54.

Hooker, T.N. 1974. Botanical excursion to Lynch Island, 13/03/74. Unpublished British Antarctic Survey report BAS Ref AD6/2H/1973-74/N12.

Hughes, K. A., Ireland, L., Convey, P., Fleming, A. H. 2016. Assessing the effectiveness of specially protected areas for conservation of Antarctica's botanical diversity. *Conservation Biology*, **30**: 113-120.

Jennings, P.G. 1976. Tardigrada from the Antarctic Peninsula and Scotia Ridge region. *British Antarctic Survey Bulletin* **44**: 77-95.

SCAR (Comité scientifique pour la recherche antarctique). 2009. Code de conduite environnemental pour les recherches scientifiques terrestres sur le terrain en Antarctique. RCTA XXXII IP4.

Shears, J.R. and Richard, K.J. 1994. Marking and inspection survey of Specially Protected Areas in the South Orkney Islands, Antarctica 07/01/94 – 17/02/94. Unpublished British Antarctic Survey report BAS Ref AD6/2H/1993/NT5.

Smith, R.I. Lewis 1972. Vegetation of the South Orkney Islands. *BAS Scientific Report* **68**, British Antarctic Survey, Cambridge.

Smith, R.I. Lewis 1990. Signy Island as a paradigm of environmental change in Antarctic terrestrial ecosystems. In K.R. Kerry and G. Hempel. *Antarctic Ecosystems: ecological change and conservation.* Springer-Verlag, Berlin: 32-50.

Smith, R.I. Lewis 1994. Introduction to the Antarctic Protected Area System. In Smith, R.I.L., Walton, D.W.H. and Dingwall, P.R. (Eds) *Developing the Antarctic Protected Area system. Conservation of the Southern Polar Region I.* IUCN, Gland and Cambridge: 14-26.

Smith, R.I. Lewis 1997. Impact of an increasing fur seal population on Antarctic plant communities: resilience and recovery. In Battaglia, B. Valencia, J. and Walton, D.W.H. *Antarctic communities: species, structure and survival.* Cambridge University Press, Cambridge: 432-36.

Star, J. and Block, W. 1998. Distribution and biogeography of oribatid mites (Acari: Oribatida) in Antarctica, the sub-Antarctic and nearby land areas. *Journal of Natural History* **32**: 861-94.

Usher, M.B. and Edwards, M. 1984. The terrestrial arthropods of the grass sward of Lynch Island, a specially protected area in Antarctica. *Oecologica* **63**: 143-44.

Usher, M.B. and Edwards, M. 1986. A biometrical study of the family Tydeidae (Acari, Prostigmata) in the Maritime Antarctic, with descriptions of three new taxa. *Journal of the Zoological Society of London (A)* **209**: 355-83.

Wynn-Williams, D.D. 1982. The microflora of Lynch Island, a sheltered maritime Antarctic site. *Comité National Française Recherche en Antarctiques* **51**: 538.

Figure 1. Emplacement de l'île Lynch par rapport aux îles Orcades du Sud et aux autres zones protégées de la région. <u>En médaillon</u> : emplacement des îles Orcades du Sud en Antarctique.

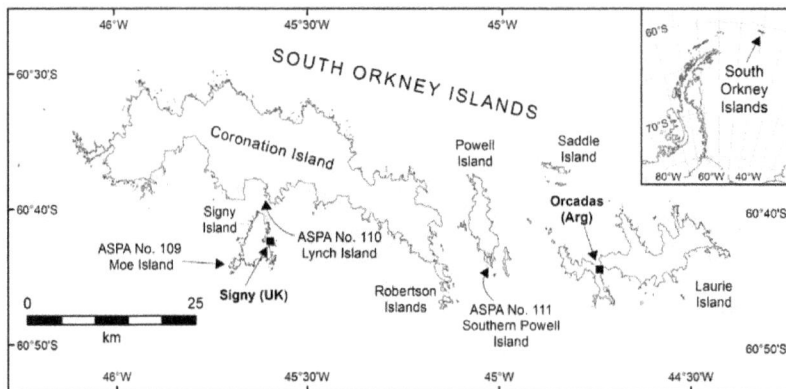

Figure 2. ZSPA n° 110, île Lynch, îles Orcades du Sud, carte topographique.

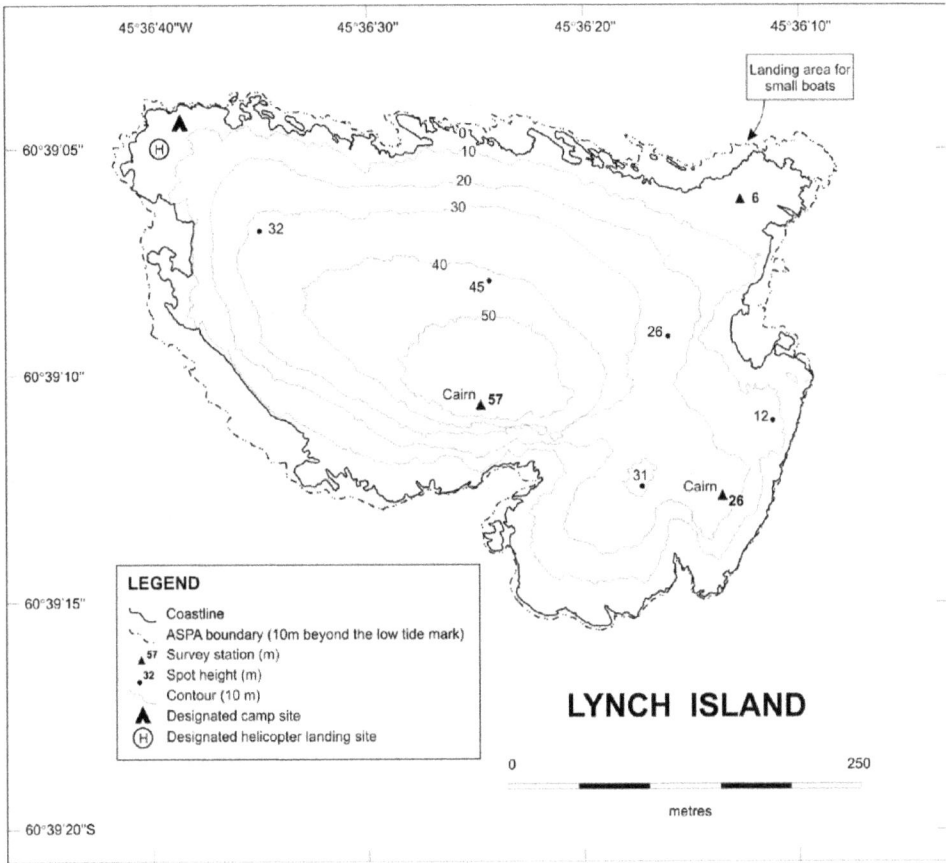

Figure 3. Indice différentiel normalisé de végétation (IDNV), dérivé de l'imagerie satellite, pour la ZSPA n°110 île Lynch, îles Orcades du Sud, montrant une couverture de végétation verte à l'aide d'une échelle de couleurs jaune → orange → rouge, le rouge indiquant les valeurs IDNV les plus élevées.

Plan de gestion pour la zone spécialement protégée de l'Antarctique n° 111

ÎLE POWELL DU SUD ET ILES ADJACENTES, ILES ORCADES DU SUD

Introduction
La raison principale de la désignation de l'île Powell du Sud des îles Adjacentes, et des îles Orcades du Sud (Lat. 62°57'S, Long. 60°38'W) en tant que zone spécialement protégée de l'Antarctique (ZSPA) est la protection de ses valeurs environnementales, principalement pour ses populations d'oiseaux et d'otaries reproducteurs, et, dans une moindre mesure, pour la végétation terrestre de la zone.

La zone avait d'abord été désignée dans la Recommandation IV-15 (1966, ZSP n° 15), d'après une proposition du Royaume-Uni qui estimait que l'île Powell du Sud et les îles Adjacentes abritent une végétation ainsi qu'une faune aviaire et mammifère importantes. La zone était représentative de l'écologie naturelle des îles Orcades du Sud, et la présence d'une petite colonie d'otaries à fourrure antarctiques (*Arctocephalus gazella*) n'a fait qu'accroître son importance.

La valeur scientifique de la zone est également reconnue. Il est maintenant notoire que le changement climatique affecte l'océan Austral, et que des impacts évidents sont observables dans la région entourant la Péninsule Antarctique, la mer de la Scotia et les îles Orcades du Sud. Les températures de l'air et de l'océan ont augmenté, certaines barrières de glace se sont effondrées et la glace marine saisonnière a beaucoup diminué. Cela affecte profondément les communautés biologiques, et les manchots pygoscelis subissent les conséquences directes du changement climatique. Plus particulièrement, on pense que les populations des manchots Adélie, une espèce vivant sur la banquise, sont maintenant en déclin tout au long de la péninsule et dans les îles Orcades du Sud. Le manchot à jugulaire, une espèce présente dans l'océan plus ouvert, serait également en déclin. En conséquence, il est capital de mieux comprendre les comportements de recherche de nourriture des manchots afin de déterminer leur habitat privilégié pour leur alimentation. Il est aussi primordial de bien comprendre comment les manchots pygoscelis évoluent dans leur environnement océanique pour la protection de leurs colonies reproductrices, y compris dans les zones de biodiversité hautement protégées telle que l'île Powell du Sud.

La Résolution 3 (2008) recommandait que l'« Analyse des domaines environnementaux pour le continent antarctique » serve de modèle dynamique pour l'identification des zones spécialement protégées de l'Antarctique dans le cadre environnemental et géographique systématisé visé à l'article 3(2) de l'Annexe V du Protocole (voir également Morgan et al., 2007). En se basant sur ce modèle, la ZSPA 111 est inclue dans le Domaine environnemental G (Îles au large des côtes de la péninsule Antarctique). La relative pauvreté du domaine environnemental G, en comparaison avec les zones des autres domaines environnementaux, traduit les efforts conséquents fournis pour la conservation des valeurs de ce type d'environnement à d'autres endroits : d'autres zones protégées du domaine G dont les ZSPA n° 109, 112, 125, 126, 128, 140, 145, 149, 150, et 152, ainsi que les ZGSA n° 1 et 4. Le domaine environnemental A est également présent (Géologique du nord de la péninsule Antarctique). Le domaine environnemental A comprend d'autres zones protégées, les ZSPA n° 128, 151 et et la ZGSA n° 1.

La Résolution 6 (2012) recommande que les régions de conservation biogéographique de l'Antarctique (RCBA) soient employées pour l'indentification de zones pouvant être désignées comme zones spécialement protégées de l'Antarctique dans le cadre environnemental et géographique systématisé visé à l'article 3(2) de l'Annexe V du Protocole. La ZSPA n° 111 se trouve dans la région de conservation biogéographique de l'Antarctique (RCBA) 2 : îles Orcades du Sud.

À travers la Résolutions 5 (2015), les Parties reconnaissent l'efficacité de la liste des sites importants pour les oiseaux (IBA) en Antarctique pour la planification et la conduite d'activités en Antarctique Le site important pour les oiseaux ANT015 île Powell du Sud et îles Adjacentes partage ses frontières avec la ZSPA 111, et a été identifiée grâce à ses colonies majeures de manchots à jugulaire, de manchots Adélie, de manchots papous, de cormorans impériaux et de pétrels géants antarctiques.

Les deux autres ZSPA des îles Orcades du Sud (ZSPA 109 île Moe et ZSPA 110 île Lynch) ont été désignées principalement pour la protection de leur végétation terrestre. Par conséquent, la ZSPA 111 île Powell du Sud et îles Adjacentes complète le réseau local de ZSPA en protégeant en priorité les oiseaux nicheurs et les populations d'otaries, mais aussi la végétation terrestre.

1. Description des valeurs à protéger

À la suite d'une visite de la ZSPA en février 2016, les valeurs définies dans la désignation originale ont été confirmées et développées. Ces valeurs sont définies comme suit :

- L'avifaune reproductrice dans la zone est très variée, elle inclue jusqu'à quatre espèces de manchots [à jugulaire (*Pygoscelis antarctica),* papou (*P. papua*), Adélie (*P. adeliae*) et gorfou doré (*Eudyptes chrysolophus*)], l'océanite de Wilson (*Oceanites oceanicus*), le damier du Cap (*Daption capense*), le goéland dominicain (*Larus dominicanus*), le pétrel géant *(Macronectes giganteus)*, l'océanite à ventre noir (*Fregetta tropica*), le cormoran impérial (*Phalacrocorax atriceps*), le labbe antarctique *(Catharacta loennbergi)*, le chionis (*Chionis alba*), le pétrel des neiges *(Pagodroma nivea)* et probablement le prion de la Désolation (*Pachyptila desolata*).

- Le premier site reconnu de reproduction d'otaries à fourrure en Antarctique depuis leur quasi-extermination au dix-neuvième siècle se trouve dans cette zone.

- La zone présente une flore variée, représentative de la région, incluant des surfaces de mousse recouvrant de la tourbe, des tapis de mousse dans les zones humides, des algues des neiges et la macroalgue nitrophile *Prasiola crispa* en sus des colonies de manchots.

- La zone présente un intérêt scientifique en tant que lieu pour collecter des données télémétriques en vue d'analyser les comportements de recherche de nourriture des manchots. Ces informations contribueront au développement de modèles d'habitat qui définiront le rapport entre les comportements de recherche de nourriture des manchots et l'étendue de la glace marine saisonnière.

2. Buts et objectifs

La gestion de l'île Powell du Sud et des îles Adjacentes, îles Orcades du Sud, vise à :

- éviter toute détérioration ou tout risque de détérioration des valeurs de la zone en empêchant toute perturbation humaine inutile de ladite zone ;

- permettre d'effectuer des recherches scientifiques dans la zone, pour autant qu'elles soient indispensables, qu'elles ne puissent être menées ailleurs et qu'elles ne portent pas atteinte à l'écosystème naturel de la zone ;

- éviter ou minimiser l'introduction de plantes, d'animaux et de micro-organismes non indigènes dans la zone ;

- minimiser les risques d'introduction d'agents pathogènes susceptibles de provoquer des maladies parmi les populations aviaires dans la zone ;

- préserver l'écosystème naturel de la zone en tant que zone de référence pour de futures études comparatives et pour la surveillance des changements survenant dans la flore et l'écologie, des processus de colonisation et du développement de communautés ;

- autoriser des visites à des fins de gestion en vue d'appuyer la réalisation des buts du plan de gestion ; et

- permettre la collecte à intervalles réguliers et d'une manière durable des données sur l'évolution démographique des populations de manchots et d'otaries.

3. Activités de gestion

- Des visites seront organisées le cas échéant afin de déterminer si la zone répond toujours aux objectifs pour lesquels elle a été désignée et de s'assurer que les mesures de gestion et d'entretien sont adéquates.

- Le plan de gestion sera réexaminé au moins tous les cinq ans et mis à jour en conséquence.

- Les bornes, les panneaux ou autres structures érigés dans la zone à des fins scientifiques et de gestion seront attachés et maintenus en bon état puis enlevés lorsqu'ils ne sont plus nécessaires.

- Conformément à l'Annexe III du Protocole au Traité sur l'Antarctique relatif à la protection de l'environnement, tout matériel abandonné sera enlevé dans toute la mesure du possible à condition que cela ne nuise pas à l'environnement et aux valeurs de la zone.

- Un exemplaire de ce plan de gestion sera mis à disposition à la station de recherche Signy (RU ; 60°42′30″ S, 045°36′30″ W) et la station Orcadas (Argentine ; 60°44′15″ S, 044°44′20″ W).

- Le cas échéant, les programmes antarctiques nationaux sont encouragés à collaborer étroitement afin de mettre en œuvre les activités de gestion. Ils sont particulièrement encouragés à se consulter les uns les autres afin d'éviter tout échantillonnage excessif de matériaux biologiques dans la zone. En outre, ils sont invités à envisager la mise en œuvre conjointe des lignes directrices visant à limiter l'introduction et la dispersion d'espèces non indigènes dans la zone.

- Toutes les activités scientifiques et de gestion conduites dans la région devront être soumises à une Évaluation d'impact sur l'environnement, conformément à l'Annexe I du Protocole au Traité sur l'Antarctique relatif à la protection de l'environnement.

4. Durée de désignation

La ZSPA n° 111 est désignée pour une durée indéterminée.

5. Cartes

Carte 1. Position de l'île Powell du Sud et des îles Adjacentes par rapport aux îles Orcades du Sud et aux autres zones protégées de la région. En médaillon : position des îles Orcades du Sud en Antarctique. Spécifications de la carte : Projection : WGS84 stéréographique polaire antarctique. Parallèle standard : 71 °S. Méridien central 45 °W.

Carte 2 Détail de la zone

6. Description de la zone

6(i) Coordonnées géographiques et caractéristiques naturelles

FRONTIÈRES ET COORDONNÉES
Les coordonnées des extrémités de la zone sont présentées dans le Tableau 1.

Extrémité	Latitude	Longitude
Nord-ouest	60°42'35'' S	45°04'00'' W
Nord-est	60°42'35'' S	44°58'00'' W
Sud-ouest	60°45'30'' S	45°04'00'' W
Sud-est	60°45'30'' S	44°58'00'' W

La zone comprend la totalité de l'île Powell au sud du sommet méridional des pics John (415 m d'altitude) ainsi que l'ensemble de l'île Fredriksen, l'île Michelsen (une péninsule à la pointe sud de l'île Powell), l'île Christoffersen, l'île Grey et des îles adjacentes sans nom. La zone comprend tous les sols libres de glace, la glace permanente et semi-permanente contenus en son sein, mais exclut les environnements marins au delà de 10 m au large à partir de la ligne de flottaison en marée basse. À l'exception du piémont de glace Crutchley, tous les sols sont libres de glace en été, bien qu'il puisse persister des neiges tardives et des parcelles de neiges semi-permanentes à certains endroits.

GÉOLOGIE

Les rochers des îles Powell, Michelsen et Christoffersen sont des conglomérats datant de l'âge crétacé-jurassique. Les deux promontoires à l'ouest des pics John sont composés de grauwacke et de schiste du Carbonifère. Certaines roches contiennent des plantes fossilisées dans les dépôts de glace autour du port Falkland. Une grande partie du centre et du sud de l'île Fredriksen est composée de grès et de schiste phylliteux sombre. Le nord-est et probablement une grande partie du nord de l'île est surtout constitué de conglomérats de roches très cisaillées avec de l'argilite stratifiée. La zone comporte un épais manteau de till glaciaire, très affecté par le guano des oiseaux marins.

COMMUNAUTÉS BIOLOGIQUES

L'île Michelsen contient peu de végétation terrestre, bien que les rochers abritent d'importantes communautés de lichens dominées par des espèces de lichen encroûtant nitrophile. Elles sont également très présentes sur l'île Fredriksen et ailleurs sur les falaises et les rochers influencés par les oiseaux près des côtes. Les végétations les plus diverses de l'île Powell se trouvent sur les deux promontoires et leurs éboulis à l'ouest du port Falkland. À cet endroit, ainsi que sur l'île Christoffersen et la partie nord de l'île Fredriksen, des surfaces de mousse de tourbe sont observées. Les zones humides sont recouvertes de tapis de mousse. On trouve dans la zone de larges surfaces de macroalgues nitrophiles *Prasiola crispa* en plus des colonies de manchots. L'algue des neiges est très présente sur le piémont de glace et les parcelles de neige à la fin de l'été. Les techniques de détection à distance via satellite (Indice de différence normalisée de végétation) ont révélé que la surface de végétation verte dans ZSPA était de 0,8 km² (environ 3 % de la surface de la ZSPA).

Il n'existe pas d'information sur la faune arthropode, mais il est probable qu'elle soit très similaire à celle de l'île Signy. Les collemboles *Cryptopygus antarcticus* and *Parisotoma octoculata* et les mites *Alaskozetes antarcticus, Stereotydeus villosus* et *Gamasellus racovitzai* sont observés en grand nombre sous les pierres.

Peu d'observations ont été faites sur les invertébrés et le biote marin de la zone, mais il est possible qu'elles soient très semblables à celles de l'île Signy, qui a fait l'objet de nombreuses études. La zone relativement fermée du port Falkland-Ellefsen et la baie sur le flanc est de la péninsule sont hautement influencés par l'écoulement glaciaire du piémont de glace.

Un grand nombre de manchots et de pétrels se reproduisent dans cette zone. On observe plusieurs milliers de manchots à jugulaire (*Pygoscelis antarctica*), la plupart sur l'île Fredriksen. Un nombre équivalent de manchots Adélie (*P. adeliae*) se trouvent dans la zone des îles Powell du Sud-Michelsen. On y dénombre également plusieurs milliers de couples de manchots papous (*P. papua*) et quelques couples éparses de gorfous dorés (*Eudyptes chrysolophus*) se reproduisant parmi les manchots papous (pour plus d'information, voir Harris et al., 2015).

Il y a aussi, parmi les autres oiseaux reproducteurs, le pétrel géant (*Macronectes giganteus*), le damier du cap *(Daption capensis)*, le pétrel des neiges *(Pagodroma nivea)*, l'océanite de Wilson (*Oceanites oceanicus*), le cormoran impérial (*Phalacrocorax atriceps*), le goéland dominicain (*Larus dominicanus*), le labbe antarctique *(Catharacta loennbergi)*, le chionis (*Chionis alba*), et probablement le prion de la Désolation (*Pachyptila desolata*) et l'océanite à ventre noir (*Fregetta tropica*).

L'île Michelsen est le premier site reconnu de reproduction d'otaries à fourrure antarctiques depuis leur quasi-extermination au dix-neuvième siècle. Le nombre de naissance par année a augmenté lentement mais assez régulièrement, passant de 11 en 1956 à une soixantaine en 1989. Trente-quatre jeunes phoques ont été enregistrés en janvier 1994. Cependant, leur nombre est en déclin, quatre seulement ont été enregistrés lors de saisons de reproduction 2013-14 et 2015-16. Néanmoins, de nombreux individus mâles et juvéniles en transit se rendent dans la zone pendant l'été. On trouve fréquemment d'autres espèces de phoques sur les plages, en particulier les éléphants de mer (*Mirounga leonina*) et les phoques de Weddell (*Leptopychotes weddelli*). Les léopards de mer (*Hydrurga leptonyx*) et les phoques crabiers (*Lobodon carcinophagus*) sont sporadiquement observés sur des blocs de glace.

6 (ii) Accès à la zone

- L'accès à la zone se fera par de petites embarcations.
- Il n'y a pas de restrictions spéciales pour les débarquements à partir de la mer, ou pour les routes maritimes utilisées pour entrer et sortir de la zone. En raison de l'étendue importante de côte accessible dans la zone, il existe de nombreux débarcadères. Cependant, dans la mesure du possible, la livraison de marchandises et d'équipement scientifique devra se faire près du camp recommandé à 60°43'20''S, 045°01'32''W.
- Dans des circonstances exceptionnelles, et ci celles-ci entrent dans le cadre des objectifs du plan d'action, des hélicoptères peuvent être autorisés à atterrir au site d'atterrissage désigné situé près du camp recommandé à 60°43'20''S, 045°01'32''W. Les hélicoptères ne sont pas autorisés à atterrir ailleurs dans la zone.
- Afin de ne pas perturber l'avifaune reproductrice, les hélicoptères sont interdits dans la zone entre le 1er novembre et le 15 février.
- Les opérations de survol de la zone doivent être réalisées conformément aux « Lignes directrices pour l'exploitation d'aéronefs à proximité des concentrations d'oiseaux »,

inscrites dans la Résolution 2 (2004). Si les conditions requièrent un survol à une altitude inférieure à celle recommandée dans les lignes directrices, l'aéronef doit se maintenir à l'altitude la plus élevée possible et réduire son temps de trajet au maximum.

- Les hélicoptères en survol doivent éviter les zones contenant des concentrations d'oiseaux (p.e. la zone sud de l'île Powell-Michelsen ou l'île Fredriksen).
- L'utilisation des grenades fumigènes des hélicoptères est interdite, sauf pour raison de sécurité. En cas d'utilisation, toute grenade fumigène doit être récupérée.

6(iii) Emplacement des structures à l'intérieur de la zone et adjacentes à elle

Des panneaux de signalisation désignant les statuts de protection se trouvent aux endroits suivants :

- Île Christoffersen : sur un petit promontoire sur la côte nord-est de l'île, à l'entrée du port Falkland. Le panneau est situé dans le fond de la plage, juste en-dessous d'une petite colonie de manchots Adélie (60°43'36''S, 045°02'08''W).
- Île Fredriksen : à l'extrémité nord de la plage de rochers sur le côté ouest de l'île, en-dessous d'une petite colonie de manchots à jugulaire. Le panneau se situe à dans le fond de la plage au sommet d'un petit affleurement rocheux (60°44'06''S, 044°59'25''W).

Il existe d'autres structures dans la zone, comme une borne de signalisation au sommet d'un petit affleurement rocheux au fond de la plage de galet sur le flanc est du promontoire sud de l'île Powell (60°43'20''S, 045°01'40''W) mais aussi des chaînes de mouillage, des bornes et des anneaux, en conjonction avec l'utilisation des ports Ellefsen et Falkland par les baleiniers-usines flottants situés sur la côte dans les années 1910.

6(iv) Emplacement d'autres zones protégées dans la zone et à proximité directe de celle-ci

ZSPA n° 109 île Moe et ZSPA n°110 île Lynch, situés approximativement à 35 km à l'ouest de la zone (voir Carte 1).

6(v) Aires restreintes à l'intérieur de la zone

Aucune

7. Critères de délivrance des permis

7(i) Critères généraux

L'accès à la zone n'est autorisé que sur présentation d'un permis délivré par une autorité compétente en vertu de l'article 7 de l'Annexe V du Protocole au Traité sur l'Antarctique relatif à la protection de l'environnement.

Les critères de délivrance d'un permis pour entrer dans la zone sont les suivants :

- un projet scientifique indispensable qui ne peut être mené ailleurs ;
- des objectifs essentiels de gestion tels que l'inspection, l'entretien et la révision ;
- les activités autorisées ne mettront pas en péril l'écosystème naturel de la zone ;
- toutes les activités de gestion entreprises le seront à l'appui des objectifs du plan de gestion ;

- les activités autorisées sont conformes au présent plan de gestion ;
- le détenteur du permis doit le porter sur lui à l'intérieur de la zone ;
- **les permis seront délivrés pour une période donnée ;**
- un ou plusieurs rapports de visite devront être soumis à l'autorité ou aux autorités nommées dans le permis ;
- les autorités compétentes doivent être informées de toute activité ou mesure qui ne serait pas autorisée par le permis.

7 (ii) Accès à la zone et déplacements à l'intérieur et au-dessus de celle-ci

- Les véhicules terrestres sont interdits dans la zone.

- Aucune voie de circulation à pied n'est balisée à l'intérieur de la zone, mais les marcheurs qui y circulent doivent éviter le plus possible de piétiner les zones de végétation, et de perturber la faune.

- **Afin de déranger le moins possible les espèces d'oiseaux, il est vivement découragé de mouiller aux ports Ellefsen et Falkland, sauf en cas d'urgence.**

- Il est strictement interdit aux pilotes, à l'équipage des embarcations et des aéronefs ou à toute autre personne à bord, de se déplacer à pied au-delà des alentours immédiats du site de débarquement sauf avis contraire stipulé dans le permis.

- Le survol de colonies d'oiseaux dans la Zone par des systèmes d'aéronef télépiloté (RPAS) n'est pas autorisé, sauf à des fins scientifiques ou opérationnelles, et en vertu d'un permis émis par une autorité nationale compétente.

7(iii) Activités pouvant être menées dans la zone
Les activités incluent :

- les études scientifiques indispensables qui ne peuvent être menées ailleurs ; et
- les activités de gestion et de surveillance indispensables.

7(iv) Installation, modification ou démantèlement de structures

Aucune nouvelle structure ne sera installée dans la zone, ni aucun équipement scientifique, sauf en cas de raison scientifique ou de gestion impérative et uniquement pour une période prédéfinie, ainsi que le précisera un permis. L'installation (y compris le choix du site), l'entretien, la modification ou l'enlèvement des structures ou équipements doivent être menés de façon à limiter autant que possible les perturbations apportées aux valeurs de la zone. Toutes les structures et tout le matériel scientifique installé dans la zone doivent être clairement identifiés par pays, nom du principal chercheur et année d'installation. Tous ces objets ne doivent contenir aucun organisme, propagule (semence, œufs) ou terre non stérile (voir section *7(vi))* ; ils doivent être composés de matériaux résistants aux conditions environnementales et présenter un risque de contamination minime pour la zone. L'enlèvement d'un équipement ou de structures spécifiques pour lesquels le permis est arrivé à expiration sera un des critères de délivrance du permis. Les structures ou installations permanentes sont interdites.

7(v) Emplacement des camps

Afin de réduire au maximum les impacts sur les sols de la ZSPA dus aux activités menées dans les camps, les tentes doivent être montées sur le site de campement désigné, situé à 60°43'20''S, 045°01'32''W. Si nécessaire, et dans le cadre d'objectifs définis dans un permis, un campement temporaire peut être érigé en dehors du site désigné au sein de la zone. Les camps doivent être situés sur des sites qui ne présentent pas de végétation, comme les parties sèches des plages surélevées ou des surfaces recouvertes d'une épaisse couche de neige (> 0,5 m) lorsque c'est possible, et doivent se tenir à l'écart des oiseaux et mammifères reproducteurs.

7(vi) Restrictions concernant les matériaux et organismes pouvant être introduits dans la zone

Aucun animal vivant, aucune forme de végétation et aucun micro-organisme ne seront introduits délibérément dans la zone. Pour garantir la préservation des valeurs de la flore et de l'écologie de la zone, des précautions spéciales devront être prises pour prévenir toute introduction accidentelle de microbes, d'invertébrés ou de végétaux provenant d'autres sites antarctiques ou de régions hors de l'Antarctique. Tout le matériel d'échantillonnage et les balises introduits dans la zone doivent être nettoyés et stérilisés. Dans la mesure du possible, les chaussures et autres équipements utilisés ou introduits dans la zone (y compris les sacs et les sacs à dos) doivent être minutieusement nettoyés avant d'entrer dans la zone. Davantage d'informations sont disponibles dans le manuel sur les espèces non indigènes du CPE (Édition 2011) et la liste du COMNAP/SCAR pour les gestionnaires de la chaîne d'approvisionnement des programmes antarctiques nationaux de réduction des risques d'acheminement d'espèces non indigènes. Compte tenu de la présence de colonies d'oiseaux reproducteurs dans la zone, aucun produit à base de volaille, y compris des déchets de tels produits et des produits contenant des ovoproduits séchés et non cuits, ne doit être introduit dans la zone ou dans l'espace marin adjacent.

Aucun herbicide ou pesticide ne doit être introduit dans la zone. Tout autre produit chimique, y compris les radionucléides ou les isotopes stables, qui peuvent être introduits pour des raisons scientifiques ou raisons de gestion visées dans le permis, seront enlevés de la zone au plus tard à la fin de l'activité pour laquelle le permis a été délivré. La libération directe de radionucléides ou d'isotopes stables dans l'environnement, qui les rendrait irrécupérable, est à éviter. Le carburant ou tout autre matériau chimique ne peut être entreposé dans la zone, à moins que le permis ne l'autorise spécifiquement. Auquel cas, ces matériaux doivent être entreposés et manipulés de sorte à limiter les risques d'introduction accidentelle dans l'environnement. Tous les matériaux sont introduits dans la zone pour une période déterminée uniquement, et doivent être enlevés lorsque cette période est échue. En cas de déversement susceptible de mettre en péril les valeurs de la zone, leur enlèvement est encouragé à condition que l'impact de celui-ci ne soit pas susceptible d'être supérieur à celui consistant à laisser le matériel in situ. L'autorité compétente doit être notifiée de tout élément libéré dans la zone et qui n'en a pas été enlevé, à moins que cela soit autorisé par le permis.

7(vii) Prélèvement de végétaux et capture d'animaux ou perturbations nuisibles à la faune et à la flore indigènes

Le prélèvement de végétaux et la capture d'animaux, ou les interférences nuisibles avec la faune et la flore sont interdits, hormis sur délivrance d'un permis conformément à l'Annexe II du Protocole au Traité sur l'Antarctique relatif à la protection de l'environnement. Dans le cas de captures ou de perturbations nuisibles d'animaux, le *Code de conduite du SCAR pour l'utilisation d'animaux à des fins scientifiques dans l'Antarctique* doit être utilisé comme norme minimale.

7(viii) Ramassage ou enlèvement de matériaux qui n'ont pas été apportés dans la zone par le détenteur du permis

Le prélèvement ou l'enlèvement de tout élément qui n'a pas été apporté dans la zone par le détenteur du permis ne devra se produire que dans le cadre d'un permis, et devra se limiter au strict nécessaire pour répondre aux besoins scientifiques et de gestion.

Les matériaux d'origine humaine susceptibles de mettre en péril les valeurs de la zone, qui n'ont pas été introduits dans celle-ci par le détenteur du permis ou qui n'ont pas été autrement autorisés, peuvent être enlevés de la zone à moins que l'impact environnemental de l'enlèvement ne soit plus grand que si les matériaux sont laissés in situ. Si tel est le cas, l'autorité compétente doit en être informée et son autorisation obtenue.

7(ix) Élimination des déchets

En tant que norme minimale, tous les déchets doivent être éliminés conformément à l'Annexe III du Protocole au Traité sur l'Antarctique relatif à la protection de l'environnement. De plus, tous les déchets seront enlevés de la zone. Les déchets liquides d'origine humaine peuvent être jetés à la mer. Les déchets humains solides ne seront pas jetés à la mer, mais seront extraits de la zone. Les déchets humains solides ou liquides ne doivent en aucun cas être éliminés à l'intérieur des terres.

7(ix) Mesures nécessaires afin de continuer à répondre aux buts et objectifs du plan de gestion.

- Des permis peuvent être délivrés pour entrer dans la zone afin d'y réaliser des études scientifiques, des activités de suivi et d'inspection du site, ce qui peut impliquer un prélèvement limité d'échantillons à des fins d'analyse, la mise en place et l'entretien de panneaux ou l'application de mesures de protection.

- Tous les sites faisant l'objet d'un suivi sur le long terme doivent être signalés de manière adéquate et les panneaux ou les bornes doivent être entretenus.

- Les activités scientifiques doivent être menées conformément au *Code de conduite du SCAR pour les activités se déroulant en environnement géothermique continental en Antarctique.*

7(xi) Rapports de visite

Le principal détenteur du permis pour chaque visite dans la zone soumet dès que possible et, au plus tard, six mois après que la visite a été effectuée, un rapport à l'autorité nationale compétente. Ces rapports doivent contenir, le cas échéant, les informations identifiées dans le formulaire de rapport de visite du Guide pour l'élaboration des plans de gestion des zones spécialement protégées de l'Antarctique. Le cas échéant, l'autorité nationale doit également transmettre une copie du rapport de visite à la Partie qui a proposé le plan de gestion afin de contribuer à la gestion de la zone et à la révision du plan de gestion. Les Parties doivent, dans la mesure du possible, déposer les originaux ou les copies de ces rapports dans une archive à laquelle le public pourra avoir accès afin de conserver une archive d'usage qui sera utilisée pour toute révision du plan de gestion et pour l'organisation de l'utilisation scientifique de la zone.

8. Bibliographie

Cantrill, D. J. 2000. A new macroflora from the South Orkney Islands, Antarctica: evidence of an Early to Middle Jurassic age for the Powell Island Conglomerate. Antarctic Science 12: 185-195.

Harris, C.M., Lorenz, K., Fishpool, L.D.C., Lascelles, B., Cooper, J., Coria, N.R., Croxall, J.P., Emmerson, L.M., Fijn, R.C., Fraser, W.L., Jouventin, P., LaRue, M.A., Le Maho, Y., Lynch, H.J., Naveen, R., Patterson-Fraser, D.L., Peter, H.-U., Poncet, S., Phillips, R.A., Southwell, C.J., van Franeker, J.A., Weimerskirch, H., Wienecke, B., and Woehler, E.J. 2015. *Important Bird Areas in Antarctica 2015*. BirdLife International and Environmental Research & Assessment Ltd., Cambridge.

Holmes, K. D. 1965. *Interim geological report on Matthews and Powell islands.* British Antarctic Survey AD6/2H/1965/G2. 2pp

Longton, R.E. 1967. Vegetation in the maritime Antarctic. In Smith, J.E., *Editor*, A discussion of the terrestrial Antarctic ecosystem. *Philosophical Transactions of the Royal Society of London*, B, **252**, 213-235.

Morgan, F., Barker, G., Briggs, C., Price, R. and Keys, H. 2007. *Environmental Domains of Antarctica Version 2.0 Final Report*. Manaaki Whenua Landcare Research New Zealand Ltd, 89 pp.

Ochyra, R., Bednarek-Ochyra, H. and Smith, R.I.L. *The Moss Flora of Antarctica*. 2008. Cambridge University Press, Cambridge: 704 pp.

Øvstedal, D.O. and Smith, R.I.L. 2001. *Lichens of Antarctica and South Georgia: A Guide to their Identification and Ecology*. Cambridge University Press, Cambridge, 411 pp.

Peat, H., Clarke, A., and Convey, P. 2007. Diversity and biogeography of the Antarctic flora. *Journal of Biogeography*, 34, 132-146.

Poncet, S., and Poncet, J. 1985. A survey of penguin breeding populations at the South Orkney Islands. *British Antarctic Survey Bulletin*, No. 68, 71-81.

Smith, R. I. L. 1972. *British Antarctic Survey science report 68*. British Antarctic Survey, Cambridge, 124 pp.

Smith, R. I. L. 1984. Terrestrial plant biology of the sub-Antarctic and Antarctic. In: *Antarctic Ecology*, Vol. 1. Rédacteur R. M. Laws. London, Academic Press.

Thomson, J. W. 1973. The geology of Powell, Christoffersen and Michelsen islands, South Orkney Islands. *British Antarctic Survey Bulletin*, Nos. 33 & 34, 137-167.

Thomson, M. R. A. 1981. Late Mesozoic stratigraphy and invertebrate palaeontology of the South Orkney Islands. *British Antarctic Survey Bulletin*, No. 54, 65-83.

Carte 1 : Position de l'île Powell du Sud et des îles Adjacentes par rapport aux îles Orcades du Sud et aux autres zones protégées de la région. <u>En médaillon</u> : position des îles Orcades du Sud en Antarctique.

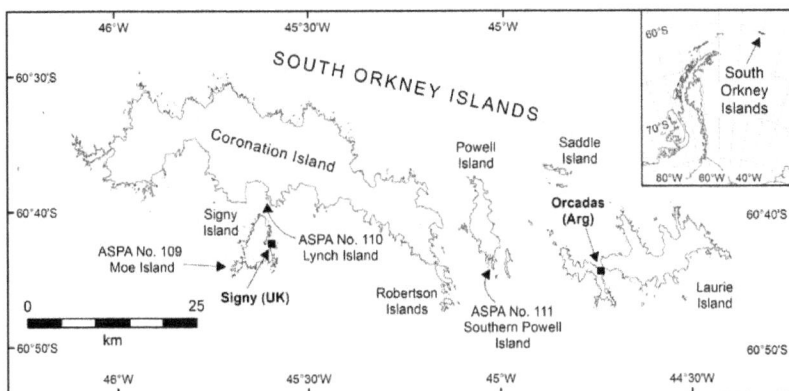

Carte 2 : Ile Powell du Sud et îles Adjacentes, zone spécialement protégée de l'Antarctique n° 111.

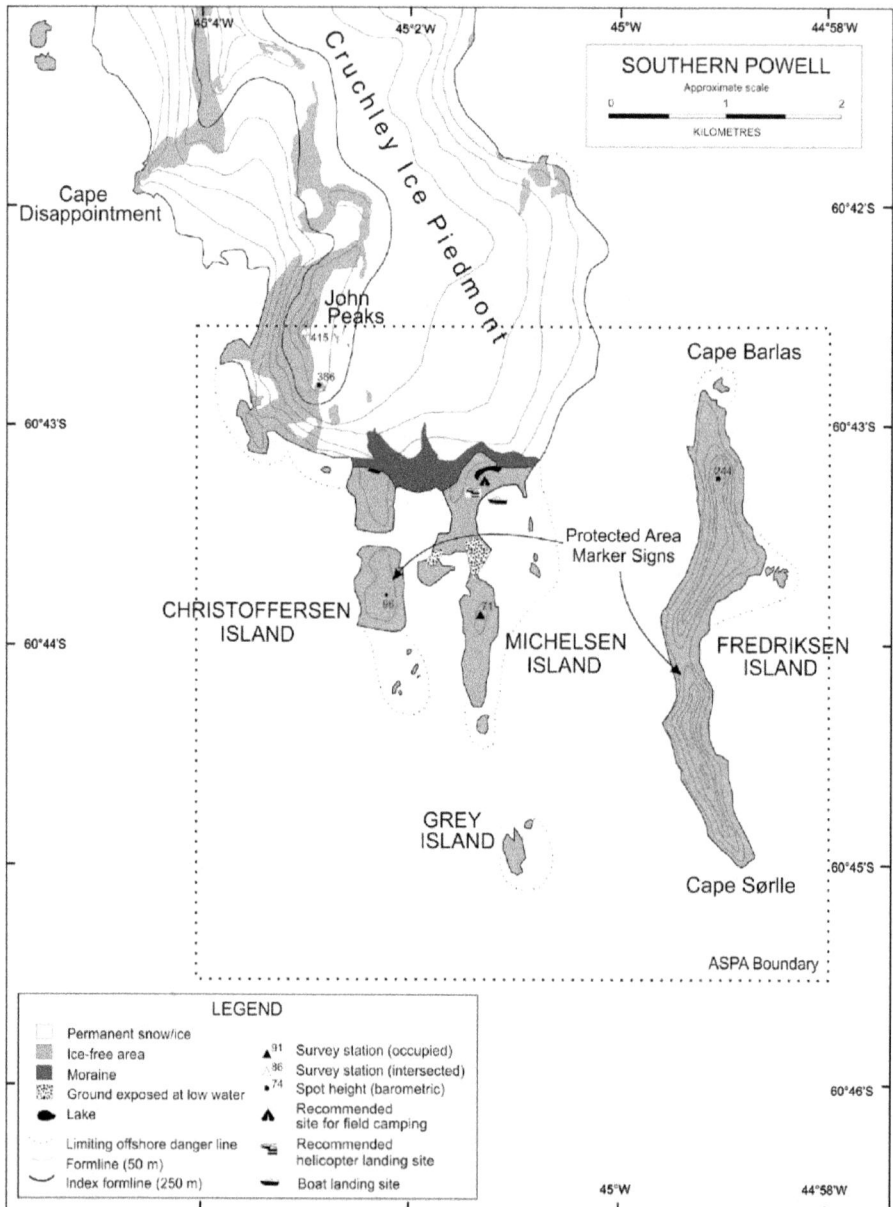

Plan de gestion pour la zone spécialement protégée de l'Antarctique nº 115

ÎLE LAGOTELLERIE, BAIE MARGUERITE, TERRE DE GRAHAM

Introduction

La principale raison qui à motivé la désignation de l'île Lagotellerie, baie Marguerite, terre de Graham (latitude 67 ° 53' 20 "S, longitude 67 ° 25' 30" O ; zone 1,58 km^2) comme zone spécialement protégée de l'Antarctique (ZSPA) est la protection des valeurs environnementales qu'elle abrite, et plus particulièrement la faune et la flore terrestres, sans oublier la faune aviaire.

L'île Lagotellerie s'étend sur environ 2 km de long et 1,3 km de large et est orientée dans le sens est-ouest. La zone se trouve à 11 km au sud de l'île Porquois et à 3,25 km à l'ouest de l'extrémité méridionale de l'île Horseshoe. La première carte de l'île Lagotellerie a été dressée par Jean-Baptiste Charcot lors de la Deuxième Expédition Antarctique française en 1908-1910. Ensuite, aucune visite n'a été enregistrée jusque dans les années quarante, lorsque des chercheurs américains, argentins et britanniques des stations de recherche voisines y vinrent occasionnellement L'île n'a fait l'objet d'aucune activité de recherche majeure, si bien qu'elle est en grande partie vierge de toute perturbation due aux activités humaines.

L'île Lagotellerie a été désignée à l'origine « zone spécialement protégée » dans la Recommandation XIII-11 (1985, ZSP n° 19), à la suite d'une proposition émanant du Royaume-Uni. Cette désignation était justifiée par le fait que l'île offre une flore variée et une faune typique de la région du sud de la péninsule antarctique. Ces valeurs ont été confirmées dans la Recommandation XVI-6 (1991) lors de l'adoption d'un Plan de gestion pour la zone, et elles sont largement réaffirmées dans le présent Plan de gestion.

La Résolution 3 (2008) recommandait que l'« Analyse des domaines environnementaux pour le continent Antarctique » serve de modèle dynamique pour l'identification des zones spécialement protégées de l'Antarctique dans le cadre environnemental et géographique systématisé visé à l'Article 3(2) de l'Annexe V du Protocole (voir également Morgan et al., 2007). Selon ce modèle, la ZSPA n° 115 relève du domaine environnemental B (géologie des latitudes moyennes nord de la péninsule antarctique). Parmi les autres zones protégées contenant le domaine environnemental B, on compte notamment les ZSPA 108, 134, 140 et 153 et la ZGSA 4. La résolution 6 (2012) a recommandé que les régions de conservation biogéographique de l'Antarctique (RCBA) soient utilisées pour l'identification des zones qui pourraient être désignées comme zones spécialement protégées de l'Antarctique dans le cadre environnemental et géographique systématique visé à l'Article 3(2) de l'Annexe V au protocole environnemental. La ZSPA 115 île Lagotellerie se trouve dans la RCBA 3, péninsule nord-ouest de l'Antarctique (Terauds et al., 2012). Par le biais de la résolution 5 (2015), les Parties ont reconnu l'utilité de la liste des zones importantes pour la conservation des oiseaux en Antarctique (ZICO) pour planifier et effectuer des activités en Antarctique. La zone importante pour la conservation des oiseaux en Antarctique ANT098 île Lagotellerie a la même limite que la ZSPA 115 et a été identifiée en raison de la présence d'une importante colonie de cormorans aux yeux bleus.

On trouve trois autres ZSPA dans la zone de la baie Marguerite (ZSPA 107, île Empereur, îles Dion ; ZSPA 117, île Avian ; et ZSPA 129, pointe Rothera). La ZSPA 107, île Emperor, et la ZSPA 117, île Avian, ont été désignées dans le but principal de protéger la faune aviaire de la zone alors que la ZSPA 129, pointe Rothera, a été désignée pour surveiller l'impact de la station avoisinante sur un écosystème d'altitude antarctique Par conséquent, l'île Lagotellerie complète le réseau local de ZSPA principalement en protégeant les communautés biologiques terrestres.

1. Description des valeurs à protéger

Après une visite à la ZSPA en février 2017, les valeurs précisées dans la désignation antérieure ont été réaffirmées. Ces valeurs sont décrites comme suit :

- L'île Lagotellerie offre une flore assez variée typique de la région du sud de la péninsule antarctique. La présence en abondance des deux seules plantes à fleurs de l'Antarctique (*Deschampsia antarctica et Colobanthus quitensis*), qui par endroits forment de denses parterres allant jusqu'à 10 m², est particulièrement intéressante Il s'agit là d'une des plus grandes communautés connues au sud des îles Shetland du Sud et elles poussent à seulement 90 km au nord de leur limite méridionale. Les deux espèces fleurissent à profusion et la viabilité des graines est supérieure à celle des graines produites dans les îles Orcades du Sud et Shetland du Sud.

- De nombreuses communautés de mousses et de lichens poussent sur l'île. Certaines de ces mousses sont fertiles, ce qui est un phénomène rare en Antarctique.

- L'île est connue comme étant le lieu où l'on note la présence de *Deschampsia antarctica* à la plus haute altitude au sud du 56 ° S : de petites plantes sporadiques y ont été observées jusqu'à une altitude de 275 m. L'île a donc un intérêt scientifique particulier pour l'étude future de l'influence de l'altitude sur la viabilité biologique de variétés de plantes représentées sur ce site.

- Il y a aussi une faune d'invertébrés assez nombreuse et l'île est un des sites les plus méridionaux pour le moucheron aptère *Belgica antarctica*.

- La couche peu épaisse de terre riche en terreau, qui s'est constituée sous la végétation, ainsi que sa faune invertébrée associée et ses microbiotes sont probablement uniques en leur genre sous cette latitude.

- Il y a une colonie de manchots Adélie (*Pygoscelis adeliae*) et une des colonies les plus méridionales de quelques plusieurs de cormorans aux yeux bleus (*Phalacrocarax atriceps*) à l'extrémité sud-est de l'île De nombreux couples de stercoraires bruns et du pôle sud (*Catharacta lonnbergi et C. maccarmicki*) se reproduisent sur l'île.

- Les valeurs liées à la présence de colonies de manchots et de stercoraires sont considérées comme leur interrelation écologique avec les autres caractéristiques biologiques d'intérêt exceptionnel évoquées ci-dessus.

- Les couches fossilifères à l'extrémité orientale de l'île présentent un intérêt géologique particulier, dans la mesure où de telles formations n'affleurent généralement pas dans le groupe d'îles volcaniques de la péninsule antarctique.

- L'île a connu peu de visites et d'activités de recherche et d'échantillonnage, c'est pourquoi elle est peut-être l'une des zones à végétation dense les plus intactes dans la région.

2. Buts et objectifs

Le Plan de gestion destiné à l'île Lagotellerie vise à :

- éviter toute détérioration ou tout risque important de détérioration des valeurs de la zone, en empêchant toute perturbation injustifiée de l'homme dans la zone ;

- autoriser la recherche scientifique dans la zone, à condition que ce soit pour des motifs impérieux qu'il n'est pas possible de servir ailleurs et qu'elle ne nuise pas au système écologique naturel de la zone ;

- autoriser les visites pour les besoins de la gestion de la zone en vue de la réalisation des buts du Plan de gestion ;

- éviter ou réduire l'introduction de plantes, d'animaux et de microorganismes non-indigènes dans la zone ;

- minimiser la possibilité d'introduction de pathogènes risquant de provoquer des maladies dans les populations d'oiseaux de la zone ;

- préserver l'écosystème naturel de la zone pour servir ultérieurement de zone de référence dans les études.

3. Activités de gestion

Les activités de gestion suivantes doivent être déployées en vue de la protection des valeurs de la zone :

- Des visites seront effectuées selon les besoins pour évaluer si la ZSPA continue à être utile aux fins auxquelles elle a été désignée et pour veiller à l'adéquation des mesures de gestion et d'entretien.

- Le Plan de gestion sera passé en revue au moins tous les cinq ans et mis à jour tel que requis.

- Les balises, panneaux ou structures mis en place dans la zone à des fins de recherche scientifique ou de gestion seront sécurisés et soigneusement entretenus et ils seront enlevés lorsqu'ils cesseront d'être utiles.

- Conformément aux termes de l'Annexe III du Protocole au Traité sur l'Antarctique concernant la protection de l'environnement, le matériel ou les matériaux abandonnés seront enlevés dans toute la mesure du possible, à condition que cet enlèvement ne porte pas atteinte à l'environnement et aux valeurs de la zone.

- Un exemplaire de ce Plan de gestion sera mis à la disposition de la station de recherche de Rothera (Royaume-Uni, Lat. 67° 34' S ; Long. 68° 07' O) et de la station General San Martín (Argentine, Lat. 68° 08' S ; Long. 67° 06' O).

- Toutes les activités de nature scientifique ou de gestion menées dans la zone doivent faire l'objet d'une évaluation d'impact sur l'environnement, conformément aux exigences stipulées dans l'Annexe I du Protocole au Traité sur l'Antarctique concernant la protection de l'environnement.

4. Durée de désignation

La ZSPA est désignée pour une période indéterminée.

5. Cartes

Figure 1. La ZSPA n° 115 île Lagotellerie, baie Marguerite, carte de localisation, montrant l'emplacement de la Station General San Martín (Arg.), la station Teniente Luis Carvajal (Chili), île Adélaïde, la station de recherche Rothera (UK) et la ZSPA 129 à proximité sur la pointe Rothera, également sur l'île Adélaïde, et l'emplacement des autres zones protégées dans la région (île Empereur, îles Dion [ZSPA 107] et île Avian [ZSPA 117]). La carte montre aussi la base Y (Royaume-Uni) (monument historique n° 63) sur l'île Horseshoe. Encart : emplacement de l'île Lagotellerie au large de la péninsule antarctique.

Figure 2. Carte 2. Ile Lagotellerie (ZSPA n° 115), carte topographique. Spécifications cartographiques : Projection : conique conforme de Lambert. Parallèles de référence : 1er 63° 20' 00" S; 2e 76° 40' 00"S; Méridien central: 65° 00' 00" O; Latitude d'origine : 70° 00' 00" S; Sphéroïde : WGS84. Ligne de référence : Niveau moyen de la mer Intervalles des courbes de niveau : 20 m. Précision de l'orthophotographie supérieure à 5 m.

Figure 3. Île Lagotellerie (ZSPA n° 115), carte géologique à main levée.

Figure 4. Indice normalisé de différentiation de la végétation (INDV), dérivé d'image satellite, pour la ZSPA n° 115 île Lagotellerie, baie Marguerite, terre de Graham, montrant la couverture de végétation verte en utilisant une gamme de couleurs de jaune → orange → rouge, avec le rouge indiquant les plus hautes valeurs INDV

6. Description de la zone

6(i) Coordonnées géographiques, et caractéristiques naturelles

LIMITES ET COORDONNÉES
Les coordonnées des extrémités de la zone sont indiquées au Tableau 1.

Extrémité	Latitude	Longitude
Nord-ouest	67 ° 52' 30 '' S	67 ° 27' 00 '' O
Nord-est	67 ° 52' 30 '' S	67 ° 22' 00 '' O
Sud-ouest	67 ° 54' 00 '' S	67 ° 27' 00 '' O
Sud-est	67 ° 54' 00 '' S	67 ° 22' 00 '' O

La zone comprend l'île Lagotellerie dans son ensemble et les îles et îlots adjacents sans nom. La zone englobe tout le terrain libre de glace, la glace éternelle et la glace semi-éternelle qui se trouvent dans ses limites, à l'exclusion de l'environnement marin qui s'étend au-delà de 10 m au large à partir de la laisse de basse mer (Figure 2) Il n'a pas été installé de bornage, la côte constituant par elle-même une frontière clairement définie et visuellement incontestable.

L'île Lagotellerie est une île rocheuse escarpée, couverte à 13 % environ de glace permanente, la plupart sur les versants sud. L'île culmine à deux sommets jumeaux de respectivement 268 et 288 mètres, séparés par un large col à environ 200 m d'altitude, avec des falaises abruptes jusqu'à cette altitude sur les flancs sud, ouest et est. Les versants nord les plus élevés ont aussi des falaises pentues, entrecoupées de ravines et d'éboulis et traversées par de larges terrasses rocheuses. Les versants nord moins élevés sont plus doux, en particulier dans la moitié est de l'île, avec une large terrasse rocheuse à une altitude de 15 m environ, constituée de matériaux détritiques provenant de l'érosion par le gel.

GÉOLOGIE

La plus grande partie de l'île Lagotellerie est constituée de diorite quartzique d'âge inconnu, entrecoupée de granodiorite rose à gros grains et de nombreux dykes basiques et felsiques (Figure 3). A l'extrémité est de l'île, les roches plutoniques sont en contact avec des roches volcaniques plissées du jurassique et du crétacé. Celles-ci sont composées d'agglomérats, de laves et de tufs andésitiques du groupe volcanique de la péninsule antarctique, avec des résidus végétaux — probablement jurassiques — présents dans des couches schisteuses entrecoupées de couches de tuf. Ces strates fossilifères ne sont pas couramment exposées dans le groupe volcanique de la péninsule antarctique et sont donc d'une importance géologique particulière.

Des zones parfois étendues de gros sable et de gravier provenant de l'érosion de diorite quartzique s'observent sur les versants, les barres rocheuses, dans les ravines et les dépressions ; les accumulations les plus étendues se trouvent sur le col situé entre les deux sommets, où le sol se compose de polygones, de cercles et de bandes de pierres bien ordonnées. Sur les larges terrasses rocheuses, des étendues compactes de mousse et d'herbe ont développé une couche de terre relativement riche en terreau allant jusqu'à 25 cm d'épaisseur. Les blocs erratiques glaciaires sont nombreux sur l'île.

COMMUNAUTÉS BIOLOGIQUES TERRESTRES

L'île possède une flore relativement diversifiée et un développement luxuriant des communautés végétales, représentatives de la région antarctique maritime méridionale. L'utilisation de techniques de télédétection satellite (indice normalisé de différenciation de la végétation) a identifié la zone de végétation verte au sein de la ZSPA à 0,06 km ² (environ 3,7 % de la superficie de la ZSPA) (voir Figure 4). La richesse biologique terrestre de l'île Lagotellerie a été observée pour la première fois par Herwil Bryant, un biologiste de la base Est (États-Unis, sur l'île Stonington, aujourd'hui monument historique n° 55), lors d'une visite effectuée en 1940-1941, lorsqu'il nota la présence de mousses, d'une graminée antarctique *Deschampsia antarctica* et d'une « petite plante à fleurs » (très certainement la sagine antarctique *Colobanthus quitensis)*, dans une petite ravine — vraisemblablement celle qui a été trouvée dans l'extrémité nord-est de l'île — qu'il considérait comme étant d'une richesse si inhabituelle pour ces latitudes qu'il en parlait en privé comme de la « vallée d'Eden ». Il n'a pas décrit les communautés moins luxuriantes, mais plus étendues, de *Deschampsia antarctica* et de *Colabanthus quitensis* découvertes sur les versants pls élevés orientés au nord de l'île. Ces versants et terrasses présentent aussi des conditions microclimatiques favorables à la croissance, avec une période assez longue sans neige, et portent en abondance des *Deschampsia antarctica* et des *Colobanthus quitensis,* la première formant des parterres denses allant jusqu'à 10 m² sur certaines des terrasses. Il s'agit là des plus grandes communautés de ces plantes connues au sud des îles Shetland du Sud. Ces deux espèces fleurissent à profusion et la viabilité de leurs graines est supérieure à celle des graines produites dans les îles Orcades du Sud et Shetland du Sud, et ce bien qu'on se trouve à une faible distance de leur limite méridionale. L'île Lagotellerie est connue comme étant le lieu où l'on note la présence de *Deschampsia antarctica* à la plus haute altitude au sud du 56ᵉ parallèle Sud, de petites plantes sporadiques y ayant été observées jusqu'à une altitude de 275 m. La variété *Colobanthus quitensis* a été observée jusqu'à une altitude de 120 m sur l'île.

L'île Lagotellerie a aussi une riche flore cryptogamique, avec de petits parterres de communautés bien développées comprenant de nombreux lichens et mousses rares sous cette latitude (en particulier les mousses *Platydictya jungermannioides* et les lichens *Caloplaca isidioclada, Fuscaparmelia gerlachei* et *Usnea trachycarpa*). Le nombre de variétés de bryophytes identifiées jusqu'ici comprend 20 mousses et deux eupatoires (*Barbilophozia hatcheri* et *Cephaloziella varians*), et il y a au moins 60 variétés de lichens. Il n'existe pas encore d'aperçu complet de la flore de l'île, si bien que de nombreuses espèces, en particulier des lichens crustacés, doivent encore être identifiées avec précision.

La végétation est la plus développée sur une série de terrasses rocheuses situées entre 30 et 50 m d'altitude sur le versant nord de l'île. *Deschampsia* et *Colobanthus* y poussent à profusion, et de denses parterres d'herbe s'étendent sur des superficies de plusieurs mètres carrés. Sont généralement associées à ces herbes, tout spécialement sur les terrasses les plus humides, les variétés de mousses *Brachythecium austro-salebrosum, Bryum spp., Pohlia milans, Polytrichastrum alpinum* et *Sanionia uncinata*, ainsi que les variétés d'eupatoires *Barbilophozia hatcheri* et *Cephaloziella varians.* Beaucoup de ces parterres d'herbes sont utilisés comme lieu de nidification par les stercoraires.

Dans les habitats plus secs, en particulier sur les versants à éboulis et rocheux, il y a des parterres denses où dominent les variétés de macrolichens *Usnea Sphacelata* et *U. subantarctica*, avec des *Pseudephebe minuscula*, des *Umbilicaria decussata* et un grand nombre de taxa crustacés Divers lichens sont associés aux communautés d'herbes et de mousses (par exemple *Cladania spp.*, *Leproloma spp., Leptogium puberulum. Ochrolechia frigida* et *Psoroma* spp.) Plusieurs espèces de lichens nitrophiles colorés (par exemple *Buellia spp., Caloplaca spp.. Fuscoparmelia gerlachei* et *Xanthoria* spp.)

De nombreux lichens (notamment *Caloplaca isidioclada, Pseudephebe minuscula, Usnea sphacelata, Umbilicaria decussata* et beaucoup de taxa crustacés) et quelques lichens (notamment *Grimmia reflexidens*) poussent près du sommet de l'île, de même que des plants épars de *Deschampsia*. Quelques bryophytes produisent des sporophytes à des latitudes très méridionales, mais plusieurs mousses sont fertiles sur l'île Lagotellerie elle-même (par exemple *Andreaea regularis, Bartramia patens, Bryum amblyodon, B. pseudotriquetrum, Grimmia reflexidens, Hennediella heimii, Pohlia nutans, Schistidium antarctici* et la *Syntrichia princeps*).

Il n'y a pas encore eu d'études spécifiques de la faune invertébrée sur l'île Lagotellerie. Toutefois, six espèces au moins d'arthropodes ont été observées : *Alaskozetes antarcticu, Gamasellus racovitza, Globoppia loxolineata* (acares), *Cryptopygus antarcticus , Friesea grisea* (Collembola), et *Belgica antarctica* (diptères, chironomides). Plusieurs espèces de champignons nématophages ont été isolées dans des sols associés à des mousses et aux *Deschampsia* sur l'île Lagotellerie (*Cephalosporium balanoides, Dactylaria gracilis* et *Dactylella ellipsaspora*), toutes des espèces qui sont largement représentées dans des habitats similaires dans l'Antarctique et que l'on trouve aussi dans des sols tempérés.

Bryant a fait état au début des années quarante de plusieurs petites mares sur l'île, qui sont probablement les mêmes, ou à peu près, que celles observées plus récemment sur la vaste plaine de faible altitude dans la partie nord de l'île. Il y nota la présence de nombreux crustacés phyllopodes, identifiés comme étant de *Branchinecta granulosa*. Dans l'une des mares, des pierres étaient recouvertes d'une algue filamenteuse d'un vert vif, sur laquelle il a observé des acariens du type *Alaskozetes antarcticus*. On trouvait également ce dernier sous des cailloux au fond de la mare. Bryant a observé la présence de très nombreux autres micro-organismes du type trochelminth vivant dans les algues, avec un rotifère rose identifié comme étant *Philodina gregaria*. De petites touffes d'une algue gris-vert ont été observées sur de gros cailloux près du fond de la mare. Les algues n'ont pas été décrites de façon plus détaillée, bien que la présence de *Prasiola crispa* ait été constatée. Des observations plus récentes, datant du début des années quatre-vingt, laissaient penser qu'il n'y a pas d'étendues permanentes d'eau douce sur l'île, mais des ruisseaux non permanents ont été trouvés en été, avec des mares saumâtres dans des dépressions rocheuses près de la côte nord Les missions d'inspection effectuées en janvier 1989 et plus récemment ont noté la présence de plusieurs petites mares d'eau de fonte d'environ 5 à 10 m², dont certaines bordées de parterres de mousse humide, et ont conclu qu'il s'agissait probablement de l'habitat de *Belgica antarctica*.

FAUNE VERTÉBRÉE

Une petite colonie de manchots Adélie (*Pygoscelis adeliae*) occupe le promontoire de l'île (Figure 2). Leur nombre varie entre un minimum de 350 à 400 couples selon une estimation faite en décembre 1936 et un maximum de 2 402 couples enregistrés lors d'un comptage précis du nombre de nids effectué en novembre 1955. Le comptage de la colonie datant du 19 février 2011 a recensé environ 1 850 adultes et oisillons (marge d'erreur inférieure à 10 %). La colonie a pourvu en œufs, de 1955 à 1960, le personnel stationné à la base britannique Y toute proche, sur l'île Horseshoe. On rapporte qu'en 1955 quelque 800 œufs ont ainsi été ramassés.. Le nombre de couples nicheurs a baissé jusqu'à atteindre le millier en 1959 et en 1960. Les colonies de manchots Adélie sont connues pour leurs grandes variations du nombre d'individus d'une année à l'autre, en fonction de divers facteurs naturels ; en mars 1981, on a constaté la mort des mille poussins de la colonie. Selon des estimations faites suite à un comptage des poussins en février 1983, la colonie devait comprendre approximativement 1 700 couples, compte tenu d'une marge d'erreur de 15 à 25 %.

Une petite colonie de cormorans aux yeux bleus (*Phalacrocorax atriceps*) a été observée sur le promontoire est de l'île, qui constitue une des zones de nidification les plus méridionales connues de cette espèce. Quelque 200 oiseaux immatures ont été observés à portée de vue de l'île, le 16 janvier 1956. Le 17 février 1983, les chercheurs ont dénombré dix nids. La mission d'inspection de l'île Lagotellerie en janvier 1989 n'a pas vu la colonie. Cependant, environ 250 adultes et poussins ont été observés en février 2011 et de nombreux nids contenaient deux grands poussins.

On trouve aussi, sur l'île, des stercoraires bruns et des stercoraires du pôle Sud (*Catharacta lonnbergi et C. maccaormicki*) : on en a dénombré douze nids en 1956 et constaté que beaucoup des poussins étaient avec certitude des stercoraires du pôle Sud (*C. maccormicki*). En 1958, on a estimé à cinq le nombre de couples nichant autour de la colonie de manchots et on a constaté la présence des deux espèces. Un groupe de 59 oiseaux non nicheurs des deux espèces a été observé le 12 janvier 1989 à mi-chemin du côté nord de l'île. Deux nids d'océanites de Wilson (*Oceanites aceanicus*) ont été notés le 14 janvier 1956. Un nid de goélands (*Larus dominicanus*), avec des œufs, a été noté dans la « vallée d'Eden » par Bryant en décembre 1940 (pour plus d'information sur la vie aviaire dans la zone, voir Harris et al., 2015).

La mission d'inspection de janvier 1989 a noté la présence de 12 phoques de Weddell (*Leptonychotes weddellii*) sur une étroite bande littorale au pied d'une pointe rocheuse de la côte nord, mais aucun autre phoque n'a été observé. En revanche, la mission d'inspection de février 2011 a constaté quelque 200 otaries à fourrure du côté nord de l'île et parmi la colonie de manchots Adélie (notamment au sud de la colonie au-dessus des plages de galets). Vingt phoques de Weddell ont également été observés.

IMPACT DE L'HOMME

L'impact environnemental le plus significatif sur l'île Lagotellerie est dû au ramassage d'œufs pour l'alimentation du personnel des bases des environs dans la période 1955-1960. La mission d'inspection de février 2011 n'a constaté aucun changement physique ou biologique récent sur l'île et elle en a conclu que la zone continuait de répondre aux objectifs pour lesquels elle avait été désignée.

6 (ii) Accès à la zone

- L'accès à la zone se fera par embarcation. L'accès à partir de la mer se fera sur la côte nord de l'île (Figure 2), sauf autorisation expresse, stipulée dans le permis, d'accoster ailleurs ou sauf si accoster sur cette côte est difficile en raison de conditions défavorables. Le littoral est généralement rocheux et les sites d'accostage recommandés se situent sur la côte nord aux coordonnées suivantes : Lat. 67° 52' 57'' ; Long. ; 067° 24' 03'' et Lat. 67° 53' 04'' Long. 067° 23' 30'' (voir Figure 2).

- L'accès à la zone est interdit sur 100 m de chaque côté de la ravine sur la côte nord-est aux coordonnées Lat. 67° 53' 10'' ; Long. 067° 23' 13'' (c'est-à-dire la côte sous-jacente à la vallée officieusement dénommée « vallée d'Eden » par Bryant ; voir Figure 2). La vallée qui s'étend à l'intérieur des terres depuis ce littoral contient la végétation la plus riche l'île et il est déconseillé d'y mener des activités non essentielles, et ce afin de réduire les effets des piétinements (Figure 2). Ces restrictions s'appliquent également aux personnes souhaitant accéder à la zone par la glace de mer en hiver.

- Dans des circonstances exceptionnelles où un atterrissage s'avérerait nécessaire, dans le respect des objectifs du Plan de gestion, les hélicoptères peuvent atterrir sur l'aire d'atterrissage prévue à cet effet située à côté de l'emplacement recommandé du camp, sur la large plate-forme rocheuse/de neige permanente, environ à mi-chemin le long de la côte nord-ouest, à environ 15 m d'altitude et à 200 m à l'intérieur des terres à partir de la mer (Lat. 67°

53' 04'' ; Long. 067° 23' 43''). L'atterrissage d'hélicoptères est interdit ailleurs dans la zone, sauf autorisation expresse stipulée dans le permis.

- À l'intérieur de la zone, le pilotage d'aéronefs doit s'effectuer au minimum conformément aux « Lignes directrices pour les aéronefs à proximité des concentrations d'oiseaux » énoncées dans la Résolution 2 (2004). Lorsque les conditions impliquent un survol plus bas que l'altitude recommandée dans ces lignes directrices, l'aéronef se doit de voler aussi haut que faire se peut et d'écourter au maximum la durée de vol dans la zone.
- Le survol, à la pointe orientale de l'île, de la colonie de manchots/cormorans est interdit au-dessous de 610 m (2 000 pieds) (Figure 2).
- L'utilisation de grenades fumigènes des hélicoptères dans la zone est interdite, sauf pour des raisons impérieuses de sécurité. En cas d'utilisation de fumigènes, toutes les grenades doivent être récupérées.

6(iii) Emplacement des structures dans la zone et à proximité directe

Un cairn ainsi que les restes d'un mât d'observation érigé dans les années 1960 se trouvent au sommet de l'île. Au cours de la mission d'inspection de février 2011, une partie du câblage et les restes d'un drapeau de délimitation noir associés au mât ont été enlevés. Les cinq poteaux en bambou de 8 à 10 mètres de long dont était composé le mât à l'origine ont été rassemblés et rangés en sécurité avec six piquets métalliques à proximité du sommet est de l'île (288 m). En février 2017, tous les poteaux en bambou et les piquets métalliques ont été supprimés.

On trouve un cairn d'environ 1 m de haut sur la côte nord de l'île (Lat. 67° 53' 16'' ; Long. 067° 22' 51'') et un amas de pierres de 30 cm de haut dans lequel est planté une courte baguette en bois surmontée d'un disque en métal de 2,5 cm de diamètre avec l'inscription « 10 » est situé sur les falaises à l'ouest de la colonie de manchots (Lat. 67° 53' 17'' ; Long. 067° 22' 46''). Il ne semble pas y avoir d'autres structures sur l'île.

Deux stations de recherche scientifique fonctionnant toute l'année se trouvent à proximité : General San Martín (Argentine ; Lat. 68 ° 08' S, Long. 67 ° 06' O) qui se trouve à 29,5 km au sud-sud-est, et la station britannique de recherche de Rothera (Lat. 67° 34' S ; Long. 68° 07' O), qui se trouve à 46 km au nord-ouest. Une station de recherche ne fonctionnant qu'en été, la station de Teniente Luis Carvajal (Lat. 67° 46' S ; Long. . 68° 55' O) a été mise en service par le Chili en 1985 à la pointe méridionale de l'île Adélaïde.

6 (iv) Emplacement d'autres zones protégéesà proximité de la zone

Les zones protégées les plus proches de l'île Lagotellerie sont l'île Empereur, îles Dion (ZSPA n° 107) à environ 55 km à l'ouest, l'île Avian (ZSPA n° 117) à 65 km à l'ouest et la pointe Rothera (ZSPA n° 129) à 46 km au nord-ouest (Figure 1). Plusieurs monuments et sites historiques se trouvent à proximité : la base Y (R.-U.) sur l'île Horseshoe (MSH n° 63) ; la base E (R.-U.) (MSH n° 64) et les bâtiments et ouvrages sur et à proximité de la base Est (USA) (MSH n° 55), toutes deux sur l'île de Stonington ; et les installations de la station de recherche de San Martin (Argentine) sur l'île Barry (MSH n° 26).

6 (v) Zone spéciale à l'intérieur de la zone
Aucune

7. Critères de délivrance du permis

7(i) Critères de délivrance du permis d'ordre général

L'entrée dans la zone est interdite sauf en conformité avec un permis délivré par une autorité nationale compétente désignée en vertu de l'Article 7 de l'Annexe V du Protocole au Traité sur l'Antarctique concernant la protection de l'environnement.

La délivrance du permis est régie par les critères suivants :

- Il est émis pour un usage scientifique convaincant qui ne peut pas être signifié ailleurs ;
- il est délivré pour des activités de gestion essentielles telles que l'inspection, la maintenance ou des études ;
- les actions autorisées ne doivent pas nuire au système écologique naturel de la zone ;
- toutes les activités de gestion doivent contribuer aux objectifs du Plan de gestion ;
- les activités autorisées sont conformes au présent Plan de gestion ;
- dans la zone, il faut être muni du permis ;
- le permis est délivré pour une période déterminée ;
- un ou plusieurs rapports doivent être transmis à l'autorité ou aux autorités nommées dans le permis ;
- l'autorité compétente sera informée de toute activité/mesure entreprise qui n'a pas été incluse dans le permis.

7 (ii) Accès à la zone et déplacements à l'intérieur ou au-dessus de celle-ci

- Les véhicules sont interdits à l'intérieur de la zone.

- Les déplacements au sein de la zone doivent se faire à pied.

- Les pilotes, les équipages des hélicoptères et des bateaux ou d'autres personnes à bord des hélicoptères ou des bateaux, ne sont pas autorisés à s'éloigner à pied de la proximité immédiate des sites prévus pour l'atterrissage ou l'accostage, sauf autorisation expresse stipulée dans le permis.

- Le trafic pédestre doit être limité au minimum nécessaire pour atteindre les objectifs de toute activité autorisée et tout doit être raisonnablement mis en œuvre pour minimiser les effets du piétinement. En d'autres termes, tous les déplacements doivent se faire avec précaution, afin de réduire au minimum les perturbations du sol et des surfaces revêtues de végétation, en marchant, si possible, sur un terrain rocheux.

- Le survol de colonies d'oiseaux dans la Zone par des systèmes d'aéronef télépiloté (RPAS) n'est pas autorisé, sauf à des fins scientifiques ou opérationnelles, et en vertu d'un permis émis par une autorité nationale compétente.

7(iii) Activités qui peuvent être menées dans la zone

- Études scientifiques qui ne portent pas atteinte à l'écosystème ou aux valeurs scientifiques de la zone et qu'il n'est pas possible de réaliser ailleurs ;
- Activités essentielles de gestion, y compris la surveillance.

7(iv) Installation, modification ou enlèvement de structures

Aucune structure ne peut être construite dans la zone et aucun matériel scientifique ne peut y être installé, sauf s'ils doivent servir aux activités de gestion ou aux recherches scientifiques indispensables conformément aux dispositions stipulées dans le permis pour une période prédéterminée. L'installation (y compris la sélection du site), l'entretien, la modification ou le retrait de structures et de matériel s'effectueront de manière à causer le moins de perturbations possible aux valeurs de la zone. Toutes les structures ou le matériel scientifique installés dans la zone doivent être clairement identifiés, indiquant le pays, le nom du responsable des recherches et l'année d'installation. Ces objets ne devront pas contenir d'organismes, de propagules (par ex. semences, œufs) ou de terre non stérile et ils seront fabriqués à base de matériaux capables de résister aux conditions environnementales et présentant le moins de risque de contamination pour la zone (voir Section 7 *[vi]*) La délivrance du permis sera soumise à la condition que les structures ou le matériel spécifiques pour lequel le permis a expiré soit enlevés. Les structures ou installations permanentes sont formellement interdites.

7(v) Emplacement des campements

S'ils sont nécessaires aux objectifs énoncés dans le permis, les campements temporaires seront autorisés au site désigné sur la large plate-forme rocheuse/de neige permanente environ à mi-chemin le long de la côte nord-ouest à environ 15 m d'altitude et à 200 mètres à l'intérieur des terres à partir de la mer (Lat. 67° 53' 04'' ; Long. 067° 23' 43'' O.

7(vi) Restrictions concernant les matériaux et organismes pouvant être introduits dans la zone

Aucun animal, plante ou micro-organisme vivant ne pourra être délibérément introduit dans la zone. Pour garantir la protection de l'écologie et de la flore de la zone, il conviendra d'être particulièrement vigilant contre l'introduction involontaire de microbes, d'invertébrés ou de plantes issus d'autres sites en Antarctique, y compris les stations, ou d'autres régions hors Antarctique. Tous les matériels d'échantillonnage ou balises introduits dans la zone seront nettoyés ou stérilisés. Dans la mesure du possible, les chaussures et autres équipements utilisés ou introduits dans la zone (y compris les sacoches et sacs à dos) devront être préalablement nettoyés à fond. Le *manuel sur les espèces non-indigènes du CPE* (édition 2016) et *le code de conduite environnementale pour la recherche scientifique sur le terrain en antarctique (SCAR 2009)*. Compte tenu de la présence de colonies d'oiseaux nicheurs, aucun produit de basse-cour, y compris les déchets associés à ces produits et les produits contenant des œufs crus en poudre, ne pourra être jeté dans la zone ou dans la mer adjacente.

Aucun herbicide ou pesticide ne pourra être introduit dans la zone. Tous les autres produits chimiques, y compris les radionucléides et les isotopes stables, amenés sur le site aux fins de recherches scientifiques ou d'activités de gestion stipulées dans le permis, devront être retirés de la zone au moment de ou avant la conclusion de l'activité pour laquelle le permis a été délivré. L'émission directe de radionucléides ou d'isotopes stables dans l'environnement d'une manière qui empêche de les récupérer devrait être évitée. Aucun combustible ou autre produit chimique ne sera entreposé dans la zone, sauf autorisation expresse stipulée dans le permis. Les matériaux introduits seront entreposés et manipulés de manière à éviter tout risque d'introduction involontaire dans l'environnement. Les matériaux seront introduits dans la zone pour une période donnée seulement et devront être retirés à l'expiration ou avant l'expiration de cette période. Si des matériaux libérés sont susceptibles de porter atteinte aux valeurs de la zone, l'enlèvement n'est conseillé que s'il ne cause pas plus de dommages que de les laisser sur place. L'autorité compétente devra être informée de tout matériau libéré et non enlevé qui n'était pas inclus dans le permis délivré.

7(vii) Prise de flore et de faune indigènesou interférences nuisibles avec celles-ci

Ces activités sont interdites, sauf dispositions contraires stipulées dans le permis conformément à l'Annexe II du Protocole au Traité sur l'Antarctique concernant la protection de l'environnement. . Dans le cas de prise d'animaux ou d'interférences nuisibles avec des animaux, il convient de respecter au moins les normes du *Code de conduite du SCAR relatif à l'utilisation d'animaux à des fins scientifiques en Antarctique.*

Afin d'éviter toute perturbation causée par l'homme dans la colonie de cormorans en phase de reproduction et notamment l'envol précipité de leurs oisillons, les visiteurs ne s'approcheront pas à moins de 10 m de la colonie de cormorans à l'extrémité est de l'île entre le 15 octobre et le 28 février, sauf autorisation expresse stipulée dans le permis à des fins scientifiques ou de gestion.

7(viii) Collecte ou enlèvement à l'intérieur de la zone de toute matière n'ayant pas été apportée par le titulaire d'un permis

Toute chose qui n'a pas été apportée dans la zone par le titulaire d'un permis ne peut être collectée et/ou enlevée de la zone que conformément aux dispositions d'un permis ; cette collecte et/ou cet enlèvement doivent être limités au minimum nécessaire pour répondre à des besoins scientifiques ou à des besoins de gestion. Aucun permis ne sera délivré dans les cas où il est proposé de prendre, d'enlever ou d'endommager des quantités de terre, de flore ou de faune indigènes telles que leur répartition ou leur abondance sur l'île Lagotellerie seraient significativement perturbées. Les matières d'origine humaine qui n'ont pas été introduites dans la zone par le titulaire du permis ou avec une autorisation et qui pourraient porter atteinte aux valeurs de la zone doivent être enlevées, à moins que l'impact de l'enlèvement soit supérieur à l'impact qu'aurait le fait de les laisser sur place. Si tel est le cas, l'autorité compétente doit en être informée.

7(ix) élimination des déchets

Tous les déchets seront éliminés conformément à l'Annexe III du Protocole au Traité sur l'Antarctique concernant la protection de l'environnement, et ce comme norme minimale. De plus, tous les déchets doivent être enlevés de la zone. Les déchets humains liquides peuvent être rejetés en mer. Les déchets humains solides ne doivent pas être jetés à la mer mais retirés de la zone. Les déchets humains solides ou liquides ne doivent en aucun cas être jetés à l'intérieur des terres.

7(x) Mesures pouvant être nécessaires pour garantir que les buts et objectifs du Plan de gestion soient à tout moment respectés

- Des permis peuvent être délivrés pour entrer dans la zone afin d'y réaliser des travaux de recherche scientifique, de surveillance et d'inspection du site, qui peuvent faire intervenir le prélèvement d'un petit nombre d'échantillons à des fins d'analyse, pour installer ou entretenir les panneaux ou autres dispositifs de protection.

- Tout site de surveillance à long terme devra être correctement balisé et les balises ou panneaux devront être entretenus de manière satisfaisante.

- Les activités de nature scientifique seront menées conformément au *Code de conduite environnementale du SCAR pour la recherche scientifique sur le terrain en antarctique*.

7(xi) Rapports de visite

Pour chaque visite effectuée dans la zone, le principal titulaire du permis délivré soumettra un rapport à l'autorité nationale compétente dans les plus brefs délais et, au plus tard, dans les six mois suivant la visite dans la zone. Ce rapport doit inclure, s'il y a lieu, les renseignements identifiés dans le formulaire de rapport de visite qui figure dans le Guide pour la préparation des plans de gestion des zones spécialement protégées en Antarctique. Le cas échéant, l'autorité nationale transmettra également un exemplaire du rapport de visite à la Partie dont a émané la proposition de Plan de gestion, et ce en vue de contribuer à la gestion de la zone et à la révision du Plan de gestion. Dans la mesure du possible, les Parties doivent déposer les originaux ou des copies des rapports de visite originaux dans une archive à laquelle le public pourra avoir accès, en vue de conserver une archive d'usage, qui sera utilisée dans le réexamen du Plan de gestion et dans l'organisation de l'emploi scientifique de la zone.

8. Documents de référence

Bryant, H.M. 1945. Biology at East Base, Palmer Peninsula, Antarctica. Reports on scientific results of the United States Antarctic Service Expedition 1939-1941. In *Proceedings of the American Philosophical Society* **89**(1): 256-69.

Block, W. and Star, J. 1996. Oribatid mites (Acari: Oribatida) of the maritime Antarctic and Antarctic Peninsula. *Journal of Natural History* **30**: 1059-67.

Convey, P. and Smith, R.I. Lewis 1997. The terrestrial arthropod fauna and its habitats in northern Marguerite Bay and Alexander Island, maritime Antarctic. *Antarctic Science* **9**(1):12-26.

Croxall, J.P. and Kirkwood, E.D. 1979. The distribution of penguins on the Antarctic Peninsula and the islands of the Scotia Sea. British Antarctic Survey, Cambridge.

Farquharson, G.W and Smellie, J.L. 1993. Sedimentary section, Lagotellerie Island. Unpublished document, British Antarctic Survey Archives Ref 1993/161.

Gray, N.F. and Smith, R.I. Lewis. 1984. The distribution of nematophagous fungi in the maritime Antarctic. *Mycopathologia* **85**: 81-92.

Harris, C.M., Lorenz, K., Fishpool, L.D.C., Lascelles, B., Cooper, J., Coria, N.R., Croxall, J.P., Emmerson, L.M., Fijn, R.C., Fraser, W.L., Jouventin, P., LaRue, M.A., Le Maho, Y., Lynch, H.J., Naveen, R., Patterson-Fraser, D.L., Peter, H.-U., Poncet, S., Phillips, R.A., Southwell, C.J., van Franeker, J.A., Weimerskirch, H., Wienecke, B., and Woehler, E.J. 2015. *Important Bird Areas in Antarctica 2015*. BirdLife International and Environmental Research & Assessment Ltd., Cambridge.

Lamb, I.M. 1964. Antarctic lichens: the genera *Usnea, Ramalina, Himantormia, Alectoria, Cornicularia. BAS Scientific Report* **38**, British Antarctic Survey, Cambridge.

Matthews D.W. 1983. The geology of Horseshoe and Lagotellerie Islands, Marguerite Bay, Graham Land. *British Antarctic Survey Bulletin* **52**: 125-154.

McGowan, E.R. 1958. Base Y Ornithological report 1958-59. Unpublished BAS internal report AD6/2Y/1958/Q.

Morgan, F., Barker, G., Briggs, C., Price, R. and Keys, H. 2007. Environmental Domains of Antarctica Version 2.0 Final Report, Manaaki Whenua Landcare Research New Zealand Ltd, 89 pp.

Poncet, S. and Poncet, J. 1987. Censuses of penguin populations of the Antarctic Peninsula, 1983-87. *British Antarctic Survey Bulletin* **77**: 109-129.

SCAR (Comité scientifique pour la recherche antarctique) (2009). Code de conduite environnementale pour la recherche scientifique sur le terrain en Antarctique. XXXIIe RCTA IP4.

Smith, H.G. 1978. The distribution and ecology of terrestrial protozoa of sub-Antarctic and maritime Antarctic islands. *BAS Scientific Report* **95**, British Antarctic Survey, Cambridge.

Smith, R.I. Lewis, 1982. Farthest south and highest occurrences of vascular plants in the Antarctic. *Polar Record* **21**: 170-73.

Smith, R.I. Lewis, 1996. Terrestrial and freshwater biotic components of the western Antarctic Peninsula. In Ross, R.M., Hofmann, E.E. and Quetin, L.B. *Foundations for ecological research west of the Antarctic Peninsula*. Antarctic Research Series **70**: American Geophysical Union, Washington D.C.: 15-59.

Star, J., and Block, W. 1998. Distribution and biogeography of oribatid mites (Acari: Oribatida) in Antarctica, the sub-Antarctic and nearby land areas. *Journal of Natural History* **32**: 861-94.

Terauds, A., Chown, S. L., Morgan, F., Peat, H. J., Watt, D., Keys, H., Convey, P., and Bergstrom, D. M. 2012. Conservation biogeography of the Antarctic. Diversity and Distributions 18: 726–41.

United Kingdom. 1997. *List of protected areas in Antarctica.* Foreign and Commonwealth Office, London.

Usher, M.B. 1986. Further conserved areas in the maritime Antarctic. *Environmental Conservation* 13: 265-66.

Vaughan, A. 1994. A geological field report on N and E Horseshoe Island and SE Lagotellerie Island, Marguerite Bay, and some adjoining areas of S. Graham Land. 1993/94 Field Season. Unpublished report, BAS Archives Ref R/1993/GL5.

Woehler, E.J. (ed) 1993. The distribution and abundance of Antarctic and sub-Antarctic penguins. SCAR, Cambridge

Figure 1. La ZSPA n° 115, île Lagotellerie, baie Marguerite, carte de localisation, montrant l'emplacement de la Station General San Martín (Arg.), la station Teniente Luis Carvajal (Chili), île Adélaïde, la station de recherche Rothera (UK) et la ZSPA 129 à proximité sur la pointe Rothera, également sur l'île Adélaïde, et l'emplacement des autres zones protégées dans la région [île Empereur , îles Dion (ZSPA 107) et île Avian (ZSPA 117)]. La carte montre aussi la base Y (Royaume-Uni) (monument historique n° 63) sur l'île Horseshoe. Encart : emplacement de l'île Lagotellerie au large de la péninsule Antarctique.

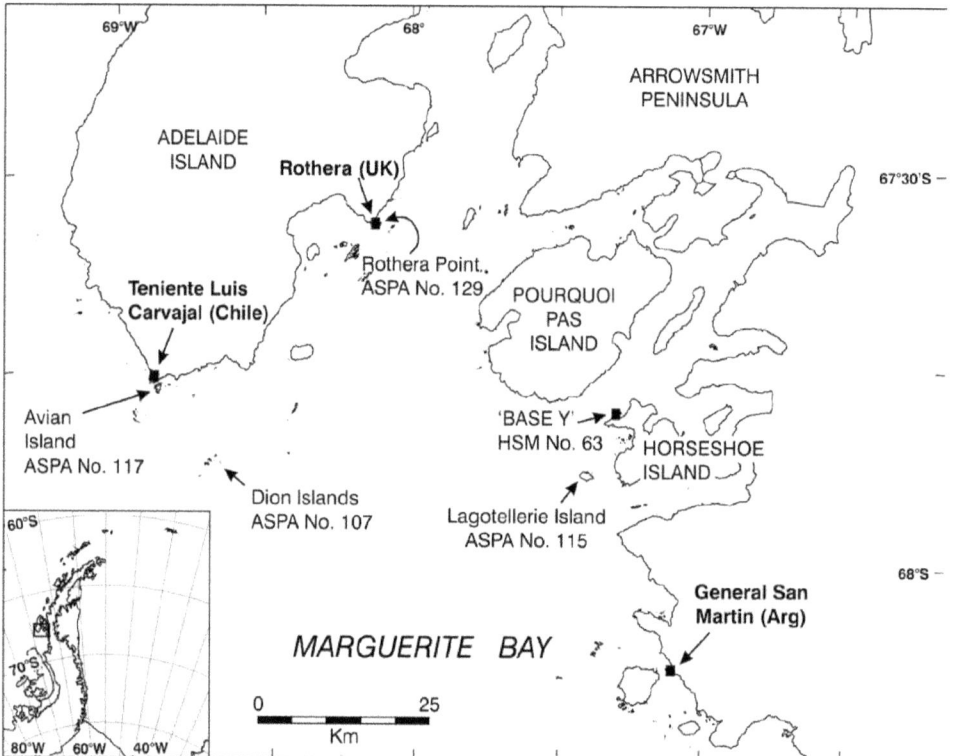

Figure 2. Carte 2. Île Lagotellerie (ZSPA n° 115), carte topographique.

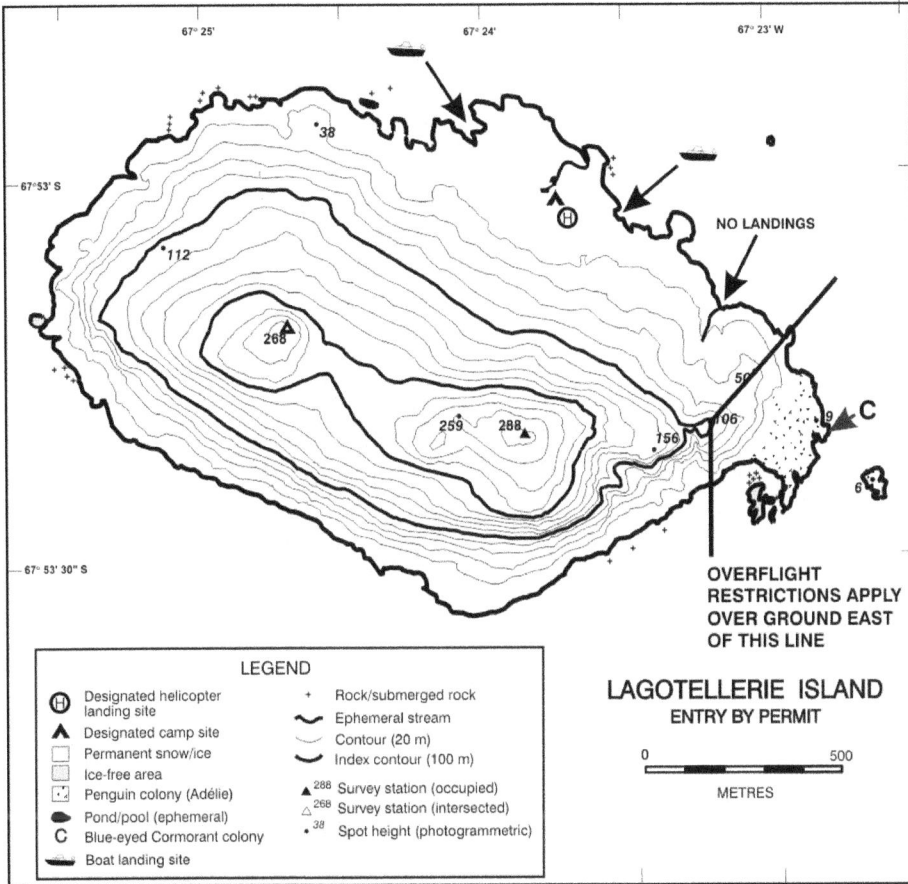

Figure 3. Île Lagotellerie (ZSPA n° 115), carte géologique à main levée.

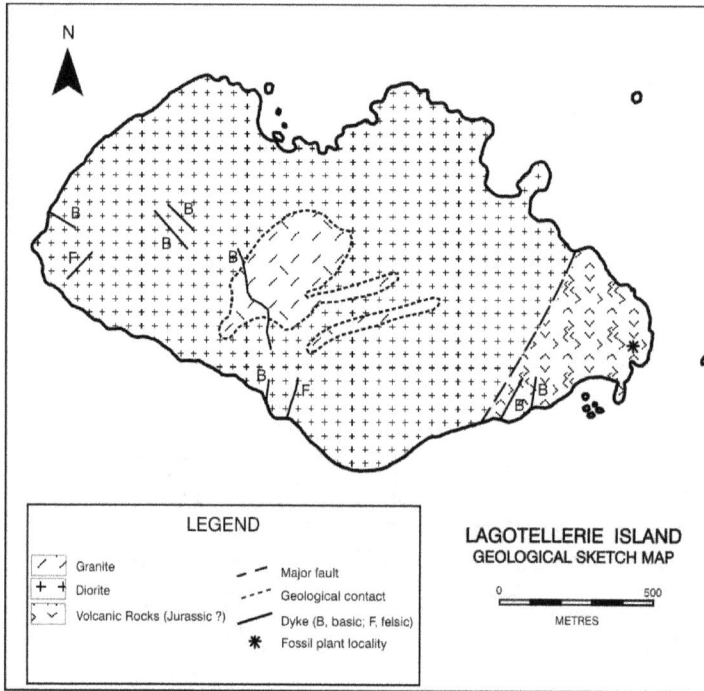

Figure 4. Indice normalisé de différentiation de la végétation (INDV), dérivé d'image satellite, pour la ZSPA n° 115 île Lagotellerie, baie Marguerite, terre de Graham, montrant la couverture de végétation verte en utilisant une gamme de couleurs de jaune → orange → rouge, avec le rouge indiquant les plus hautes valeurs INDV

Plan de gestion pour la Zone spécialement protégée de l'Antarctique ZSPA n° 129

Pointe Rothera, île Adelaïde

Introduction

Pointe Rothera, île Adélaïde (Lat. 68°07'S ; Long. 67°34'O), îles Shetland du Sud, a principalement été désignée zone spécialement protégée de l'Antarctique (ZSPA) pour protéger les valeurs scientifiques car elle pouvait servir de zone de référence en fonction de laquelle il était possible de surveiller les effets de l'impact humain associé à la station de recherche adjacente, Rothera (Royaume-Uni), dans un écosystème d'altitude antarctique. La pointe Rothera a été désignée pour la première fois dans la Recommandation XIII-8 (1985, SISP n°9) après une proposition du Royaume-Uni. La zone en elle-même a peu de valeur au niveau de la conservation de la nature.

La zone est unique en son genre en Antarctique, car c'est la seule zone protégée actuellement désignée uniquement pour la valeur qu'elle offre en matière de surveillance de l'impact humain. L'objectif est de l'utiliser comme zone de référence relativement peu affectée par l'impact humain direct dans l'évaluation de l'impact des activités menées sur l'environnement en Antarctique à la station de recherche Rothera. Les études de surveillance continue entreprises par la British Antarctic Survey (BAS) ont commencé à la pointe Rothera en 1976, avant la mise en place de la station plus tard cette même année. Les activités de surveillance continue de l'environnement en cours au sein de la zone et à la pointe Rothera consistent notamment à : (i) déterminer les concentrations de métaux lourds dans les lichens ; (ii) mesurer les concentrations d'hydrocarbures et de métaux lourds dans le gravier et dans le sol ; et (iii) faire une étude des populations d'oiseaux reproducteurs.

Au titre de la Résolution 3 (2008) il est recommandé que « l'Analyse des Domaines Environnementaux pour le Continent Antarctique » serve de modèle dynamique pour l'identification des zones spécialement protégées de l'Antarctique dans le cadre environnemental et géographique systématisé visé à l'article 3(2) de l'Annexe V du Protocole (voir également Morgan et al., 2007). Selon ce modèle, la pointe Rothera relève essentiellement du domaine environnemental E (péninsule antarctique et principaux champs de glaces de l'île Alexander), que l'on trouve aussi dans les ZSPA 113, 114, 117, 126, 128, 129, 133, 134, 139, 147, 149, 152 et dans les ZGSA 1 et 4. Néanmoins, la pointe Rothera étant majoritairement libre de glace, ce domaine ne représente peut-être pas pleinement le type d'environnement présent dans la zone. Bien qu'elle ne soit pas décrite en tant que telle, il est possible que la pointe Rothera contienne également le domaine environnemental B (géologie des latitudes moyennes nord de la péninsule antarctique). Parmi les autres zones protégées contenant le domaine environnemental B, on compte notamment les ZSPA 108, 115, 134, 140 et 153 et la ZGSA 4. Au titre de la Résolution 6 (2012), il est recommandé d'utiliser d'utiliser le document Régions de conservation biogéographiques de l'Antarctique (RCBAs) pour l'identification des zones qui pourraient être désignées Zones spécialement protégées de l'Antarctique dans le cadre environnemental et géographique systématisé visé à l'article 3(2) de l'Annexe V du Protocole. La ZSPA n° 129 se trouve dans la région de conservation biogéographique de l'Antarctique (RCBA) 3 : nord-ouest de la péninsule antarctique.

1. Description des valeurs à protéger

- La zone en elle-même a peu de valeur au niveau de la conservation de la nature. Cependant, elle possède une valeur scientifique comme zone de référence, au regard de laquelle les effets de l'impact humain associé à la station de recherche adjacente de Rothera (Royaume-Uni) peuvent être surveillés dans un écosystème d'altitude antarctique.

- La zone a également une valeur en tant que lieu de recherche biologique, en particulier pour les scientifiques du Bonner Laboratory (station de recherche Rothera).

2. Buts et objectifs

La gestion de la zone vise à :

- éviter toute détérioration ou tout risque de détérioration des valeurs de la zone en empêchant toute perturbation humaine inutile de ladite zone ;

- éviter que la structure et la composition des écosystèmes terrestres, en particulier l'écosystème d'altitude et les oiseaux reproducteurs, subissent d'importants changements en (i) empêchant un aménagement du territoire à l'intérieur du site ; et (ii) limitant l'accès de l'homme à la zone en vue de préserver sa valeur de zone de référence pour les études de surveillance continue de l'environnement ;

- permettre d'effectuer des recherches scientifiques et des études de suivi dans la zone, pour autant qu'elles soient indispensables, qu'elles ne puissent être menées ailleurs et qu'elles ne portent pas atteinte à l'écosystème naturel de la zone ;

- minimiser dans la mesure du possible l'introduction d'espèces non indigènes, qui pourraient porter atteinte aux valeurs scientifiques de la zone ;

- préserver l'écosystème naturel de la zone pour que celle-ci serve ultérieurement de zone de référence dans les études comparatives ;

- permettre des visites à intervalles réguliers à des fins de gestion pour répondre aux objectifs du plan de gestion.

3. Activités de gestion

Les activités de gestion suivantes devraient être entreprises dans le but de protéger les valeurs de la zone :

- des panneaux indiquant l'emplacement et les limites de la zone et annonçant clairement que la zone fait en matière d'accès l'objet de restrictions, seront érigés aux principaux points d'accès et entretenus régulièrement ;

- une carte indiquant l'emplacement et les limites de la zone et annonçant clairement les restrictions liées à l'entrée dans la zone sera placée en un endroit bien visible de la station de recherche Rothera ;

- des visites seront organisées le cas échéant afin de déterminer si la zone répond toujours aux objectifs pour lesquels elle a été désignée et de s'assurer que les mesures de gestion et d'entretien sont adéquates ;

- Le matériel ou les matériaux abandonnés seront enlevés dans la mesure du possible, à condition que cet enlèvement ne porte pas atteinte à l'environnement et aux valeurs de la zone.

4. Durée de désignation

La zone est désignée pour une période indéterminée.

5. Cartes et photographies
Carte 1 : ZSPA n° 129 - pointe Rothera, carte de localisation.
Spécifications de la carte : Projection : WGS84, Projection stéréographique polaire antarctique.
Parallèles d'échelle conservée : 71°S. Méridien central 67°45'O.

Carte 2 : ZSPA n° 129 - pointe Rothera, carte topographique
Spécifications de la carte : Projection : WGS84, Projection stéréographique polaire antarctique.
Parallèles d'échelle conservée : 71°S. Méridien central 67°45'O.

6. Description de la zone
6(i) Coordonnées géographiques, bornage et caractéristiques naturelles

LIMITES ET COORDONNÉES
La pointe Rothera (67° 34'S ; 68° 08'O) est située dans la baie Ryder, qui se trouve à l'extrémité sud-est de la péninsule Wright du côté est de l'île Adelaïde, au sud-ouest de la péninsule antarctique (carte 1). La zone occupe le tiers nord-est de la pointe Rothera (Carte 2) et elle est représentative de la zone dans son ensemble. Sa superficie est d'environ 280 mètres d'ouest en est et de 230 mètres du nord au sud. Son altitude maximale est de 36 mètres. À la côte, la limite de la zone correspond à la courbe de niveau des de 5 mètres. C'est pourquoi il n'y a pas de rive, de littoral ou de sublittoral supérieurs à l'intérieur de cette zone spécialement protégée de l'Antarctique. La limite méridionale de la zone, qui traverse la pointe Rothera d'un bout à l'autre, est en partie jalonnée d'une série de gabions remplis de roches dans lesquels sont placés les panneaux de démarcation de la ZSPA. L'autre limite n'est pas balisée. Deux panneaux se trouvent juste à l'extérieur du périmètre de la zone, ils sont situés aux points de départ de la voie d'accès piétonnière autour de la pointe Rothera (Carte 2). La limite est généralement représentée par les coordonnées suivantes, énumérées dans le sens des aiguilles d'une montre, en commençant par le point le plus septentrional :

Zone	Nombre	Latitude	Longitude
ZSPA n°129, pointe Rothera	1	67°33'59'' S	68°06'47'' O
	2	67°34'06'' S	68°06'48'' O
	3	67°34'06'' S	68°07'00'' O
	4	67°34'02'' S	68°07'08'' O

La station de recherche Rothera (Royaume-Uni) est située à 250 mètres environ à l'ouest de la limite occidentale de la zone (voir l'encart de la Carte 2).

DESCRIPTION GÉNÉRALE
On trouve de temps à autre de petites étendues de glace permanente au nord comme au sud du sommet de la ZSPA. Il n'y a pas de cours d'eau ou de mares permanents. Les roches sont essentiellement des intrusions hétérogènes de diorite, de granodiorite et d'adamélitte de la suite intrusive andine de l'ère tertiaire inférieure mi-crétacée. Des veines de minerai de cuivre se dégagent clairement sur la roche sous la forme de taches d'un vert brillant. Le sol se limite à de petites poches de till glaciaire et de sable sur des promontoires rocheux. Des gisements locaux plus profonds produisent de petits cercles et polygones dispersés de diverses matières gelées. Les sols structurés ne

sont pas très étendus. Des accumulations de coquilles de moule (*Nacella concinna*) récentes, ainsi que des coquilles pourrissantes qui forment des plaques de sols calcaires autour de gros affleurements rocheux servent de perchoirs aux goélands dominicains (*Larus dominicanus*). Il n'y a aucune accumulation de matière organique. La zone ne présente pas de traits géologiques ou géomorphologiques particuliers ou rares.

L'intérêt biologique terrestre restreint à l'intérieur de la zone est limité aux promontoires rocheux où l'on trouve une abondance localisée de lichens. La végétation est représentative de l'écosystème d'altitude antarctique « maritime » austral et elle est dominée par les lichens fruticuleux *Usnea antarctica*, *U. sphacelala* et *Pseudephebe minuscula* ainsi que par les lichens foliacés *Umbilicaria decussata*. On y trouve de nombreux lichens incrustants mais les bryophytes (principalement *Andreaea spp.*) sont rares. La faune invertébrée est pauvre et comprend uniquement quelques espèces d'acariens et de collemboles, dont les espèces *Halozetes belgicae* et *Cryptopygus antarcticus* sont les plus courantes. Il n'y a pas de flore ou de faune terrestre particulière ou rare dans la zone. Aucun collembole indigène n'a été retrouvé dans la zone ou sur la pointe Rothera pendant les activités de gestion menées en janvier 2015.

Les labbes bruns et antarctiques (*Catharacta lonnbergii* et *C.maccormicki*) sont les oiseaux reproducteurs que l'on trouve le plus en abondance dans la zone, jusqu'à cinq couples de labbes y ayant installé leurs nids. Un couple de goélands dominicains (*Larus dominicanus*) a également fait son nid dans la zone et un nid de pétrels de Wilson (*Oceanites oceanicus*) y a été trouvé.

6 (ii) Accès à la zone
- L'accès à la zone se fera à pied.
- L'atterrissage d'hélicoptères est interdit dans la zone.
- Le pilotage d'aéronefs doit s'effectuer, dans la mesure du possible, conformément aux « Lignes directrices pour les aéronefs à proximité des concentrations d'oiseaux » énoncées dans la Résolution 2 (2004). Cependant, la zone ne se trouve qu'à 250 mètres environ de la piste d'atterrissage de la station de recherche Rothera et l'on reconnaît qu'il n'est pas toujours possible, pour des raisons de sécurité, de respecter pleinement les lignes directrices.
- La limite de la zone s'étend jusqu'à la courbe de niveau des 5 mètres sur la côte. En dessous de la hauteur de cette courbe de niveau autour de la limite de la zone, l'accès des piétons n'est pas soumis à restriction. La voie d'accès piétonnière recommandée suit la laisse moyenne supérieure et apparaît sur la Carte 2. Durant les périodes pendant lesquelles le sol est recouvert de neige et de la glace de mer s'est formée, les piétons doivent veiller à se trouver à une distance raisonnable du littoral et à ne pas risquer de s'égarer sur de la glace de mer peu fiable ou dans des fissures de marée.

6(iii) Emplacement des structures à l'intérieur de la zone et à proximité directe
Un cairn rocheux marque le sommet de la zone (36 m ; Lat. 68°34'01, 5'' S ; Long. 68°06'58'' O) et, à 35 m à l'est-sud-est de ce cairn, on trouve un autre cairn qui indique la présence d'une station de recherche (35,4 m ; Lat. 68°34'02'' S 68°06'55'' O).

La station de recherche Rothera (Royaume-Uni) est située à 250 mètres environ à l'ouest de la limite occidentale de la zone (voir l'encart de la Carte 2). Plusieurs mâts et antennes se trouvent sur la plage surélevée adjacente à la limite méridionale de la zone.

6(iv) Emplacement d'autres zones protégées à proximité
La ZSPA n° 107, île Emperor, îles Dion, baie Marguerite, se trouve à environ 15 km au sud de l'île Adélaïde. La ZSPA n° 115, île Lagotellerie, baie Marguerite, se trouve à environ 11 km au sud de l'île Pourquoi Pas. La ZSPA n° 117, île Avian, baie Marguerite, se trouve à environ 0,25 km au sud de l'extrémité sud-ouest de l'île Adélaïde. L'emplacement de ces zones est indiqué sur la Carte 1.

6 (v) Zones spéciales à l'intérieur de la ZSPA
Aucune

7. Critères de délivrance des permis

7(i) Critères généraux
L'accès à la zone est interdit sauf si un permis a été délivré par une autorité nationale compétente. Les critères de délivrance d'un permis pour entrer dans la zone sont les suivants :

- le permis n'est délivré que pour des raisons scientifiques indispensables qu'il est impossible de réaliser ailleurs ; ou afin d'y faire des travaux de gestion essentiels tels que l'inspection, l'entretien ou la révision ;
- les actions autorisées ne mettront pas en péril les valeurs scientifiques ou environnementales de la zone ;
- toutes les activités de gestion entreprises le seront à l'appui des objectifs du plan de gestion ;
- les activités autorisées sont conformes au présent plan de gestion ;
- le permis, ou une copie autorisée, sera emporté à l'intérieur de la zone ;
- tout permis sera délivré pour une durée donnée ;
- les autorités compétentes doivent être informées de toute activité ou mesure qui ne serait pas autorisée par le permis.

7(i) Accès à la zone et déplacements à l'intérieur ou au-dessus de celle-ci
- L'accès à la zone, et les déplacements à l'intérieur de celle-ci, se feront à pied.
- Les véhicules terrestres sont interdits dans la zone.
- L'atterrissage d'hélicoptères à l'intérieur de la zone est interdit.
- Les déplacements se feront avec précaution, afin de perturber le moins possible le sol et la végétation.
- Le survol de colonies d'oiseaux dans la Zone par des systèmes d'aéronef télépiloté (RPAS) n'est pas autorisé, sauf à des fins scientifiques ou opérationnelles, et en vertu d'un permis émis par une autorité nationale compétente.

7(iii) Activités pouvant être menées dans la zone
Les activités suivantes peuvent être menées dans la zone :
- travaux de recherche scientifique ou de surveillance continue qui ne mettront pas en danger les écosystèmes de la zone ;
- activités de gestion essentielles.

7(iv) Installation, modification ou démantèlement de structures
Aucune nouvelle structure ne sera installée dans la zone, ni aucun équipement scientifique, sauf pour des raisons scientifiques ou de gestion impératives, et uniquement pour une période prédéfinie, spécifiées dans un permis. L'installation (y compris le choix du site), l'entretien, la modification ou l'enlèvement des structures ou équipements doivent être menés de façon à limiter autant que possible les perturbations apportées aux valeurs de la zone. Toutes les structures ou le matériel scientifiques installés dans la zone doivent être clairement identifiés, indiquant le pays, le nom du chercheur principal et l'année d'installation. Ces objets ne doivent contenir aucun organisme, propagule (semence, œufs) ou terre non stérile, et doivent être composés de matériaux résistants aux conditions environnementales et présenter un risque de contamination minime pour la zone. Les structures ou le matériel spécifiques pour lesquels le permis a expiré seront enlevées, conformément aux conditions de délivrance du permis. Les structures ou installations permanentes sont interdites.

7(v) Emplacement des camps
Il est interdit de camper dans la zone. Il est possible de trouver un lieu d'hébergement à la station de recherche Rothera.

7 (vi) Restrictions sur les matériaux et les organismes pouvant être introduits dans la zone
Aucun animal vivant et aucune forme de végétation ou microorganisme ne seront introduits
délibérément dans la zone. Pour garantir la protection des valeurs de la zone, il conviendra d'être
particulièrement vigilant contre l'introduction involontaire de microbes, d'invertébrés ou de plantes
issus d'autres sites en Antarctique, y compris les stations, ou d'autres régions hors Antarctique. Tout
le matériel d'échantillonnage et les balises introduits dans la zone doivent être nettoyés et stérilisés.
Dans la mesure du possible, les chaussures et autres équipements utilisés ou introduits dans la zone (y
compris les sacs et les sacs à dos) doivent être minutieusement nettoyés avant d'entrer dans la zone. Il
est interdit d'introduire des produits issus de la volaille ou des œufs dans la zone. Le Manuel sur les
espèces non indigènes du CPE et les Listes de vérification pour les gestionnaires de la chaîne
d'approvisionnement des programmes antarctiques nationaux pour la réduction du risque de transfert
d'espèces non indigènes du COMNAP / SCAR offrent des orientations supplémentaires en la matière.
Aucun herbicide ou pesticide ne doit être introduit dans la zone. Tous autres produits chimiques, y
compris les radionucléides ou les isotopes stables, qui peuvent être introduits pour des raisons
scientifiques ou de gestion visées dans le permis seront enlevés de la zone à ou avant la fin de
l'activité pour laquelle le permis a été délivré. L'émission directe de radionucléides ou d'isotopes
stables dans l'environnement, est interdite, si ceux-ci ne peuvent être récupérés. Les carburants, les
produits alimentaires ou tout autre matériau ne doivent pas être stockés dans la zone, sauf à des fins
scientifiques ou de gestion spécifiques pour lesquelles un permis a été délivré. Les dépôts permanents
ne sont pas autorisés. Les matériaux introduits dans la zone pour une période prédéfinie seront retirés
de la zone avant ou à la date de fin de la période définie. Ils seront manipulés et entreposés de manière
à minimiser le risque de leur introduction dans l'environnement. En cas de déversement susceptible de
mettre en péril les valeurs de la zone, leur enlèvement est encouragé, à condition que l'impact de
celui-ci ne soit pas susceptible d'être supérieur à celui consistant à laisser le matériel sur le site.
L'autorité compétente devra être notifiée des matériaux qui ont été libérés et non enlevés, alors qu'ils
n'étaient pas inclus dans le permis approuvé.

7(vii) Prélèvement de végétaux et capture d'animaux ou perturbations nuisibles à la faune et la flore
Tout prélèvement ou intervention nuisible sur la faune et la flore indigène est interdit, sauf pour les
titulaires d'un permis délivré conformément à l'Annexe II du Protocole au Traité sur l'Antarctique
relatif à la protection de l'environnement. Dans les cas de capture d'animaux ou de perturbations
nuisibles, les prescriptions du Code de conduite du Comité scientifique pour la recherche en
Antarctique (SCAR) pour l'utilisation d'animaux à des fins scientifiques constituent la norme
minimale à respecter.

*7(viii) Ramassage ou enlèvement de tout matériau qui n'a pas été introduit dans la zone par le
détenteur du permis*
Les matières de nature biologique ou géologique ne peuvent être prélevées et / ou enlevées de la zone
que conformément à un permis et cette activité doit être limitée au minimum nécessaire pour répondre
aux besoins scientifiques ou de gestion. Le permis ne sera pas délivré s'il semble que
l'échantillonnage proposé prélèverait, enlèverait ou endommagerait une quantité de terre, de
sédiments, de faune ou de flore qui affecterait considérablement leur distribution ou abondance à
l'intérieur de la zone. Les matières d'origine humaine qui n'ont pas été introduites sur le site par le
titulaire du permis, ou avec une autorisation, et qui pourraient porter atteinte aux valeurs de la zone,
doivent être enlevées de la zone à moins que l'impact de l'enlèvement soit supérieur à l'impact
qu'aurait le fait de laisser les matières sur place. Dans ce dernier cas, l'absence d'enlèvement desdites
matières devra être signalée à l'autorité compétente.

7(ix) Élimination des déchets
Tous les déchets seront retirés de la zone conformément à l'Annexe III (Élimination et gestion des
déchets) du Protocole au Traité sur l'Antarctique relatif à la protection de l'environnement (1998).
Tous les déchets solides et / ou liquides produits par l'homme seront enlevés de la zone.

7(x) Mesures nécessaires pour continuer à atteindre les objectifs du plan de gestion

- Des permis peuvent être délivrés pour entrer dans la zone afin d'y réaliser des travaux de recherche scientifique, de surveillance et d'inspection de site, qui font intervenir le prélèvement d'un petit nombre d'échantillons à des fins d'analyse, pour ériger ou entretenir des panneaux ou pour appliquer des mesures de protection.
- Tout site dans lequel est conduite une surveillance à long terme sera convenablement balisé et les balises et panneaux seront entretenus de manière satisfaisante.
- Les activités de nature scientifique seront menées conformément au Environmental code of conduct for terrestrial scientific field research in Antarctica (Code de conduite environnemental pour la recherche scientifique sur le terrain en Antarctique) du SCAR.

7(xi) Critères pour la rédaction des rapports

Pour chaque visite effectuée dans la zone, le principal titulaire du permis soumettra un rapport à l'autorité nationale compétente aussi rapidement que faire se peut, mais au plus tard dans les six mois qui suivent la visite. Ce rapport de visite doit inclure, s'il y a lieu, les renseignements identifiés dans le formulaire de rapport de visite recommandé (qui figure en Appendice du Guide pour la préparation des plans de gestion des zones spécialement protégées en Antarctique [disponible sur le site Web du Secrétariat du Traité sur l'Antarctique ; www.ats.aq]). Le cas échéant, l'autorité nationale doit également transmettre une copie du rapport de visite à la Partie qui a proposé le plan de gestion afin de contribuer à la gestion de la zone et à la révision du plan de gestion. Dans la mesure du possible, les Parties devraient déposer les originaux ou les copies des rapports de visite originaux dans une archive à laquelle le public pourra avoir accès en vue de préserver une archive d'usage, qui sera utilisée dans l'examen du plan de gestion.

8. Bibliographie

Block, W., and Star, J. 1996. Oribatid mites (Acari: Oribatida) of the maritime Antarctic and Antarctic Peninsula. Journal of Natural History 30: 1059.-67.

Bonner, W. N. 1989. Proposed construction of a crushed rock airstrip at Rothera Point, Adelaide Island - final Comprehensive Environmental Evaluation. NERC, Swindon. 56 pp.

Convey, P., and Smith, R.I.L. 1997. The terrestrial arthropod fauna and its habitats in northern Marguerite Bay and Alexander Island, maritime Antarctic. Antarctic Science 9:12(-26) :

Downie, R., Ingham, D., Hughes, K. A., and Fretwell, P. 2005. Initial Environmental Evaluation: proposed redevelopment of Rothera Research Station, Rothera Point, Adelaide Island, Antarctica. British Antarctic Survey, Cambridge, 29 pp.

Hughes, K. A., Greenslade, P., Convey, P. The fate of the non-native Collembolon, *Hypogastrura viatica*, at the southern extent of its introduced range in Antarctica. En cours.

Milius, N. 2000. The birds of Rothera, Adelaide Island, Antarctic Peninsula. Marine Ornithology 28: 63.-67.

Morgan, F., Barker, G., Briggs, C., Price, R., and Keys, H. 2007. Environmental Domains of Antarctica Version 2.0 Final Report. Manaaki Whenua Landcare Research New Zealand Ltd, 89 pp.

Øvstedal, D.O. and Smith, R.I.L. 2001. Lichens of Antarctica and South Georgia: A Guide to their Identification and Ecology. Cambridge University Press, Cambridge, 411 pp.

Ochyra, R., Bednarek-Ochyra, H. and Smith, R. I. L. 2008. The Moss Flora of Antarctica. Cambridge University Press, Cambridge. pp 704.

Peat, H., Clarke, A., and Convey, P. 2007. Diversity and biogeography of the Antarctic flora. Journal of Biogeography, 34: 132.-146.

Riley. T. R., Flowerdew, M. J. and Whitehouse, M. J. 2012. Chrono- and lithostratigraphy of a Mesozoic–Tertiary fore- to intra-arc basin: Adelaide Island, Antarctic Peninsula. Geological Magazine 149: 768-782.

Shears, J. R. 1995. Initial Environmental Evaluation – expansion of Rothera Research Station, Rothera Point, Adelaide Island, Antarctica. British Antarctic Survey, Cambridge, 80 pp.

Shears, J. R., and Downie, R. 1999. Initial Environmental Evaluation for the proposed construction of an accommodation building and operations tower at Rothera Research Station, Rothera Point, Adelaide Island, Antarctica. British Antarctic Survey, Cambridge, 22 pp.

Carte 1 : ZSPA n° 129 - pointe Rothera, carte de localisation.

Spécifications de la carte : Projection : WGS84, Projection stéréographique polaire antarctique.
Parallèles d'échelle conservée : 71°S. Méridien central 67°45'O.

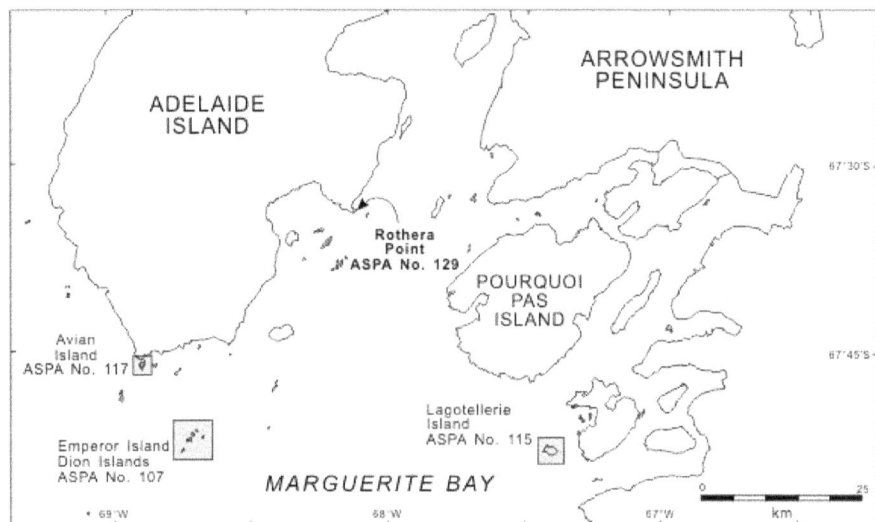

Carte 2 : ZSPA n° 129 - pointe Rothera, carte topographique

Spécifications de la carte : Projection : WGS84, Projection stéréographique polaire antarctique. Parallèles d'échelle conservée : 71ºS. Méridien central 67°45'O.

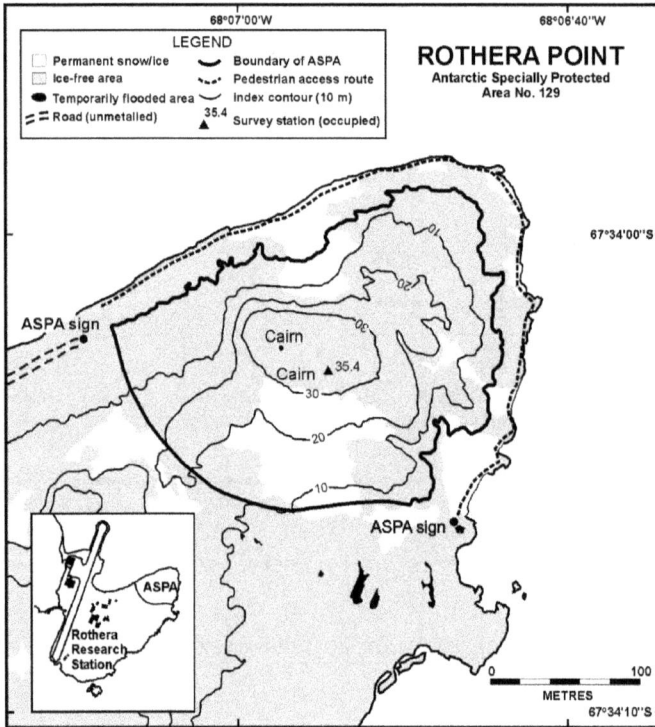

Plan de gestion de la zone spécialement protégée de l'Antarctique n° 140

PARTIES DE L'ÎLE DE LA DÉCEPTION, ÎLES SHETLAND DU SUD

Introduction

La principale raison ayant motivé la désignation de parties de l'île de la Déception (lat. 62°57'S, long. 060°38'O) dans les îles Shetland du Sud en tant que zone spécialement protégée de l'Antarctique (ZSPA) est de protéger ses valeurs environnementales, et en particulier la flore terrestre de la zone. La flore de l'île, notamment celle des zones géothermiques, est unique en son genre en Antarctique ; elle offre en outre des surfaces récemment formées constituant des habitats d'âge connu pour l'étude de la colonisation et les autres processus écologiques dynamiques des organismes terrestres (Smith 1988).

L'île de la Déception est un volcan actif. Des éruptions se sont produites en 1967, 1969 et 1970 (Baker *et al.* 1975) modifiant nombre des caractéristiques topographiques de l'île et créant des surfaces nouvelles, et localement transitoires, favorables à la colonisation par les plantes et les autres biotes terrestres (Collins 1969, Cameron & Benoit 1970, Smith 1984a, b, c). On y trouve plusieurs sites d'activité géothermique dont certains présentent des fumerolles (Smellie *et al.* 2002).

Cinq petits sites autour de la côte de port Foster ont été désignés, aux termes de la Recommandation XIII-8 (XIIIe RCTA, Bruxelles, 1985), en tant que site présentant un intérêt scientifique particulier n° 21, au motif que « *l'île de la Déception est exceptionnelle par son activité volcanique et les éruptions majeures qui s'y sont produites en 1967, 1969 et 1970. Plusieurs parties de l'île ont été entièrement détruites, de nouvelles zones ont été créées et d'autres ont été recouvertes par des couches de cendres de diverses épaisseurs. Quelques zones à l'intérieur des terres ont été épargnées. L'île présente des occasions uniques pour l'étude des processus de colonisation dans un environnement antarctique.* » Suite à une vaste enquête réalisée sur l'île, la protection des valeurs botaniques a été renforcée par la Mesure 3 (2005), qui inclut désormais 11 sites au sein de la ZSPA présentant un intérêt botanique unique.

La ZSPA 140 contribue de façon substantielle au système des zones protégées de l'Antarctique puisqu'elle (a) contient une diversité d'espèces particulièrement large, (b) se distingue d'autres zones en raison des sols chauffés par géothermie présents à certains endroits de l'île, offrant ainsi des conditions propices à la création d'habitats de haute importance écologique tant ils sont spécifiques à la région de la péninsule antarctique et (c) est particulièrement vulnérable aux perturbations anthropiques du fait de la répartition spatiale fortement restreinte des espèces de la flore, surtout celles qui nécessitent des sols chauffés. La ZSPA 140 est avant tout protégée en raison de ses valeurs environnementales exceptionnelles (plus précisément pour sa diversité biologique), mais elle l'est également pour les valeurs scientifiques qu'elle renferme (notamment en matière de biologie terrestre, de zoologie, de géomorphologie et de géologie). La recherche scientifique comprend des études de colonisation à long terme et des mesures de températures des sols.

Les 11 sites contenus dans la zone (environ 2,7 km²) englobent des habitats terrestres et lagunaires situés autour de sols chauffés par géothermie, des zones riches en flore et des surfaces dont l'âge est connu puisqu'elles sont apparues à la suite des éruptions de 1967, 1969 et 1970. Ces habitats présentent un éventuel intérêt pour les études de recolonisation. La zone compte une superficie jugée suffisante afin de protéger les valeurs identifiées comme il se doit, lesquelles peuvent être hautement susceptibles de subir des perturbations physiques directes en raison des activités menées par les visiteurs gouvernementaux et non gouvernementaux, et les limites identifiées constituent une zone tampon suffisante autour des caractéristiques sensibles.

Selon l'*Analyse des domaines environnementaux du continent antarctique* (Résolution 3 [2008]), l'île de la Déception correspond, de manière prédominante, au domaine environnemental G (îles au large des côtes de la péninsule Antarctique). Le domaine environnemental G est rare, par rapport aux autres domaines environnementaux, et il convient de déployer des efforts conséquents afin de préserver les valeurs que l'on retrouve dans ce type d'environnement.

La ZSPA no 140 se trouve dans la région de conservation biogéographique de l'Antarctique (RCBA) 3 – Nord-ouest de la péninsule antarctique (Résolution 6 [2012]).

Aucune zone importante pour la conservation des oiseaux n'est à signaler (Résolution 5 [2015]).

1. Description des valeurs à protéger

Suite à une enquête botanique exhaustive réalisée sur l'île en 2002 (révisée en 2010 et en 2014-2015), 11 sites présentant un intérêt botanique unique ont pu être identifiés. Par conséquent, les valeurs initialement désignées ont été confirmées et considérablement élargies.

Ces valeurs sont les suivantes :

- L'île abrite plus d'espèces végétales rares (c.-à-d. qui ne poussent qu'en certains endroits en Antarctique et souvent en quantité limitée) à extrêmement rares (c.-à-d. qui poussent en seulement un ou deux endroits en Antarctique) que n'importe quel autre site en Antarctique. Vingt-huit des 54 espèces de mousses signalées sur l'île, quatre des huit hépatiques et 14 des quelque 75 espèces de lichens sont considérées comme rares, voire extrêmement rares. On trouvera à l'Annexe 1 la liste des espèces végétales considérées comme rares ou extrêmement rares dans la zone du Traité sur l'Antarctique et qui sont présentes sur l'île de la Déception. Ces espèces représentent respectivement 25 %, 17 % et environ 4 % du nombre total de mousses, d'hépatiques et de lichens connus en Antarctique (Aptroot & van der Knaap 1993, Bednarek-Ochyra *et al.* 2000, Ochyra *et al.* 2008; Øvstedal & Lewis Smith 2001). Treize espèces de mousses (dont deux sont endémiques), deux espèces d'hépatiques et trois espèces de lichens poussant sur l'île de la Déception n'ont été signalées nulle part ailleurs en Antarctique. Ce site est sans pareil dans la région. On peut conclure à un important dépôt de propagules apportées par le vent et les oiseaux de mer – notamment depuis le sud de l'Amérique du Sud – à travers tout le continent antarctique et qui ne se développent que quand les conditions de germination sont favorables (par exemple grâce à la chaleur et à l'humidité générées par les fumerolles) (Smith 1984b ; c). Ces sites sont uniques dans la zone du Traité sur l'Antarctique.

- Les zones géothermiques plus stables, dont certaines abritent des Fumerolles émettant de la vapeur et des gaz sulfureux, ont donné lieu au développement de communautés de bryophytes de densité et de complexité variables présentant une flore distinctive et unique. La plupart de ces zones ont été créées à l'occasion de la série d'éruptions de 1967-1970, mais l'une d'elles au moins (mont Pond) est antérieure à cette période. Les espèces qui poussent à proximité des cheminées actives sont continuellement soumises à des températures de 30 à 50 °C, ce qui pose des questions importantes concernant leur tolérance physiologique.

- Les cendres volcaniques, les coulées de boue, les scories et les lapilli qui se sont déposés entre 1967 et 1970 constituent des aires uniques d'âge connu. Elles sont à l'heure actuelle colonisées par la végétation et par d'autres biotes terrestres, ce qui permet un suivi de la dynamique des migrations et de la colonisation. Ces zones sont instables et soumises à l'érosion par l'eau et le vent, ce qui expose certaines d'entre elles à des changements de surface permanents et à un cycle de recolonisation.

- Le lac Kroner, qui est le seul lagon intertidal présentant des sources chaudes en Antarctique, abrite une communauté unique d'algues d'eau saumâtre.

- Plusieurs sites de la zone, qui ont été épargnés par les dépôts de cendres causés par les éruptions de 1967-1970, abritent des communautés matures établies de longue date et présentant diverses espèces végétales ; ils sont typiques des écosystèmes stables et plus anciens de l'île.

- Le plus grand peuplement connu de sagine antarctique (*Colobanthus quitensis*), l'une des deux seules plantes à fleurs de l'Antarctique, est situé dans la zone. Après avoir été quasiment enseveli par les cendres durant l'éruption de 1967, il s'est reconstitué et se propage aujourd'hui à une vitesse sans précédent sur son site d'origine et au-delà. Son évolution peut être corrélée avec la tendance actuelle des changements climatiques régionaux, notamment la hausse des températures.

- La zone comprend plusieurs sites dans lesquels des recherches sont menées de manière permanente, notamment des expériences de colonisation à long terme (pointe Collins) et des mesures des variations de température des sols à long terme (colline Caliente).

- La zone recèle également des sites dont les surfaces remontent à l'éruption de 1967, ce qui permet d'opérer un suivi précis de la colonisation opérée par les plantes et d'autres biotes, et revêtent donc une grande importance au niveau scientifique.

2. Buts et objectifs

La gestion de la zone vise à :

- éviter toute détérioration ou tout risque substantiel de détérioration des valeurs de la zone en empêchant toute perturbation humaine inutile de ladite zone ;

- permettre d'effectuer des recherches scientifiques dans la zone, pour autant qu'elles soient indispensables, qu'elles ne puissent être menées ailleurs et qu'elles ne portent pas atteinte à l'écosystème naturel de la zone ;

- éviter ou minimiser l'introduction de plantes, d'animaux et de microbes non indigènes dans la zone ;

- veiller à ce que la flore de la zone ne soit pas détériorée par un échantillonnage excessif ;

- préserver l'écosystème naturel de la zone en tant que référence aux fins de futures études comparatives et du suivi des changements écologiques et floristiques, des processus de colonisation et du développement des communautés.

3. Activités de gestion

Les activités de gestion suivantes seront entreprises pour protéger les valeurs de la zone :

- Des visites seront organisées le cas échéant afin de déterminer si la zone répond toujours aux objectifs pour lesquels elle a été désignée, et de s'assurer que les mesures de gestion et d'entretien sont adéquates.

- Les bornes, les panneaux ou autres structures (p. ex. clôtures, cairns) érigés dans la zone à des fins scientifiques et de gestion seront sécurisés et maintenus en bon état, puis enlevés lorsqu'ils ne seront plus nécessaires.

- Conformément aux obligations figurant à l'Annexe III du Protocole au Traité sur l'Antarctique relatif à la protection de l'environnement, les sites devront, dans la mesure du possible, être débarrassés des équipements ou matériaux abandonnés, pour autant que cela n'ait pas d'incidence néfaste sur l'environnement et les valeurs de la zone.

- Une carte indiquant l'emplacement de chacun des sous-sites de l'île de la Déception (et précisant les restrictions spécifiques qui s'y appliquent) sera exposée en évidence aux stations Gabriel de Castilla (Espagne) et Decepción (Argentine). Des exemplaires du plan de gestion seront fournis à tous et transportés à bord de tous les navires qui envisagent de visiter l'île.

3

- Le cas échéant, les programmes antarctiques nationaux sont incités à communiquer étroitement afin de garantir que les activités de gestion sont bien mises en œuvre (notamment par le biais du groupe chargé de la gestion de la zone spécialement gérée en Antarctique pour l'île de la Déception). Les programmes antarctiques nationaux sont tout particulièrement encouragés à se consulter afin d'éviter l'échantillonnage excessif de matériaux biologiques au sein de la zone, surtout étant donné la lenteur de la repousse, la quantité limitée et la répartition d'une partie de la flore. En outre, ils sont invités à envisager la mise en œuvre conjointe des lignes directrices visant à limiter l'introduction et la dispersion d'espèces non indigènes dans la zone.

- Au site K, colline Ronald au lac Kroner, tout débris porté par le vent à partir du SMH n° 71, au lac Kroner devra être retiré. Au site G, anse Pendulum, tout débris porté par le vent à partir du SMH n° 76 devra être retiré (cf. Section *7(viii)*).

- Au site A, pointe Collins, les pieux existants doivent être entretenus afin de permettre un suivi continu des modifications de la végétation intervenues depuis 1969.

4. Durée de désignation

La zone est désignée pour une période indéterminée.

5. Cartes et photographies

Figure 1 : Zone spécialement protégée de l'Antarctique n° 140, île de la Déception, illustrant l'emplacement des sous-sites A à L (échelle 1:100 000).

Figures 1a–d : Cartes topographiques de la zone spécialement protégée de l'Antarctique n° 140 indiquant l'emplacement des sous-sites A à L (échelle 1: 25 000). L'effet représentant l'« ombre de la colline » a été ajouté afin de souligner la topographie des zones.

6. Description de la zone

6(i) Coordonnées géographiques, bornage et caractéristiques du milieu naturel

DESCRIPTION GÉNÉRALE

Des recherches menées par Smith (1984a) et Peat *et al.* (2007) décrivent les régions biogéographiques reconnues présentes au sein de la péninsule antarctique. L'Antarctique peut être divisé en trois grandes provinces biologiques : maritime nord, maritime sud et continental. L'île de la Déception se trouve au sein de la zone maritime nord (Smith 1984a).

CARACTÉRISTIQUES NATURELLES, LIMITES, ET VALEURS SCIENTIFIQUES

La ZSPA 140 comprend 11 sites, représentés dans les figures 1 et 1a-1d. Les photographies annotées pour chaque site sont disponibles à l'Annexe 2. Cette distribution fragmentée est caractéristique de la couverture végétale de l'île de la Déception. En raison de la nature sporadique des substrats stables et humides qui ne sont pas sujets à l'érosion, la répartition de la végétation est éparse, et par conséquent restreinte à très dispersée, et souvent composée de très petits habitats. L'utilisation de techniques de télédétection par satellite (indice différentiel normalisé de végétation) a permis de déterminer que la zone de végétation verte présente au sein des sites de la ZSPA représentait 0,10 km², soit 4% de la ZSPA.

Les sites sont désignés par des lettres, de A à L (à l'exception du I), attribuées selon le sens horloger en partant du sud-ouest de la caldera. Ces lettres sont associées à la principale caractéristique géographique de chaque site. Des photographies de chaque site sont reprises à l'Annexe 2. Les coordonnées géographiques des limites sont reprises dans l'Annexe 3, mais puisque de nombreuses limites suivent les caractéristiques naturelles, la description des limites reprises ci-dessous devrait également être consultée.

Site A – Pointe Collins

Zone comprise. Les pentes orientées nord, entre la pointe Collins et le point sans nom situé à 1,15 km à l'est (0,6 km à l'ouest de la pointe Entrance) juste en face de la pointe Fildes, qui s'étendent depuis l'arrière de la plage jusqu'à une crête située à environ 1 km à l'intérieur des terres à partir du littoral.

Bornage. La limite orientale du site A court plein sud depuis le littoral à partir du point sans nom à 0,6 km à l'ouest de la point Entrance, en suivant le tracé d'une crête jusqu'à une altitude de 184 m. La limite occidentale s'étend depuis la pointe Collins, le long d'une crête orientée plein sud jusqu'à une altitude de 145 m. La limite méridionale suit l'arête de la crête arquée qui court d'est en ouest le long d'une ligne de sommets (172, 223 et 214 m) reliant les points situés à 184 m et 145 m. La zone de la plage – y compris la balise lumineuse de la pointe Collins (entretenue par la marine chilienne) –est exclue du site jusqu'à la courbe de niveau des 10 m.

Valeur scientifique. Aucun sol chauffé par géothermie n'est signalé dans les limites de la zone. Le site renferme certains des exemples les plus remarquables de la végétation la plus ancienne de l'île qui ont été globalement épargnés par les récentes éruptions et présentent une grande diversité biologique, ainsi que plusieurs plantes antarctiques rares, parfois en très grande abondance. Quelques petits plants de *Colobanthus quitensi* se sont très récemment établis, tandis que la grande hépatique (*Marchantia berteroana*) se propage rapidement depuis une date assez récente. Des recherches portant sur les phoques ont été entreprises sur la plage située au nord du site. Le site comporte par ailleurs une colonie de goélands dominicains dans les basses falaises qui surplombent la plage. Six parcelles de 50×50 cm indiquées avec des pieux en bois disposés en leurs coins (lat. 62°60'00''S, long. 060°34'48''O) ont été établies par la British Antarctic Survey en 1969 afin de suivre les changements dans la végétation intervenus au cours des années suivantes (Collins 1969).

Incidence anthropique. Les collemboles non indigènes *Hypogastrura viatica* sont présents dans le site A.

Site B – Lac Cratère

Zone comprise. Le lac Cratère et ses rives, la plaine au nord et la langue de lave recouverte de scories au sud.

Bornage. Ce site s'étend du pied du versant septentrional de la vaste vallée située à environ 300 m au nord du lac Cratère (à environ 30 m d'altitude). La limite occidentale du site suit la ligne de crête située immédiatement à l'ouest du lac et à l'est du petit lac non nommé, à la lat. 62°59'00''S, long. 060°40'30''O. Les limites méridionales et sud-ouest suivent le sommet de du versant (à une altitude d'environ 80 m) qui s'étend au sud-ouest et au sud du lac. La limite orientale passe à l'est de la langue de lave située au sud du lac Cratère, autour de la rive orientale du lac et environ 300 m à l'intérieur de la plaine située au nord du lac Cratère.

Valeur scientifique. Aucun sol chauffé par géothermie n'est signalé dans les limites de la zone. La principale zone d'intérêt botanique occupe une langue de lave recouverte de scories qui surplombe la zone sud du lac. Le site n'a pas été touché par les récentes éruptions. La végétation de la langue de scories est constituée d'une flore cryptogamique variée comprenant plusieurs espèces antarctiques rares ainsi qu'un développement exceptionnel de mousses gazonnantes dominé par une espèce relativement commune (*Polytrichastrum alpinum*). Il est intéressant de noter qu'elle se reproduit ici par voie sexuée en grande abondance. On ne connaît aucun autre cas de pareille profusion de sporophytes de cette espèce, ou de toute autre mousse, en Antarctique. Le grand lit de mousse quasiment monospécifique (*Sanionia uncinata*) qui tapisse la vallée septentrionale est l'un des plus vastes peuplements continus de l'île.

Site C – Colline Caliente, à l'extrémité sud de la baie des Fumerolles

Zone comprise. Une étroite rangée de fumerolles qui s'étend sur environ 40×3 m le long de l'arête en pente douce du sommet, à une altitude d'environ 95 à 107 m sur la colline Caliente surplombant le versant nord-ouest du lagon Albufera qui s'étend au nord-ouest de la station Decepción (Argentine) à l'extrémité sud de la baie des Fumerolles.

Bornage. La zone comprend tous les sols situés au-dessus de la courbe de niveau de 90 m de la colline, à l'exception du terrain au sud-ouest d'une pointe située à 10 m au nord-ouest du cairn (lat. 62°58'27''S, long. 060°42'31''O) à l'extrémité sud-est de la crête. L'accès au cairn à l'extrémité sud-est de la crête est autorisé.

Valeur scientifique. Il y a un sol chauffé par géothermie sur le site. Plusieurs espèces de mousses rares, dont certaines sont uniques à cette île, colonisent la croûte chauffée du sol à proximité de l'enfilade de cheminées, dont seules deux ou trois sont visibles. La végétation est extrêmement sporadique et cachée, s'étendant au total sur moins 1 m² environ dans la zone. Elle est dès lors particulièrement vulnérable aux piétinements et à l'échantillonnage excessif. Les structures existantes au sein du site comprennent des appareils expérimentaux destinés au suivi à long terme des variations de température du sol (opérés par le programme antarctique espagnol) et plusieurs petits piquets en métal placés le long de la ligne de crête à proximité du point culminant de la crête.

Incidence anthropique. Des collemboles non indigènes *Proisotoma minuta* sont signalés dans le site C. Au cours des dernières années, la végétation éparse, qui comprend des assemblages de bryophytes rares et très rares, a subi des piétinements humains à répétition, ce qui a eu pour conséquence une diminution de la couverture végétale dans la zone. Il est fortement conseillé de diminuer au minimum les nouvelles entrées et la collecte d'échantillons dans la zone en raison de la nature délicate et du statut menacé des communautés locales de plantes.

Site D – Baie des Fumerolles

Zone comprise. Les pentes d'éboulis humides et instables en contrebas des falaises de lave escarpées situées sur le versant oriental de l'extrémité sud de la crête Stonethrow jusqu'à la rupture de pente située au-delà de la plage, à l'ouest de la partie centrale de la baie des Fumerolles. Il n'y a aucune structure située à l'intérieur du site, bien que des débris de bois se trouvent à l'arrière de la plage, quelques mètres au-dessus de la marque de la marée. Le bois pourrait avoir été déposé à cet endroit à la suite d'un tsunami provoqué par une activité volcanique antérieure.

Bornage. La limite méridionale des falaises se termine en une crête proéminente qui descend en direction du sud-est jusqu'à la plage. La limite méridionale du site s'étend depuis la base de la crête (à une altitude d'environ 10 m) le long de la ligne de crête située à la base des falaises, à une altitude d'environ 50 m. La limite occidentale suit grossièrement la limite de l'éboulis situé à la base des falaises sur une distance de 800 m vers le nord, à une altitude d'environ 50 m. La limite orientale s'étend vers le nord le long de la rupture de pente à l'arrière de la plage sur 800 m, qui comprend tous les grands rochers. La limite septentrionale (environ 100 m de long) s'étend de la rupture de pente à l'arrière de la plage à l'éboulis situé au pied des falaises de coulées de lave. La zone plate de plage partant de la côte, qui inclut deux fumerolles intertidales situées au sud de la baie des Fumerolles, jusqu'à la rupture de pente, est exclue du site.

Valeur scientifique. Aucun sol chauffé par géothermie n'a été signalé dans les limites du site, bien que des fumerolles aient été observées dans la zone intertidale à l'est du site. Le site présente une géologie complexe et abrite la flore la plus diversifiée de l'île, notamment plusieurs espèces antarctiques rares. Il n'a pas été touché par les récentes éruptions.

Site E – Ouest de la crête Stonethrow

Zone comprise. Le site comprend une zone d'activité de fumerolles, ainsi qu'un cône de scories rouges qui se trouve à environ 270 m d'altitude, sur le versant nord de la crête orientée d'est en ouest, à quelque 600 m au sud-sud-ouest du point le plus élevé de la crête Stonethrow (330 m), à l'ouest de la partie centrale de la baie des Fumerolles. Il comprend deux parties, présentant toutes deux des fumerolles, situées à 20 m d'écart. La fumerolle la plus orientale compte une végétation plus riche, composée de lichens, de mousses et d'hépatiques, et couvre une zone totale d'environ 15× 5 m.

Bornage. La limite du site s'étend sur une distance de 10 m au-delà de tout signe d'activité géothermique et des sols non chauffés qui relient les deux fumerolles.

Valeur scientifique. Des zones comportant de sols chauffés par géothermie sont présentes sur le site. Le site abrite plusieurs espèces de mousses, d'hépatiques et de lichens très rares, dont les deux principales sont l'hépatique (*Clasmatocolea grandiflora*) et le lichen (*Stereocaulon condensatum*), qui n'ont pas été signalées ailleurs en Antarctique. Des photos prises au milieu des années 1980 témoignent de la propagation et de la diversification considérables de ce couvert végétal. La végétation du site abrite un nid de labbes qui avait déjà été signalé en 1993 et en 2002 et qui était occupé en 2010. Ces oiseaux sont peut-être responsables de l'introduction de certaines de ces plantes – notamment l'espèce d'hépatique dominante – depuis la Terre de Feu.

Site F – Baie Telefon

Zone comprise. Le site inclut plusieurs caractéristiques créées durant l'éruption qui s'est produite dans la baie Telefon en 1967 : la colline Pisagua, située du côté méridional du site, le petit lac Ajmonecat, peu profond, sur la plaine de cendres située au nord de l'anse Stancomb et la plaine plate de cendres qui s'étend du littoral de la baie Telefon jusqu'aux flancs abrupts et aux affleurements de lave, à quelque 0,5 km à l'intérieur des terres. La colline Pisagua est une nouvelle île, créée en 1967, mais elle est désormais reliée à l'île principale grâce à la plaine de cendres susmentionnée. À l'extrémité nord de la plaine se trouve l'anse Extremadura, qui était un lac jusqu'à que ce que le petit isthme (environ 2 m de large sur 50 m de long) qui le sépare de port Foster soit brisé, vers 2006. L'anse Extremadura est exclue du site.

Bornage. Le littoral septentrional du lagon (anse Stancomb), au sud-ouest de la baie Telefon, marque la limite méridionale du site, alors que la ligne allant de la côte sud-ouest de l'anse Extremadura jusqu'au nord de la baie Telefon marque la limite nord-est du site. La limite sud-est s'étend le long de la côte au sud de la colline Pisagua, vers le nord, jusqu'au littoral de l'anse Extremadura, à l'extrémité septentrionale de la baie Telefon. La limite nord-ouest est grossièrement délimitée par la courbe de niveau des 10 m autour de la crête Telefon, qui relie l'anse Stancomb à l'anse Extremadura. Le lac Ajmonecat (lat. 62°55'23''S, long. 060°40'45''O), y compris ses rives, est inclus dans le site. Le littoral de la baie Telefon est exclu du site en vue de conserver un accès aux zones situées au-delà du site. Les individus qui naviguent dans l'anse Extremadura sans permis afin d'entrer dans la ZSPA doivent faire attention à ne pas débarquer de passagers sur la côte sud-ouest de l'anse, puisqu'elle correspond à la limite du site F (cf. Figure 1c).

Valeur scientifique. Aucun sol chauffé par géothermie n'est signalé dans les limites de la zone. L'intérêt botanique du site tient principalement au fait que toutes les surfaces qu'il renferme datent de 1967, ce qui permet un suivi rigoureux de la colonisation par les espèces végétales et par d'autres biotes. Le site paraît globalement aride, mais on y trouve une abondance de mousses et de lichens peu visibles. Étant donné qu'il ne présente aucune activité géothermique, les processus de colonisation pourraient être reliés à la tendance actuelle des changements climatiques. En dépit de la faible diversité biologique, les communautés qui se développent sur le site sont typiques des habitats non chauffés présents sur l'ensemble de l'île.

7

Incidence anthropique. Des collemboles non indigènes de l'espèce *Hypogastrura viatica* sont présents sur le site F.

Site G – Anse Pendulum

Zone comprise. Le site comprend la pente douce et irrégulière constituée de scories grossières grises, cramoisies et rouges, ainsi que d'occasionnels blocs délités de tuf jaunâtre, à l'est-nord-est de la colline Cramoisie, à environ 0,4-0,8 km à l'est de l'anse Pendulum. Il s'étend d'ouest en est en amont sur environ 500 m, et mesure quelque 400 m de large du nord au sud. Il a été principalement créé durant l'éruption de 1969, qui a détruit la base chilienne abandonnée toute proche (site et monument historique n° 76). Le site renferme la pente et le « plateau » : ondulé situé derrière l'anse Pendulum.

Bornage. La limite occidentale suit la courbe de niveau des 40 m et la limite orientale suit quant à elle la courbe de niveau des 140 m à l'est-sud-est de l'anse Pendulum. Les limites septentrionale et méridionale suivent la crête de la couche de glace permanente couverte de débris qui longe le site.

Valeur scientifique. Une activité géothermique a été enregistrée durant une étude réalisée en 1987, avec d'importants dégagements de chaleur depuis les crevasses situées entre les scories. En 2002, aucune activité de ce type n'a été observée. Bien que la végétation soit très rare, ce site d'âge connu est colonisé par de nombreuses espèces de mousses et de lichens. Deux des espèces de mousses (*Racomitrium lanuginosum* et *R. heterostichoides*) sont uniques tant sur cette île qu'en Antarctique. Elles sont toutes les deux très rares sur ce site. Plusieurs autres espèces de mousses sont très rares en Antarctique.

Incidence anthropique. L'espèce non indigène de collembole *Deuteraphorura cebennaria* a été observée à l'anse Pendulum, mais juste en dehors du site G.

Site H – Mont Pond

Zone comprise. Le site est situé à environ 1,4 -2 km au nord-nord-ouest du sommet du mont Pond. Cette vaste zone d'activité géothermique couvre une aire d'environ 150 ×500 m sur la partie supérieure d'une large crête en pente douce à une altitude d'environ 385 à 500 m (Smith 1988). À l'extrémité nord du site, on trouve de nombreuses cheminées de fumerolles peu visibles qui forment de petits amoncellements de sol recuit très fin et compacté. La partie supérieure du site, au sud, se trouve à proximité d'un vaste dôme givré, situé à 512 m, sous le vent duquel on trouve à environ 500-505 m de nombreuses fumerolles actives, également entourées de sol fin, recuit et compacté sur une pente abrupte, humide et abritée. Les vastes zones de sol chaud qui entourent les fumerolles sont constituées d'un sol fin dont la croûte fragile est extrêmement vulnérable aux piétinements. On y trouve plusieurs peuplements de végétation bryophyte dense et épaisse pouvant aller jusqu'à 10 cm d'épaisseur. Les affleurements de tuf jaunâtre à proximité abritent une autre communauté de mousses et de lichens.

Bornage. La limite septentrionale se situe à la lat. 62°55'51"S, la limite méridionale à la lat. 62°56'12''S, et la limite orientale est la long. 060°33'30''O. La limite occidentale suit la ligne de crête de la large crête qui descend vers le nord-nord-ouest à partir du sommet de mont Pond entre la long. 060°33'48''O et la long. 060°34'51'' O.

Valeur scientifique. Ce site revêt un intérêt botanique considérable et sans pareil en Antarctique. Il abrite plusieurs espèces de mousses qui sont soit uniques ou extrêmement rares en Antarctique. Le développement de mousses gazonnantes (*Dicranella hookeri* et *Philonotis polymorpha*) dans la partie supérieure du site est exceptionnel, et deux espèces au moins ont largement colonisé la zone depuis la dernière visite effectuée en 1994. La grande hépatique (*Marchantia berteroana*) colonise rapidement la croûte de sol chaud et humide située à la périphérie des peuplements de mousses. Au moins une espèce d'agaricacée est également présente parmi les mousses, constituant le plus important relevé de cette espèce en Antarctique. Une communauté totalement distincte de mousses et de lichens peuple les affleurements rocheux, dont plusieurs espèces extrêmement rares, en particulier les *Schistidium andinum* et *S. praemorsum*.

Site J – Cône Perchuć

Zone comprise. Ce cône de cendres se trouve à environ 750 m au nord-est de la colline Ronald et comprend une rangée très étroite de fumerolles ainsi que les sols chauds situés à proximité sur la pente orientée à l'ouest à quelque 160-170 m d'altitude (lat. 62°58'00,9''S ; long. 060°33'39,7''O). L'aire géothermique couvre une surface d'à peu près 25 ×10 m ; la fine surface de cendres et de lapilli de l'ensemble de la pente est extrêmement vulnérable aux piétinements.

Bornage. La limite septentrionale se trouve à la lat. 62°57'50''S, la limite méridionale à la lat. 62°58'05''S, la limite orientale à la long. 060°33'25''O et la limite occidentale à la long. 060°33'50''O. Le site J, cône Perchuć, a été désigné zone interdite afin de protéger la végétation vulnérable et les structures de sol à cet endroit. L'accès au site J, cône Perchuć, est strictement interdit.

Valeur scientifique. Le site renferme plusieurs espèces de mousses extrêmement rares en Antarctique. Des photos laissent à penser que la colonisation par les mousses a diminué depuis le milieu des années 1980.

Site K – Colline Ronald au lac Kroner

Zone comprise. Ce site comprend la plaine circulaire du cratère située immédiatement au sud de la colline Ronald, et s'étend le long d'une ravine de délavage large et peu profonde flanquée de part et d'autre par une berge de faible hauteur, puis vers le sud jusqu'au lac Kroner. Dans l'ensemble de la zone, le substrat est composé de boues, de cendres fines et de lapilli consolidés déposés par le lahar de l'éruption de 1969. Une partie du site, en particulier la ravine, conserve une activité géothermique. Le site comprend également le lagon géothermique intertidal (lac Kroner) qui relève de la même caractéristique volcanologique. Ce petit lac de cratère circulaire d'eau saumâtre et peu profonde a été envahi par la mer durant les années 80, et c'est aujourd'hui le seul lagon antarctique chauffé géothermiquement.

Bornage. La ligne de démarcation du site court autour du bassin du cratère, d'une ravine et du lac Kroner ainsi que d'une zone d'environ 100-150 m autour du lac. Un corridor en contrebas de la colline Ronald, depuis la rupture de pente jusqu'aux rochers massifs les plus bas à quelque 10 à 20 m de là, est exclu des limites pour permettre d'accéder au-delà de la zone.

Valeur scientifique. Ce site présente des surfaces d'âge connu colonisées par de nombreuses espèces de mousses, d'hépatiques et de lichens, dont certaines sont extrêmement rares en Antarctique (comme les mousses *Notoligotrichum trichodon* et *Polytrichastrum longisetum*, de même qu'un lichen rare, *Peltigera didactyla*, qui colonise plue d'1 ha de la surface du cratère). Le littoral géothermique intertidal au nord du lac Kroner présente une communauté d'algues unique.

Incidence anthropique. Des espèces non indigènes de collemboles (*Hypogastrura viatica*, *Mesaphorura macrochaeta* et *Proisotoma minuta*) et de mites (*Speleorchestes* sp., *Terpnacarus gibbosus* et *Coccotydaeolus* cf. *krantzii*) sont présentes sur différents sites autour de la baie des Baleiniers et peuvent être présentes sur le site K. Des espèces de collemboles non indigènes (*Protaphorura fimata* et *Folsom, a candida*) ont été observées à la baie des Baleiniers dans les années 1960 mais pas lors des études suivantes.

9

Site L – Pointe Sud-est

Zone comprise. Une crête rocheuse orientée est-ouest à environ 0,7 km au nord de la pointe Sud-est, qui s'étend du sommet de la falaise maritime (à environ 20 m d'altitude) sur environ 250 m à l'ouest, jusqu'à un point situé à quelque 80 m d'altitude. Le versant nord de la crête est un affleurement vertical de lave de faible hauteur menant à une pente raide et instable qui descend jusqu'au fond d'une ravine parallèle à la crête. Le versant sud du site est constitué par la crête de la dorsale en pente douce recouverte de cendres et de lapilli.

Bornage. Le site s'étend sur 50 m au nord et au sud de l'affleurement de lave.

Valeur scientifique. Ce site abrite la plus vaste population de sagine antarctique (*Colobanthus quitensis*) connue en Antarctique. Avant l'éruption de 1967 (Longton 1967), c'était la plus grande population connue. Elle couvrait environ 300 m², avant d'être presque totalement ensevelie par les cendres. Elle s'est progressivement rétablie et, depuis environ 1985-1990, on a constaté une augmentation massive de nouvelles plantules, et la population s'est propagée sous le vent (vers l'ouest et en amont). La sagine est désormais très abondante sur une surface d'environ 2 ha. Le site est également remarquable par l'absence de l'autre plante vasculaire indigène, la canche antarctique (*Deschampsia antarctica*), qui est quasiment toujours associée à la sagine. Des photos du site prises immédiatement après l'éruption attestent de la disparition quasi totale des lichens qui ont de nouveau rapidement et massivement colonisé la zone ; la grande espèce buissonnante *Usnea antarctica* est particulièrement abondante et a atteint une taille considérable durant la période relativement courte de recolonisation. La flore cryptogamique du site est généralement clairsemée et typique de la majeure partie de l'île. Le site est particulièrement important pour le suivi de la reproduction et de la propagation de la sagine dans un site d'âge connu.

6 (ii) Accès à la zone

- L'accès au site se fait à pied ou par une petite embarcation.
- L'atterrissage d'hélicoptères est interdit dans la zone. Le plan de gestion pour l'île de la Déception, ZGSA 4, indique les sites recommandés pour l'atterrissage d'hélicoptères sur l'île de la Déception. Ceux-ci se retrouvent également sur la Figure 1. Les sites permettant l'atterrissage pour les hélicoptères et pouvant être utiles pour accéder aux sites sont situés aux endroits suivants : station Decepción (Argentine ; lat. 62°58'30''S, long. 060°42'00''O), nord de la baie des Fumerolles (lat. 62°57'18''S, long. 060°42'48''O), le sud de la colline Cross (lat. 62°56'39''S, long. 060°41'36''O), est de la baie Telefon (lat. 62°55'18''S, long. 060°38'18''O), anse Pendulum (lat. 62°56'12''S, long. 060°35'45''O) et la baie des Baleiniers (lat. 62°58'48''S, long. 060°33'12'' O).
- Les déplacements vers les sites devront se faire en toute diligence afin de minimiser les perturbations au sol et à la végétation en chemin.
- Les opérations de survol de la zone doivent être réalisées conformément aux Lignes directrices pour l'exploitation d'aéronefs à proximité des concentrations d'oiseaux dans l'Antarctique, inscrites dans la Résolution 2 (2004). Le survol du site A, pointe Collins, nécessite une attention toute particulière. Ce site comprend en effet une colonie de goélands dominicains, située dans les basses falaises surplombant la plage.

6(iii) Emplacement des structures à l'intérieur de la zone et adjacentes à celle-ci

Deux stations de recherche se trouvent à proximité des sites de la ZSPA : station Decepción (Argentine ; lat. 62°58'30''S, long. 060°41'54''O) et la station Gabriel de Castilla (Espagne ; lat. 62°58'36''S, long. 060°40'30'' O). Deux sites et monuments historiques se trouvent à proximité des sites de la ZSPA : la baie des Baleiniers (SMH 71 ; lat. 62°58'42''S, long. 060°33'36''O) et les ruines de la station Base Pedro Aguirre Cerda (SMH 76 ; lat. 62°56'12''S, long. 060°35'36'' O). La balise de navigation de la pointe Collins se situe à la lat. 62°59'42''S, long. 060°35'12''O. Au site A, la pointe Collins, on trouve six parcelles de 50 cm

×50 cm signalées aux angles par des pieux en bois, dont certains manquent (lat. 63°00'00''S, long. 060°34'48'' O). Ces parcelles ont été créées par la British Antarctic Survey en 1969 pour mesurer l'évolution de la végétation (Collins 1969) ; des données ont été relevées en 1969 et en 2002. Ces repères doivent être laissés en place.

Les structures existantes au sein du site comprennent des appareils expérimentaux destinés au suivi à long terme des variations de température du sol (opérés par le programme antarctique espagnol) et plusieurs petits piquets en métal placés le long de la ligne de crête à proximité de la crête près du point culminant.

D'autres structures situées à proximité de la zone sont reprises dans le plan de gestion de la ZGSA de l'île de la Déception.

6(iv) Emplacement d'autres zones protégées à proximité directe de la zone

La ZSPA 145 comprend deux sites présentant une importance benthique au sein du port Foster. L'île de la Déception et le port Foster sont gérés par la ZGSA 4, île de la Déception.

6(v) Aires spéciales à l'intérieur de la zone

Le site J, cône Perchuć a été désigné zone interdite afin de protéger la végétation vulnérable et les structures de sol à cet endroit. L'accès au site J, cône Perchuć, est strictement interdit.

7. Critères de délivrance des permis

7(i) Critères généraux

L'accès à la zone est interdit sauf si un permis a été délivré par une autorité nationale compétente. Les critères de délivrance d'un permis pour entrer dans la zone sont les suivants :

- le permis n'est délivré que pour un objectif scientifique impérieux qui ne peut être servi ailleurs ; ou
- pour opérer des tâches de gestion essentielles, comme l'inspection, l'entretien ou l'examen ;
- les actions autorisées ne mettront pas en péril les valeurs scientifiques ou écologiques ou floristiques de la zone ;
- toutes les activités de gestion entreprises le seront à l'appui des objectifs du plan de gestion ;
- les activités autorisées sont conformes au présent plan de gestion ;
- le permis, ou une copie autorisée, sera emporté à l'intérieur de la zone ;
- tout permis sera délivré pour une durée déterminée ;
- les autorités compétentes doivent être informées de toute activité ou mesure qui ne serait pas autorisée par le permis.

7(ii) Accès à la zone et déplacements à l'intérieur ou au-dessus de celle-ci

- Les véhicules terrestres sont interdits dans la zone.
- L'atterrissage d'hélicoptères est interdit dans la zone. Le plan de gestion pour l'île de la Déception, ZGSA 4, indique les sites recommandés pour l'atterrissage d'hélicoptères sur l'île de la Déception. Ceux-ci se retrouvent également sur la Figure 1.
- Les petites embarcations sont autorisées aux fins d'échantillonnage dans les lacs des sites B (lac Cratère) et F (baie Telefon) ainsi que dans le lagon du site K (colline Ronald au lac Kroner). Avant d'être utilisées dans les sites, ces embarcations doivent être nettoyées afin

11

de réduire le risque d'introduction d'espèces non indigènes provenant de l'extérieur de la zone du Traité et d'autres endroits de l'Antarctique, notamment d'autres sites au sein de la ZSPA 140. Les bateaux à moteur sont proscrits.

- Les déplacements à l'intérieur des sites de la zone doivent s'effectuer à pied.
- Les déplacements à l'intérieur de la zone seront effectués en gardant à l'esprit le « *Code de conduite pour les activités en environnement géothermique continental en Antarctique du SCAR* ».
- Tous les déplacements à l'intérieur de la zone seront entrepris avec diligence de manière à perturber le moins possible le sol et la végétation.
  - ○ La végétation du site C (colline Caliente) étant sporadique et cachée, elle est particulièrement vulnérable aux piétinements et à l'échantillonnage excessif. Il convient de faire <u>extrêmement attention</u> afin d'éviter de piétiner la végétation lors de la visite de ce site.
  - ○ Le sol situé autour du site J, cône Perchuć est extrêmement friable et particulièrement vulnérable aux dégâts générés par les piétinements. Comparé à d'autres fumerolles de l'île de la Déception, le cône Perchuć a été peu visité par l'homme et a donc été peu touché par des piétinements. Il peut dès lors servir de site de référence pour de futures études scientifiques. Par conséquent, le site J a été désigné zone interdite et il est strictement interdit d'y pénétrer.

7(iii) Activités pouvant être menées dans la zone

Les activités incluent :

- des travaux de recherche scientifique indispensables qui ne peuvent être entrepris ailleurs et ne risquent pas de mettre en péril l'écosystème de la zone ;
- les activités de gestion et de surveillance indispensables ;
- des études, à entreprendre en fonction des besoins, visant à déterminer l'état des valeurs botaniques pour lesquelles chaque site a été désigné, en appui aux objectifs du présent plan de gestion.

7(iv) Installation, modification ou démantèlement de structures

D'autres structures ou installations ne seront pas érigées dans la zone, sauf si le permis l'autorise. Tous les équipements scientifiques, bornes ou structures installés dans la zone doivent être approuvés par un permis et identifier clairement le pays, le nom du principal chercheur et l'année de l'installation. Tous ces éléments doivent avoir été fabriqués avec des matériaux qui présentent un risque minimum de contamination de la zone (cf. Section *7(vi)*).

7(v) Emplacement des camps

Il est interdit de camper à l'intérieur de la zone. Le plan de gestion de la ZGSA de l'île de la Déception recommande à cet effet divers sites situés à l'extérieur de la ZSPA n° 140. Les campements qui peuvent être utilisés pour accéder aux sites sont situés aux endroits suivants : nord de la baie des Fumerolles (lat. 62°57'18''S, long. 060°42'42''O), le sud de la colline Cross (lat. 62°56'36''S, long. 060°41'30''O), est de la baie Telefon (lat. 62°55'18''S, long. 060°38'12''O), anse Pendulum (lat. 62°56'12''S, long. 060°35'42''O) et la baie des Baleiniers (lat. 62°58'54''S, long. 060°33'0''O) (cf. Figure 1). Lors de la planification des lieux de campements et des activités, il convient de tenir compte, le cas échéant, des recommandations émises dans le Code de conduite pour les activités en environnement géothermique continental en Antarctique du SCAR.

7(vi) Restrictions concernant les matériaux et organismes pouvant être introduits dans la zone

L'introduction délibérée d'animaux, de matières végétales, de micro-organismes et de terre non stérile dans la zone ne sera pas autorisée. Des mesures de précaution draconiennes doivent être prises pour éviter l'introduction accidentelle de tout animal, forme végétale, micro-organisme et terre non stérile provenant de régions biologiques distinctes (comprises à l'intérieur ou à l'extérieur de la zone du Traité sur l'Antarctique), et ce afin de préserver les valeurs floristiques et écologiques de la zone. La prudence est de mise afin d'éviter de transférer des espèces entre différents sites de la ZSPA. Les visiteurs doivent tenir compte des recommandations émises dans les lignes directrices relatives à la biosécurité reprises à l'Annexe 11 au plan de gestion de la Zone gérée spéciale de l'Antarctique n° 4, île de la Déception, ainsi que du « *Code de conduite pour les activités en environnement géothermique continental en Antarctique du SCAR* », le cas échéant (les deux documents sont disponibles à l'adresse http://www.scar.org/codes-of-conduct). Les visiteurs sont également priés de consulter et de suivre, le cas échéant, les recommandations formulées dans le « *Manuel sur les espèces non indigènes du CPE* » (disponible à l'adresse : http://www.ats.aq/f/ep_faflo_nns.htm). Tout le matériel d'échantillonnage et les balises introduits dans la zone doivent être nettoyés et stérilisés. Dans la mesure du possible, les chaussures et autres équipements utilisés ou introduits dans la zone (y compris les sacs et les sacs à dos) doivent être minutieusement nettoyés avant d'entrer dans la zone. Aucun produit alimentaire à base d'œufs ou de volaille ne sera emmené dans la zone.

Aucun herbicide ou pesticide ne doit être introduit dans la zone. Tous les autres produits chimiques, y compris les radionucléides ou les isotopes stables susceptibles d'être introduits pour des raisons scientifiques ou de gestion visées dans le permis, seront enlevés de la zone à ou avant la fin de l'activité pour laquelle le permis a été délivré. Il est interdit de libérer des radionucléides ou des isotopes stables directement dans l'environnement si ceux-ci ne sont pas récupérables par la suite.

Il est interdit d'entreposer des combustibles, des aliments ou d'autres matériels sur le site, sauf autorisation expresse à cet effet mentionnée dans le permis à des fins scientifiques ou de gestion. Les dépôts permanents ne sont pas autorisés. Tous les matériaux seront introduits dans la zone pour une période déterminée et en seront enlevés au plus tard à la fin de cette période. Ils seront en outre manipulés et entreposés de manière à minimiser le risque de leur introduction dans l'environnement. En cas de déversement susceptible de mettre en péril les valeurs de la zone, leur enlèvement est encouragé à condition que l'impact de celui-ci ne soit pas susceptible d'être supérieur à celui consistant à laisser le matériel *in situ*. L'autorité compétente devra être notifiée des matériaux qui ont été libérés et non enlevés, alors qu'ils n'étaient pas inclus dans le permis approuvé.

7(vii) Prélèvement de végétaux et capture d'animaux ou perturbations nuisibles à la faune et à la flore

Le prélèvement de végétaux et la capture d'animaux, ou les interférences nuisibles avec la faune et la flore, sont interdits, hormis sur délivrance d'un permis conformément à l'Annexe II au Protocole relatif à la protection de l'environnement du Traité sur l'Antarctique. Dans le cas de captures ou de perturbations nuisibles d'animaux, le « *Code de conduite du SCAR pour l'utilisation d'animaux à des fins scientifiques dans l'Antarctique* » doit être utilisé comme norme minimale.

7(viii) Prélèvement ou enlèvement de matériel non introduits dans la zone par le détenteur de permis

Des matériaux biologiques, géologiques (y compris des échantillons de sol et de sédiments lacustres) ou hydrologiques ne peuvent être prélevés ou retirés de la zone qu'en conformité avec un permis, et uniquement dans les limites nécessaires pour répondre aux besoins de la recherche scientifique ou de la gestion de la zone. Un permis ne sera pas délivré s'il y a lieu de croire que l'échantillonnage envisagé impliquerait de prélever, d'enlever ou d'endommager de telles quantités de sol, de sédiments, de faune et de flore que la distribution ou l'abondance à l'intérieur de la zone en serait gravement affectée. Les éléments d'origine humaine susceptibles de porter atteinte aux valeurs de la zone, et qui n'y ont pas été introduits par le titulaire du

13

permis ou dont l'introduction n'a pas été autorisée, pourront être retirés à moins que leur enlèvement soit plus préjudiciable que leur maintien *in situ*. Dans ce cas, l'autorité compétente devra en être notifiée. Tout débris porté dans la zone par le vent sera retiré. Les débris en plastic doivent être éliminés conformément aux dispositions de l'Annexe III (Élimination et gestion des déchets) du Protocole au Traité sur l'Antarctique relatif à la protection de l'environnement (1998). Les autres matériaux portés par le vent doivent être rendus au site ou monument historique dont ils proviennent et attachés de manière à éviter qu'ils soient à nouveau emportés par le vent. Un rapport détaillant la nature des matériaux retirés de la ZSPA et l'emplacement où ils ont été attachés au sein du site ou monument historique devrait être présenté au groupe chargé de la gestion de la Zone gérée spéciale de l'Antarctique (ZGSA) de l'île de la Déception, par le biais du président, en vue de déterminer la manière la plus adéquate de gérer ces débris (les conserver pour préserver une valeur historique ou les éliminer comme il se doit) (cf. le site web de la ZGSA de l'île de la Déception : *http://www.deceptionisland.aq/contact.php*).

7(ix) Élimination des déchets

Tous les déchets seront retirés de la zone, conformément à l'Annexe III (Élimination et gestion des déchets) du Protocole au Traité sur l'Antarctique relatif à la protection de l'environnement (1998). Afin d'éviter tout enrichissement des sols par des nutriments ou des microbes d'origine anthropique, aucun déchet humain, solide ou liquide, ne sera déposé au sein de la zone. Les déchets humains peuvent être éliminés dans le port Foster, à condition d'empêcher qu'ils pénètrent dans la ZSPA 145.

7(x) Mesures nécessaires pour continuer d'atteindre les objectifs du plan de gestion

• Des permis peuvent être délivrés pour entrer dans la zone afin d'y réaliser des activités de surveillance biologique et d'inspection.

• Les sites dans lesquels s'opèrent des suivis à long terme seront signalés de manière adéquate et les bornes ou panneaux feront l'objet d'un entretien.

• Des permis peuvent être délivrés afin de permettre le suivi dans la zone ou d'opérer des activités de gestion, comme indiqué dans la Section 3.

7(xi) Rapports de visite

Pour chaque visite dans la zone, le principal détenteur du permis soumet, dès que possible et au plus tard dans les six mois suivant la visite, un rapport à l'autorité nationale compétente. Ces rapports doivent contenir, le cas échéant, les catégories d'informations mentionnées dans le formulaire de rapport de visite repris dans le Guide pour l'élaboration des plans de gestion des zones spécialement protégées de l'Antarctique, disponible sur le site du Secrétariat du Traité sur l'Antarctique : www.ats.aq. Le cas échéant, l'autorité nationale doit également transmettre une copie du rapport de visite à la Partie qui a proposé le plan de gestion, afin de contribuer à la gestion de la zone et à la révision du plan de gestion. Les Parties doivent, dans la mesure du possible, déposer les originaux ou les copies de ces rapports dans une archive à laquelle le public pourra avoir accès afin de conserver une archive d'usage qui sera utilisée pour toute révision du plan de gestion et pour l'organisation de l'utilisation scientifique de la zone.

8. Bibliographie

Aptroot, A. and van der Knaap, W.O. 1993. The lichen flora of Deception Island, South Shetland Islands. *Nova Hedwigia*, **56**, 183-192.

Baker, P.E., McReath, I., Harvey, M.R., Roobol, M., & Davies, T.G. 1975. The geology of the South Shetland Islands: V. Volcanic evolution of Deception Island. *British Antarctic Survey Scientific Reports,* No. 78, 81 pp.

Bednarek-Ochyra, H., Váňa, J., Ochyra, R. and Lewis Smith, R.I. 2000. *The Liverwort Flora of Antarctica*. Polish Academy of Sciences, Krakow, 236 pp.

Cameron, R.E. and Benoit, R.E. 1970. Microbial and ecological investigations of recent cinder cones, Deception Island, Antarctica – a preliminary report. Ecology 51, 802-809.

Collins, N.J. 1969. The effects of volcanic activity on the vegetation of Deception Island. *British Antarctic Survey Bulletin*, **21**, 79-94.

Greenslade, P., Potapov, M., Russell, D., and Convey, P. (2012) Global collembola on Deception Island. *Journal of Insect Science*, **12**, 111. http://www.insectscience.org/12.111

Hack, W.H. 1949. Nota sobre un colémbolo de la Antartida Argentina *Achorutes viaticus* Tullberg. *Notas del Museo de la Plata*, **14**, 211–212.

Longton, R.E. 1967. Vegetation in the maritime Antarctic. Dans Smith, J.E., *Editor*, A discussion of the terrestrial Antarctic ecosystem. *Philosophical Transactions of the Royal Society of London*, B, **252**, 213-235.

Morgan, F., Barker, G., Briggs, C., Price, R. and Keys, H. 2007. Environmental Domains of Antarctica Version 2.0 Final Report, Manaaki Whenua Landcare Research New Zealand Ltd, 89 pages.

Ochyra, R., Bednarek-Ochyra, H. and Smith, R.I.L. *The Moss Flora of Antarctica*. 2008. Cambridge University Press, Cambridge. p. 704.

Øvstedal, D.O. and Smith, R.I.L. 2001. *Lichens of Antarctica and South Georgia: A Guide to their Identification and Ecology*. Cambridge University Press, Cambridge, p. 411.

Peat, H., Clarke, A., and Convey, P. 2007. Diversity and biogeography of the Antarctic flora. *Journal of Biogeography,* **34**, 132-146.

Smellie, J.L., López-Martínez, J., Headland, R.K., Hernández-Cifuentes, Maestro, A., Miller, I.L., Rey, J., Serrano, E., Somoza, L. and Thomson, J.W. 2002. *Geology and geomorphology of Deception Island*, 78 pp. BAS GEOMAP Series, Sheets 6-A and 6-B, 1:25,000, British Antarctic Survey, Cambridge.

Smith, R. I. L. 1984a. Terrestrial plant biology of the sub-Antarctic and Antarctic. Dans : Antarctic Ecolgy, Vol. 1. Rédacteur : R. M. Laws. London, Academic Press.

Smith, R.I.L. 1984b. Colonization and recovery by cryptogams following recent volcanic activity on Deception Island, South Shetland Islands. *British Antarctic Survey Bulletin*, **62**, 25-51.

Smith, R.I.L. 1984c. Colonization by bryophytes following recent volcanic activity on an Antarctic island. *Journal of the Hattori Botanical Laboratory*, **56**, 53-63.

Smith, R.I.L. 1988. Botanical survey of Deception Island. *British Antarctic Survey Bulletin*, **80**, 129-136.

15

Figure 1. Carte de l'île de la Déception représentant les 11 sites qui composent la ZSPA 140, parties de l'île de la Déception, îles Shetland du Sud.

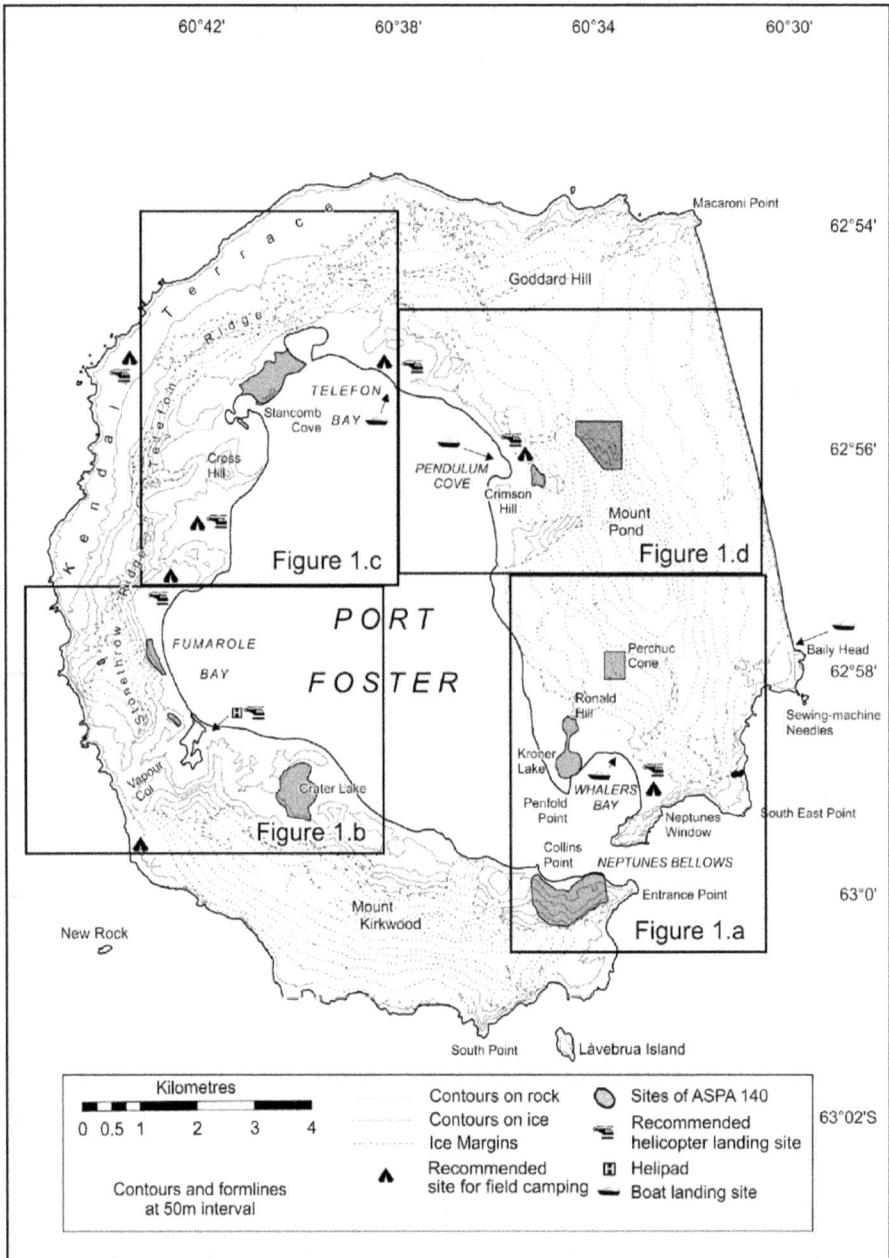

Figure 1a. Carte représentant l'emplacement des sites A, J, K et L de la ZSPA n° 140.

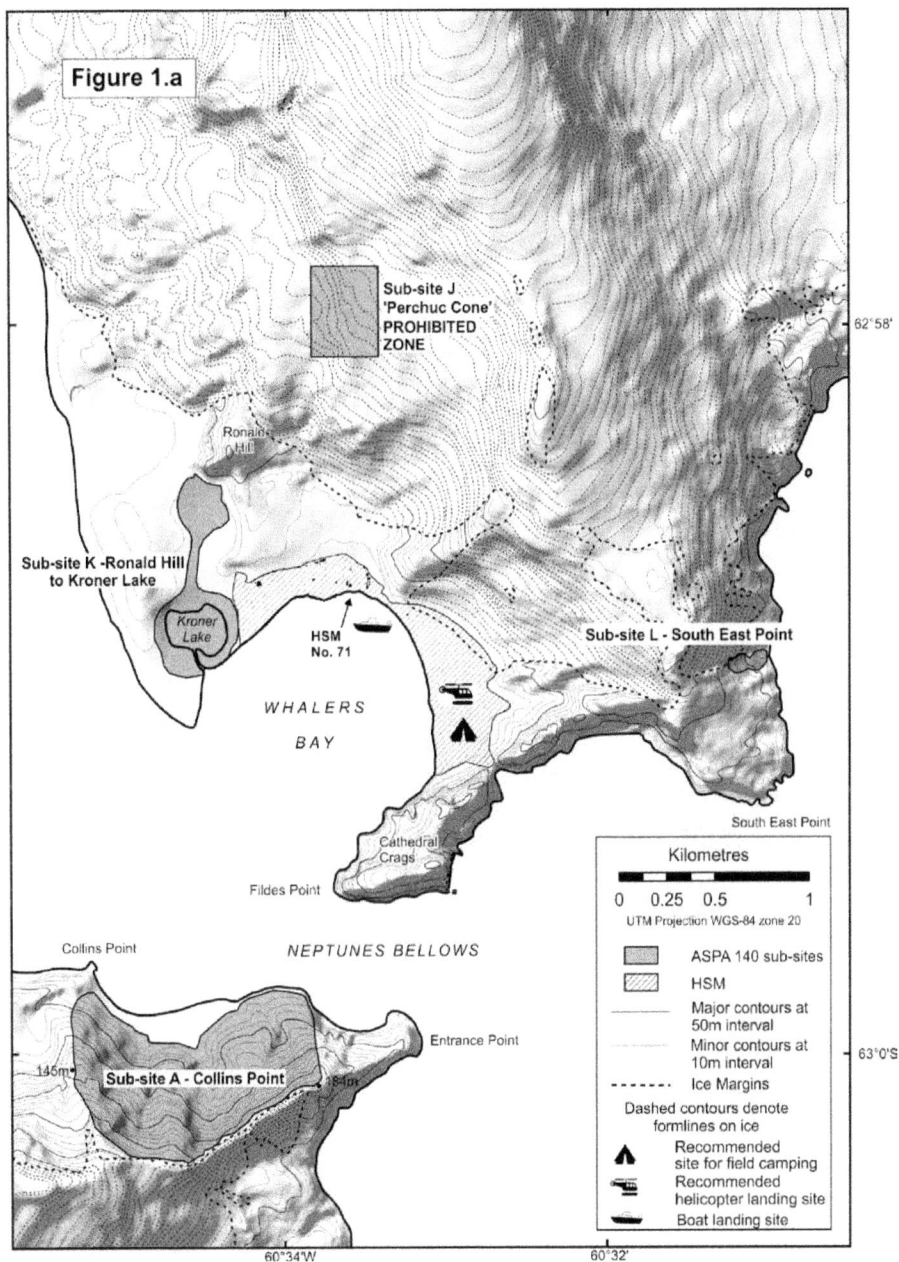

Figure 1b. Carte représentant l'emplacement des sites B, C, D et E de la ZSPA n° 140.

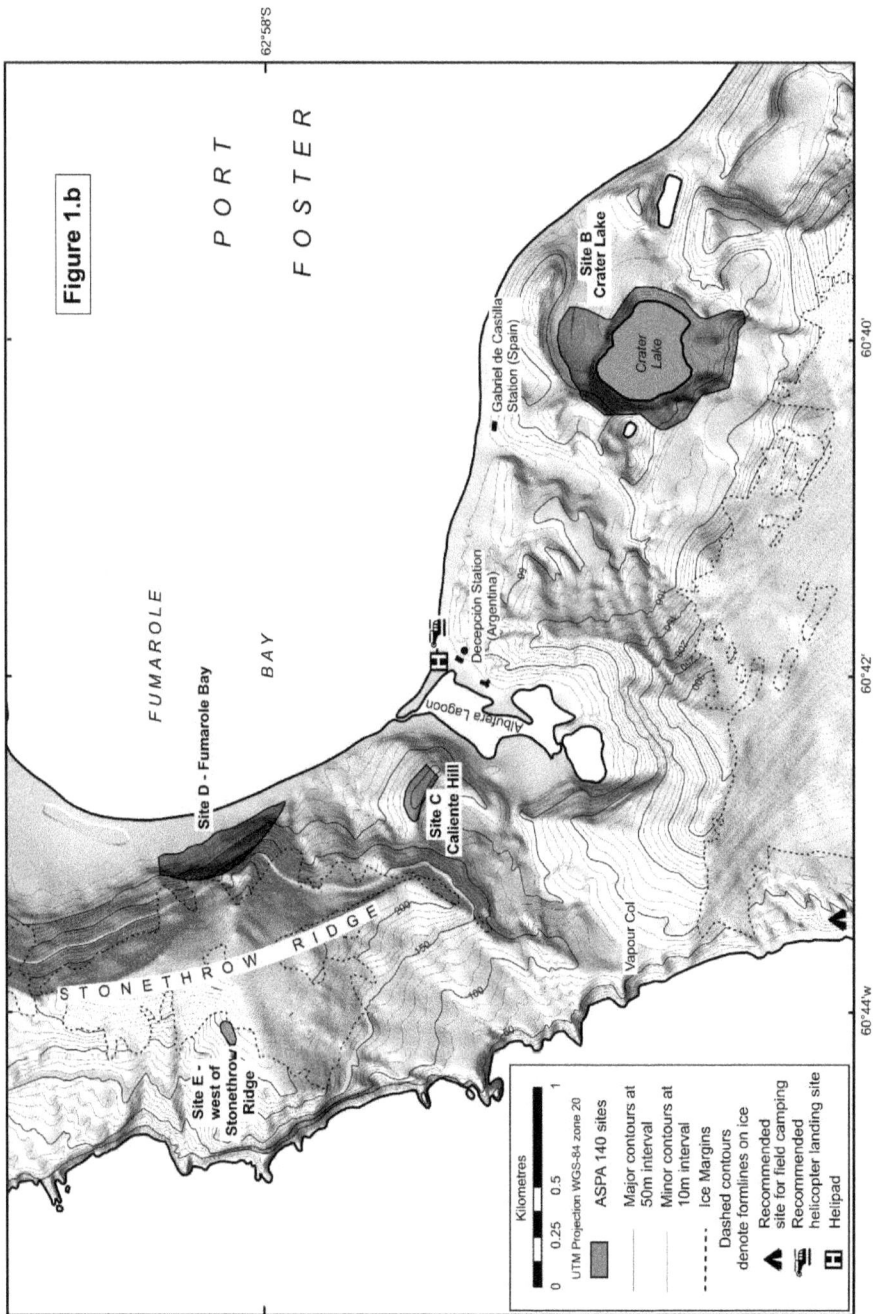

Figure 1c. Carte représentant l'emplacement du site F de la ZSPA nº 140.

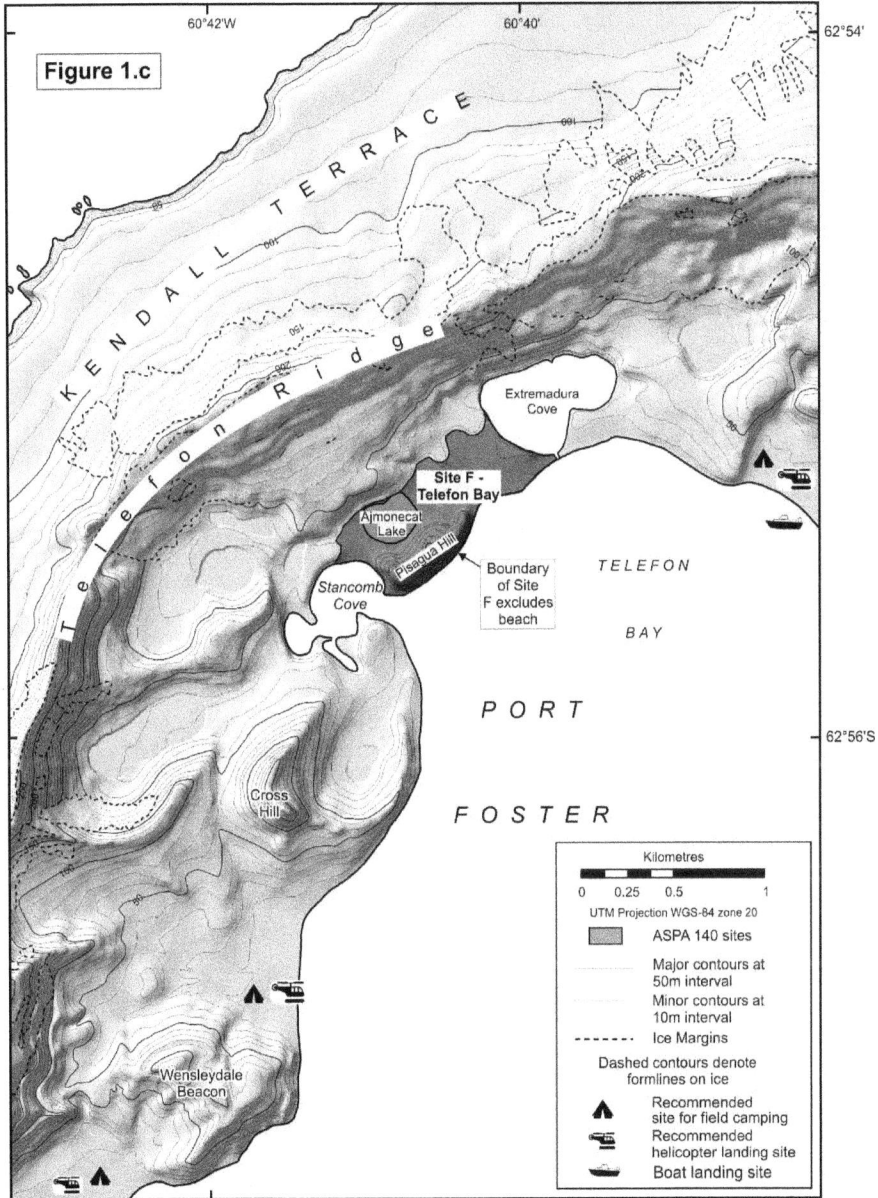

Figure 1d. Carte représentant l'emplacement des sites G et H de la ZSPA n° 140.

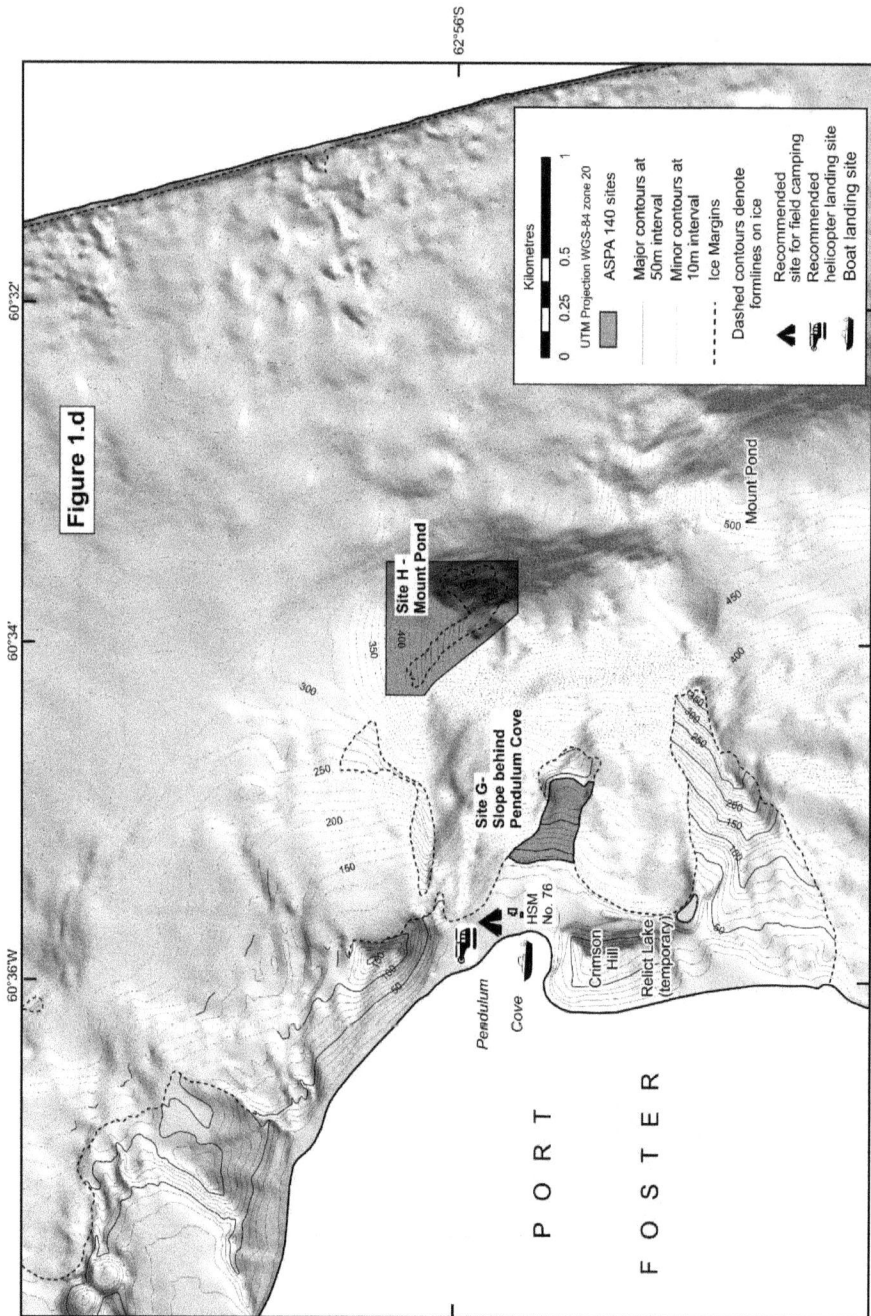

Annexe 1 Liste des espèces de plantes présentes sur l'île de la Déception et classées selon les catégories « rare » ou « très rare » dans la zone du Traité sur l'Antarctique.

A. Bryophytes (H = hépatique)

Espèces	Sites où est présente l'espèce	Notes
Brachythecium austroglareosum	D	Plusieurs autres sites antarctiques connus
B. fuegianum	G	Seul site antarctique connu
Bryum amblyodon	C, D, G, K	Plusieurs autres sites antarctiques connus
B. dichotomum	C, E, H, J	Seul site antarctique connu
B. orbiculatifolium	H, K	Un autre site antarctique connu
B. pallescens	D	Plusieurs autres sites antarctiques connus
Cryptochila grandiflora (H)	E	Seul site antarctique connu
Dicranella hookeri	C, E, H	Seul site antarctique connu
Didymodon brachyphillus	A, D, G, H	Plus abondant localement que dans tout autre site antarctique connu
Ditrichum conicum	E	Seul site antarctique connu
D. ditrichoideum	C, G, J	Seul site antarctique connu
D. heteromallum	C, H	Seul site antarctique connu
D. hyalinum	G	Plusieurs autres sites antarctiques connus
D. hyalinocuspidatum	G	Plusieurs autres sites antarctiques connus
Grimmia plagiopodia	A, D, G	Une espèce antarctique continentale
Hymenoloma antarcticum	B, C, D, E, G, K	Plusieurs autres sites antarctiques connus
H. crispulum	G	Plusieurs autres sites antarctiques connus
Notoligotrichum trichodon	K	Un autre site antarctique connu
Philonotis polymorpha	E, H	Seul site antarctique connu
Platyneurum jungermannioides	D	Plusieurs autres sites antarctiques connus
Polytrichastrum longisetum (H)	K	Un autre site antarctique connu
Pohlia wahlenbergii	C, E, H	Un autre site antarctique connu
Racomitrium heterostichoides	G	Seul site antarctique connu
R. lanuginosum	G	Seul site antarctique connu
R. subsecundum	C	Seul site antarctique connu
S. amblyophyllum	C, D, G, H	Plusieurs autres sites antarctiques connus
S. andinum	H	Plusieurs autres sites antarctiques connus
S. deceptionensis sp. nov.	C	Endémique sur Déception

21

S. leptoneurum sp. nov.	D	Endémique sur Déception
Schistidium praemorsum	H	Un autre site antarctique connu
Syntrichia andersonii	D, L	Seul site antarctique connu

B. Lichens

Espèces	Sites où est présente l'espèce	Notes
Acarospora austroshetlandica	A	Un autre site antarctique connu
Caloplaca johnstonii	B, D, F, L	Plusieurs autres sites antarctiques connus
Catapyrenium lachneoides	?	Plusieurs autres sites antarctiques connus
Cladonia galindezii	A, B, D	Plus abondante que sur tout autre site connu
Degelia sp.	K	Seul site antarctique connu
Ochrolechia parella	A, B, D	Plus abondante que sur tout autre site connu
Peltigera didactyla	B, K	Très rare sur le site B ; très petite forme colonisante abondante sur le site K
Pertusaria excludens	D	Plusieurs autres sites antarctiques connus
P. oculae-ranae	G	Seul site antarctique connu
Placopsis parellina	A, B, D, G, H	Plus abondante que sur tout autre site connu
Protoparmelia loricata	B	Plusieurs autres sites antarctiques connus
Psoroma saccharatum	D	Seul site antarctique connu
Stereocaulon condensatum	E	Seul site antarctique connu
S. vesuvianum	B, G	Plusieurs autres sites antarctiques connus

Annexe 2 Photographies des sites qui composent la ZSPA 140. Les photographies ont été prises entre le 19 et le 26 janvier 2010 (K. Hughes : A, B, C, E, F, G, J, K, L ; P. Convey : D, H).

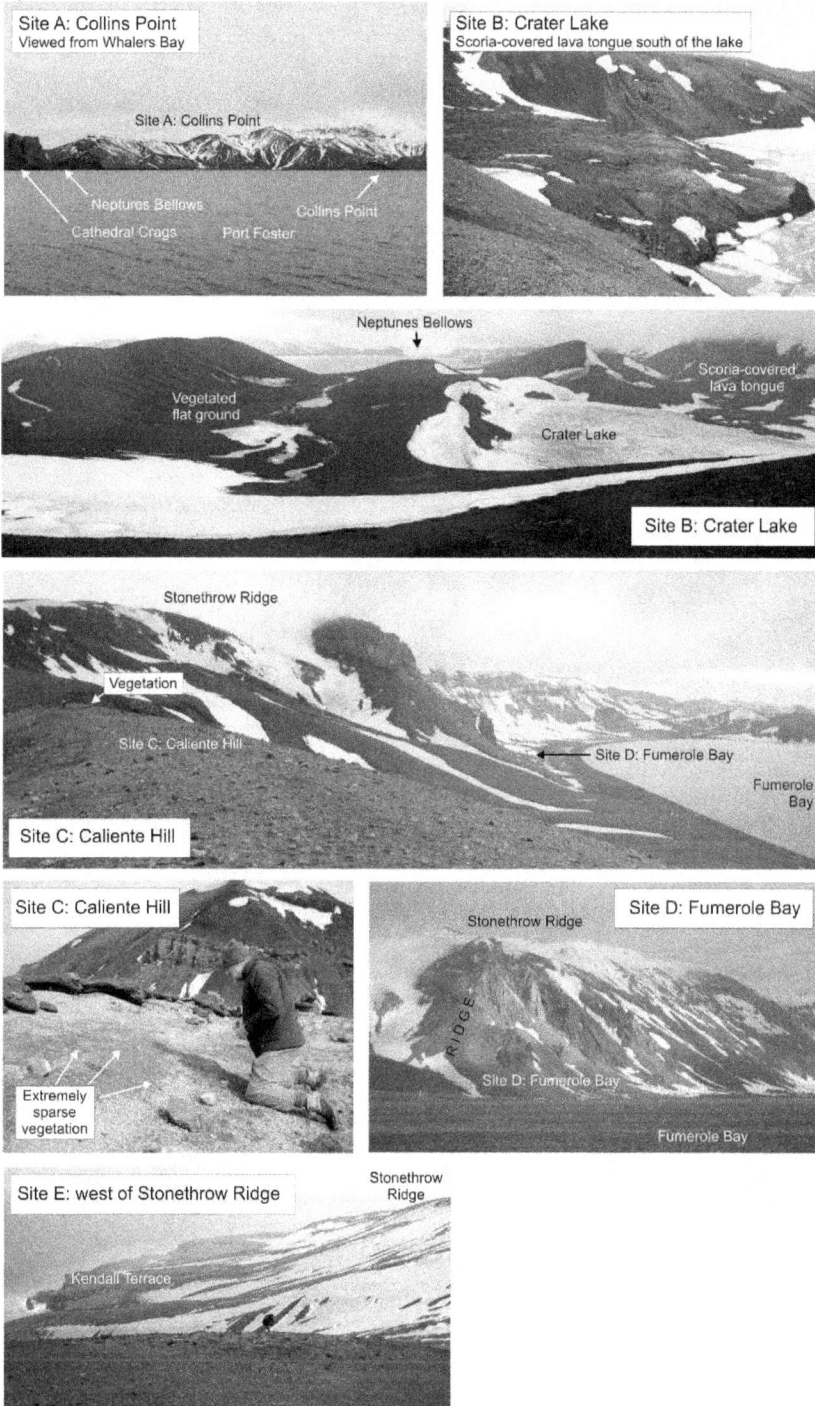

Site A: Collins Point
Viewed from Whalers Bay

Site A: Collins Point

Neptures Bellows
Cathedral Crags   Port Foster   Collins Point

Site B: Crater Lake
Scoria-covered lava tongue south of the lake

Neptunes Bellows

Vegetated flat ground

Scoria-covered lava tongue

Crater Lake

Site B: Crater Lake

Stonethrow Ridge

Vegetation

Site C: Caliente Hill

Site D: Fumerole Bay

Fumerole Bay

Site C: Caliente Hill

Site C: Caliente Hill

Extremely sparse vegetation

Site D: Fumerole Bay

Stonethrow Ridge

RIDGE

Site D: Fumerole Bay

Fumerole Bay

Site E: west of Stonethrow Ridge

Stonethrow Ridge

Kendall Terrace

23

Annexe 3 Coordonnées géographiques des limites des sites qui composent la ZSPA 140, parties de l'île Déception. De nombreuses limites suivent les caractéristiques naturelles et les descriptions détaillées de ces limites se trouvent à la Section 6. Les coordonnées des limites sont numérotées, le numéro 1 correspondant aux coordonnées les plus septentrionales et les suivantes étant numérotées de manière séquentielle dans le sens horloger autour de chaque site.

Site	Numéro	Latitude	Longitude
A : pointe Collins	1	62°59'50''S	060°33'55''O
	2	63°00'06''S	060°33'51''O
	3	63°00'16''S	060°34'27''O
	4	63°00'15''S	060°34'53''O
	5	63°00'06''S	060°35'15''O
	6	62°59'47''S	060°35'19''O
	7	62°59'59''S	060°34'48''O
	8	62°59'49''S	060°34'07''O
B : lac Cratère	1	62°58'48''S	060°40'02''O
	2	62°58'50''S	060°39'45''O
	3	62°58'56''S	060°39'52''O
	4	62°59'01''S	060°39'37''O
	5	62°59'11''S	060°39'47''O
	6	62°59'18''S	060°39'45''O
	7	62°59'16''S	060°40'15''O
	8	62°59'04''S	060°40'31''O
	9	62°58'56''S	060°40'25''O
C : colline Caliente	1	62°58'33''S	060°42'12''O
	2	62°58'27''S	060°42'28''O
	3	62°58'29''S	060°42'33''O
	4	62°58'25''S	060°42'51''O
D : baie des Fumerolles	1	62°57'42''S	060°43'05''O
	2	62°58'04''S	060°42'42''O
	3	62°57'53''S	060°43'08''O
	4	62°57'43''S	060°43'13''O
E : ouest de la crête Stonethrow	1	62°57'51''S	060°44'00''O
	2	62°57'54''S	060°44'00''O
	3	62°57'54''S	060°44'10''O
	4	62°57'51''S	060°44'10''O
F : baie Telefon	1	62°55'02''S	060°40'17''O
	2	62°55'11''S	060°39'45''O
	3	62°55'35''S	060°40'43''O
	4	62°55'30''S	060°41'13''O
	5	62°55'21''S	060°41'07''O
G : anse Pendulum	1	62°56'10''S	060°35'15''O
	2	62°56'20''S	060°34'41''O
	3	62°56'28''S	060°34'44''O

25

	4	62°56'21''S	060°35'16''O
H : mont Pond	1	62°55'51''S	060°33'30''O
	2	62°56'12''S	060°33'30''O
	3	62°56'12''S	060°33'48''O
	4	62°55'57''S	060°34'42''O
	5	62°55'51''S	060°34'42''O
J : cône Perchuć	1	62°57'50''S	060°33'50''O
	2	62°57'50''S	060°33'25''O
	3	62°58'05''S	060°33'25''O
	4	62°58'05''S	060°33'50''O
K : colline Ronald au lac Kroner	1	62°58'25''S	060°34'22''O
	2	62°58'32''S	060°34'20''O
	3	62°58'34''S	060°34'27''O
	4	62°58'41''S	060°34'30''O
	5	62°58'44''S	060°34'18''O
	6	62°58'50''S	060°34'18''O
	7	62°58'58''S	060°34'38''O
	8	62°58'49''S	060°34'53''O
	9	62°58'41''S	060°34'40''O
	10	62°58'24''S	060°34'44''O
L : pointe sud-est	1	62°58'53''S	060°31'01''O
	2	62°58'56''S	060°30'59''O
	3	62°58'57''S	060°31'13''O
	4	62°58'55''S	060°31'14''O

Annexe 4 Accès recommandés aux sites qui composent la ZSPA 140.

Site	Dénomination	Itinéraire d'accès préféré
A	Pointe Collins	Par bateau : accoster sur le littoral au nord du site (port Foster)
B	Lac Cratère	Par voie terrestre : traverser la partie ouest de la crête qui s'élève sur 500 m au sud de la station Gabriel de Castilla, puis parcourir 200 m vers l'est jusqu'à atteindre la limite occidentale des zones.
C	Colline Caliente	Par voie terrestre : accéder au site par la baie des Fumerolles, au nord du site, ou le long de la crête proéminente qui se trouve au sud-ouest du sommet de la colline Caliente.
D	Baie des Fumerolles	Par bateau : accès par la côte de la baie des Fumerolles.
E	Ouest de la crête Stonethrow	Par voie terrestre : depuis la baie des Fumerolles, se diriger vers le sud-ouest au-delà du lagon Albufera et continuer ensuite vers le nord, en traversant le flanc occidental de la crête Stonethrow. Le site se situe sur le versant nord de la crête orientée est-ouest qui se trouve à environ 600 m au sud-sud-ouest du point culminant de la crête Stonethrow.
F	Baie Telefon	Par bateau : accéder au site soit par la baie Telefon, soit par l'anse Stancomb.
G	Anse Pendulum	Par bateau : accéder au site via l'anse Pendulum, le port Foster, puis par voie terrestre au-delà du SMH nº 76.
H	Mont Pond	Par voie terrestre : accéder prudemment à partir de l'anse Pendulum par la crête libre de glaces proéminente située à l'ouest du site.
J	Cône Perchuć	Zone interdite : NE PAS Y PÉNÉTRER
K	Colline Ronald au lac Kroner	Par bateau : accoster dans la baie des Baleiniers, au sud du site - ne pas naviguer dans le lac Kroner pour accéder au site (cf. Section 7(ii) pour davantage de détails). Par voir terrestre : accéder par la baie des Baleiniers, à l'est du site.
L	Pointe sud-est	À pied : Accéder prudemment par voie terrestre, soit par la baie des Baleiniers (à l'ouest du site), soit par Bailey Head (au nord du site)

Plan de gestion pour la
Zone spécialement protégée de l'Antarctique n° 165

POINTE EDMONSON, BAIE WOOD, TERRE VICTORIA, MER DE ROSS

1. Description des valeurs à protéger

Si l'Italie a proposé que la Pointe Edmonson (74°20' S, 165°08' E, 5,49 km^2), Baie Wood, Terre Victoria, mer de Ross, soit désignée en tant que zone spécialement protégée de l'Antarctique (ZSPA), c'est parce qu'elle possède des valeurs écologiques et scientifiques exceptionnelles qui doivent être protégées d'une interférence que pourrait causer l'accès non réglementé. La zone présente un sol libre de glace et une petite zone adjacente à la mer au pied des versants est du mont Melbourne (2 732 m), dont l'étendue limitée est l'objet de recherches scientifiques en cours et à long terme.

L'écosystème terrestre et d'eau douce de la Pointe Edmonson est l'un des systèmes les plus remarquables qui existent dans la Terre Victoria du nord. On y trouve une diversité exceptionnelle d'habitats d'eau douce , avec de nombreux cours d'eau, lacs, étangs et aires de filtration, révélant des conditions de nutriments allant de l'eutrophique à l'oligotrophique. Un tel éventail d'habitats d'eau douce est rare à Terre Victoria. Par conséquent, ils abritent une grande diversité d'espèces d'algues et de cyanobactéries, avec plus de 120 espèces ayant déjà été répertoriées, tandis que son réseau de cours d'eau est le plus vaste et le plus important de la partie septentrionale de la Terre Victoria. La lithologie volcanique, les substrats enrichis localement (par des nutriments d'oiseaux), conjugués à l'abondance d'eau localisée, fournissent un habitat pour le développement relativement étendu de bryophytes. Les communautés végétales sont très sensibles aux changements du régime hydrologique, et les gradients environnementaux produisent des limites de démarcation très bien définies. En conséquence, l'éventail de plantes est variée, et comprend des communautés de lichens épilithiques, dont quelques-uns dépendent de l'apport en azote élevé des oiseaux, des communautés associées aux bancs de neige persistants, et des communautés dominées par les mousses, qui favorisant de manière continue des habitats toujours humides. Le site est l'un des exemples les plus caractéristiques de ce dernier type de communauté à Terre Victoria. On y trouve des invertébrés en abondance inhabituelle et répartis sur de vastes étendues pour cette partie de l'Antarctique.

La nature et la diversité des habitats terrestres et d'eau douce offrent des possibilités scientifiques exceptionnelles, en particulier pour l'étude des variations et processus biologiques le long de gradients d'humidité et de nutriment. Le site est considéré comme l'un de ceux qui se prêtent le mieux dans l'Antarctique aux études de l'écologie des algues. Ces caractéristiques ont été au nombre de celles qui ont abouti à la sélection de la pointe Edmonson comme l'un des sites clés du programme des études biologiques des systèmes antarctiques terrestres (BIOTAS) du Comité scientifique pour la recherche en Antarctique 1995-96. Un programme multinational coordonné de recherches connusous le nom de BIOTEX-1 a établi des sites d'étude et procédé à de vastes prélèvements de sol, de roche, d'eau, de neige, de guano, de bactéries, de végétation (tapis de cyanobactéries, champignons, algues, lichens, bryophytes) et d'invertébrés terrestres.

La valeur scientifique de pointe Edmonson est également considérée comme exceptionnelle pour les études consacrées à l'impact des changements climatiques sur les écosystèmes terrestres. Son emplacement à mi-chemin environ d'un gradient de latitude nord-sud qui s'étend le long de Terre Victoria vient compléter d'autres sites qui sont protégés pour leurs valeurs écologiques terrestres importantes comme cap Hallett (ZSPA n° 106) et baie Botany, cap Géologie (ZSPA n° 154), qui sont situés à grosso modo 300 km au nord et au sud respectivement. Cet emplacement géographique est considéré comme important dans un réseau continental de recherche écologique (par exemple, le programme « RiSCC » du Comité scientifique pour la recherche en Antarctique). En outre, les lacs sont au nombre de ceux qui se prêtent le mieux, dans la partie septentrionale de Terre Victoria, à des études de processus biogéochimiques avec des variations de courte et longue durée.

Combinées aux propriétés uniques en leur genre de la couche active de pergélisol, dont l'épaisseur est inhabituelle en cet endroit, ces caractéristiques sont considérées comme particulièrement utiles en tant qu'indicateurs sensibles d'un changement écologique provoqué par les niveaux de rayonnements UV et de changements climatiques.

Une colonie de quelque 2 000 couples de manchots Adélie *(Pygoscelis adeliae)* a fait l'objet de recherches depuis 1994-95, de même qu'une colonie d'environ 120 couples de labbes de l'Antarctique (*Catharacta maccormicki*). La colonie de manchots Adélie de pointe Edmonson fait partie du réseau de surveillance des écosystèmes de la Commission pour la conservation de la faune et de la flore marines de l'Antarctique (CCMLR). Le site est considéré comme un bon exemple de cet assemblage d'espèces qui est représentatif de ceux que l'on trouve ailleurs. Il est cependant inhabituel, de par l'éventail très divers des habitats en territoire de reproduction dont disposent les labbes bruns, mais aussi parce que le nombre de labbes par rapport à celui des manchots est extrêmement élevé (1 : 20). L'emplacement géographique, la taille des colonies, les caractéristiques de terrain et d'habitat du site ainsi que sa proximité avec la station Mario Zucchelli à la baie de Terra Nova (qui protègent la colonie contre les perturbations causées par la station de recherche mais permettent l'apport du soutien logistique nécessaire) font de la pointe Edmonson un endroit qui se prête particulièrement bien aux travaux de recherche sur ces oiseaux. Ces travaux ont contribué au programme de contrôle de l'écosystème de la Commission pour la conservation de la faune et de la flore marines de l'Antarctique (CCAMLR), axés qu'ils sont sur le contrôle de la population, le succès en matière de reproduction, les stratégies d'alimentation, les mouvements migratoires et le comportement. Ils sont importants pour des études plus vastes sur la manière dont les variations naturelles et humaines de l'écosystème antarctique peuvent influer sur le succès en matière de reproduction des manchots Adélie de même que pour la compréhension de l'impact potentiel de la capture de krill de l'Antarctique (*Euphausia superba*).

Le milieu marin proche du littoral est un bon exemple représentatif de l'habitat de glace de mer qu'utilisent les phoques de Weddell en phase de reproduction pour mettre au monde et sevrer leur progéniture au début de la saison d'été. Une seule autre ZSPA dans la région de la mer de Ross a été désignée pour protéger les phoques de Weddell (ZSPA n° 137, nord-ouest de l'île Blanche, détroit de McMurdo) mais si ce site a été désigné, c'est parce que le petit groupe de phoques en phase de reproduction dans cette localité est totalement inhabituel ; par contre, son inclusion ici l'est à titre d'exemple représentatif similaire aux sites de reproduction d'un bout à l'autre de la région.

En dehors des valeurs biologiques exceptionnelles du site, on y trouve également diverses caractéristiques géomorphiques, y compris une série de moraines de tourbe qui renferment des dépôts marins, des plages surélevées, un sol bigarré, une saillie cuspidée et des colonies de manchots fossilisés. La saillie cuspidée de la Pointe Edmonson est une caractéristique rare à Terre Victoria, et l'un des meilleurs exemples en son genre. Elle est rare en ce sens que ne l'occupe pas une colonie de manchots reproducteurs comme c'est le cas au cap Hallett et au cap Adare. Les moraines de glace qui renferment des dépôts marins, y compris des os de phoque et des coquillages des bivalves *Laternula elliptica* et *Adamussium colbecki*, sont très utiles pour la datation des fluctuations régionales des glaciers. Les séquences sédimentaires dans le nord-ouest de pointe Edmonson contiennent des fossiles d'anciennes colonies de manchots. Elles sont utiles pour faire la datation de la persistance de reproduction d'oiseaux sur le site, ce qui contribue à la reconstruction des phases glaciaires et du paléoclimat de l'ère Holocène.

La large représentation et la qualité des phénomènes à pointe Edmonson ont suscité l'intérêt de diverses disciplines et des travaux de recherche ont été effectués au site pendant plus de 20 ans. Durant cette période, des bases de données scientifiques considérables ont été établies, renforçant la valeur qu'a pointe Edmonson pour les travaux de recherche actuels, en cours et futurs. Il est important que les pressions exercées par les activités humaines dans la zone soient gérées de telle sorte que rien ne vienne par inadvertance mettre en péril les investissements effectués dans ces séries de données à long terme. Ces facteurs font également de ce site un site d'une valeur scientifique exceptionnelle pour les études pluridisciplinaires.

Compte tenu de la durée et de l'éventail des activités qui y ont été menées dans le passé, pointe Edmonson ne peut pas être considérée comme une zone vierge. On y a constaté quelques impacts sur l'environnement tels que des dommages occasionnels causés aux sols et aux communautés de mousse par piétinement, la dispersion de matériaux issus de matériels scientifiques par le vent et l'altération de l'habitat par la construction d'installations. En revanche, la zone libre de glace de la colline Ippolito qui s'étend sur une superficie de 1,67 km^2, à quelque 1,5 km au nord-ouest, n'a guère été visitée et les perturbations humaines en cet endroit sont jugées minimes. En tant que telle, la colline Ippolito est considérée comme revêtant une importance toute particulière comme aire deréférence possible pour des études comparatives de la pointe Edmonson principale et il est primordial que cette valeur scientifique potentielle soit préservée. Si les effets précis de la recherche scientifique et de laprésence humaine sur les deux sites sont incertains en raison de l'absence d'études détaillées sur l'impact humain, les polluants dans l'écosystème marin local demeurent d'un niveau très bas et les impacts humains sur l'écosystème dans son ensemble, en particulier dans la zone de la colline Ippolito, sont en général considérés comme mineurs.

Les valeurs biologiques et scientifiques à pointe Edmonson sont vulnérables aux perturbations humaines. La végétation, les sols regorgés d'eau et les habitats d'eau douce sont vulnérables aux dommages par piétinement, à l'échantillonnage et à la pollution. Les études scientifiques pourraient être compromises par la perturbation de phénomènes ou d'équipements installés. Il est important que les activités humaines soient gérées de telle sorte que les risques d'impact sur les valeurs exceptionnelles de la zone soient réduits au maximum.

La superficie totale de 5,49 km^2 comprend l'aire libre de glace de pointe Edmonson (1,79 km^2), l'aire plus petite mais libre de glace similaire de la colline Ippolito (1,12 km^2) à environ 1,5 km au nord qui est désignée en tant que zone à accès limité et le milieu marin adjacent (2,58 km^2) s'étendant sur 200 m au large des côtes à partir de pointe Edmonson et de la colline Ippolito comprenant baiaSiena (la baie de Sienne) (carte 1).

2. Buts et objectifs

La gestion de Pointe Edmonson vise à :

- éviter toute détérioration ou tout risque de détérioration des valeurs de la zone en empêchant toute perturbation inutile ;
- permettre des recherches scientifiques tout en protégeant la zone de toute interférence et/ou de tout échantillonnage excessif mutuel ;
- permettre des recherches scientifiques, pour autant que ces recherches ne puissent être menées ailleurs ;
- protéger les sites d'études scientifiques de longue durée d'éventuelles perturbations ;
- préserver une partie de l'écosystème naturel en tant que zone de référence potentielle aux fins de futures études comparatives ;
- minimiser les risques d'introduction de plantes, d'animaux et de microbes endogènes dans la zone ;
- permettre des visites à des fins de gestion à l'appui des buts du Plan de gestion.

3. Activités de gestion

Les activités de gestion suivantes devront être entreprises pour protéger les valeurs de la zone :

- des copies de ce plan de gestion, y compris des cartes de la zone, seront disponibles à la station Mario Zucchelli dans la baie de Terra Nova (Italie), à la station Gondwana (Allemagne) et à toute autre station permanente qui se trouve dans un rayon de 100 km de la zone ;
- les structures, bornes, panneaux, clôtures ou tout autre matériel mis en place dans la zone à des fins de

gestionou à des fins scientifiques devront être solidement fixés et soigneusemententretenus puis enlevés lorsqu'ils ne sont plus nécessaires ;

- des indicateurs durables de direction du vent devront être érigés à proximité des sites désignés d'atterrissage pour hélicoptères chaque fois qu'il est prévu qu'auront lieu plusieurs atterrissages pendant une saison donnée ;

- des balises, qui devront être clairement visibles de l'air et ne poser aucun risque majeur pour l'environnement, devront être placées pour indiquer les sites réservés à l'atterrissage des hélicoptères ;

- des bornes, comme une série de piquets définitifs, devront être placés pour indiquer les chemins recommandés que doivent emprunter à pied les visiteurs entre la colonie de manchots Adélie et les sites réservés à l'atterrissage des hélicoptères ;

- des visites seront organisées en fonction des besoins (une fois tous les cinq ans au moins) afin de déterminer si la zone répond toujours aux buts et objectifs pour lesquels elle a été désignée et de s'assurer que les mesures de gestion et d'entretien sont adéquates ;

- les programmes antarctiques nationaux qui opèrent dans la région se consulteront en vue de veiller à ce que ces mesures soient mises en œuvre.

3(i)   Enjeux de gestion

Les principaux enjeux de gestion sont liés à la protection de valeurs potentiellement délicates, en particulier : les sols humides pouvant être facilement perturbés ; la couverture végétale vaste mais fragile ; de nombreux lacs et cours d'eaux ; deux espèces d'oiseaux en phase de reproduction et une espèce de phoque en phase de reproduction.

Les questions prioritaires ont aussi trait à la gestion d'activités pouvant nuire ou perturber la faune et la flore, comme le passage d'aéronefs, les déplacements à l'intérieur de la zone, les campements, les structures, l'installation ou l'enlèvement d'équipements, l'utilisation de matériaux et la coordination d'activités scientifiques pluridisciplinaires.

Les contraintes logistiques ont imposé des restrictions aux saisons de travail, qui commençaient souvent après l'arrivée des manchots dans la colonie. La nécessité de réduire les impacts sur les manchots et labbes en nidification a empêché la mise en œuvre du camp de recherche du CEMP (cartes 2 et 4). De plus, l'enneigement et l'éloignement de la colonie ont rendu difficile le recours à l'autre site de campement (site A, carte 2). Pour cette raison, pour la campagne d'été de 2011, un nouveau site de campement convenant aux activités de recherche et ayant des impacts moindres sur les oiseaux, fut identifié. Sa position, 74°19'44,58"S 165° 8'4,99"E, se trouve près de l'aire d'atterrissage des hélicoptères B (cartes 2 et 4). Le campement comportait 1 grande « pomme », 1 tente sanitaire et 1 générateur, ainsi que des fûts de carburant permettant 40 jours d'autonomie, et fut retiré à la fin de la saison de travail. Nous conseillons d'utiliser ce même emplacement pour des activités de recherche futures du CEMP.

4. Durée de désignation

La zone est désignée pour une période indéterminée.

5. Cartes et photographies

Carte 1 : ZSPA Pointe Edmonson n° 165, baie Wood, Terre Victoria, mer de Ross Spécifications de la carte : Projection : Zone UTM 58S ; sphéroïde : WGS84 ; zones libres de glace et côte issues d'une image satellite Quickbird rectifiée avec une résolution en pixels au sol de 70 cm, acquise le 4/01/04 par le Programma Nazionale di Ricerche in Antartide (PNRA, Programme national italien pour la recherche antarctique), Italie. Précision horizontale d'environ ±10 m ; données d'altitude non disponibles. Encart 1 : emplacement de la baie Wood en Antarctique. Encart 2. Emplacement de la Carte 1 par rapport à la baie Wood et à la baie Terra Nova. L'emplacement de la station Mario Zucchelli (Italie), de la station Gondwana (Allemagne), et des zones protégées les plus proches sont indiqués.

Carte 2 : Pointe Edmonson, ZSPA n° 165, caractéristiques physiques / humaines et modalités d'accès. Carte dérivée d'une orthophotographie numérique avec une résolution pixel au sol de 25 cm, à partir de recensements GPS et d'observations et d'une image satellite Quickbird (4/01/04).

Spécifications de la carte : Projection : conique conforme de Lambert ; parallèles types : 1er 72° 40' 00" S ; 2e 75° 20' 00"S ; Méridien central : 165° 07'00'E ; latitude d'origine : 74° 20' 00" S ; Sphéroïde : WGS84 ; datum vertical : Niveau moyen de la mer. Équidistance des courbes de niveau verticales 10 m. Précision horizontale : ±1 m ; précision verticale censée être supérieure à ±1 m.

Carte 3 : Zone restreinte, Colline Ippolito : Pointe Edmonson ZSPA n° 165. Carte tirée d'une image satellite Quickbird (4/01/04). Spécifications de la carte identiques à la carte 2, à l'exception de la précision horizontale, qui est d'environ ±10 m ; données d'altitude non disponibles. Le niveau de la mer est évalué à partir de la bande côtière visible sur l'image satellite.

Carte 4 : Pointe Edmonson ZSPA n° 165, topographie, faune sauvage et végétation. Spécifications de la carte identiques à la carte 2, à l'exception des courbes de niveau qui sont espacées de 2 m.

Données cartographiques et préparation : PNRA, Dipartimento di Scienze Ambientali (Università di Siena), Environmental Research & Assessment (Cambridge), Gateway Antarctica (Christchurch).

6. Description de la zone

6(i) Coordonnées géographiques, bornage et caractéristiques naturelles

DESCRIPTION GÉNÉRALE

Pointe Edmonson (74°20' de latitude sud, 165°08' de longitude est) est une zone côtière libre de glace d'une superficie de 1,79 km ^{2} située à la baie Wood, à 50 km au nord de la baie de Terra Nova, et à 13 km à l'est du sommet et au pied du mont Melbourne (2 732 m), Terre Victoria. La zone s'étend au total sur 5,49 km^2, y compris le sol entièrement libre de glace de pointe Edmonson (1,79 km^2), la zone séparée libre de glace de colline Ippolito (1,12 km^2) à environ 1,5 km au nord-ouest de pointe Edmonson, ainsi que le milieu marin proche du littoral et la mer de Baia Siena (la baie de Sienne) située entre ces zones libres de glace (2,58 km^2), qui se trouvent à l'est et au pied de la plate-forme de glace permanente s'étendant à partir du mont Melbourne (carte 1). Une partie du glacier du mont Melbourne sépare les deux zones libres de glace sur terre. Une grande plage de cailloux couvre la longueur du littoral de pointe Edmonson, au-dessus duquel s'élèvent des falaises qui peuvent atteindre 128 m vers le sud de la zone. La topographie de la zone est accidentée, avec plusieurs collines d'origine volcanique d'une hauteur maximale de 134 m et des pentes libres de glace s'élevant jusqu'à environ 300 m adjacentes à la plate-forme de glace, bien que l'on ne dispose pas à l'heure actuelle d'informations précises quant à l'élévation de ces secteurs. Des moraines de glace ondulantes, des champs de galets et des affleurements rocheux sont séparés par des petites plaines de cendre et des vallées peu profondes. La zone est découpée par de nombreuses vallées et des cours d'eau de fonte, avec de nombreux petits lacs, ainsi que des zones de filtration qui représentent des particularités que l'on retrouve dans toute la zone. Dans la région centre de la zone se trouvent plusieurs bassins de faible profondeur, à environ 25 m d'altitude, qui sont couverts de fines scories et de sable épais, en conjonction avec de vastes couches de végétation et de zones striées. La côte septentrionale de pointe Edmonson forme une saillie cuspidée abritant plusieurs plages surélevées.

La nature environnementale de la colline Ippolito est similaire à celle de pointe Edmonson. Cette zone renferme une étroite plage de galets soutenue par une crête qui longe la côte. De petites rivières d'eau de fonte traversent des ravines peu profondes et des plans avant de déboucher dans deux lacssitués derrière la crête côtière dans le nord. Les crêtes et les cônelets s'élèvent à environ 200 m avant de fusionner avec des champs de neige et des glaciers du mont Melbourne dans le sud.

LIGNES DE DÉMARCATION

Le bord de la plate-forme de glace permanente qui s'étend du mont Melbourne est défini comme étant la ligne de démarcation à l'ouest, au nord et au sud de la zone (cartes 1 à 3). La ligne de démarcation est marine, qui, dans la moitié sud de la zone, suit le littoral sur 200 m au large des côtes à partir des extrémités de sud en nord des zones libres de glace de pointe Edmonson. Partant de l'extrémité nord de pointe Edmonson, la ligne de démarcation est s'étend vers le nord-ouest à travers la baie de Sienne sur une distance de 2 km jusqu'à un endroit situé à 200 m plein est à partir de la côte de la colline Ippolito. La baie de Sienne est donc confinée l'intérieur de la zone. Des bornes n'y ont pas été installées car le bord de la plateformede glace et la côte sont des repères de démarcation évidents.

CLIMAT

On ne dispose pas pour pointe Edmonson de fichiers météorologiques sur le long terme mais les données annuelles pour la station McMurdo, la base Scott et le cap Hallett semblent indiquer que la température moyenne dans les environs de pointe Edmonson tournerait autour de -16 °C et que l'accumulation annuelle moyenne de neige atteint entre 20 et 50 cm, soit l'équivalent de 10 à 20 cm d'eau (Bargagli *et al.*, 1997). Des données de court terme sont disponibles pour la période qui va de décembre 1995 à janvier 1996, rassemblées qu'elles ont été durant l'expédition BIOTEX 1. Pendant cette période, les températures ont varié entre -7 °C et 10 °C, dépassant le seuil de 0 °C tous les jours. L'humidité relative était basse (15 à 40 % le jour, 50 à 80 % la nuit), les précipitations occasionnelles avec de légères chutes de neige et des vents ne soufflant la plupart du temps que légèrement. À partir de la fin janvier, les conditions atmosphériques se sont détériorées, la température tombant fréquemment à moins de zéro durant la journée, le tout accompagné de chutes de neige et de vents violents. Les données disponibles pour les campagnes d'été en 1998-99 et 1999-00, recueillies qu'elles ont été auprès d'une station météorologique installée à proximité de la colonie de manchots semblent indiquer que les vents d'été à pointe Edmonson soufflent de l'est, du sud-est et du sud. Les vents atteignent en moyenne une vitesse quotidienne qui fluctue entre 3 et 6 nœuds, avec des maximums de 6 à 10 nœuds chaque jour, pour atteindre de temps à autre pas moins de 25 à 35 nœuds. Les températures moyennes quotidiennes de l'air étaient d'environ -15 °C en octobre, -6 °C en novembre, -2,5 °C en décembre et -1 °C en janvier pour ensuite tomber à -3,5 °C de nouveau en février (Olmastroni, communication personnelle, 2000). La température quotidienne la plus élevée durant les deux périodes estivales a été de 2,6 °C le 25 décembre 1998. La température moyenne de l'air enregistrée au cours des deux étés a été d'environ -4 °C, alors que la vitesse moyenne du vent était elle de 4,5 nœuds. Enfin, le taux quotidien d'humidité relative moyenne variait entre 40 et 60 %.

GÉOLOGIE DES SOLS

La géologie de pointe Edmonson est issue de l'activité volcanique cénozoïque du mont Melbourne province volcanique de Melbourne), qui fait partie du groupe volcanique de McMurdo (Kyle, 1990), et associée aux dépôts glaciaires de la calotte de glace marine qui couvrait la plus grande partie du littoral de Terre Victoria au cours de la dernière période glaciaire la plus intense (7 500 à 25 000 ans avant le Paléocène) (Baroni et Orombelli, 1994). Le complexe volcanique à pointe Edmonson est constitué d'un grand anneau de tourbe phréatique, de cônelets de scories, de coulées de lave et de séquences de laves subaquatiques (*mégapillow*) (Wörner et Viereck, 1990). La composition de la roche est principalement basaltique et/ou trachytique, et inclut plusieurs produits volcaniques supplémentaires tels que les accumulations de tourbe, les ponces et les dépôts de débris (Simeoni *et al.*, 1989 ; Bargagli *et al.*, 1997). La surface du sol est principalement composée de matièresvolcaniques sèches à texture grossière avec une faible proportion de boue et d'argile (Bargagli *et al.*, 1997). Ces surfaces exposées, ainsi que les faces non exposées de pierres et de galets, sont souvent recouvertes d'incrustations blanches ou d'efflorescences de sels solubles. La majeure partie du sol est de couleur foncée avec des nappes brunâtres et jaunâtres de scories et de tuffite. Des éboulis instables se rencontrent fréquemment sur les versants des collines qui sont secs et souvent dépourvus de végétation. Les lits des vallées et bassins sont recouverts de fines scories et de sable grossier (Bargagli *et al.*, 1999).

GÉOMORPHOLOGIE

On peut voir une série de dépôts marins sur la saillie cuspidée à l'extrémité nord de pointe Edmonson. Les plages surélevées de la saillie qui s'inclinent doucement se composent de différentes proportions de sable, de cailloux et de roches distribués au-dessus des coulées de lave (Simeoni *et al.*, 1989). On peut observer juste au-dessus de la ligne de niveau à marée haute en cet endroit de nombreux petits puits en forme de cratère dont un grand nombre contient de l'eau ou de la glace fondue encore qu'ils auraient été constitués par des marées extrêmes et la fonte d'accumulations de glace côtières. Au sud de la saillie cuspidée, on peut fréquemment apercevoir une roche mère volcanique sur la majeure partie du sol sur pas moins de 800 m à l'intérieur des terres, le plus en évidence dans les collines prééminentes d'environ 120 m de hauteur dans la partie centre-nord de pointe Edmonson. Une série de moraines de la fin du Pléistocène et de tills connexes est située du côté ouest de ces affleurements, avec des bandes de moraine de glace du Holocène, des talus et pentes de débris adjacentes à la glace du glacier qui s'étend du mont Melbourne (Baroni et Orombelli, 1994).

COURS D'EAU ET LACS

Il y a à pointe Edmonson six lacs dont la longueur peut atteindre pas moins de 350 m et dont la superficie s'étend de grosso modo 1 600 m^2 à 15 000 m^2 (carte 2). Deux autres lacs sont situés derrière la crête côtière à la colline Ippolito, dont le plus grand est de l'ordre de 12 500 m^2 (carte 3). En outre, il y a à pointe Edmonson près de 22 étangs plus petits dont le diamètre est inférieur à 30 m (Broady, 1987). Les étangs plus grands sont toujours couverts de glace, des douves périphériques se formant durant l'été. Le détail des caractéristiques physico-chimiques et la limnologie des lacs de pointe Edmonson est donnée dans Guilizzoni *et al.* (1991). Il y a d'un bout à l'autre de la zone de nombreux cours d'eau dont certains sont alimentés en eau de fonte qui tire sa source de la plate-forme de glace adjacente tandis que d'autres sont alimentés par des lacs et de la neige/glace fondue. Plusieurs lits de cours d'eau ont des plaines d'inondation de sol fin que recouvrent des cailloux de type ponce d'un diamètre de 5 à 10 mm. Bon nombre des cours d'eau et des mares sont temporaires, se séchant peu après que les dernières concentrations de neige dans leurs bassins versants disparaissent.

BIOLOGIE VÉGÉTALE

Si on la compare à plusieurs autres sites du centre de Terre Victoria, pointe Edmonson ne possède pas une flore particulièrement variée puisqu'il n'y existe que quelques grandes concentrations fermées de végétation. Six espèces de mousse, un hépatique et au moins 30 espèces de lichen ont été répertoriés dans la zone (Broady, 1987 ; Lewis Smith, 1996, 1999 ; Lewis Smith communication personnelle, 2004 ; Castello, 2004). Cavacini (communication personnelle, 2003) a constaté que de récentes analyses avaient permis d'identifier au moins 120 espèces d'algues et de cyanobactéries à pointe Edmonson. Ces espèces sont présentes sous diverses formes comme par exemple des concentrations d'algues au sol et des concentrations épiphytes sur les mousses ainsi que dans de nombreux habitats tels que des lacs, des cours d'eau et le manteau neigeux, sans oublier l'humidité ornithogénique et les sols minéraux bruts. Au début de l'été, la fonte des neiges laisse apparaître de petites concentrations d'algues et de mousses dans les lits des vallées, même si la plupart sont enterrées sous une couchepouvant aller jusqu'à 5 cm de fines particules minérales balayées par les vents et nettoyées par les eaux de fonte. Cette communauté est capable d'afficher une croissance rapide au mois de décembre lorsque l'humidité est présente et que les températures au sol sont relativement élevées, ce quientraîne des pointes jusqu'à un centimètre au-dessus de la surface alors que l'accumulation de sable en surface est nettoyée ou soufflée par les vents. Un débit plus élevé de l'eau ou des vents plus forts peuvent facilement enterrer ces concentrations sans toutefois empêcher la lumière de pénétrer de 1 à 2 cm sous la surface afin de permettre la croissance (Bargagli et al., 1999). Les principales communautés de mousse se rencontrent sur des substrats plus stables qui ne risquent pas d'être enterrés par le sable, par exemple, dans des dépressions situées à l'abri ou le long des berges d'étangs et de cours d'eau de fonte, ainsi que dans les zones de filtration situées sous le manteau neigeux tardif où l'humidité perdure pendant plusieurs semaines. Certaines de ces concentrations comptent parmi les plus importantes de l'Antarctique continental puisqu'elles couvrent une superficie de 3 000 m². Il s'agit notamment de concentrations de *Bryum subrotundifolium* (= *B. argenteum*) àplusieurs centaines de mètres à l'ouest de la principale colonie de manchots Adélie (carte 4). D'autres concentrations, moins importantes, se rencontrent près du lac situé à proximité de la colonie de manchots Adélie (carte 4) ainsi que de plus petites concentrations plus localisées de *Ceratodon purpureus* (avec des couches relativement épaisses de matières organiques mortes) dans une vallée au nord de pointe Edmonson et dans la partie supérieure du principal cours d'eau dans la zone septentrionale libre de glace. Greenfield *et. al.* (1985) ont indiqué que, à l'exception du cap Hallett, aucune région de la mer de Ross n'abrite une telle abondance de plantes même si en 1996 une zone de même dimension, presque exclusivement colonisée par *Bryum subrotundifolium* (= *B. argenteum*) a été découverte sur l'île Beaufort (ZSPA n° 105), à environ 280 km au sud de pointe Edmonson.

Les communautés dominées par les mousses comprennent jusqu'à sept espèces de bryophytes, plusieurs algues et cyanobactéries et, à l'extrémité la plus sèche du gradient humidité, plusieurs lichens logés dans la mousse moribonde (Lewis Smith, 1999 ; Bargagli *et al.,* 1999). Il existe des communautés ou zones de *Bryum subrotundifolium* (= *B. argenteum*), *B. pseudotriquetrum* et *Ceratodon purpureus*. Dans certains sites plus humides, l'hépatique *Cephaloziella varians* se retrouve parmi *C. purpureus*. Les communautés de mousse sèches et très ouvertes, souvent incrustées de lichens, contiennent en général *Hennediella heimii*, et se rencontrent souvent dans des cavités contenant de petites nappes de neige tardive. *Sarconeurum glaciale* a été observé sur un éboulisstable au-dessus du grand lac situé au sud de la zone (Lewis Smith, 1996). Les portions les plus élevées des colonies de mousses sont souvent recouvertes d'incrustations blanches de sels solubles (Bargagli *et al.,* 1999).

Les communautés de lichens sont relativement variées, puisque 24 espèces ont été identifiées et au moins six espèces crustacées restent à identifier, même si elles sont peu abondantes (Castello, 2004 ; Lewis Smith, communication personnelle, 2004). Les lichens épilithiques sont généralement rares et peurépandus ; il s'agit principalement d'espèces crustacées et microfeuillues qui se retrouvent uniquement sur les rochers utilisés par les labbes et, occasionnellement, sur les affleurements stables des éboulis, les ravines humides et les zones de filtration temporaire. Les macrolichens sont rares

Umbilicaria aprina et *Usnea sphacelata* se retrouvant à de très rares endroits. La première de ces deux espèces est plus abondante dans les dépôts d'épandage des canaux légèrement inclinés et inondés parintermittence de la colline Ippolito, en association avec *Physcia* spp. et des petites touffes de *Bryum subrotundifolium* (= *B. argenteum*) (Given, 1985, 1989), *B. pseudotriquetrum* et *Ceratodon purpureus* (Lewis Smith, communication personnelle, 2004). *Buellia frigida* est le lichen crustacé le plus répandu sur les laves durcies mais une communauté d'espèces nitrophiles se rencontre sur les rochers utilisés comme perchoir par les labbes (*Caloplaca, Candelariella, Rhizoplaca, Xanthoria*). Dans les dépressions pierreuses, sous les manteaux neigeux tardifs, les tourbes de mousses sont souvent colonisées par des cyanobactéries croûteuses et des lichens ornithocoprophages (*Candelaria, Candelariella, Lecanora, Xanthoria*) et, lorsqu'il n'existe aucune influence aviaire, par *Leproloma cacuminum* blanc (Lewis Smith, 1996).

Les premiers travaux consacrés à la flore algale de pointe Edmonson ont permis de dénombrer 17 cyanophyta, 10 chrysophyta et 15 chlorophyta (Broady, 1987). Des analyses plus récentes (Cavacini, communication personnelle, 2003) ont permis d'identifier 120 espèces d'algues et de cyanobactéries, un nombre nettement plus important queles cyanophyta (28), chlorophyta (27), bacillariophyta (25) et xanthophyta (5) répertoriées précédemment (Cavacini, 1997, 2001 ; Fumanti *et al.,* 1993, 1994a, 1994b ; Alfinito *et al.,* 1998). Broady (1987) a observé peu d'endroits abritant de la végétationalgale au niveau de sol ; la plus importante sont les couches oscillatoriales dans les dépressions humides dans les zones de sable de plage qui ont peut-être été des lagunes d'eau de fonte temporaire avant que l'étude ne soit réalisée. Des couches similaires ont été observées à proximité d'une zonede mousse dont *Gloeocapsa* sp. représentait un associé abondant. *Prasiococcus calcarius* a été observé dans les environs de la colonie de manchots Adélie, sous forme de petites zones de riches croûtes vertes au sol et de touffes de mousses moribondes. D'autres algues épiphytiques incluent l'oscillatoriale, *Nostoc* sp., les chlorophytes unicellulaires y compris *Pseudococcomyxa simplex*, et le desmide *Actinotaenium cucurbita*. Une quantité importante d'algues d'eau douce a été observée, avec des couches oscillatoriales sur les lits des cours d'eau, des trames de filaments verts attachées à la surface de pierre (principalement *Binuclearia tectorum* et *Prasiola* spp.), des petits rubans de *Prasiola calophylla* sur la face inférieure des pierres et des croûtes épilithiques brunes foncé (dominées par *Chamaesiphon subglobosus* et *Nostoc* sp.) recouvrant les moraines. Les lagunes présentes dans le sable de plage contenaient *Chlamydomonas* sp. et cf. *Ulothrix* sp., tandis que les lagunes fertilisées par le guano de manchots et de labbes contenaient *Chlamydomonas* sp. et des couches oscillatoriales benthiques noires. D'autres lagunes abritaient également de riches communautés benthiques oscillatoriales fréquemment associées à *Nostoc sphaericum*. Parmi les autres algues en abondance, citons *Aphanothece castagnei, Binuclearia tectorum, Chamaesiphon subglobosus, Chroococcus minutus, C. turgidus¸ Luticola muticopsis, Pinnularia cymatopleura, Prasiola crispa* (notamment en association avec les colonies de manchots et autres habitats enrichis par l'azote), *Stauroneis anceps*, plusieurs chlorophytes unicellulaires et – dans la lagune à conductivité élevée – cf. *Ulothrix* sp.

On trouve en abondance des algues et des cyanobactéries dans les sols humides tandis qu'ont été recensés des filaments et des tapis feuillu de *Phormidium* spp. (surtout sur des parcelles de solhumide et au fond des lacs de faible profondeur), des agrégats de *Nostoc commune* et une population de diatomées (Wynn - Williams, 1996 ; Lewis Smith communication personnelle, 2004). L'espèce fongique *Arthrobotrys ferox* a été isolée sur les espèces de mousse *Bryum pseudotriquetrum* (= *B. algens*) et *Ceratodon purpureus*. *A. ferox* produit une sécrétion adhésive qui, comme on a pul'observer, capture des collemboles de l'espèce *Gressittacantha terranova* (1,2 mm de longueur environ) (Onofri et Tosi, 1992).

7. Valeurs scientifiques

7(i)   Invertébrés

Par rapport à d'autres zones décrites de Terre Victoria, on trouve une vaste gamme de nématodes dans les sols humides à pointe Edmonson. Les nématodes découverts à pointe Edmonson comprennent *Eudorylaimus antarcticus, Monhysteridae* sp., *Panagrolaimus* sp., *Plectus antarcticus, P. frigophilus,* et *Scottnema lyndsayea* (Frati, 1997 ; Wall communication personnelle, 2000). Connue jadis pour exister uniquement dans les McMurdo Dry Valleys, cette espèce a été découverte à pointe Edmonsonen 1995-96 (Frati, 1997). En quantités moins abondantes sont les collemboles, le plus souvent de l'espèce *Gressittacantha terranova,* qui ont été trouvés en dessous de roches et sur le sol et les mousses dans un certain nombre de micro-habitats humides (Frati, 1997). On trouve couramment des acariens rouges (vraisemblablement *Stereotydeus* sp. ou *Nanorchestes,* bien que les espèces n'aient pas été identifiées) dans des agrégations en dessous de pierres dans les habitats humides mais on a également trouvé des collemboles, des rotifères, des tardigrades et une variété deprotozoaires (Frati *et al.,* 1996 ; Lewis Smith, 1996 ; Wall communication personnelle, 2000 ; Convey communication personnelle, 2003).

7(ii)   Oiseaux en phase de reproduction

Les manchots Adélie (*Pygoscelis adeliae*) se reproduisent en deux groupes près de la côte dans la partie la plus centrale et orientale de pointe Edmonson, occupant un territoire global de quelque 9000 m^2 (carte 4). On trouvera au tableau 1, un état récapitulatif du nombre des couples en phase de reproduction qui y ont été enregistrés entre 1981 et 1995, la moyenne durant cette période s'inscrivantà 2 080. En 1994-95 la plupart des oiseaux sont, d'après le recensement effectué, arrivés aux environs du 30-31 octobre tandis que la plupart des jeunes avaient pris leur envol dès le 12 février, cette période se terminant le 21 février (Franchi *et al.,* 1997). Un site de nidification abandonné (il avait été occupé il y a quelque 2 600 à 3 000 ans) se trouve à environ 1 km au nord-ouest de la colonie actuelle, sur une roche de fond adjacente à la saillie cuspidée (Baroni et Orombelli, 1994).

Tableau 1 : Manchots Adélie (couples en phase de reproduction) à pointe Edmonson 1981-2005 (données Woehler, 1993 ; Olmastroni, 2005, *communication personnelle*).

Année	Nb. de couples en phase de	Année	Nb. de couples en
1981	1300	1995	1935
1984	1802	1996	1824
1987	2491	1997	1961
1989	1792	1999	2005
1991	1316	2001	1988
1994	1960	2003	2588
		2005	2385
		2007	2303
		2010	2112
		2016	2704

Entre 2005 et 2010 selon les procédés CEMP, trois recensements ont eu lieu à pointe Edmonson, la colonie comptant 2385, 2303 et 2112 nids occupés en 2005, 2007 et 2010 respectivement.

Le nombre moyen depuis le début du programme de recherche est de 2112. Ainsi, la population totale semble stable en ce qui concerne la valeur moyenne de 2080 entre 1994 et 2005.

La colonie, lors du dernier recensement effectué en novembre 2016, comptait 3066 couples reproducteurs répartis en 11 sous-colonies (données envoyées au CCAMLR en juin 2016).

La population de labbes (Stercorarius maccormicki) a été estimée à environ 100 couples nicheurs pour l'ensemble de la région, un peu moins que ce qui avait été rapporté par Pezzo *et al*, (2001), bien que suffisamment conforme avec le rapport de Piece et al, (2001) pour ce qui est de la proportion entre labbes et manchots d'environ 1 : 20.

La proportion entre labbes et manchots est restée élevée (1 :20), comme ce qui avait été rapporté par Pezzo *et al*, (2001). La population de labbes de pointe Edmonson , près de la colonie de manchots, est restée stable pendant cette période, avec environ 130 couples nicheurs pendant la saison d'été de 2010. Dans le nord et le sud de pointe Edmonson, 55 et 61 couples nicheurs ont été comptés lors de la saison d'été de 2010.

Une colonie de labbes antarctiques (*Catharacta maccormicki*) en phase de reproduction est l'une des plus nombreuses de Terre Victoria, avec plus de 120 couples, dont 36 couples occupent la colline Ippolito (CCAMLR, 1999 ; Pezzo *et al*., 2001 ; Volpi, communication personnelle, 2005). . En outre, la zone comporte deux comprend deux sites de rassemblement, à proximité de vastes étangs d'eau douce, qui sont utilisés pendant toutes la saison de la reproduction par des groupes hors âge de 50 à 70 individus (Pezzo 2001 ; Volpi 2005 communication personnelle). Des troupes de pétrels des neiges (*Pagodroma nivea*) ont été observés survolant la zone, et des océanites de Wilson (*Oceanites oceanicus*) sont fréquemment visibles. Pour autant qu'on le sache, aucune de ces deux espèces ne se reproduit à l'intérieur de la zone.

Caméra d'observation des nids de manchots (NC49)

Le système d'images numériques PNC49 (Division antarctique Australienne) a été installé à la Pointe Edmonson lors de la campagne antarctique de 2014-15. En obtenant des images à distance, cet outil permet de surveiller une zone comportant environ 30 nids de contrôle, externes à la zone du SSAM. La salle de nids de manchots, qui est réactivée de façon autonome à la fin de l'hiver grâce à un panneau solaire et à des piles, nous a permis d'observer la première arrivée dans la zone de reproduction depuis le 20/10/2015.

Toutes les images ont été recueillies et envoyées à nos collègues de la Division Antarctique Australienne et seront intégrées à une base de données internationale sur la phénologie reproductive des manchots Adélie.

7(iii)   Mammifères en phase de reproduction

À pointe Edmonson, des phoques de Weddell (*Leptonychotes weddellii*) (>50) se reproduisent régulièrement dans le milieu marin proche de la côte (sur la banquise côtière) à l'intérieur de lazone. Les femelles viennent y mettre bas et élèvent leurs petits sur la banquise côtière. Plus tard en été, ces phoques viennent souvent s'établir sur des plages dans la zone.

8. Recherches scientifiques

8(i)   Études du programme de contrôle de l'écosystème de la CCAMLR

1. La présence à pointe Edmonson de colonies de manchots en phase de reproduction est l'absence de pêcheries de krill dans leur zone d'alimentation renforcent l'importance de cesite pour les études comparatives et son inclusion parmi les autres sites CEMP du réseau de surveillance des écosystèmes mis sur pied pour atteindre les objectifs de la CCAMLR. La désignation de « zone protégée » a pour objet de permettre la poursuite des activités de recherche et de surveillance planifiées tout en évitant ou en éliminant dans toute la mesure du possible les activités susceptibles de perturber ou d'affecter les résultats des programmes de recherche et de surveillance, ou de modifier les caractéristiques

naturelles du site.

2. Le manchot Adélie est une espèce qui revêt un intérêt particulier pour les activités de surveillance de routine et de recherche dirigée du CEMP sur ce site. C'est la raison pour laquelle le programme de surveillance des manchots Adélie (APMP), un projet de recherche que mènent conjointement des biologistes italiens et australiens, est en cours d'exécution à pointe Edmonson depuis 1994-95. Outre un système automatisé de surveillance des manchots (APMS), les observations sur place des chercheurs constituent la base d'une étude de 500 à 600 nids dans le secteur nord de la colonie, dans le cadre du programme de contrôle de l'écosystème de la CCAMLR (CCAMLR, 1999 ; Olmastroni *et al.*, 2000). Des clôtures ont été installées pour diriger les manchots vers un pont qui enregistre leur poids, leur identité et le sens de leurs déplacements alors qu'ils vont et viennent entre la mer et leur colonie de reproduction.

3. Parmi les paramètres observés sur une base régulière figurent les tendances d'évolution démographique, la démographie, la durée des excursions d'alimentation, le succès de la reproduction, le poids des poussins à l'envol, l'alimentation des poussins et la chronologie de la reproduction.

4. Les études des manchots Adélie font également intervenir le contrôle de la population, des expériences avec des émetteurs satellitaires et des enregistreurs de température/profondeurinstallés sur des manchots pour en étudier l'emplacement et la durée de leur alimentation. Conjugué au lavage de l'estomac pour enregistrer le régime alimentaire des manchots soumis à un contrôle, ce programme permet de se faire une très bonne idée de l'écologie d'alimentation des manchots Adélie (Olmastroni, 2002). Les données alimentaires (Olmastroni *et al.*, 2004) ont confirmé les résultats de la répartition du krill en mer de Ross (Azzali and Kalinowski, 2000 ; Azzali *et al.,* 2000) et indiquent que cette colonie se trouve à un point de transition de la disponibilité de *E. superba* entre des colonies au nord et d'autres plus au sud où cette espèce ne figure que rarement dans le régime alimentaire des manchots (Emison, 1968 ; Ainley, 2002). Par ailleurs, ces études ont mis en exergue l'importance dupoisson dans l'alimentation du manchot Adélie qui, certaines années, a représenté jusqu'à 50 % du contenu de l'estomac.

Les données météorologiques et glaciaires locales permettent également de mieux comprendre les facteurs susceptibles d'affecter la biologie de la reproduction de l'espèce (Olmastroni *et al.*, 2004). Qui plus est, les études de comportement font également partie des activités de recherche (Pilastro *et al.,* 2001).

Les travaux de recherche consacrés à la colonie adjacente de labbes antarctiques portent sur la biologie de reproduction (Pezzo *et al.*, 2001), la dynamique de population, et les schémas de migration. Depuis 1998-1999, plus de 300 labbes antarctiques ont été bagués avec des bagues de métal de couleur pour faciliter les activités de recherche sur le terrain qui exigent le repérage d'oiseaux particuliers et permettront l'identification des oiseaux en migration de la zone.

8(ii)   Activités scientifiques depuis 2005

Écologie des oiseaux marins et Études du programme de contrôle de l'écosystème de la CCAMLR.

Les études sur la population de manchots Adélie ont porté sur des paramètres démographiques estimés en fonction de caractéristiques individuelles (sexe, âge), et de variables environnementales de grande ampleur (anomalies liées à l'étendue de la glace hivernale de la mer de Ross et IOA), et d'une échelle locale (disponibilité de la nourriture). Alors que les facteurs environnementaux de grande échelle ont eu une incidence sur la survie des adultes, le succès en matière de reproduction était surtout variable en fonction de paramètres locaux. Le succès de reproduction était particulièrement faible lorsque des facteurs stochastiques locaux (tempêtes) avaient lieu à des périodes sensibles du cycle de reproduction) (Olmastroni et al. 2004 ; Pezzo et al, 2007 ; Ballerini et al., 2009). Des variations de l'étendue des banquises devant la zone de reproduction ont influencé les temps de transit des reproducteurs adultes entre la colonie et l'aire d'alimentation, tandis que la durée des excursions d'alimentation des femelles s'est allongée, et que leurs temps et nombre de plongées étaient supérieurs à ceux des mâles. Les paramètres de plongée n'étaient affectés ni par le sexe, ni par l'année, mais ont fait apparaître des différences selon les stades de reproduction (Nesti et al, 2010). La probabilité de survie adulte annuelle à pointe Edmonson (0,85, plage entre 0,76 et 0,94) était semblable à l'estimation d'autres populations de manchots Adélie, où des individus étaient équipés de transpondeurs passifs. Un taux de survie moyen annuel de 0,85 semble être typique pour cette espèce, et correspond à une durée de vie moyenne d'environ 11 ans (6,6 ans après l'âge adulte) (Ballerini et al., 2009).

Certains aspects de la biologie de la reproduction des labbes antarctiques pendant cinq saisons seront étudiés dans le cadre d'une thèse doctorale de l'Université de Sienne (A. Franceschi, *Aspetti della Biologia riproduttiva dello Stercorario di McCormick, Stercorarius maccormicki*).

Projets liés à la végétation

Pointe Edmonson a vu le lancement de plusieurs projets de recherche en matière de végétation au cours des cinq dernières années.

1) suivi à long terme : installation de la parcelle permanente n° 3 pour le suivi de la végétation, du permafrost et du régime thermique du sol (installation de la parcelle en 2002)

2) analyse des flux de CO_2 : les analyses ont été effectuées à l'aide d'analyseurs portables de CO_2 (IRGA), en sélectionnant plusieurs types de couverture végétale dans les sites de surveillance à long terme

3) pendant la campagne de 2014/2015, nous avons posé des expériences de manipulation [climatique] pour étudier les impacts potentiels des changements climatiques. Ces expériences ont eu lieu (et sont toujours en cours) le long d'un gradient latitudinal de la pointe Finger (77 ° S) à Apostrophe Island (73 ° S). Pour ces expériences, la Pointe Edmonson est le site principal et comporte le plus grand nombre d'expérience complexes et de répliques. Dans tous les sites, une parcelle de traitement a été établie, ainsi qu'une parcelle de contrôle (vierge).
Types de manipulation :
 a) Augmentation de la température à l'aide d'enceintes ouvertes (EO), conformément au protocole ITEX (International Tundra EXperiment) ;
 b) déflecteurs pour exclure la précipitation ;
 c) barrières permettant de redistribuer l'accumulation de neige due au vent (barrières pare-neige).
Outre ces manipulations liées à l'environnement physique, des manipulations du régime de l'eau / de la neige / des nutriments ont été mises en œuvre. Parmi les ajouts, on note en particulier : A) la neige ; B) de l'eau liquide ; C) N-NO3 ; D) N-Urée ; E) P-PO4 ; F) du guano.

4) D'autres analyses moléculaires sont en cours pour la phylogénie et la phylogéographie de mousses Bryum au niveau pan-Antarctique qui utilisent aussi des échantillons de matériel biologique de la Pointe Edmonson.

8(iii) Autres activités scientifiques

Les premières études de l'écologie terrestre à Pointe Edmonson ont commencé dans les années 80, bien que des scientifiques italiens en particulier se soient livrés de façon plus intensive à ce type de recherche et d'autres formes d'activité scientifique dans les années 90. C'est à pointe Edmonson qu'en décembre 1995 et janvier 1996 s'est installé BIOTEX 1, la première expédition de recherche du SCAR sur les études biologiques et les écosystèmes terrestres antarctiques (BIOTAS). C'est ainsi que dix chercheurs de trois pays ont participé à plusieurs projets scientifiques qui comprenaient des études écologiques, physiologiques et biogéographiques taxonomiques sur les cyanobactéries, les algues, les bryophytes, les lichens (y compris les communautés chasmolithiques et endolithiques), les nématodes, les collemboles et les acariens, des études de la biogéochimie des sols et de l'eau douce, des études sur l'activité métabolique microbienne et la colonisation ainsi que des études sur les réactions photosynthétiques aux conditions ambiantes et contrôlées des mousses, des lichens et des pigments végétaux qui peuvent agir comme agent photoprotecteur (Bargagli, 1999). Le programme BIOTAS a pris officiellement fin mais on s'attend à ce que d'autres études de ce genre se poursuivent à pointe Edmonson.

9. Activités et impacts humains

C'est vraisemblablement le 6 février 1990 que pointe Edmonson a reçu sa première visite lorsque Carsten Borchgrevink a débarqué juste au nord du mont Melbourne sur « un promontoire quasiment libre de neige.... d'une superficie d'environ 100 acres » et gravi les pentes sur environ 200 m (Borchgrevink, 1901 : 261). La région de la baie Wood a rarement été mentionnée durant les 70 années suivantes et elle n'a sans doute été visitée qu'à des intervalles peu fréquents. Les activités dans la zone ont augmenté dans les années 80, tout d'abord avec les premières visites des expéditions GANOVEX (Allemagne). Des travaux de recherche botanique y ont été entrepris en décembre 1984 (Given, 1985 ; Greenfield *et. al.*, 1985 ; Broady, 1987) ainsi qu'en janvier 1989, époque à laquelle les premières propositions portant protection spéciale du site ont été faites (Given, communication personnelle 2003). Avec l'installation en 1986-87 par l'Italie d'une station à proximitéde la baie de Terra Nova, l'intérêt pour la recherche dans le site s'est intensifié.

L'ère moderne des activités humaines à pointe Edmonson s'est en grande partie limitée à la science. Leurs impacts n'ont pas été décrits mais ils sont considérés comme mineurs et limités à des questions telles que les campements, les traces de pas, les repères de diverses sortes, les déchets humains, l'échantillonnage scientifique, la gestion de nombres restreints d'oiseaux (par exemple, l'installation de dispositifs permettant de suivre les oiseaux, le lavage d'estomac et les mesures biométriques), et quelques impacts associés à l'accès par hélicoptère ainsi qu'à l'installation et au bon fonctionnement des installations de campement et de recherche à la colonie de manchots comme sur la saillie cuspidée nord. Un déversement au moins d'hydrocarbures d'environ 500 ml, et deux autres déversements de quantités moins élevées ont été déclarés en 1996 qui avaient été causés par des opérations deravitaillement au générateur et d'entreposage du carburant à proximité des colonies de manchots (voir les sites perturbés qui sont indiqués sur la carte 4). En outre, des déchets marins viennent de temps à autre s'échouer sur des plages à l'intérieur de la zone. La zone à accès limité de la colline Ippolito a fait l'objet de moins d'activités humaines qu'à pointe Edmonson et les impacts dans cette zone sont censés être négligeables.

9(i) Aires à accès limité et aires gérées à l'intérieur de la zone

Aire à accès limité

L'aire libre de glace de la colline Ippolito (1,12 km^2) à environ 1,5 km au nord-ouest de pointe Edmonson est désignée en tant qu'aire à accès limité afin de préserver une partie de cette aire comme site de référence pour de futures études comparatives alors que le reste de l'aire terrestre(qui a une biologie, des caractéristiques et un caractère similaires) est en règle plus générale disponible pour des programmes de recherche et le prélèvement d'échantillons. Les lignes de démarcation nord, ouest et sud de la zone à accès limité sont définies comme étant les marges de la glace permanente qui s'étendent du mont Melbourne et coïncident avec la ligne de démarcation de la zone (cartes 1 et 3). La ligne est de l'aire à accès limité est l'étale de basse mer moyen le long du littoral de cette aire libre de glace.

L'accès à l'aire à accès limité est autorisé uniquement pour des raisons scientifiques essentielles ou à des fins de gestion (comme une inspection ou un examen) auxquelles il n'est pas possible desatisfaire ailleurs dans l'aire.

9(ii) Structures à l'intérieur et à proximité de la zone

Site du CEMP : Une cabane en fibre de verre destinées à l'observation sur le terrain, équipée d'un appareillage scientifique et d'un panneau APMS, et deux cabanes du type Nunsen (capacité d'accueil : quatre personnes) ont été mises en place par le PNRA en 1994-1995 à l'appui des travaux de recherche du CEMP. Ces structures sont installées sur une colline rocheuse à une hauteur de 16 m, à 80 m de la côte et à 40 m au sud de la sous-colonie nord de manchots (cartes 2 et 4). Au début de chaque saison de travail sur le terrain, un générateur et un certain nombre de fûts de carburant sont entreposéstemporairement à environ 20 m du camp, puis enlevés à la fin de la saison. Adjacente à la sous-colonie nord de manchots, des clôtures en mailles métalliques (30 à 50 cm) ont été installées pour diriger les manchots vers le pont bascule APMS.

Autres activités : En 1995-1996, quelque 50 cloches de plastique ont été installées en 10 endroits partout dans la zone au titre du programme BIOTEX-1 (cartes 2 et 4). Plusieurs cloches additionnelles avaient été installées l'année précédente en quatre endroits (Wynn-Williams, 1996). On ne connait pas exactement le nombre de cloches se trouvant encore à l'intérieur de la zone. Des campements temporaires ont été installés pour la durée du programme BIOTEX-1 à l'endroit du site de campement désigné ; elles ont maintenant été enlevées.

Lors de la trentième expédition antarctique italienne, une grande partie de la clôture entourant la colonie D (carte 4) et parties sous-jacentes ont été enlevées. La barrière dans la vallée située sous le Système de surveillance automatique de manchots (SSAM) avait été complètement éliminée, ne laissant que la clôture entourant le SSAM. Nous avons amélioré cette installation et dégagé la partie se trouvant à quelques mètres de la clôture, retirant plus de 40 boulons en fer. (Carte 4).

Le 28 octobre 2016, lors de la XXXIIe campagne antarctique, l'ancienne clôture a été récupérée : deux fûts de carburant ont été enlevés, ainsi que la cabane Nansen près de l'abri « Apple ». Il reste l'abri « Apple », le SSAM et ses constructions annexes, la station météorologique et la caméra d'observation de nids de manchots au niveau des points d'observation AB (Carte 4).

Les stations permanentes les plus proches sont la station Mario Zucchelli à la baie de Terra Nova (Italie) et la station Gondwana (Allemagne), qui se trouvent à environ 50 km et 45 km au sudrespectivement.

9(iii) Emplacement des autres zones protégées à proximité directe de la zone

Les zones protégées les plus proches de pointe Edmonson sont les suivantes : mont Melbourne (ZSPA n° 118) située à 13 km à l'ouest ; et une zone marine à la baie de Terra Nova (ZSPA n° 161) située à environ 52 km au sud (carte 1, encart 2).

10. Critères de délivrance des permis

L'accès à la zone est interdit sauf si un permis a été délivré par les autorités nationales compétentes. Les critères de délivrance d'un permis pour entrer dans la zone sont les suivants :

- un permis est délivré uniquement pour effectuer des travaux de recherche indispensables scientifiques dans la zone, ou pour des raisons scientifiques qui ne peuvent pas être appliquéesailleurs ; ou
- un permis est délivré pour des raisons de gestion essentielles qui sont conformes aux objectifs du plan telles que des activités d'inspection, d'entretien ou de révision ;

- l'accès à l'aire d'accès limité est autorisé uniquement pour des raisons scientifiques ou de gestion impératives (inspection ou évaluation) qui ne peuvent pas être effectuées ailleurs à l'intérieur de l'aire ;
- les actions autorisées ne viendront pas mettre en péril les valeurs écologiques ou scientifiques de la zone ;
- toutes les activités de gestion visent la réalisation des buts du plan de gestion ;
- les actions autorisées sont conformes au plan de gestion ;
- la détention du permis ou d'une copie certifiée conforme est impérative dans la zone ;
- un rapport de visite devra être soumis à l'autorité nommée dans le permis ;
- tout permis sera délivré pour une durée donnée.
- l'autorité compétente devra être notifiée de toutes les activités et/ou mesures qui n'ont pas été incluses dans le permis autorisé.

10(i) Accès à la zone et déplacements à l'intérieur de la zone

L'accès à la zone sera autorisé en petite embarcation, à pied ou en hélicoptère. Les déplacements terrestres dans la zone se feront à pied ou en hélicoptère. L'accès à la zone en véhicule est limité aux conditions qui sont décrites ci-dessous.

Accès par petite embarcation

L'accès à la partie de la zone où se trouve la pointe Edmonson est interdit partout où se trouve des colonies de pinnipèdes ou d'oiseaux de mer ou sur la plage. Tout accès pour des raisons autres que les activités de recherche au titre du CEMP doit être effectué de manière à ne pas perturber les pinnipèdes et les oiseaux de mer (cartes 1 et 2). Aucune restriction ne s'applique aux débarquements à partir de la mer mais, lorsqu'ils pénètrent dans la principale zone libre de glace de pointe Edmonson, les visiteurs devront de préférence débarquer à la saillie cuspidée septentrionale et éviter de le faireà proximité de colonies d'oiseaux reproducteurs (carte 2).

Accès limité des véhicules

L'utilisation de véhicules à l'intérieur de la zone est interdite sauf à la limite sud de la zone où ils peuvent être utilisés sur la glace de mer pour accéder à la côte d'où les visiteurs devront poursuivreleur chemin à pied. Par conséquent, elle doit éviter toute interférence avec les sentiers d'alimentation des animaux et la colonie de manchots Adélie. Dans l'utilisation de véhicules sur la glace de mer, il faut prendre soin d'éviter les phoques de Weddell en phase de reproduction qui pourraient s'y trouver ; les véhicules doivent rouler à basse vitesse et ne pas s'approcher à moins de 50 m. L'accèsterrestre au site est autorisé jusqu'à la ligne de démarcation de la zone. La circulation devra être maintenue au minimum nécessaire pour la conduite des activités autorisées.

Accès en aéronef et survol

Toutes les restrictions imposées à l'accès en aéronef et au survol décrites dans ce plan devront être appliquées durant la période qui va du 15 octobre au 20 février compris. Le mouvement et l'atterrissage d'aéronefs dans la zone sont autorisés sous réserve que les conditions suivantes soientstrictement réunies :

(i) Tous les survols de la zone à des fins autres que l'accès à la zone seront réalisés en tenant compte des restrictions figurant dans le tableau ci-dessous en matière d'altitude :

Altitudes minimales de survol dans la zone en fonction du type d'aéronef

Type d'aéronef	Nombre de	Altitude minimale par rapport au sol	
		Pieds	Mètres
Hélicoptère	1	2461	750
Hélicoptère	2	3281	1000
Voilure fixe	1 ou 2	1476	450
Voilure fixe	4	3281	1000

(ii) L'atterrissage d'hélicoptères est autorisé en trois endroits spécifiques (cartes 1 à 4). Les sites d'atterrissage répondent aux coordonnées suivantes :

(A) Ils seront utilisés pour la plupart des buts recherchés, situés sur la saillie cuspidée septentrionale de pointe Edmonson (carte 2) (74°19'24"S, 165°07'12"E) ;

(B) L'atterrissage est autorisé à l'appui du programme de surveillance des manchots lorsquel'hélicoptère est nécessaire pour le transport de matériel lourd et de fournitures (carte 2) (74°19'43"S, 165°07'57"E) ; et

(C) L'atterrissage est autorisé pour accéder à la zone à accès limité qui est située dans l'aire nord libre de glace (colline Ippolito, carte 3) (74°18'50"S, 165°04'29"E).

(iii) Dans des circonstances exceptionnelles, l'accès par hélicoptère peut être spécifiquement autorisé ailleurs à l'intérieur de la zone pour appuyer des activités scientifiques ou des activités de gestion et ce, en fonction des conditions imposées par le permis aux sites et à la programmation d'accès. L'atterrissage des hélicoptères sur des sites de mammifères et des sites d'oiseaux de mer et où la végétation est considérable devra être évité en tous temps (cartes 2 à 4).

(iv) L'itinéraire d'accès désigné des aéronefs suit une direction ouest et nord-ouest de la zone, à partir des pentes de glace est inférieures du mont Melbourne (cartes 1 à 3). Les aéronefs devront aborder le principal site d'atterrissage désigné (A) sur la saillie cuspidée en provenance du nord-ouestau-dessus et à proximité de la baie de Sienne. Le cas échéant, l'accès au site d'atterrissage (B) devrait suivre le même itinéraire et parcourir une distance additionnelle de 700 m vers le sud-est. l'itinéraire de départ est identique mais à l'envers.

(v) S'il y a lieu, l'accès au site d'atterrissage (C) devra se faire à partir des pentes de glace est inférieures du mont Melbourne et les hélicoptères devront se diriger directement vers le site d'atterrissage depuis le sud en survolant la terre ou, lorsque cela est impossible, en survolant la baie de Sienne en évitant les sites de nidification des labbes qui se trouvent au nord du site atterrissage ;

(vi) L'utilisation de grenades fumigènes pour déterminer la direction des vents est interdite dans la zone sauf pour des raisons de sécurité impérieuses. Ces grenades doivent être récupérées.

Accès à pied et déplacements dans la zone

Tout déplacement sur la terre ferme dans la zone ne peut être effectué qu'à pied. Les visiteurs doivent prendre toutes les précautions d'usage pour minimiser les perturbations des oiseaux en phase de reproduction, les sols, les caractéristiques géomorphologiques et les surfaces de végétation et ils doivent, dans la mesure du possible, éviter d'endommager les plantes délicates et les solssouvent gorgés d'eau. Les déplacements à pied doivent être réduits au minimum en fonction des objectifs de toute activité autorisée et il convient à tout moment de veiller à minimiser tout effet nuisible du piétinement. Les piétons qui ne se livrent pas à des travaux de recherche ou à des activités de gestion portant sur les manchots n'entreront pas dans les colonies et devront rester en tout temps à une distance d'au moins 15 m des oiseaux en phase de reproduction. Il faudra veiller à ce que les dispositifs de surveillance, les clôtures et autres installations scientifiques ne soient pasperturbés.

Les piétons qui se déplacent entre les sites d'atterrissage (A) et (B) des hélicoptères jusqu'à la colonie de manchots Adélie devront suivre les itinéraires de marche privilégiés qui sont indiqués sur les cartes 2 et 4 ou suivre un itinéraire le long de la plage.

10(ii) Activités qui sont ou peuvent être menées dans la zone, y compris les restrictions à la durée et à l'endroit

- Le programme de recherche associé au CEMP de la CCAMLR
- Des études scientifiques qui ne portent pas atteinte aux valeurs scientifiques et à l'écosystème de la zone ;
- Des activités de gestion essentielles, y compris la surveillance.

10(iii) Installation, modification ou enlèvement des structures

Aucune structure ne peut être installée dans la zone sauf autorisation stipulée dans le permis. Tout le matériel scientifique installé dans la zone doit être autorisé par un permis et identifier clairement le pays, le nom du principal chercheur et l'année de l'installation,. Tous les articles doivent être fabriqués avec des matériaux qui posent un risque minimum de pollution de la zone. L'enlèvement de matériel spécifique pour lequel le permis est arrivé à expiration sera une des conditions de la délivrance de ce permis. Les structures permanentes sont interdites.

10(iv) Emplacement des camps

Des campements semi-permanents et temporaires sont autorisés dans la zone à l'endroit primaire désigné qui est situé sur la saillie cuspidée de pointe Edmonson (carte 2). Les campements au camp de recherche du CEMP (cartes 2 et 4) sont réservés exclusivement aux activités relevant du programme de surveillance des manchots Adélie. Selon les besoins, à l'intérieur de la zone à accès limité et à des fins décrites avec précision dans le permis, des campements temporaires sont autorisés sur le site désigné (C) (74°18'51" de latitude sud, 165°04'16" longitude est) à une centaine de mètres à l'ouest du site d'atterrissage des hélicoptères (carte 3).

10(v) Restrictions sur les matériaux et organismes pouvant être introduits dans la zone

L'introduction délibérée d'animaux, de végétaux ou de micro-organismes est interdite et les précautions visées au point 7 (ix) seront prises en cas d'introductions accidentelles. Compte tenu de la présence de colonies d'oiseaux reproducteurs à pointe Edmonson, aucun produit de la volaille, y compris les produits contenant des œufs en poudre ainsi que les déchets de tels produits, ne sera introduit dans la zone. Aucun herbicide ni pesticide ne doit être introduit dans la zone. Tout autre produit chimique, y compris les radionucléides ou isotopes stables, susceptibles d'être introduits à des fins scientifiques ou de gestion en vertu du permis, seront retirés de la zone au plus tard dès que prendront fin les activités prévues par le permis. Aucun combustible ne sera entreposé dans la zone sauf autorisation prévue par le permis pour les activités menées à des fins scientifiques ou de gestion. Des dispositifs de nettoyage des déversements d'hydrocarbures devront être placés en des endroits où du combustible est régulièrement utilisé. Tous les matériaux introduits dans la zone pour une période déterminée uniquement en seront enlevés au plus tard à la fin de ladite période, et ils seront entreposés et manipulés de manière à minimiser les risques pour l'environnement. En cas de déversement susceptible de porter préjudice aux valeurs de la zone, ils en seront retirés dans la mesure où ce retrait n'a pas des conséquences plus graves que de les laisser in situ. L'autorité compétente devra être notifiée de tout déversement ou non enlèvement qui n'a pas été inclus dans le permis autorisé.

10(vi) Prélèvement de végétaux et capture d'animaux ou perturbations nuisibles à la faune et la flore

Toute capture ou perturbation nuisible à la faune et la flore est interdite sauf avec un permis délivré conformément à l'annexe II du Protocole au Traité sur l'Antarctique relatif à la protection del'environnement. Dans le cas de prélèvements ou de perturbations nuisibles d'animaux, le *SCAR Code of Conduct for the Use of Animals for Scientific Purposes in Antarctica* [Code de conduite du SCAR pour l'utilisation d'animaux à des fins scientifiques dans l'Antarctique] devra être utilisé comme norme minimale.

10(vii) Ramassage ou enlèvement de toute chose qui n'a pas été apportée dans la zone par le détenteur du permis

Le ramassage ou l'enlèvement de toute chose qui n'a pas été apporté dans la zone par le détenteur du permis ne peut se faire qu'en conformité avec le permis, mais il doit se limiter au minimum requis pour les activités menées à des fins scientifiques ou de gestion. Un permis ne sera pas délivré si l'on craint à juste titre que l'échantillonnage proposé prélèverait, enlèverait ou endommagerait de telles quantités de roche, de sol, de flore ou de faune sauvages que leur distribution ou abondance sur pointe Edmonson serait sérieusement affectée. Tout matériau d'origine humaine susceptible de nuire aux valeurs de la zone, qui n'a pas été introduit par le titulaire du permis ou toute autre personne autorisée, doit être enlevé dans la mesure où cet enlèvement n'entraînera pas de conséquences plus graves que de le laisser in situ. Dans ce cas, les autorités compétentes devront en être informées.

10 (viii) Élimination des déchets

Tous les déchets, à l'exception des déchets humains, seront retirés de la zone. Les déchets humains seront soit enlevés de la zone soit incinérés en recourant à des technologies conçues à cette fin comme une toilette au propane ou, dans le cas des déchets humains liquides, ils pourront être évacués en mer.

10(ix) Mesures nécessaires pour faire en sorte que les buts et objectifs du plan de gestion continuent à être atteints

1. Des permis peuvent être délivrés pour entrer dans la zone afin d'y réaliser des activités de surveillance et d'inspection du site qui peuvent impliquer le prélèvement de petits échantillons à des fins d'analyse, de révision ou de protection.

2. Tous les sites spécifiques dont le suivi sera de longue durée seront correctement balisés.

3. Les visiteurs devront prendre des précautions spéciales contre toute introduction afin de préserver les valeurs scientifiques et écologiques de pointe Edmonson. Il conviendra de ne pas introduire de plantes, de microbes et d'invertébrés issus d'autres sites antarctiques, y

compris de stations, ou provenant d'autres régions hors de l'Antarctique. Les visiteurs devront veiller à ce que tout le matériel d'échantillonnage et de balisage introduit dans la zone soit propre. Les chaussures et autres équipements à utiliser dans la zone (sacs à dos, tentes, etc.) devront aussi, dans la mesure du possible, être soigneusement nettoyés avant de pénétrer dans la zone.

10 (x) Rapports de visites

Les Parties doivent s'assurer que le principal détenteur de chaque permis délivré soumet aux autorités compétentes un rapport décrivant les activités menées dans la zone. Ces rapports doivent inclure, s'il y a lieu, les renseignements identifiés dans le formulaire du rapport de visite suggéré par le Guide pour la préparation des plans de gestion des zones spécialement protégées en Antarctique. Les Parties doivent conserver une archive de ces activités et, lors de l'échange annuel d'informations, fournir une description synoptique des activités menées par les personnes relevant de leur juridiction, avec suffisamment de détails pour permettre une évaluation de l'efficacité du plan de gestion. Les Parties doivent, dans la mesure du possible, déposer les originaux ou les copies de ces rapports dans une archive à laquelle le public pourra avoir accès, et ce, afin de conserver une archive d'usage qui sera utilisée et dans l'examen du plan de gestion et dans l'organisation de l'utilisation scientifique de la zone.

Bibliographie

Ainley, D.G. 2002. *The Adélie Penguin. Bellwether of climate change*. Columbia University Press, New York.

Alfinito, S., Fumanti, B. and Cavacini, P. 1998. Epiphytic algae on mosses from northern Victoria Land (Antarctica). *Nova Hedwigia* **66** (3-4): 473-80.

Ancora, S., Volpi, V., Olmastroni, S., Leonzio, C. and Focardi, S. 2002. Assumption and elimination of trace elements in Adélie penguins from Antarctica: a preliminary study. *Marine Environmental Research* **54**: 341-44.

Azzali M. and J. Kalinowski. 2000. Spatial and temporal distribution of krill *Euphausia superba* biomass in the Ross Sea. In: Ianora A. (ed). *Ross Sea Ecology*. Springer, Berlin, 433-455.

Azzali M., J. Kalinowski, G. Lanciani and G. Cosimi. 2000. Characteristic Properties and dynamic aspects of krill swarms from the Ross Sea. In: Faranda F. G.L., Ianora A. (Ed). *Ross Sea Ecology*. Springer, Berlin, 413-431.

Bargagli, R., Martella, L. and Sanchez-Hernandez, J.C. 1997. The environment and biota at EdmonsonPoint (BIOTEX 1): preliminary results on environmental biogeochemistry. In di Prisco, G., Focardi, S. and Luporini, P. (eds) *Proceed. Third Meet. Antarctic Biology,* Santa Margherita Ligure, 13-15 December 1996. Camerino University Press: 261-71.

Bargagli, R. 1999. Report on Italian activities. *BIOTAS Newsletter* No. 13. Austral Summer 1998/99. A.H.L. Huiskes (ed) Netherlands Institute of Ecology: 16-17.

Bargagli, R., Sanchez-Hernandez, J.C., Martella, L. and Monaci, F. 1998. Mercury, cadmium and lead accumulation in Antarctic mosses growing along nutrient and moisture gradients. *Polar Biology* 19: 316-322.

Bargagli, R., Smith, R.I.L., Martella, L., Monaci, F., Sanchez-Hernandez, J.C. and Ugolini, F.C. 1999. Solution geochemistry and behaviour of major and trace elements during summer in a moss community at Edmonson Point, Victoria Land, Antarctica. *Antarctic Science* 11(1): 3-12.

Bargagli, R., Wynn-Williams, D., Bersan, F., Cavacini, P., Ertz, S., Freckman, D. Lewis Smith, R., Russell, N. and Smith, A. 1997. Field Report – BIOTEX 1: First BIOTAS Expedition (Edmonson Point – Baia Terra Nova, Dec 10 1995 – Feb 6 1996). *Newsletter of the Italian Biological Research in Antarctica* 1 (Austral summer 1995-96): 42-58.

Baroni, C. and Orombelli, G. 1994. Holocene glacier variations in the Terra Nova Bay area (Victoria Land, Antarctica). *Antarctic Science* 6(4):497-505.

Broady, P.A. 1987. A floristic survey of algae at four locations in northern Victoria Land. *New Zealand Antarctic Record* 7(3): 8-19.

Borchgrevink, C. 1901. *First on the Antarctic Continent: Being an Account of the British Antarctic Expedition 1898-1900.* G. Newnes. Ltd, London.

Cannone, N. and Guglielmin, M. 2003. Vegetation and permafrost: sensitive systems for the development of a monitoring program of climate change along an Antarctic transect. In: Huiskes, A.H.L., Gieskes, W.W.C., Rozema, J., Schorno, R.M.L., Van der Vies, S.M., Wolff, W.J. (Editors) *Antarctic biology in a global context.* Backhuys, Leiden: 31-36

Cannone, N., Guglielmin, M., Ellis Evans J.C., and Strachan R. in prep. Interactions between climate, vegetation and active layer in Maritime Antarctica. (submitted to *Journal of Applied Ecology*)

Cannone, N., Guglielmin, M., Gerdol, R., and Dramis, F. 2001. La vegetazione delle aree con permafrost per il monitoraggio del Global Change nelle regioni polari ed alpine. Abstract and Oral Presentation, 96à Congresso della Societa Botanica Italiana, Varese, 26-28 Settembre 2001.Castello, M. 2004. Lichens of the Terra Nova Bay area, northern Victoria Land (continental Antarctica). *Studia Geobotanica* 22: 3-54.

Cavacini, P. 1997. La microflora algale non marina della northern Victoria Land (Antartide). Ph.D. Thesis. Università "La Sapienza" di Roma. 234 pp.
Cavacini, P. 2001. Soil algae from northern Victoria Land (Antarctica). *Polar Bioscience* 14: 46-61.
CCAMLR. 1999. Report of member's activities in the Convention Area 1998/99: Italy. CCAMLR-XVIII/MA/14.

Clarke, J., Manly, B., Kerry, K., Gardner, H., Franchi, E. and Focardi, S. 1998. Sex differences in Adélie penguin foraging strategies. *Polar Biology* 20: 248-58.

Corsolini, S. and Trémont, R. 1997. Australia-Italy cooperation in Antarctica: Adélie Penguin monitoring program, Edmonson Point, Ross Sea Region. *Newsletter of the Italian Biological Research in Antarctica* 1 (Austral summer 1995-96): 59-64.

Corsolini, S., Ademollo, N., Romeo, T., Olmastroni, S. and Focardi, S. 2003. Persistent organic pollutants in some species of a Ross Sea pelagic trophic web. *Antarctic Science* 15(1): 95-104.Corsolini, S., Kannan, K., Imagawa, T., Focardi, S. and Giesy J.P. 2002. Polychloronaphthalenes and other dioxin-like compounds in Arctic and Antarctic marine food webs. *Environmental Science and Technolology* 36: 3490-96.

Corsolini, S., Olmastroni, S., Ademollo, N. and Focardi, S. 1999. Concentration and toxic evaluation of polychlorobiphenyls (PCBs) in Adélie Penguin (*Pygoscelis adeliae*) from Edmonson Point (Ross Sea, Antarctica). Tokyo 2-3 December 1999.

Emison, W. B. 1968. Feeding preferences of the Adélie penguin at Cape Crozier, Ross Island. Antarctic Research Series 12: 191-212.

Ertz, S. 1996. BIOTEX field report: December 1995 – February 1996. Strategies of Antarctic terrestrial organisms to protect against ultra-violet radiation. Unpublished field report in BAS Archives AD6/2/1995/NT3.

Fenice M., Selbmann L., Zucconi L. and Onofri S. 1997. Production of extracellular enzymes by Antarctic fungal strains. *Polar Biology* 17:275-280.

Franchi, E., Corsolini, S., Clarke, J.C., Lawless R. and Tremont, R. 1996. The three dimensional foraging patterns of Adélie penguins at Edmonson Point, Antarctica. Third International Penguin Conference, Cape Town, South Africa, 2-6 September 1996.

Franchi, E., Corsolini, S., Focardi, S., Clarke, J.C., Trémont, R. and Kerry, K.K. 1997. Biological research on Adélie penguin (*Pygoscelis adeliae*) associated with the CCAMLR Ecosystem Monitoring Program (CEMP). In di Prisco, G., Focardi, S. and Luporini, P. (eds) *Proceed. Third Meet. Antarctic Biology,* Santa Margherita Ligure, 13-15 December 1996. Camerino University Press: 209-19.

Frati, F. 1997. Collembola of the north Victoria Land: distribution, population structure and preliminary data for the reconstruction of a molecular phylogeny of Antarctic collembola. *Newsletter of the Italian Biological Research in Antarctica* 1 (Austral summer 1995-96): 30-38.

Frati F. 1999. Distribution and ecophysiology of terrestrial microarthropods in the Victoria Land. *Newsletter of the Italian Biological Research in Antarctica* 3: 13-19.

Frati F., Fanciulli P.P., Carapelli A. and Dallai R. 1997. The Collembola of northern Victoria Land (Antarctica): distribution and ecological remarks. *Pedobiologia* 41: 50-55.

Frati F., Fanciulli P.P., Carapelli A., De Carlo L. and Dallai R. 1996. Collembola of northern Victoria Land: distribution, population structure and preliminary molecular data to study origin and evolution of Antarctic Collembola. Proceedings of the 3rd Meeting on Antarctic Biology, G. di Prisco, S. Focardi and P. Luporini eds., Camerino Univ. Press: 321-330.

Fumanti, B., Alfinito, S. and Cavacini, P. 1993. Freshwater algae of Northern Victoria Land (Antarctica). *Giorn. Bot. Ital.,* **127** (3): 497.

Fumanti, B., Alfinito, S. and Cavacini, P. 1994a. Freshwater diatoms of Northern Victoria Land (Antarctica). 13th International Diatom Symposium, 1-7 September 1994, Acquafredda di Maratea (PZ), Italy, Abstract book: 226.

Fumanti, B., Alfinito, S. and Cavacini, P. 1994b. Floristic survey of the freshwater algae of Northern Victoria Land (Antarctica). Proceedings of the 2nd meeting on Antarctic Biology, Padova, 26-28 Feb. 1992. Edizioni Universitarie Patavine: 47-53.

Guilizzoni P., Libera V., Tartagli G., Mosello R., Ruggiu D., Manca M., Nocentini A, Contesini M., Panzani P., Beltrami M. 1991. Indagine per una caratterizzazione limnologica di ambienti lacustri antartici. Atti del 1° Convegno di Biologia Antartica. Roma CNR, 22-23 giu. 1989. Ed. Univ. Patavine: 377-408.Given, D.R. 1985. Fieldwork in Antarctica, November – December 1984. Report 511b. Botany Division, DSIR, New Zealand.

Given, D.R. 1989. A proposal for SSSI status for Edmonson Point, north Victoria Land.

Unpublished paper held in PNRA Archives.

Greenfield, L.G., Broady, P.A., Given, D.R., Codley, E.G. and Thompson, K. 1985. Immediate science report of NZARP Expedition K053 to RDRC. Botanical and biological studies in Victoria Land and Ross Island, during 1984–85.

Harris, C.M. and Grant, S.M. 2003. Science and management at Edmonson Point, Wood Bay, Victoria Land, Ross Sea: Report of the Workshop held in Siena, 8 June 2003. Includes Science Reviews by R. Bargagli, N. Cannone & M. Guglielmin, and S. Focardi. Cambridge, *Environmental Research and Assessment.*

Keys, J.R., Dingwall, P.R. and Freegard, J. (eds) 1988. *Improving the Protected Area system in the Ross Sea region, Antarctica*: Central Office Technical Report Series No. 2. Wellington, NZ Department of Conservation.

Kyle, P.R. 1990. A.II. Melbourne Volcanic Province. In LeMasurier, W.E. and Thomson, J.W. (eds) Volcanoes of the Antarctic Plate and Southern Oceans. *Antarctic Research Series* 48: 48-52.

La Rocca N., Moro I. and Andreoli, C. 1996. Survey on a microalga collected from an Edmonson Point pond (Victoria Land, Antarctica). *Giornale Botanico Italiano*, 130:960-962.

Lewis Smith, R.I. 1996. BIOTEX 1 field report: December 1995 – January 1996: plant ecology, colonisation and diversity at Edmonson Point and in the surrounding region of Victoria Land, Antarctica. Unpublished field report in BAS Archives AD6/2/1995/NT1.

Lewis Smith, R.I. 1999. Biological and environmental characteristics of three cosmopolitan mosses dominant in continental Antarctica. *Journal of Vegetation Science* 10: 231-242.

Melick D.R. and Seppelt R.D. 1997. Vegetation patterns in relation to climatic and endogenous changes in Wilkes Land, continetal Antarctica. *Journal of Ecology* **85**: 43-56.

Meurk, C.D., Given, D.R. and Foggo, M. N. 1989. Botanical investigations at Terra Nova Bay and Wood Bay, north Victoria Land. 1988–89 NZARP Event K271 science report.

Olmastroni S, Pezzo F, Bisogno I., Focardi S, 2004b. Interannual variation in the summer diet of Adélie penguin *Pygoscelis adeliae* at Edmonson Point . WG-EMM04/ 38.

Olmastroni S, Pezzo F, Volpi V, Corsolini S, Focardi S, Kerry K. 2001b. Foraging ecology of chick rearing of Adélie penguins in two colonies of the Ross Sea; 27/8-1/9 2001; Amsterdam, The Netherlands. SCAR.

Olmastroni, S. 2002. Factors affecting the foraging strategies of Adélie penguin (*Pygoscelis adeliae*) at Edmonson Point, Ross Sea, Antarctica. PhD Thesis, Università di Siena.

Olmastroni, S., Corsolini, S., Franchi, E., Focardi, S., Clarke, J., Kerry, K., Lawless, R. and Tremont, R. 1998. Adélie penguin colony at Edmonson Point (Ross Sea, Antarctica): a long term monitoring study. 31 August-September 1998; Christchurch, New Zealand. SCAR. p 143.

Olmastroni, S., Corsolini, S., Pezzo, F., Focardi, S. and Kerry, K. 2000. The first five years of the Italian-Australian Joint Programme on the Adélie Penguin: an overview. *Italian Journal of Zoology Supplement* **1**: 141-45.

Onofri, S. and Tofi, S. 1992. *Arthrobotrys ferox* sp. nov., a springtail-capturing hyphomycete from continental Antarctica. *Mycotaxon* 44(2):445-451.Orombelli, G. 1988. Le spiagge emerse oloceniche di Baia Terra Nova (Terra Vittoria, Antartide). Rend. Acc. Naz. Lincei.

Pezzo, F., Olmastroni, S., Corsolini, S., and Focardi, S. 2001. Factors affecting the breeding success of the south polar skua *Catharacta maccormicki* at Edmonson Point, Victoria Land, Antarctica. *Polar Biology* **24**:389-93.

Pilastro, A., Pezzo, F., Olmastroni, S., Callegarin, C., Corsolini, S. and Focardi, S. 2001. Extrapair paternity in the Adélie penguin *Pygoscelis adeliae*. *Ibis* **143**: 681-84.

Ricelli A., Fabbri A.A., Fumanti B., Cavacini P., Fanelli C. 1997. Analyses of effects of ultraviolet radiation on fatty acids and α-tocopherol composition of some microalgae isolated from Antarctica. In di Prisco, G., Focardi, S., and Luporini P. (eds.), Proceedings of the 3rd meeting on "Antarctic Biology", S. Margherita Ligure, December 13-15, 1996. Camerino University Press: 239-247.

Simeoni, U., Baroni, C., Meccheri, M., Taviani, M. and Zanon, G. 1989. Coastal studies in northern Victoria Land (Antarctica): Holocene beaches of Inexpressible Island, Tethys Bay and Edmonson Point. *Bollettino di Oceanologia Teorica ed Applicata* 7(1-2): 5-17.

Taylor, R.H., Wilson, P.R. and Thomas, B.W. 1990. Status and trends of Adélie Penguin populations in the Ross Sea region. *Polar Record* 26:293-304.

Woehler, E.J. (ed) 1993. *The distribution and abundance of Antarctic and sub-Antarctic penguins.* SCAR, Cambridge.

Wörner, G. and Viereck, L. 1990.   A.I0. Mount Melbourne. In Le Masurier, W.E. and Thomson, J.W. (eds) Volcanoes of the Antarctic Plate and Southern Oceans. *Antarctic Research Series* 48: 72-78.

Wynn-Williams, D.D. 1996. BIOTEX 1, first BIOTAS expedition: field report: Taylor Valley LTER Dec 1995, Terra Nova Bay Dec 1995 – Jan 1996: microbial colonisation, propagule banks and survival processes. Unpublished field report in BAS Archives AD6/2/1995/NT2.

Zucconi L., Pagano S., Fenice M., Selbmann L., Tosi S., and Onofri S. 1996. Growth temperature preference of fungal strains from Victoria Land. *Polar Biology* **16**: 53-61.

Annexe 1

Nouvelle bibliographie et autres publications intéressantes pour les activités de recherche à pointe Edmonson (mer de Ross)

D. Ainley, V. Toniolo, G. Ballard, K. Barton, J. Eastman, B. Karl, S. Focardi, G. Kooyman, P. Lyver, S. Olmastroni, B.S. Stewart, J. W. Testa, P. Wilson, 2006. Managing ecosystem uncertainty: critical habitat and dietary overlap of top-predators in the Ross Sea. WG-EMM 06/29

Tosca Ballerini, Giacomo Tavecchia, Silvia Olmastroni, Francesco Pezzo, Silvano Focardi 2009. Nonlinear effects of winter sea ice on the survival probabilities of Adélie penguins. *Oecologia* 161:253–265.

Ballerini T, Tavecchia G, Pezzo F, Jenouvrier S and Olmastroni S 2015. Predicting responses of the Adélie penguin population of Edmonson Point to future sea ice changes in the Ross Sea. Front.Ecol.Evol. 3:8. doi:10.3389/fevo.2015.00008

F. Borghini, A. Colacevich, S. Olmastroni 2010. Studi di ecologia e paleolimnologia nell'area protetta di Edmonson Point (Terra Vittoria, Antartide). *Etruria Natura* Anno VII: 77-86.

Cincinelli A., Martellini T. and Corsolini S., 2011. Hexachlorocyclohexanes in Arctic and Antarctic Marine Ecosystems, Pesticides - Formulations, Effects, Fate, Edited by: Margarita Stoytcheva, ISBN: 978-953-307-532-7, Publisher: InTech, Publishing, Janeza Trdine 9, 51000 Rijeka, Croatia, January 2011,453-476, available at http://www.intechopen.com/articles/show/title/hexachlorocyclohexanes-in-arctic-and-antarctic-marine-ecosystems.

Corsolini S., 2011. Contamination Profile and Temporal Trend of POPs in Antarctic Biota. In Global contamination trends of persistent organic chemicals. Ed. B. Loganathan, P.K.S. Lam, Taylor & Francis, Boca Raton, FL, USA, in press.

Corsolini S., 2011. Antarctic: Persistent Organic Pollutants and Environmental Health in the Region. In: Nriagu JO (ed.) *Encyclopedia of Environmental Health*, volume 1, pp. 83–96 Burlington: Elsevier, NVRN/978-0-444-52273-3.

Corsolini S., Ademollo N., Mariottini M., Focardi S., 2004. Poly-brominated diphenyl-ethers (PBDEs) and other Persistent Organic Pollutants in blood of penguins from the Ross Sea (Antarctica). *Organohalogen Compd.*, 66: 1695-1701.

Corsolini S, Covaci A, Ademollo N, Focardi S, Schepens P., 2005. Occurrence of organochlorine pesticides (OCPs) and their enantiomeric signatures, and concentrations of polybrominated diphenyl ethers (PBDEs) in the Adelie penguin food web, Antarctica. *Environ Pollut.*, 140(2): 371-382.

Corsolini S., Olmastroni S., Ademollo N., Minucci G., Focardi S., 2003. Persistent organic pollutants in stomach contents of Adélie penguins from Edmonson Point (Victoria Land, Antarctica). In: Antarctic Biology in a global context, Ed. A.H.L. Huiskes, W.W.C. Gieskes, J. Rozema, R.M.L. Schorno, S.M. van der Vies, W.J. Wolff. Backhuys Publishers, Leiden, The Netherlands. pp. 296-300

Fuoco, R.; Bengtson Nash, S. M.; Corsolini, S.; Gambaro, A.; Cincinelli, A. *POPs in Antarctica; A Report to the Antarctic Treaty in Kiev 2-13 June, 2008*; Environmental Contamination in Antarctica (ECA) Pisa, 2008.

Lorenzini. S., Olmastroni S., Pezzo. F., Salvatore M.C., Baroni C. 2009. Holocene Adélie penguin diet in Victoria Land, Antarctica. *Polar Biology* 32:1077–1086.

Irene Nesti, Yan Ropert-Coudert, Akiko Kato, Michael Beaulieu, Silvano Focardi, Silvia Olmastroni 2010. Diving behaviour of chick-rearing Adélie Penguins at Edmonson Point, Ross Sea. *Polar Biology* 33:969–978.

S. Olmastroni, F. Pezzo, V. Volpi, S. Focardi 2004a. Effects of weather and sea ice on Adélie penguin reproductive performance. *CCAMLR Science* 11:99-109

F. Pezzo, **S.** Olmastroni, V. Volpi, S. Focardi 2007. Annual variation in reproductive parameters of Adélie penguins at Edmonson Point, Victoria Land, Antarctica. *Polar Biology* **31**:39-45.

Bibliographie après 2011

Cannone N., Wagner D., Hubberten H. W., Guglielmin M. (2008). Biotic and abiotic factors influencing soil properties across a latitudinal gradient in Victoria Land, Antarctica. *Geoderma*, 144: 50-65

Cannone N., Seppelt R. (2009). A preliminary floristic classification of Northern and Southern Victoria Land vegetation (Continental Antarctica). ANTARCTIC SCIENCE, vol. 20, p. 553-62

Cannone N., Guglielmin M. (2009). Influence of vegetation on the ground thermal regime in continental Antarctica. GEODERMA, vol. 151, p. 215-223

Guglielmin M., Cannone N. 2012. A permafrost warming in a cooling Antarctica? Climatic Change, Climatic Change, 111 p. 177-195

Guglielmin M., Dalle Fratte M., Cannone N. (2014). Permafrost warming and vegetation changes in continental Antarctica. Environ. Res. Lett. 9: 045001

Singh S.M., Olech M., Cannone N., Convey P. (2015). Contrasting patterns in lichen diversity in the continental and maritime Antarctic. Polar Science, 9(3): 311 – 318

Annexe 2   Permis émis

Pendant la Campagne antarctique italienne de 2011-2016, les permis suivants, permettant de perturber ou de prendre des échantillons des organismes vivants suivants dans la ZSPA n° 165, la Pointe Edmonson, ont été émis :

Campagne de 2006/2007

Dénomination de l'organisme	Quantité ou kg	Système d'échantillonnage
Pygoscelis adeliae	2000	Recensement visuel
" " "	10	marquage
" " "	10	collecte de plumes
Stercorarius maccormicki	200	Recensement

Échantillonnage de l'eau de lacs. Permis d'accès à la ZSPA n° 165 pour une durée de 40 jours dans le campement.

Campagne de 2007/2008

Dénomination de l'organisme	Quantité ou kg	Système d'échantillonnage

Émission de permis d'accès à la ZSPA n° 165 uniquement pour deux contrôles de la station météorologique, d'une durée de 3 heures à chaque visite

Campagne de 2008/2009

Dénomination de l'organisme	Quantité ou k	Système d'échantillonnage

Aucune activité n'a eu lieu à pointe Edmonson ZSPA n° 165 au cours de la campagne de 2007/2008

Campagne de 2009/2010

Dénomination de l'organisme	Quantité ou kg	Système d'échantillonnage
Pygoscelis adeliae	2000	Recensement visuel
" ""	18	échantillonnage de plumes et de sang
Stercorarius maccormicki	120	recensement visuel
" " "	10	échantillonnage de plumes et de sang
Mousses	200 g	échantillonnage manuel
Algues	200 g	échantillonnage manuel

Échantillonnage de l'eau, de mousses et d'algues des lacs. Permis d'accès à la ZSPA n° 165 pour 31 jours dans le campement et pour 3 heures d'échantillonnage supplémentaire.

Campagne de 2010/2011

Dénomination de l'organisme	Quantité ou kg	Système d'échantillonnage
Mousses	600 g	échantillonnage manuel
Algues	400 g	échantillonnage manuel
Lichens sur roches et sols	600 g	échantillonnage manuel
Roches et sols colonisés par des micro-organismes et des lichens	2 Kg	échantillonnage manuel

12 missions d'échantillonnage et de recherche dans la zone de la ZSPA, pour une durée totale de 28 heures de travail.

Annexe 3   Permis émis

Pendant la Campagne antarctique italienne de 2011-2016, les permis suivants permettant la perturbation ou la collecte d'échantillons d'organismes vivants dans la ZSPA n° 165, Pointe Edmonson, ont été émis :

Campagne de 2011/2012

Dénomination de l'organisme	Quantité ou kg	Système d'échantillonnage
Mousses	0,005 kg	système manuel
Lichens	0,002 kg	système manuel

L'accès au campement de la ZSPA n° 165 a été autorisé 4 fois pour une durée de 3 heures à chaque visite, et 3 fois pour des activités météorologiques pour une durée de 1 heure à chaque visite. 15 heures au total

Campagne de 2012/2013

Dénomination de l'organisme	Quantité ou kg	Système d'échantillonnage
Mousses	0,08 kg	système manuel
Lichens	0,05 kg	système manuel

Émission de permis d'accès à la ZSPA n° 165 à des fins de recherche et pour contrôler la station météorologique. La durée totale dans la ZSPA au cours de la campagne de 2012-13 est d'environ 27 heures.

Campagne de 2013/2014

Dénomination de l'organisme	Quantité ou kg	Système d'échantillonnage
Lacustrine algae	1 kg	système manuel
Mousses	1,2 kg	système manuel
Lichens	0,1 kg	système manuel
Excréments et guano	Quantité requise	système manuel
Fossiles bivalves	3 espèces dans la couche	système manuel

Émission de permis d'accès à la ZSPA n° 165 uniquement pour deux contrôles de la station météorologique, d'une durée de 3 heures à chaque visite. La durée totale dans la ZSPA au cours de la campagne de 2013-14 est d'environ 25 heures.

Campagne de 2014/2015

Dénomination de l'organisme	Quantité ou kg	Système d'échantillonnage
Projet sur la conservation d'une espèce de mésoprédateur polaire dans l'écosystème changement	3000 Pygoscelis adeliae	Recensement
	20 échantillonnage de plumes et de sang	système manuel
	Stercorarius maccormicki 120	Recensement visuel
	10 échantillonnage de plumes et de sang	système manuel

Un camp a été mis en place dans la ZSPA n° 165 (pointe Edmonson) pour une période d'environ 60 jours. Émission de permis d'accès à la ZSPA uniquement pour deux contrôles de la station météorologique, d'une durée de 3 heures à chaque visite. La durée totale dans la ZSPA pendant la campagne de 2014-15 est d'environ 6 heures et 60 jours

Campagne de 2015/2016

Dénomination de l'organisme	quantité ou kg	Système d'échantillonnage Surface
comportant une croûte biologique	1,5 kg	Utilisation d'une pelle stérile

Émission de permis d'accès à la ZSPA uniquement pour deux contrôles de la station météorologique, d'une durée de 3 heures à chaque visite. La durée totale dans la ZSPA au cours de la campagne de 2015-16 est d'environ 21 heures.

Campagne de 2016/2017

Dénomination de l'organisme	Quantité ou kg	Système d'échantillonnage
Collecte de téphra Aucun organisme vivant ne sera étudié		Utilisation d'une spatule

Algues , invertébrés planctoniques ; poissons	5 espèces	filet à plancton, ligne de pêche

Émission de permis d'accès à la ZSPA uniquement pour deux contrôles de la station météorologique, d'une durée de 3 heures à chaque visite. La durée totale dans la ZSPA au cours de la campagne de 2016-17 est d'environ 43 heures.

Pointe Edmonson ZSPA n° 165 Cartes

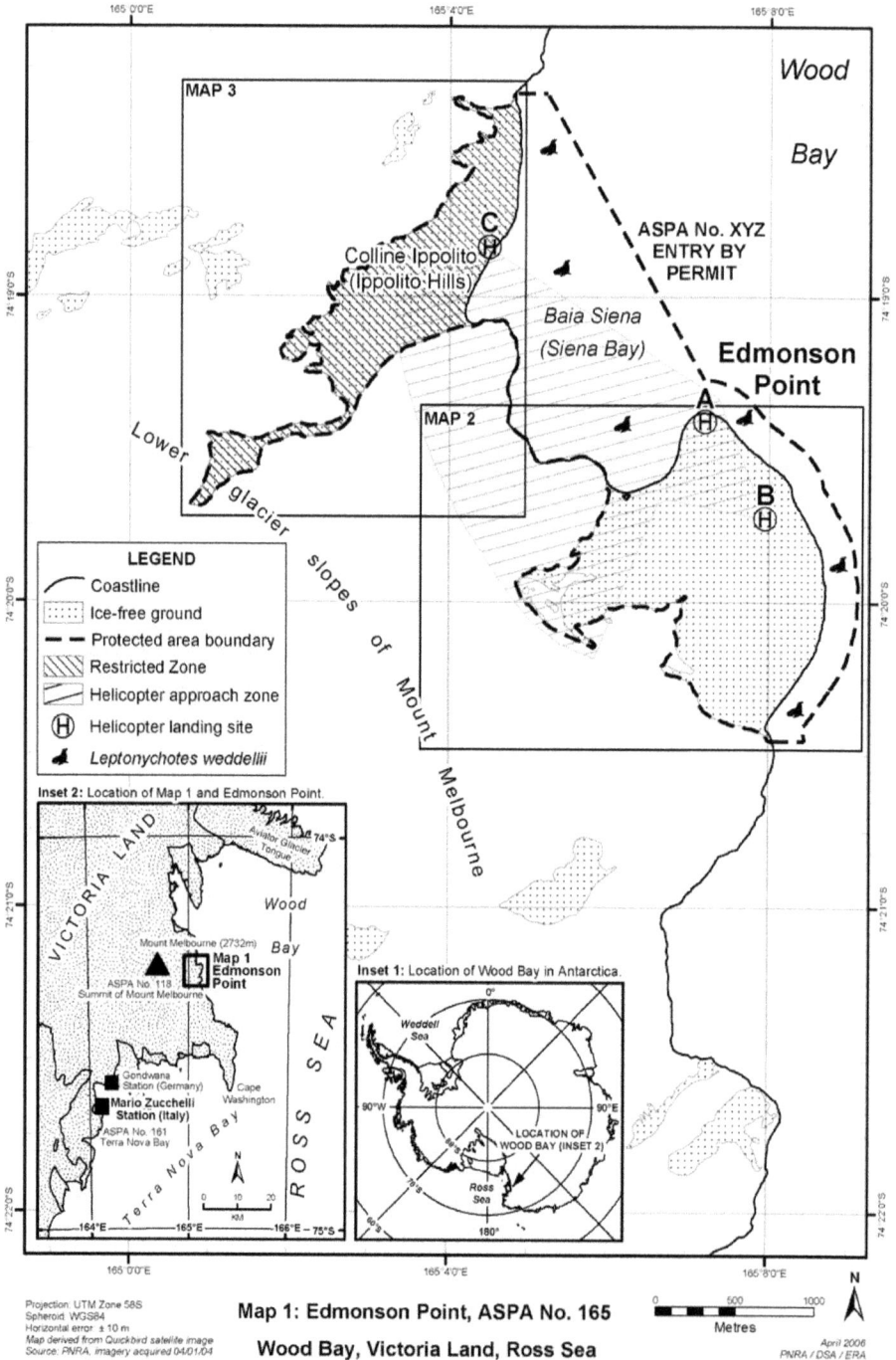

Map 1: Edmonson Point, ASPA No. 165

Wood Bay, Victoria Land, Ross Sea

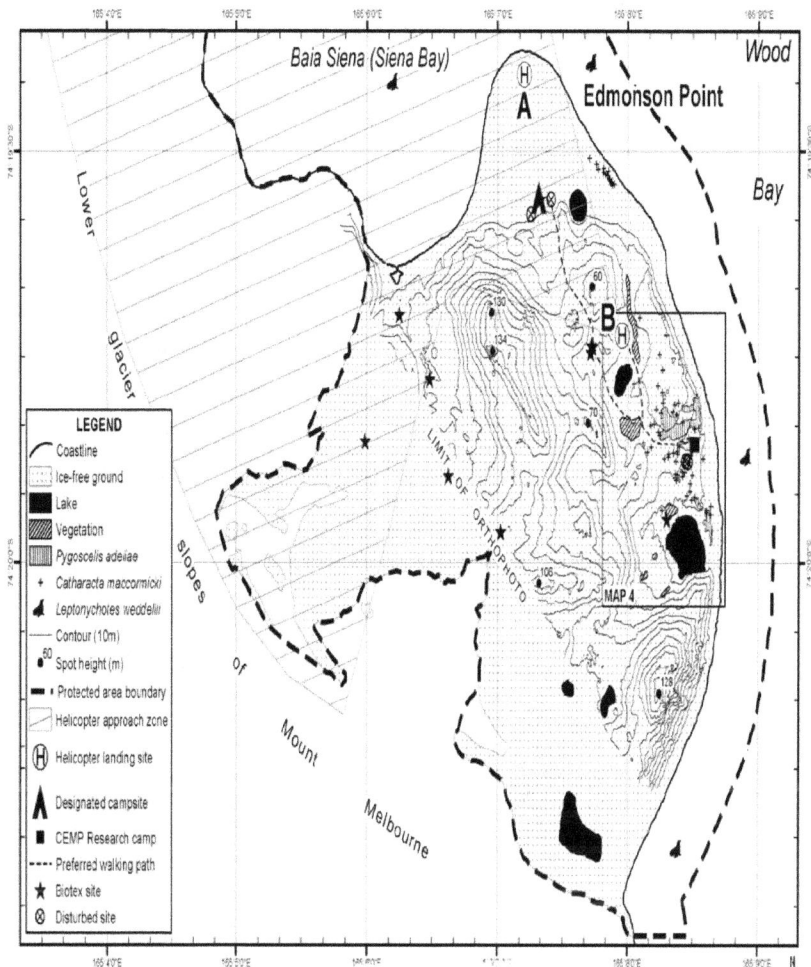

Map 2: Edmonson Point, ASPA No. 165
Physical / human features and access guidelines

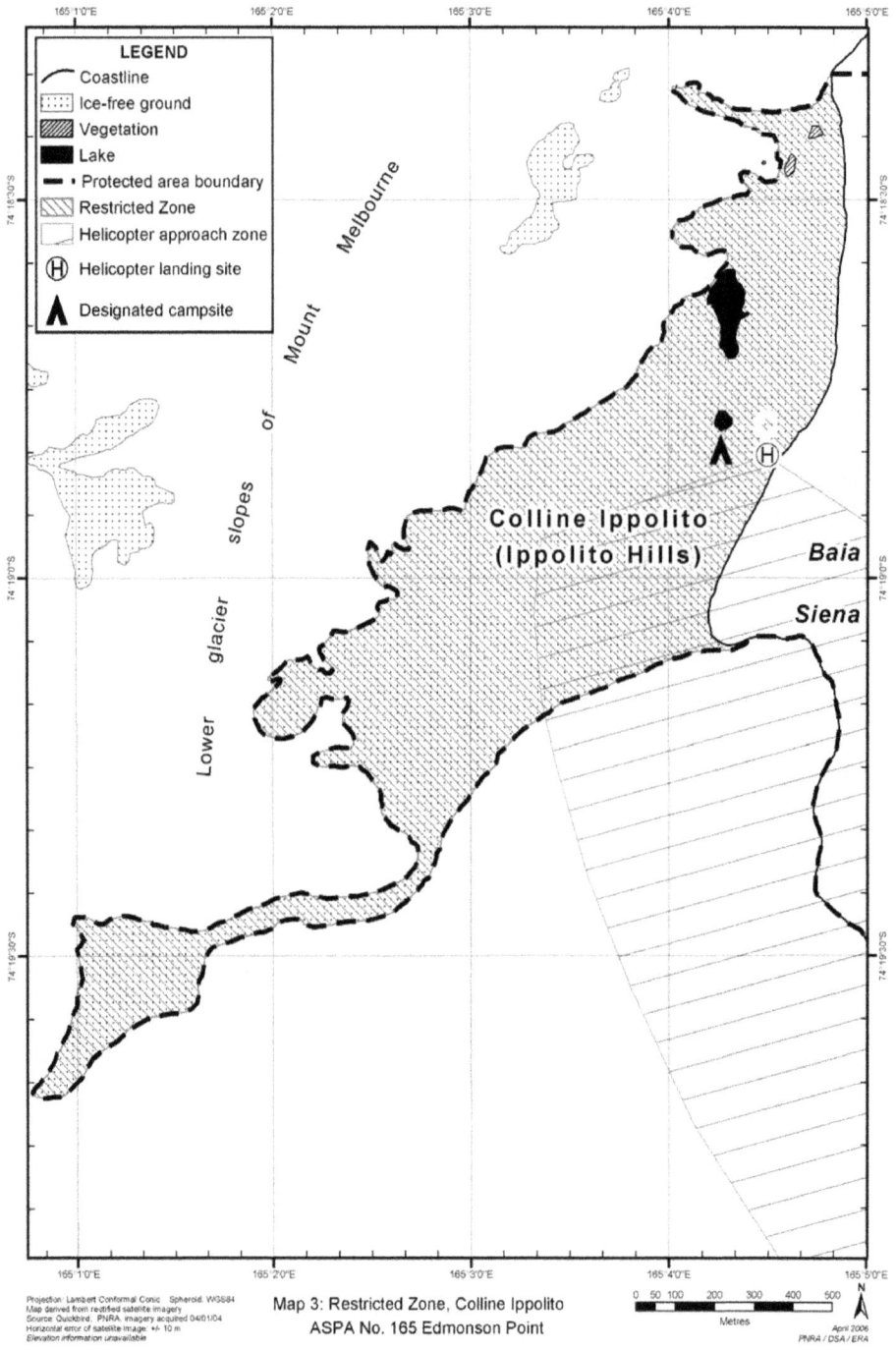

LEGEND

- Coastline
- Ice-free ground
- Vegetation
- Lake
- Protected area boundary
- Restricted Zone
- Helicopter approach zone
- (H) Helicopter landing site
- ▲ Designated campsite

Colline Ippolito
(Ippolito Hills)

Baia
Siena

Mount Melbourne

Lower glacier slopes of

Projection: Lambert Conformal Conic Spheroid: WGS84
Map derived from rectified satellite imagery
Source: Quickbird, PNRA, imagery acquired 04/01/04
Horizontal error of satellite image: +/- 10 m
Elevation information unavailable

Map 3: Restricted Zone, Colline Ippolito
ASPA No. 165 Edmonson Point

0 50 100 200 300 400 500
Metres

April 2006
PNRA / DSA / ERA

Wood

Bay

LEGEND

——	Coast
	Lake
	Vegetation
	Pygoscelis adeliae
+	*Catharacta maccormicki*
——	Contour (2m)
	Helicopter approach zone
(H)	Helicopter landing site
▪	Removed CEMP camp
■	Old tent camp
▫	New tent camp
📷	Photocamera
📍	Automatic weather station
····	New walking path
---	Preferred walking path
▭	Removed fences
★	Biotex site
⊗	Disturbed site

Lake

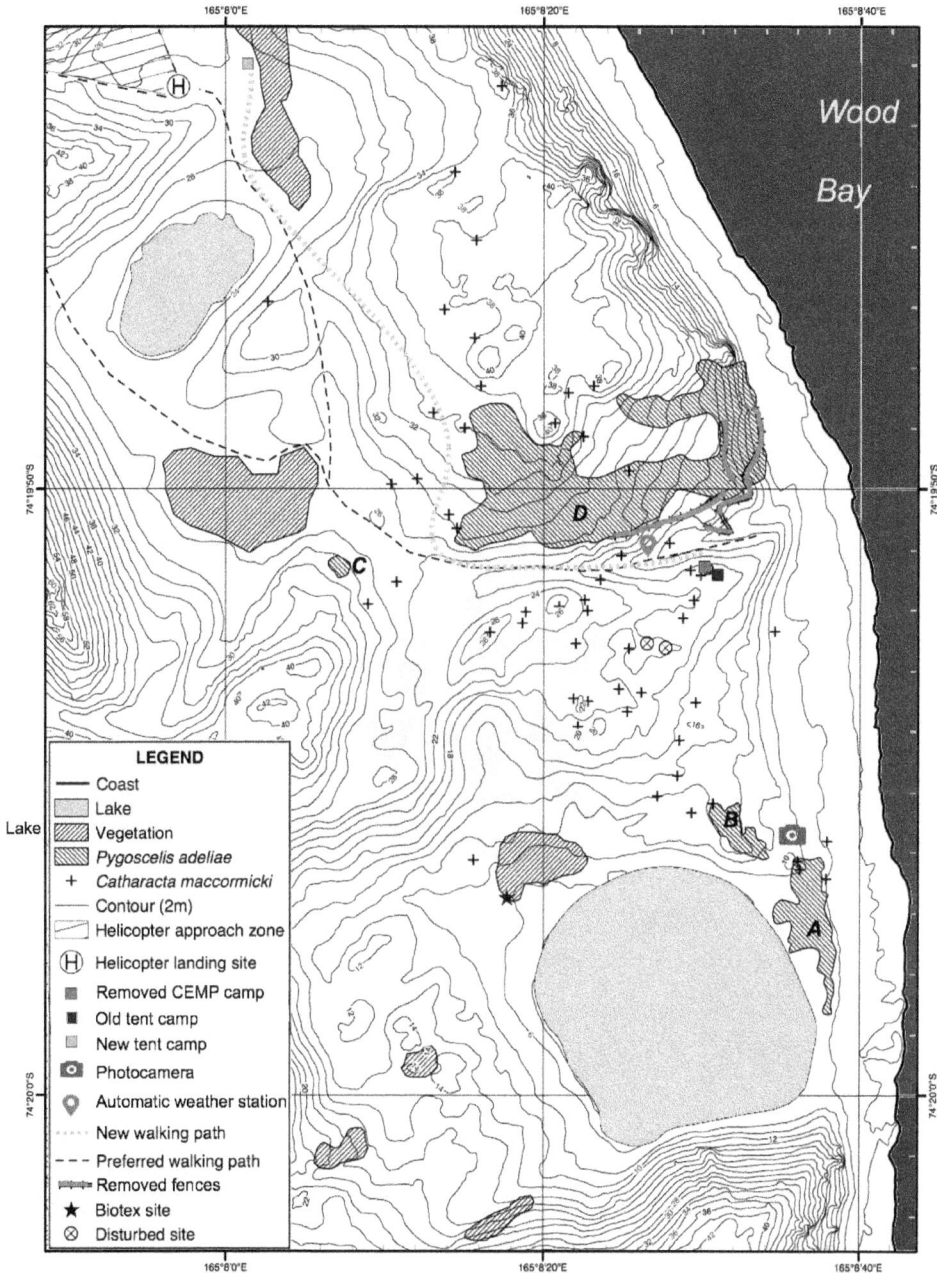

Projection: Lambert Conformal Conic   Spheroid: WGS84
Contour interval: 2m   Vertical datum: Mean Sea Level
Horizontal / vertical error of digital orthophotograph: +/- 1 m
Map derived from orthophoto and ground survey
Bird data Olmastroni / Kerry (pers. comm. 1996-2003);
Digital orthophotography source: DoSLI/USGS; imagery 23/11/93

Map 4: Edmonson Point, ASPA No. XYZ
Topography, wildlife & vegetation

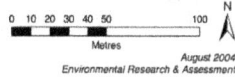

0 10 20 30 40 50   100
Metres

August 2004
Environmental Research & Assessment

N

Plan de gestion pour la zone gérée spéciale de l'Antarctique n° 5, STATION ANTARCTIQUE AMUNDSEN-SCOTT, PÔLE SUD

Introduction

La station antarctique Amundsen-Scott (ci-après appelée « la station antarctique »), exploitée par les États-Unis, est située sur le plateau polaire, à une altitude de 2835 m, à proximité du pôle Sud géographique, à 90° de latitude sud. Une zone d'environ 26 344 km2, englobant la station et des sites de recherche et de surveillance continue, est désignée en tant que zone gérée spéciale de l'Antarctique (ci-après dénommée la « zone »). La zone a été désignée pour optimiser les opportunités scientifiques du pôle, protéger son environnement presque vierge et s'assurer que toutes les activités s'y déroulant, y compris celles visant à découvrir les qualités extraordinaires du pôle Sud, puissent se faire en toute sécurité, en respectant l'environnement, et sans perturber les programmes scientifiques. Pour atteindre les objectifs du plan de gestion, la zone a été subdivisée en aires - l'aire scientifique, l'aire des opérations, et les aires à accès limité. L'aire scientifique est elle-même subdivisée en quatre secteurs : le secteur d'air pur, le secteur calme, le secteur sous le vent et le secteur obscur. Les mesures de gestion convenues pour ces secteurs contribuent à coordonner les activités et à protéger les valeurs importantes du pôle Sud.

La zone a été désignée à la suite d'une proposition émise par les États-Unis et adoptée en vertu de la Mesure 2 (2007). Le plan de gestion actuel a fait l'objet d'une importante révision et d'une mise à jour dans le cadre du processus de révision requis par le Protocole au Traité sur l'Antarctique relatif à la protection de l'environnement (ci-après dénommé le Protocole).

La zone se situe au sein de l'« Environnement Q - plate-forme de glace du continent antarctique oriental surélevé », tel que défini dans l'Analyse des domaines environnementaux du continent antarctique (Résolution 3, 2008). La zone n'est pas classée dans les régions de conservation biogéographiques de l'Antarctique (Résolution 6, 2012).

Table des matières

1.   Valeurs à protéger et activités à gérer

Valeurs environnementales et scientifiques

La zone est située dans une région de grande valeur scientifique et la station antarctique Amundsen-Scott facilite la réalisation de recherches scientifiques exceptionnelles bénéficiant d'une large collaboration internationale. Les conditions environnementales uniques au pôle Sud, comme son climat extrêmement froid et sec, son élévation isolée sur une plateforme de glace et sa position sur l'axe Sud de rotation terrestre, offrent des conditions idéales pour la réalisation de nombreuses observations scientifiques :

- La recherche astrophysique, atmosphérique et géospatiale – y compris le vent solaire terrestre, la magnétosphère, l'ionosphère ; et les études astronomiques et astrophysiques comme la physique solaire et des rayons cosmiques. La position du pôle Sud sur l'axe de rotation terrestre, les conditions climatiques de la région et son éloignement par rapport aux sources de pollution lumineuse facilitent l'observation astronomique et astrophysique d'objets stellaires spécifiques. En outre, l'isolement de la zone par rapport à tout bruit, à toute vibration et interférence électromagnétique est important pour la recherche astrophysique. Son emplacement est idéal pour les expériences astrophysiques sur les particules de haute énergie et la détection d'évènements extrêmes à l'aide de réseaux d'instruments installés sur la plateforme de glace. La stabilité géophysique de la zone et l'exploitation continue de la station antarctique permettent la réalisation de travaux de recherche continus sur la physique de la haute atmosphère, notamment les processus solaires, les effets des phénomènes électromagnétiques à court terme (aurores, induction de courants électriques et interférence de communication par radiofréquence) et les phénomènes de longue durée (liés à la couche d'ozone, au rayonnement ultraviolet, à la composition de l'atmosphère, aux vents stratosphériques, à la météorologie et au climat). L'air du pôle Sud est considéré comme le plus pur de la planète étant donné son isolement par rapport aux sources de pollution et aux influences d'origine anthropique. De ce fait, la zone est une région importante pour les travaux de suivi et de recherche sur les niveaux de fond des composantes atmosphériques naturelles et anthropiques et pour les recherches sur les changements climatiques.

- Glaciologie – La plateforme de glace épaisse conserve une archive naturelle des composantes atmosphériques, étudiée pour comprendre les changements climatiques et atmosphériques passés de la Terre.

- Sismologie – En raison de son isolement par rapport à tout bruit et toute vibration, l'une des plus importantes stations sismiques se trouve dans la zone.

- Recherches médicales – La communauté unique que constituent les gens vivant à la station permet en outre de conduire des recherches médicales spécialisées sur de petits groupes humains isolés.

Valeurs historiques

La zone a une grande valeur historique et deux sites et monuments historiques (SMH) ont été désignés au pôle Sud :

- SMH n° 1 a été désigné en 1972 à 90° de latitude sud pour désigner un mât de drapeau érigé en décembre 1965 au pôle Sud par la première expédition polaire terrestre argentine. Il est probable que le mât de drapeau soit irrémédiablement enfoui sous la glace à environ 500 m du pôle Sud géographique, mais son emplacement précis est inconnu.

- SMH n° 80 a été désigné en 2005 aux environs de 90° de latitude sud pour indiquer la tente d'Amundsen, érigée par l'expédition que dirigeait Roald Amundsen à leur arrivée au pôle Sud le 14 décembre 1911. L'expédition norvégienne a été la première à atteindre le pôle Sud. On estime que la tente est irrémédiablement enfouie sous la glace à quelques kilomètres du pôle Sud géographique, mais son emplacement exact est inconnu.

Les États-Unis ont établi un « pôle Sud de cérémonie » à proximité de la station pour commémorer l'Année géophysique internationale (AGI) en 1957-1958 et toutes les expéditions ayant atteint le pôle Sud.

Valeurs esthétiques et naturelles

En tant que points uniques sur l'axe de rotation de la Terre, les pôles ont depuis longtemps captivé l'imaginaire de géographes, d'explorateurs et du grand public. Le pôle Sud a suscité un intérêt exceptionnel en raison de ses qualités uniques et difficiles, comme son paysage dominé par la glace associé à son éloignement, sa haute altitude, et son froid extrême. Le pôle Sud est l'un des environnements les plus inhospitaliers de la planète pour la survie humaine. On continue pourtant à faire face à ces défis, que ce soit par esprit d'aventure, passion, ou à des fins de découverte personnelle et de progrès. Pour beaucoup, qu'ils fassent le voyage par voie terrestre ou aérienne, atteindre le pôle constitue une expérience extraordinaire et très gratifiante.

En outre, des phénomènes inhabituels, comme les parélies ou faux-soleils, les colonnes lumineuses et les mirages peuvent se produire, créant des effets magnifiques dans les nuages polaires ou dans les cristaux de glace suspendus de l'atmosphère sèche et limpide. Il arrive que l'aurore australe illumine le ciel d'arcs et d'ondulations spectaculaires de lumière multicolore dans l'obscurité, créant des effets visuels impressionnants.

Les conditions environnementales extrêmes, les vastes paysages englacés, les phénomènes atmosphériques aussi inhabituels que beaux, le sens profond qu'évoquent l'endurance et la persévérance humaines, associés aux qualités intangibles d'expériences personnelles et de la relation que l'on peut avoir avec le pôle Sud, font que le site a une valeur esthétique et naturelle exceptionnellement élevée.

2. Buts et objectifs

L'objectif de ce plan de gestion est la conservation et la protection de l'environnement entourant le pôle Sud par une gestion et une coordination des activités humaines dans la zone visant à protéger et à maintenir à long terme les valeurs du pôle Sud, en particulier ses valeurs scientifiques uniques et remarquables.

Les objectifs de gestion spécifiques de la zone sont les suivants :

- faciliter la recherche scientifique tout en assurant la maîtrise de l'environnement ;
- promouvoir et participer à la coordination des activités humaines au pôle Sud pour gérer tout conflit actuel ou potentiel entre les valeurs (y compris celles issues de disciplines scientifiques différentes), les activités, et les voyagistes ;
- assurer la protection à long terme des valeurs scientifiques, historiques, esthétiques, l'état de la nature sauvage et autres valeurs de la zone en minimisant les perturbations ou la dégradation de ces valeurs, y compris la perturbation des caractéristiques naturelles, et en réduisant au minimum les impacts cumulés des activités humaines sur l'environnement ;
- minimiser les traces des installations et des expériences scientifiques établies dans la zone, tout en tenant compte de modifications et d'améliorations nécessaires en respectant les autres objectifs du plan de gestion ;
- minimiser les perturbations physiques, l'émission de polluants, la contamination et les déchets produits dans la zone, et prendre toutes les mesures possibles pour les contenir, les traiter, les enlever ou y remédier, qu'elles aient été produites dans le cours d'activités habituelles ou par accident ;
- promouvoir l'utilisation d'énergies et de modes de transport ayant l'impact le plus faible sur l'environnement, et, autant que possible, minimiser les combustibles fossiles utilisés pour les activités menées dans la zone ;
- améliorer la connaissance des processus naturels et des impacts humains, tant localement, dans la zone et mondialement, y compris ceux dus aux programmes de surveillance ; et
- encourager la communication et la coopération entre les usagers de la zone, notamment par la diffusion d'informations concernant la zone et des dispositions en vigueur.
- Empêcher l'introduction involontaire dans la zone d'espèces non indigènes, et limiter dans la mesure du possible le transport involontaire d'espèces indigènes d'une partie à l'autre de la zone ;

3. Activités de gestion

Les activités de gestion ci-après doivent être mises en œuvre pour réaliser les buts et les objectifs du présent plan de gestion :

- les parties s'intéressant de près à la zone doivent convoquer le cas échéant, et ce au moins une fois par an, un groupe de gestion du pôle Sud (ci-après dénommé le groupe de gestion) chargé de coordonner les activités menées dans la zone, et notamment de :
    - favoriser et assurer la bonne communication entre les parties travaillant et visitant la zone ;
    - offrir un forum de discussion pour anticiper, identifier et résoudre d'éventuels conflits relatifs à l'utilisation ;
    - minimiser le dédoublement des activités ;
    - conserver une archive de ces activités et, dans la mesure du possible, de leur impact sur la zone ;
    - développer des stratégies visant à détecter et remédier aux effets cumulés des impacts ;
    - diffuser des informations realtives à la zone, en particulier sur les activités menées dans la zone et sur les mesures de gestion en vigueur, notamment en maintenant à jour ces informations sous forme électronique sur le site http://www.southpole.aq/ ;
    - passer en revue les activités passées, présentes et futures et évaluer l'efficacité des mesures de gestion ; et
    - formuler des recommandations sur la mise en œuvre de ce plan de gestion.
- Les programmes nationaux opérant dans la zone devront fournir aux stations et installations de recherche appropriées des copies de ce plan de gestion accompagnées de la documentation pertinente,

et les mettre à la disposition de toutes les personnes présentes dans la zone. Le plan sera aussi disponible sous forme électronique sur le site http://www.southpole.aq/;

- les programmes nationaux opérant dans la zone et les opérateurs de tourisme organisant des visites devront veiller à ce que tout leur personnel (personnel, équipage, passagers, chercheurs scientifiques et autres visiteurs) soit averti et informé des dispositions du présent plan de gestion, et en particulier des lignes directrices environnementales (Annexe A), les lignes directrices pour l'aire scientifique (Annexe B) et les aires à accès limité (Annexe C), et les lignes directrices relatives aux visiteurs non gouvernementaux (Annexes D et E) applicables dans la zone ;

- les programmes nationaux opérant dans la zone et les opérateurs de tourisme organisant des visites devront veiller à ce que tout leur personnel soit averti et informé des risques et des exigences en matière de sécurité dans l'environnement extrême du pôle Sud, y compris dans les opérations aériennes et en cas d'urgences médicales ;

- les opérateurs de tourisme ou tout autre groupe ou personne se chargeant d'organiser ou de mener des activités non gouvernementales dans la zone devront coordonner au préalable leurs activités avec les programmes nationaux opérant dans la zone afin de ne pas porter atteinte aux valeurs de la zone et de respecter les exigences du plan de gestion. En particulier, une coordination préalable doit être mise en œuvre avec le programme antarctique des États-Unis en tant qu'opérateur de la station antarctique Amundsen-Scott ;

- les programmes nationaux opérant dans la zone s'efforceront de développer les bonnes pratiques afin d'atteindre les objectifs du plan de gestion, et de partager les connaissances et les informations acquises ;

- Des panneaux et / ou bornes devront être érigés selon les besoins et de manière à signaler l'emplacement du site ou les limites des zones, des sites de recherche, des sites d'atterrissage ou des campements à l'intérieur de la zone. Les panneaux et bornes érigés devront être fixés solidement et maintenus en bon état, et enlevés lorsqu'ils ne sont plus nécessaires.

- Des visites seront faites en fonction des besoins (une fois tous les cinq ans au moins) pour évaluer l'efficacité du plan de gestion et s'assurer que les mesures de gestion sont adéquates. Le plan de gestion, le code de conduite et les lignes directrices seront réexaminés et mis à jour selon les besoins ; et

- les programmes nationaux opérant dans la zone prendront toutes les mesures nécessaires et pratiques pour veiller à ce que les dispositions du plan de gestion soient appliquées.

4. Durée de la désignation

La zone est désignée pour une période indéterminée.

5. Cartes et photographies

Carte 1 – ZGSA n° 5 du pôle Sud : Emplacement, topographie, limites de la ZGSA, aire scientifique et secteur d'air pur.

Carte 2 – ZGSA n° 5 du pôle Sud : aires de gestion et secteurs.

Carte 3 – ZGSA n° 5, station antarctique Amundsen-Scott : aire des opérations.

Carte 4 – ZGSA n° 5, station antarctique Amundsen-Scott.

Carte 5 – Aperçu des lignes directrices relatives à l'approche de visiteurs non gouvernementaux au pôle Sud.

Carte 6 – Détail des lignes directrices relatives à l'approche de visiteurs non gouvernementaux au pôle Sud.

Remarques importantes sur les cartes du pôle Sud

La plateforme glaciaire et les installations au pôle Sud se déplacement à un rythme d'environ 10 m par an. Par conséquent, les positions précises des caractéristiques indiquées sur les cartes et leurs coordonnées GPS changent avec le temps. Une grille locale est donc utilisée pour définir toutes les ZGSA, les limites des zones et des secteurs, qui varient avec la grille locale. Les valeurs de la grille locale restent ainsi constantes par rapport aux installations permanentes, qui se déplacent avec la glace. Les positions des installations restent constantes entre elles et par rapport aux limites de la ZGSA, bien que leurs positions réelles bougent relativement au pôle Sud géographique. Le nord de la grille locale s'aligne sur le méridien de Greenwich (0 degré de longitude). Les cartes de la ZGSA sont mises à jour régulièrement et les cartes les plus récentes sont disponibles sur http://www.southpole.aq/.

6. Description de la zone

6(i) Coordonnées géographiques, bornage et caractéristiques naturelles

Description générale

Le paysage du pôle Sud présente une vaste plateforme monotone et légèrement en pente s'élevant à environ 2 835 m. La roche mère composant le sous-sol de la masse de terre continentale s'élève à environ 135 m au-dessus du niveau de la mer, donnant une épaisseur d'environ 2 700 m à la plateforme glaciaire à cet endroit. La plateforme glaciaire au pôle Sud qui s'étend à 89° S s'incline vers le nord-ouest en direction de la mer de Weddell, avec une élévation comprise entre 3 000 m et environ 2 650 m. La surface à proximité du pôle présente généralement de la neige soufflée par le vent ou des sastrugi, mais est autrement monotone et non crevassée.

Limites et coordonnées

La limite de la zone est définie par deux demi-cercles s'étendant sur une distance de 20 km et 150 km de rayon, respectivement, entourant la station antarctique (Carte 1). Le demi-cercle le plus large s'étend sur une distance de 150 km à partir du point d'origine désigné comme l'angle sud-ouest sur grille du bâtiment de l'observatoire de recherche atmosphérique (ORA) (à environ 365 m du pôle sud géographique [2017]) et est limité par des lignes tirées à 110° et à 340° sur grille depuis l'ORA. Ce grand demi-cercle comprend le secteur d'air pur (SAP) de l'aire scientifique, qui partage la limite externe de la ZGSA.

Le demi-cercle le plus petit s'étend quant à lui sur une distance de 20 km à partir du point d'origine désigné comme le centre de l'escalier en aluminium de la tour circulaire du principal bâtiment surélevé de la station antarctique (ci-après dénommée la station surélevée). Le centre de cet escalier est l'origine commune de trois autres secteurs de gestion (les secteurs calme, sous le vent et obscur) qui avec le SAP, constituent l'aire scientifique de la ZGSA. L'escalier circulaire en aluminium de la tour constitue une caractéristique aisément repérable au sol comme sur les cartes ; la station surélevée devrait en outre perdurer dans la zone plus longtemps que toute autre structure ou tout autre repère.

La limite de la zone comprend toutes les structures et zones des recherches actuelles et prévues à la station antarctique, ainsi qu'une surface suffisamment grande pour atteindre les objectifs de l'aire scientifique. À mesure que la plateforme glaciaire se déplace, l'emplacement géographique de la ZGSA se déplace d'environ 10 m par an en même temps que toutes les installations.

Climat

Le climat de la station antarctique est extrêmement froid, venteux et aride. La température annuelle moyenne au pôle Sud est de -49,4°C (-56°F). La température maximale enregistrée à la station antarctique est de -12,3°C (9,9°F) (le 25 déc. 2011), alors que la température minimale enregistrée est de −82,8°C (−117,0°F) (juin 1982).

Le soleil atteint son élévation maximale de 23,5° au-dessus de l'horizon au milieu de l'été. La neige reflète une grande partie du rayonnement solaire qui atteint la surface du plateau polaire.

L'humidité de l'air au pôle Sud avoisine zéro, créant un environnement polaire désertique extrême. Les chutes de neige au pôle Sud sont minimes, avec une précipitation annuelle moyenne de seulement 86 mm en équivalent liquide. Les vents y sont persistants, avec une vitesse moyenne entre 5 et 15 nœuds, provenant principalement du nord-est / est sur grille. La neige balayée par les vents a tendance à s'accumuler autour des structures, créant des bancs de neige profonds qui enfouissent les structures, malgré des chutes de neige faibles.

Une analyse de la climatologie de surface par Lazzara *et al.* (2012) n'a décelé aucun changement de température ou de pression statistiquement significatif au pôle Sud pendant la période 1957–2010, bien qu'une légère tendance à la baisse ait été observée en ce qui concerne les vitesses des vents, avec une baisse de 0,28 m / s par décennie et en ce qui concerne l'accumulation moyenne de neige (1983-2010), qui a baissé de -2,9 mm / an.

Sciences atmosphériques

Les substances polluantes générées dans les régions polaires par les aéronefs et d'autres sources peuvent voyager sur des centaines de kilomètres et perturber les mesures de la couche limite, des gaz et aérosols présents dans la colonne d'air et des contaminants contenus dans la neige, ce qui impose d'exclure

toute activité dans une zone étendue afin de bénéficier d'un site propice aux recherches sur la pureté de l'air. L'observatoire de recherche atmosphérique (ORA) est situé à environ 450 m au nord-est sur la grille de la station surélevée dans la pointe sud-ouest sur grille du secteur d'air pur (SAP). Le SAP s'étend en demi-cercle à partir de l'ORA sur une distance de 150 km vers la limite externe de la zone scientifique et de la ZGSA, qui offre une zone tampon nécessaire pour garantir la précision des mesures. La plupart des recherches atmosphériques sont effectuées dans le SAP, situé en amont de la station pour garantir que l'air reste aussi pur que possible. Les recherches de l'ORA sont menées par la division de surveillance mondiale de l'Administration océanographique et atmosphérique nationale des États-Unis (NOAA)/ESRL). Les mesures sont prises afin de déterminer les tendances à long terme des gaz à l'état de traces, d'aérosols et de rayonnement solaire et pour étudier leur influence sur le climat terrestre (Sheridan *et al.* 2016). La réduction de l'ozone stratosphérique est également étudiée à l'aide d'instruments installés à bord de ballons ; les lâchers scientifiques et opérationnels de ballons ont lieu depuis l'installation de ballons située dans la zone des opérations.

Astrophysique et sciences géospatiales

La plupart des projets de recherche liés à l'astrophysique et aux sciences géospatiales se déroulent dans le secteur obscur, qui a été désigné pour réduire la luminosité et les interférences électromagnétiques autant que possible dans cette zone.

Le laboratoire du secteur obscur abrite le télescope du pôle Sud (TPS). Le TPS peut détecter le rayonnement du fond diffus cosmologique (FDC) et l'un de ses principaux objectifs est de développer une compréhension de l'univers à l'époque du « Big Bang » en identifiant les regroupements de galaxies où le rayonnement de FDC a été modifié par des concentrations de matière noire (Carlstrom *et al.* 2011 ; Reichardt, de Haan & Bleem 2016). Le TPS fera partie de l'Event Horizon Telescope, un réseau de télescopes distribués autour du monde qui synthétiseront un télescope avec un diamètre effectif équivalent à celui de la Terre. Le laboratoire du secteur obscur abrite aussi les détecteurs BICEP, opérationnels depuis 2006. Ces expériences ont pour but de détecter la polarisation en mode B, chaque génération de BICEP augmentant le nombre de détecteurs et par conséquent la sensibilité à la polarisation en mode B (Ade *et al.* 2015).

L'observatoire de Martin A. Pomerantz (MAPO) se trouve également dans le secteur obscur. Il abrite les équipements utilisés dans plusieurs projets de recherche, l'un d'entre eux étant dédié à la modernisation du petit polarimètre pour le DASI (Small Polarimeter Upgrade for DASI, SPUD), également conçu pour mesurer la polarisation en mode B.

Le laboratoire IceCube, un détecteur de neutrinos, se trouve aussi dans le secteur obscur. IceCube est un télescope comprenant plus de 5 100 détecteurs sphériques enfouis dans un kilomètre cube de glace. L'expérience a été conçue pour étudier les propriétés des neutrinos et la nature de la matière obscure. Depuis le début de l'opération en 2010, IceCube a pu observer le flux de neutrinos de haute énergie astrophysique pour la première fois, a mesuré l'anisotropie des rayons cosmiques dans l'hémisphère sud pour la première fois, a produit les meilleures limites mondiales d'une section transversale dépendante de spin pour les particules de matière noire à interaction faible, et a pris les mesures les plus détaillées des propriétés de propagation de la lumière dans la glace antarctique (Aartsen *et al.* 2016, 2017).

L'Askaryan Radio Array (ARA) est un nouvel observatoire de détection de neutrinos en construction dans le secteur obscur visant à découvrir des évènements extrêmes à l'aide d'un arrangement d'antennes radio en sous-sol (Allison *et al*. 2015, 2016).

Le pôle Sud fait partie du réseau ANGWIN (Gravity Wave Imaging Network, imagerie des ondes de gravité en Antarctique). Celui-ci vise à collecter des mesures d'ondes de gravité dans l'ensemble du continent. Au pôle Sud, les mesures sont concentrées sur la quantification des caractéristiques distinctes des températures des ondes de gravité au fond du vortex polaire (Mehta *et al*. 2017).

Le SuperDARN (Dual Auroral Radar Network, Super réseau de radars dual auroral) a été établi dans la zone des opérations en 2013. Il vient combler des lacunes dans l'étude de la physique des aurores en Antarctique (Makarevich, Forsythe et Kellerman 2015).

Glaciologie

L'accumulation de la neige au pôle Sud a fait l'objet d'une surveillance intermittente depuis l'Année géophysique internationale (1957-1958). Un vaste réseau de stations de mesure de l'accumulation de neige
au pôle Sud a été mis en place en 1992 (Mosley-Thompson *et al*. 1999). Le réseau de piquets de mesure s'é1tend dans toutes les directions depuis le pôle sur une distance de 20 km ; il est essentiel pour les recherches sur l'accumulation de la neige que les piquets et les zones avoisinantes ne soient pas perturbés. Les données collectées entre 1958 et 1997 ont montré que les taux d'accumulation annuels nets avaient augmenté durant cette période (Mosley-Thompson *et al*. 1999), ce qui contraste avec les résultats plus récents publiés par Lazzara *et al*. (2012) pour la période 1982-2010, qui montre une baisse.

Le carottage de la glace a également lieu au pôle Sud. SPICECORE, qui a été foré au cours des saisons 2014-2015 et 20152016, fournira un relevé d'isotopes stables, d'aérosols et de gaz atmosphériques remontant à environ 40 000 ans.

Sismologie

Des données sismologiques sont collectées au pôle Sud depuis l'AGI (1957-1958). Les conditions au pôle Sud sont idéales pour étudier les tremblements de terre et la structure terrestre. Les niveaux d'énergie des vibrations produits par des évènements sismiques traversant la Terre et la plateforme glaciaire polaire sont enregistrés par des sismomètres au pôle Sud. En raison de sa position sur l'axe de rotation de la Terre, les mesures polaires de l'énergie générée par les tremblements de terre majeurs ne sont pas affectées par les forces de rotation qui ont une influence sur les enregistrements à d'autres endroits de la planète. Le SPRESSO (South Pole Remote Earth Science and Seismological Observatory, observatoire de sismologie et de géoscience du pôle Sud) est situé à environ 7,5 km de la station antarctique dans le secteur calme. Ses instruments sont enfouis à environ 300 m sous la glace pour enregistrer les vibrations de la Terre. L'absence d'autres vibrations pouvant générer des « bruits » sismiques dans la région permet aux instruments du pôle Sud de détecter des vibrations jusqu'à quatre fois plus silencieuses que les autres observatoires de la planète.

Recherche médicale

En raison de son isolement, la station antarctique est idéale pour les recherches médicales axées sur l'évaluation de comportements sociaux et sur la physiologie humaine. Les recherches conduites au pôle Sud sur les rythmes de sommeil ont examiné le rôle de l'obscurité totale sur la qualité du sommeil et les caractéristiques des humeurs. Des études ont également été menées sur les effets de l'isolement et du confinement sur la dépression, la fatigue, la vigueur et l'anxiété. Ces recherches sont importantes pour déterminer les capacités de performance des personnes travaillant dans des environnements isolés. Des recherches sur le mal aigu des montagnes sont aussi en cours (Anderson *et al*. 2011).

Caractéristiques historiques

Deux sites et monuments historiques (SMH) ont été formellement désignés dans la zone (SMH n° 1 et SMH n° 80), et sont décrits en section 6(iv).

Une borne entourée des drapeaux des douze premières nations signataires du Traité sur l'Antarctique, appelée le pôle Sud de cérémonie, a été érigée par les États-Unis à environ 150 m nord sur grille de la station antarctique et repose à environ 200 m du pôle Sud géographique. Le pôle Sud de cérémonie commémore l'Année géophysique internationale de 1957-1958 ainsi que toutes les expéditions ayant atteint le pôle Sud.

Activités humaines / impacts

Après que les expéditions d'Amundsen et Scott eurent atteint le pôle Sud en 1911-1912, aucune autre visite du pôle Sud n'eut lieu jusque l'AGI de 1957-1958, quand une station permanente y fut établie par les États-Unis. La station antarctique Amundsen-Scott a connu plusieurs améliorations, la plus récente étant l'ouverture de la station surélevée en 2008. L'activité principale au pôle Sud est la science. L'isolement, l'échelle et les types de recherches scientifiques effectuées nécessitent un appui logistique considérable, comme une grande piste d'atterrissage pour aéronefs de transport sur skis, d'importantes installations d'entreposage de combustibles, de production d'électricité et d'hébergement, et des laboratoires scientifiques. De plus amples informations sur les installations au pôle Sud sont données dans la section 6(iii).

Les visiteurs non gouvernementaux (VNG) participant à des expéditions ou en voyage touristique caractérisent la deuxième principale activité du pôle Sud. Pendant cinq ans, entre 2006 et 2011, une moyenne d'environ 190 personnes par saison a visité le pôle Sud dans le cadre d'expéditions privées. À ce jour, le nombre le plus élevé a été enregistré en 2011-2012, avec 495 visiteurs, presque le double que le pic précédent de 266 visiteurs, enregistré en 2010-2011. Ce pic a été motivé par un regain d'intérêt pour le pôle Sud, autour du centenaire des expéditions d'Amundsen et de Scott. Environ 230 VNG ont été enregistrés en 2015-2016, se rapprochant du niveau qui avait été noté juste avant le centenaire.

Environ 750 000 litres de diesel sont stockés dans des fûts au pôle Sud, soit le volume nécessaire pour maintenir des opérations sûres à la station antarctique, utilisé pour l'alimentation électrique, les aéronefs, les véhicules et la machinerie lourde. Pendant l'hiver 1989, une fuite de 150 000 litres (40 000 Gallons) de carburant s'est déversée dans la neige au pôle Sud et ne put être récupérée (Wilkniss 1990), ce qui représente l'incident de contamination le plus important au pôle Sud à ce jour. Les émissions provenant de générateurs au diesel et de moteurs représentent probablement la majorité des contaminants continus, bien qu'ils soient dispersés et dilués par les vents persistants, généralement en direction de la zone sud-ouest sur grille de la station.

6(ii) Aires à accès limité et aires gérées à l'intérieur de la zone

Ce plan de gestion définit trois catégories d'aires à l'intérieur de la zone : l'aire des opérations, l'aire scientifique et les aires à accès limité. Les objectifs de la gestion des différentes catégories d'aires se trouvent dans le Tableau 1. Les cartes 1 et 2 montrent l'étendue de l'aire scientifique, tandis que la Carte 3 montre l'étendue de l'aire des opérations et des aires à accès limité.

Une nouvelle aire ou une nouvelle catégorie d'aire peut être envisagée par le groupe de gestion selon les besoins, et celles qui ne sont plus requises peuvent être enlevées de la liste. Les mises à jour des aires doivent être dûment considérées lors de la révision du plan de gestion.

Tableau 1 : Zones de gestion désignées à l'intérieur de la zone et objectifs spécifiques

Aire gérée	Objectifs spécifiques de l'aire	Plan Annexe
Aire des opérations	Veiller à ce que les installations scientifiques et les activités connexes de la zone soient contenues et gérées à l'intérieur d'une aire désignée.	-
Aire scientifique	Pour veiller à ce que les personnes planifiant les programmes scientifiques ou la logistique dans la zone et tous les visiteurs de la zone soient informés des secteurs de la zone représentant des sites d'études scientifiques en cours ou de longue date ou bien contenant des installations scientifiques vulnérables, afin qu'ils puissent être pris en considération durant la planification et la conduite des activités dans la zone. L'un des objectifs de	B

Aire gérée	Objectifs spécifiques de l'aire	Plan Annexe
	l'aire scientifique est de minimiser les conflits entre les différents types d'utilisation.	
Aire à accès limité	Pour restreindre l'accès à un certain secteur de la zone et/ou y restreindre les activités pour diverses raisons, par exemple en raison de valeurs spéciales scientifiques, en cas de vulnérabilité, de la présence de dangers, ou pour limiter les émissions ou les constructions sur un site spécifique. L'accès aux aires à accès limité devrait normalement se faire pour des raisons impérieuses qui ne peuvent être satisfaites ailleurs dans la zone.	C

Les orientations générales qui s'appliquent à chaque aire sont présentées dans les sections ci-après ; les lignes directrices qui régissent la conduite d'activités spécifiques de l'aire scientifique sont définies à l'annexe B et dans les aires à accès limité de l'annexe C.

Aire des opérations

L'aire des opérations (cartes 3 et 4) a été établie pour accueillir les principales activités humaines de la zone, y compris les activités de soutien aux sciences, les services principaux de la station (p. ex. l'hébergement), l'exploitation de pistes d'atterrissage pour aéronefs sur skis, et les équipements d'assistance terrestre pour les visiteurs non gouvernementaux (VNG).

La limite de l'aire des opérations (Carte 3), décrite dans le sens des aiguilles d'une montre à partir de l'ORA, s'étend sur une distance d'environ 1,85 km du point 110° sud-est sur grille de l'ORA, en suivant la limite méridionale du secteur d'air pur. De là, la limite de l'aire des opérations s'étend sur une distance d'environ 3,75 km du point 243° sud-ouest sur grille, partageant les limites du secteur calme et du secteur sous le vent. Puis la limite de l'aire des opérations s'étend sur une distance d'environ 1,3 km du point 202° sud-sud-ouest sur grille, en suivant la frontière de l'aire à accès limité pour l'exploitation d'aéronefs entourant l'extrémité méridionale sur grille de la piste d'atterrissage pour aéronefs sur skis. La limite s'étend alors sur une distance d'environ 3,6 km du point 158° nord-nord-est sur grille, le long de la frontière occidentale sur grille de l'aire à accès limité pour l'exploitation d'aéronefs, parallèle à la piste d'atterrissage pour aéronefs sur skis et à son extrémité septentrionale par rapport à la grille. La limite de l'aire des opérations se poursuit dans la même direction sur environ 1,3 km au-delà de l'extrémité nord sur grille par rapport à la piste d'atterrissage pour aéronefs sur skis, vers la limite du secteur d'air pur. De là, la limite de l'aire des opérations suit les limites du secteur d'air pur pour revenir vers l'ORA à environ 1,15 km au sud-est sur grille (en suivant le point 340° sur grille par rapport à l'ORA). L'aire des opérations comprend une surface d'environ 430 ha.

Les dispositions suivantes doivent être observées dans l'aire des opérations :

- lors de la planification, de la poursuite d'activités et du démantèlement des installations, on veillera à la réduction des déchets au minimum et à leur gestion ;

- lors de la planification et de l'entretien des installations dans l'aire des opérations, on s'attachera à privilégier les sources d'énergie de remplacement et l'efficacité énergétique ;

- des plans d'intervention d'urgence dans l'aire des opérations seront élaborés le cas échéant par le(s) programme(s) national(-aux) exploitant la zone ;

- l'installation de toute nouvelle structure ou la modernisation de structures existantes dans l'aire des opérations seront nécessaires de temps à autres. Les programmes nationaux exploitant la zone devront passer en revue et coordonner tout projet de construction ou d'installation afin de garantir que les impacts sur les activités scientifiques et les valeurs sont minimes. Toute modification fera l'objet d'une évaluation environnementale, tel que stipulé dans l'article 8 du Protocole.

- Des lignes directrices spécifiques aux visiteurs non gouvernementaux (VNG) dans l'aire des opérations sont présentées à l'Annexe D du présent plan de gestion.

Aire scientifique

L'aire scientifique a été créée pour éviter toute interférence mutuelle et/ou tout conflit entre plusieurs types d'activités, et en particulier pour protéger les recherches scientifiques de toute perturbation pouvant avoir une incidence sur les résultats. L'aire scientifique englobe la majorité de la ZGSA, sa limite externe étant définie par et coïncidant avec la limite de la ZGSA (Carte 1). La limite interne de l'aire scientifique est définie par, et coïncide avec la limite de l'aire des opérations (cartes 2 et 3).

L'aire scientifique est divisée en quatre secteurs – le secteur d'air pur, le secteur calme, le secteur sous le vent et le secteur obscur – pour veiller à ce que les activités scientifiques particulièrement sensibles soient réparties de façon stratégique, réduisant ainsi la possibilité d'interférences. Les interférences sonores, lumineuses, vibratoires, ainsi que la contamination de sources locales de polluants et l'obstruction visuelle sont particulièrement préoccupantes. L'accès aux secteurs et les activités s'y effectuant ne doivent pas interférer avec les recherches scientifiques.

Les limites des secteurs et les lignes directrices et politiques opérationnelles spécifiques qui y sont appliquées sont définies dans l'Annexe B.

Aires à accès limité

Les aires à accès limité ont été désignées dans des sites où l'accès et/ou les activités doivent être limitées pour assurer la conservation de valeurs scientifiques, ou pour des raisons de sécurité. L'accès aux aires à accès limité est interdit sauf au personnel autorisé à des fins scientifiques, opérationnelles ou de gestion essentielles. La ZGSA comporte six aires à accès limité, toutes situées dans ou à proximité de l'aire des opérations (cartes 3 et 4) : les détails des limites et des restrictions applicables dans les aires à accès limité sont fournis en Annexe C.

Le(s) programme(s) national(-aux) exploitant la zone ou les chefs d'expédition d'autres groupes doivent s'assurer que tous les visiteurs de l'aire sont informés des limites et des fins des aires à accès limité, ainsi que des restrictions d'accès applicables.

6(iii) Structures à l'intérieur et à proximité de la zone

La première station du pôle Sud fut établie pendant l'été austral de 1956-1957 par les États-Unis, à l'occasion de l'Année géophysique internationale (AGI) de 1957-1958. Depuis, la station antarctique Amundsen-Scott, une installation de recherche permanente, est exploitée par les États-Unis de façon continue au pôle Sud, bien qu'elle ait reçu plusieurs remplacements et ajouts importants d'installations. L'accumulation de neige balayée par les vents est un problème persistant, et si elles ne sont pas dégagées, les structures peuvent être ensevelies. La première station, désormais appelée « l'ancien pôle » a été écrasée sous le poids de la neige et de la glace et dût être abandonnée tant elle était enfouie en profondeur. Plus récemment, le dôme géodésique qui remplaçait « l'ancien pôle » a été démantelé avant d'être submergé par la glace.

Le principal bâtiment de remplacement (Carte 4), inauguré en 2008, est surélevé par rapport au niveau du sol pour minimiser l'accumulation de neige. On l'appelle la station surélevée. Outre les installations pouvant héberger et nourrir environ 150 personnes, le bâtiment compte un laboratoire informatique, des salles de réunion, des salons, un gymnase, un cabinet médical, une centrale électrique d'urgence, et une serre hydroponique. La surface au sol de la station surélevée est d'environ 6 000 m². Le stockage de carburant et les générateurs électriques qui alimentent les opérations de la station se trouvent à proximité, dans les arches à carburant en sous-sol.

En été, la station antarctique peut accueillir jusqu'à environ 150 scientifiques et auxiliaires, alors qu'en hiver, se chiffre est réduit à environ 45 personnes, pour entretenir la station et mener des expériences. Si nécessaire, jusqu'à 18 personnes supplémentaires peuvent être hébergées dans les « hypertats » proches (Carte 4). La station est totalement isolée entre mi-février et fin octobre, quand les appuis aérien et terrestre à destination du pôle ne sont généralement pas entrepris en raison des conditions trop extrêmes.

Les autres structures du pôle Sud incluent l'Observatoire de recherche atmosphérique (ORA), situé à environ 450 m au nord-est sur grille de la station surélevée, des installations aériennes et un terminal pour passagers, des réservoirs de carburant, des antennes, les bâtiments du « camp d'été », et les bureaux d'entretien. Trois principaux bâtiments scientifiques se trouvent dans le secteur obscur, y compris l'Observatoire de neutrinos IceCube, le laboratoire du secteur obscur, qui abrite le téléscope du pôle Sud (TPS), et l'Observatoire Martin A. Pomerantz (MAPO), où ont lieu de nombreux projets astrophysiques et de sciences géospatiales.

Deux stations météorologiques automatiques (SMA) se trouvent dans le secteur d'air pur, à environ 110 km de l'ORA. La SMA « Henry » se trouve au nord sur grille (-89,001° S, -0,391° W) et la SMA « Nico » se trouve à l'est sur grille (-89,0° S, 90,024° E). Les SMA ont été installées en 1993 ; l'entretien se fait au moyen de petits avions, l'opération la plus récente remontant à janvier 2015, quand la hauteur des tours fut augmentée pour prendre en compte l'accumulation de neige.

Toutes les installations permanentes du pôle Sud ont été construites par le programme antarctique des États-Unis. Des campements temporaires sont érigés en été par les visiteurs non gouvernementaux (VNG) du pôle Sud, et se trouvent à environ 1 km nord sur grille par rapport à la station surélevée, dans un emplacement qui ne perturbe ni les activités scientifiques, ni les opérations de soutien. Un deuxième camp pour les VNG habituellement utilisé par les expéditions de véhicules se trouve à l'extérieur de la zone, à quelque 20 km du nord-ouest sur grille par rapport au pôle Sud. Chaque été, une petit bâtiment temporaire est généralement posé par l'USAP près de la zone de stationnement des aéronefs, à proximité du pôle Sud cérémonial, et sert d'abri pour les VNG et à l'interprétation scientifique.

6 (iv) Emplacement des autres zones protégées dans la zone

Aucune zone spécialement protégée de l'Antarctique ne se trouve dans ou à proximité de la ZGSA.

Deux sites et monuments historiques ont été désignés dans la zone :

le site et monument historique n° 1 (SMH n° 1), érigé au pôle Sud, à 90° de latitude Sud : Mât de drapeau érigé en décembre 1965 au pôle Sud géographique par la première expédition polaire terrestre argentine. L'emplacement précis ou la présence effective du mât ne sont pas connus.

Le site et monument historique n° 80 (SMH n° 80), situé à proximité du pôle Sud, à 90° de latitude Sud : la tente d'Amundsen. La tente a été installée à 90° de latitude sud par le groupe d'explorateurs norvégiens que dirigeait Roald Amundsen à leur arrivée le 14 décembre 1911 au pôle Sud. On estime que la tente est irrémédiablement enfouie sous la glace à proximité du pôle Sud, bien que son emplacement exact soit inconnu.

7. Code de conduite général

Accès à la zone et déplacements à l'intérieur de celle-ci

L'accès à la zone par voie aérienne se fait habituellement par aéronefs à skis à voilure fixe, et les visites en hélicoptère sont rares. L'accès à la zone par voie terrestre se fait par véhicule, à skis, ou à pied. Pour des raisons de sécurité, tous les visiteurs de la zone doivent notifier les programmes nationaux opérant dans la zone avant leur visite. En particulier, l'utilisation de la piste d'atterrissage pour aéronefs sur skis est soumise à l'autorisation préalable du programme antarctique des États-Unis. Des restrictions supplémentaires concernant l'accès d'aéronefs à la zone sont énumérées ci-dessous. La coordination avec des programmes nationaux opérant dans la zone n'engage pas la responsabilité de ces programmes nationaux en cas d'accident ou de blessure subis pendant une expédition.

Tout accès terrestre et aérien à la zone doit éviter le secteur d'air pur de la zone scientifique (Carte 1). L'accès aux aires à accès limité de la zone est généralement interdit sauf au personnel autorisé, tel que défini ci-dessous et en Annexe C.

Accès par voie aérienne et survol

La piste d'atterrissage pour aéronefs sur skis et les structures associées ont été mises en place et sont entretenues par les programmes nationaux opérant dans la zone ; elles sont essentielles aux opérations et à la sécurité du personnel dans la zone. L'utilisation de la piste d'atterrissage pour aéronefs sur skis et des structures associées est par conséquent réservée aux programmes nationaux opérant dans la zone, sauf si ceux-ci ont au préalable autorisé d'autres visiteurs à y accéder en aéronef. L'ensemble de la piste d'atterrissage et des zones de roulage, de ravitaillement en carburant et de stationnement d'aéronefs associés se trouvent dans l'aire à accès limité pour l'exploitation d'aéronefs (Annexe C), où l'accès est limité selon les dispositions suivantes.

L'utilisation d'aéronefs à roues sur la piste d'atterrissage pour aéronefs sur skis est interdite.

Les pilotes visitant la zone devront se référer à la dernière version du Manuel d'information de vol en Antarctique (AFIM) où figurent des indications spécifiques pour l'accès à la zone par voie aérienne ainsi que des prescriptions concernant l'obtention préalable d'une autorisation pour utiliser la piste d'atterrissage pour aéronefs sur skis.

Des restrictions spécifiques concernant l'accès aérien et le survol du secteur d'air pur sont détaillées dans les lignes directrices pour l'aire scientifique (Annexe B).

Accès par voie aérienne et survol par les programmes nationaux

- Les programmes nationaux qui prévoient d'accéder à la zone par voie aérienne, y compris pour la survoler, doivent coordonner leurs activités avec les programmes nationaux opérant dans la zone pour veiller à ne pas perturber les activités en cours.

- Pour éviter les conflits, il est nécessaire de bien planifier et communiquer les vols, ce qui est conforme aux critères d'échange d'informations du Traité sur l'Antarctique, les vols devant être confirmés 24 heures au moins avant leur arrivée.

- Les pilotes approchant de la zone devront notifier les communications du pôle Sud (COMM) au moins 30 minutes avant leur atterrissage au pôle Sud pour permettre de déblayer la piste, et confirmer à nouveau leur approche dix minutes avant l'atterrissage.

Accès par voie aérienne et survol - autres expéditions

- L'approbation de l'utilisation de la piste d'atterrissage pour une activité qui n'est pas associée à un programme national ne dépend pas d'un examen complet de sécurité ou de son plan de vol. Elle ne suppose en rien la responsabilité des programmes nationaux exploitant la piste en cas d'accident ou de blessure qui surviendrait à n'importe quel moment durant l'expédition.

- Les visiteurs non gouvernementaux (VNG) ayant l'intention de demander à l'avance s'ils peuvent accéder à la zone au moyen d'un aéronef ou utiliser la piste d'atterrissage, devront prendre note des modalités et procédures que renferme le Manuel d'information de vol en Antarctique et contacter les autorités nationales compétentes.

Accéder et traverser la piste d'atterrissage pour aéronefs sur skis

- La piste d'atterrissage et les zones de roulage, de ravitaillement en carburant et de stationnement d'aéronefs associées se situent intégralement dans l'aire à accès limité pour l'exploitation d'aéronefs (Annexe C et carte 3), dont l'accès est interdit sauf au personnel autorisé ;

- les pilotes, le personnel logistique et les passagers d'aéronefs sont autorisés à se rendre aux aéronefs et en revenir lorsque cela est nécessaire et en respectant les procédures opérationnelles de l'aire à accès limité pour l'exploitation d'aéronefs ;

- le personnel de la station et les visiteurs non gouvernementaux sont autorisés à traverser la zone de roulage des aéronefs à l'extrémité nord sur grille de la piste au point de passage indiqué, situé à l'emplacement des phares lumineux rouges installés sur la route, entre la station surélevée et les bâtiments scientifiques du secteur obscur (Carte 4) ;

- il est interdit de traverser la zone de roulement de la piste lorsque les phares lumineux clignotent, signalant que des mouvements d'aéronefs à proximité sont imminents ;

- la piste d'atterrissage pour aéronefs sur skis sera seulement traversée à d'autres endroits en cas de nécessité absolue, ou lorsque cela a été autorisé, ou en cas d'urgence.

Accès en véhicule et utilisation de véhicules dans la zone

- Les véhicules doivent, dans la mesure du possible, rester sur les sentiers balisés et respecter les exigences des aires interdites aux véhicules de l'ORA et des aires à accès limité de la tour météorologique de l'ORA (Annexe C) ;

- les véhicules ne doivent pas circuler à moins de 50 m du pôle Sud géographique ;

- les véhicules doivent éviter les secteurs d'air pur et calme, sauf si cela est nécessaire à des fins scientifiques, opérationnelles ou de gestion essentielles et doivent observer les lignes directrices pour l'aire scientifique (Annexe B).

Accès piéton et déplacements dans la zone

- Les piétons doivent dans la mesure du possible rester sur les sentiers balisés ;

- les piétons doivent éviter les secteurs d'air pur et calme, sauf si cela est nécessaire à des fins scientifiques, opérationnelles ou de gestion essentielles et doivent observer les lignes directrices pour l'aire scientifique (Annexe B).

Accès aux bâtiments et aux installations

L'accès aux bâtiments et aux installations de la zone opérée par des programmes nationaux ne peut se faire qu'avec l'autorisation du programme responsable. Pour consulter les restrictions d'accès concernant des structures spécifiques et leurs zones environnantes, consultez les lignes directrices pour les zones scientifiques (Annexe B) et sur les aires à accès limité (Annexe C).

7(ii) Activités pouvant être menées dans la zone

Toutes les activités entreprises dans la zone seront conduites de manière à respecter les exigences de ce plan de gestion et à en préserver dans toute la mesure du possible les valeurs.

Les opérations en parachute à partir d'aéronefs survolant ou à proximité de la piste d'atterrissage ou d'autres infrastructures de la zone sont interdites, sauf en cas d'autorisation écrite préalable expresse du Programme antarctique des États-Unis, qui exploite la station antarctique et la piste.

7 (iii) Installation, modification ou démantèlement des structures

Un grand soin doit être apporté à la localisation et à l'installation de structures afin de minimiser toute interférence mutuelle entre plusieurs activités scientifiques, ou entre des activités scientifiques et opérationnelles, et leur impact sur l'environnement. En particulier, l'installation, la modification, ou le démantèlement de structures dans la zone doit être planifié en prenant en compte les objectifs des secteurs de la zone scientifique pour minimiser tout risque de conflit.

Les sites d'installations précédents doivent être utilisés au maximum plutôt que d'en établir de nouveaux, et les traces des installations doivent être aussi limitées que possibles. Des structures permanentes ou semi-permanentes doivent généralement être érigées dans l'aire des opérations, à moins qu'elles soient de petite taille et qu'elles ne portent pas atteinte aux valeurs de la zone (par ex. station météorologique automatique (SMA) ou petit relais radioélectrique alimenté sans infrastructure importante).

Toutes les installations seront entretenues tant qu'elles sont opérationnelles et enlevées dès qu'elles ne seront plus utiles. Les installations doivent être clairement identifiées par le programme national responsable, avec le nom du chercheur principal et l'année d'installation. Le programme national responsable doit tenir un registre des types d'installations et de leurs coordonnées dans la base de données de l'installation, et cette information doit être communiquée le cas échéant.

Les programmes nationaux doivent échanger leurs informations sur les nouvelles installations proposées avant qu'elles ne soient construites, par l'intermédiaire du groupe de coordination de la gestion, afin de coordonner leurs activités et de limiter le nombre d'installations nouvelles ou de les dupliquer, réduisant ainsi les perturbations.

7(iv) Emplacement des camps

Les camps des visiteurs non gouvernementaux (VNG) en visite au pôle Sud devront être installés sur le site désigné situé dans l'aire des opérations, à environ 1 km nord sur grille de la station surélevée (cartes 3 et 4).

Il arrive qu'un petit campement soit établi pour soutenir les VNG se rendant au pôle Sud en véhicule. Il se situe à environ 300-400 m à l'extérieur de la limite de la ZGSA, à un peu plus de 20 km nord-ouest sur grille du pôle Sud.

Les campements seront entretenus tant qu'ils seront opérationnels et enlevés dès qu'ils ne seront plus utiles.

7(v) Prélèvement de végétaux et capture d'animaux ou perturbations nuisibles à la faune et la flore

Non applicable.

7 (vi) Restrictions sur les matériaux et les organismes pouvant être introduits dans la zone

Des recherches à long terme visant à établir des tendances et référentiels mondiaux de polluants et de gaz à l'état de base atmosphériques sont en cours à l'ORA et utilisent des instruments extrêmement sensibles. Il est primordial que l'air échantillonné reste aussi pur que possible. Pour cette raison, les produits chimiques figurant dans le Tableau B.1 des lignes directrices pour le secteur d'air pur (Annexe B), ou les produits et équipements qui en contiennent ou en émettent, sont interdits au sein de du SAP et à l'ORA. Tous les visiteurs du pôle Sud doivent, dans la mesure du possible, veiller à ne pas faire pénétrer les produits chimiques figurant dans le Tableau B.1 dans la zone.

7(vii) Prélèvement ou enlèvement de matériel trouvé dans la zone

Les prélèvements et l'utilisation de neige et de glace servant à l'approvisionnement en eau essentiel au soutien d'expéditions de programmes nationaux ou de visiteurs non gouvernementaux (VNG) sont autorisés. Il est interdit d'endommager, d'enlever ou de détruire tout artéfact historique désigné comme sites et monuments historiques au titre de l'Article 8.4 de l'Annexe V du Protocole (cf. section 6(iv) pour une liste de sites désignés dans la zone). Tout autre matériel trouvé dans la zone ne doit être collecté ou enlevé qu'à des fins essentielles scientifiques, pédagogiques ou de gestion, et doit se limiter au minium nécessaire à ces besoins. Tous les météorites ramassés doivent être collectés et conservés en conformité avec des normes scientifiques agréées et ils sont rendus disponibles pour des fins scientifiques. Les matériaux d'origine humaine susceptibles de porter atteinte aux valeurs de la zone peuvent être enlevés à moins que l'impact de leur enlèvement ne se révèle plus néfaste que leur présence sur le terrain. Si tel est le cas, l'autorité compétente devra en être notifiée.

7(viii) Élimination des déchets

- Pour les programmes nationaux opérant dans la zone :
  - tous les déchets devront être enlevés de la zone sauf les déchets humains et domestiques liquides qui peuvent être évacués dans des citernes de stockage profondes ou selon toute autre méthode conforme à l'Annexe III du Protocole ,
- pour d'autres expéditions dans la zone :
  - tous les déchets, y compris les déchets liquides ménagers et humains, doivent être enlevés de la zone.

7(ix) Rapports de visites

Le groupe de coordination de la gestion devra, dans la mesure du possible, conserver une archive des rapports sur les activités dans la zone, et les mettre à la disposition de toutes les Parties.

Conformément à l'article 10 de l'Annexe V du Protocole relatif à la protection de l'environnement, des dispositions seront mises en place pour obtenir et échanger les rapports de visites d'inspection ainsi que les informations sur tout dommage ou changement important survenu dans la zone.

Les voyagistes doivent conserver des archives des visites conduites dans la zone, notamment du nombre de visiteurs, des dates des visites et des incidents survenus dans la zone et communiquer ces renseignements conformément aux procédures de rapports des expéditions adoptées par les Parties au Traité sur l'Antarctique et par l'Association internationale des organisateurs de voyages dans l'Antarctique (IAATO).

8.   Dispositions relatives à l'échange d'informations préalablement aux activités proposées

Outre l'échange habituel d'informations au moyen des rapports nationaux annuels aux Parties signataires du Traité sur l'Antarctique, au Comité scientifique pour la recherche en Antarctique (SCAR) et au Conseil des directeurs des programmes antarctiques nationaux (COMNAP), les Parties opérant dans la zone doivent échanger des informations par l'intermédiaire du groupe de coordination de la gestion. Tous les programmes nationaux ayant l'intention de visiter ou de mener des recherches dans la ZGSA doivent prendre contact avec les programmes nationaux opérant dans la zone suffisamment à l'avance de l'activité prévue pour permettre la coordination des activités prévues avec les activités en cours dans la zone.

Tous les visiteurs ayant l'intention d'utiliser la piste d'atterrissage pour aéronefs à skis doivent en informer le Programme antarctique des États-Unis suffisamment à l'avance, tel que présenté dans la Section 7(i) du présent plan de gestion.

Les organisateurs de voyages et autres visiteurs non gouvernementaux doivent préalablement transmettre leurs programmes de visite aux programmes nationaux opérant dans la zone.

9.   Documents

Information électronique

Le groupe de coordination de la gestion a mis en place un site Web (http://www.southpole.aq), qui fournit des informations supplémentaires et des sources de documentation pertinentes sur l'environnement, les sciences et autres activités au pôle Sud, avec des documents de gestion, des cartes, des descriptions et des politiques à jour.

Du fait des mouvements de glace constants au pôle Sud, la mise à jour régulière des cartes est nécessaire ; les versions les plus récentes sont disponibles sur www.southpole.aq/maps.

Bibliographie

Aartsen, M.G. *et al.* 2016. Search for annihilating dark matter in the Sun with 3 years of IceCube data. *arXiv*: 1612.05949 [astro-ph.HE].

Aartsen, M.G. *et al.* 2017. Neutrinos and Cosmic Rays Observed by IceCube. *arXiv*: 1701.03731 [astro-ph.HE].

Ade, P.A.R. *et al.*2015.BICEP2 / Keck Array V: Measurements of B-mode polarization at degree angular scales and 150GHZ by the Keck Array. *arXiv:*1502.00643v2 [astro-ph.HE].

Allison, P. *et al.* 2015. First Constraints on the Ultra-High Energy Neutrino Flux from a Prototype Station of the Askaryan Radio Array. *arXiv*: 1404.5285v3 [astro-ph.HE].

Allison, P. *et al.* 2016. Performance of two Askaryan Radio Array stations and first results in the search for ultra-high energy neutrinos. *arXiv*: 1507.08991v3 [astro-ph.HE].

Anderson, P.J., Miller, A.D., O'Malley, K.A., Ceridon, M.L., Beck, K.C., Wood, C.M., Wiste, H.J., Mueller, J.J., Johnson, J.B., & Johnson, B.D. 2011. Incidence and Symptoms of High Altitude Illness in South Pole Workers: Antarctic Study of Altitude Physiology (ASAP). *Clinical Medicine Insights: Circulatory, Respiratory and Pulmonary Medicine* **5**: 27–35.

Carlstrom, J.E. *et al.* 2011. The 10 Meter South Pole Telescope. *Publications of the Astronomical Society of the Pacific* **123**: 568-81.

Lazzara, M.A., Keller, L.M., Markle, T. & Gallagher, J. 2012. Fifty-year Amundsen-Scott South Pole station surface climatology. *Atmospheric Research* **118**: 240-59.

Makarevich, R.A., Forsythe, V.V. & Kellerman, A.C. 2015. Electric field control of E region coherent echoes: Evidence from radar observations at the South Pole. *Journal of Geophysical Research: Space Physics* **120**: 2148-65.

Mehta, D., Gerrard, A.J., Ebihara, Y., Weatherwax, A.T. & Lanzerotti, L.J. 2017. Short-period mesospheric gravity waves and their sources at the South Pole. *Atmospheric Chemistry and Physics* **17**: 9141-19.

Mosley-Thompson, E., Paskievitch, J.F., Gow, A.J. & L.G. Thompson. 1990. Late 20th century increase in South Pole snow accumulation. *Journal of Geophysical Research* **104**(D4):3877-86.

Reichardt, C.L., de Haan, T. & Bleem, L.E. 2016. The South Pole Telescope: Unravelling the Mystery of Dark Energy. *International Journal of Modern Physics: Conference Series* **43**: 1-9.

Sheridan, P., Andrews, E., Schmeisser, L., Vasel, B. & Ogren, J. 2016. Aerosol Measurements at South Pole: Climatology and Impact of Local Contamination. *Aerosol and Air Quality Research* **16**: 855-72.

Standing Committee on Antarctic Logistics and Operations (SCALOP) and the Council of Managers of National Antarctic Programs (COMNAP). *Antarctic Flight Information Manual: A Handbook of Antarctic Aeronautical Information*. (Voir la mise à jour la plus récente).

Wilkniss, P. 1990. Fuel spill cleanup in the Antarctic. *Antarctic Journal of the United States* **25**(4): 3-10.

ANNEXE A :

Lignes directrices environnementales générales applicables au pôle Sud

Le pôle Sud présente des caractéristiques uniques qui en font un emplacement idéal pour certains types de recherche scientifique. Par exemple, son éloignement de toute influence anthropique en fait un lieu idéal pour suivre les niveaux de fond des composantes atmosphériques mondiaux. Son isolement par rapport à toute pollution lumineuse, interférence électromagnétique (IEM), bruit et vibration, est important pour la recherche astrophysique, ces deux derniers éléments étant particulièrement précieux pour les observations sismologiques. La plateforme de glace épaisse conserve une archive naturelle des composantes atmosphériques, étudiées pour interpréter les changements climatiques passés et offre aussi des conditions idéales pour l'installation d'instruments sensibles conçus pour capter des particules sub-atomiques. Sa position sur l'axe de rotation de la Terre est propice à de nombreuses études atmosphériques et spatiales. Il importe que les lignes directrices soient respectées afin que ces qualités soient protégées autant que possible et que la productivité des recherches soit optimisée.

Avant de se rendre dans la zone :

- On veillera à ce que les activités prévues soient conformes aux exigences du Code de conduite du plan de gestion, des lignes directrices environnementales à l'Annexe A, des lignes directrices spécifiques pour l'aire scientifique (Annexe B), des lignes directrices pour les aires à accès limité (Annexe C), et des lignes directrices applicables aux visiteurs non gouvernementaux aux annexes D et E.

- Toutes les activités, notamment les expériences scientifiques, l'installation de matériel, les voyages, les campements, la manutention des combustibles, et la gestion des déchets, seront planifiés de façon à minimiser leur impact environnemental.

- On veillera à ce que le matériel, les provisions et les emballages soient prévus de façon à éviter au maximum les composés figurant dans le Tableau B.1, Annexe B, interdits dans le secteur d'air pur (SAP) et dans l'Observatoire de recherche atmosphérique (ORA).

- Les équipements, vivres, et emballages doivent minimiser au maximum la production de déchets au pôle Sud.

Déplacements et activités dans la zone :

- Lors des déplacements à pied, il convient de rester dans la mesure du possible sur les pistes existantes, et d'être sensible aux lignes directrices spécifiques aux sites fournies en annexes B et C. Il conviendra en particulier d'éviter le secteur d'air pur et le secteur calme, ainsi que les aires à accès limité, qui nécessitent une autorisation préalable.

- Les véhicules doivent éviter les aires à accès limité interdites aux véhicules et la tour météorologique de l'ORA (Annexe C).

- On respectera le point de passage désigné et les balises d'avertissement sur la route qui relie la station surélevée aux bâtiments scientifiques du secteur obscur.

- Dans la mesure du possible, les véhicules doivent être stationnés sur des bacs de confinement secondaire ou des bacs collecteurs.

- Des dispositifs de bornage clairement visibles en vol doivent être utilisés pour signaler les pistes d'atterrissage pour aéronefs sur skis et ces dispositifs doivent être bien arrimés au sol et durables.

Emplacement et installation des camps

- Les visiteurs non gouvernementaux doivent utiliser les campements désignés situés dans l'aire des opérations.

- L'empreinte écologique du campement désigné doit être aussi réduite que possible.

- On veillera à ce que le matériel et les provisions soient en permanence solidement arrimés pour éviter qu'ils soient emportés en cas de vent.

Utilisation de matériel et d'énergie :

- En règle générale, tout ce qui est emmené dans la zone doit en être retiré dans toute la mesure du possible.

- Toute activité qui provoquerait la dispersion de matériaux étrangers doit être évitée (par ex. l'utilisation de fusées éclairantes) ou effectuée à l'intérieur d'une cabane ou d'une tente (par exemple les découpes, le sciage et le déballage).

- Les explosifs sont interdits dans la zone, à moins d'être autorisés par un programme national pour des raisons scientifiques ou des raisons de gestion impérieuses.

- Dans la mesure du possible, on veillera à ne rien laisser geler dans la neige ou la glace qui pourrait ultérieurement provoquer une ablation ou une contamination.

- On aura recours aux énergies et aux modes de transport dans la zone ayant le moins d'impact sur l'environnement et autant que possible, en minimisant l'utilisation d'hydrocarbures.

Carburant et produits chimiques :

- Des mesures doivent être prises pour prévenir tout déversement accidentel de carburant ou de produits chimiques. Par exemple, il faudra vérifier régulièrement que toutes les vannes de combustible sont correctement réglées et que les conduites de carburant sont hermétiquement scellées.

- On veillera à disposer d'équipements de lutte contre les déversements et de dispositifs de confinement secondaire adaptés aux volumes utilisés en cas d'utilisation de produits chimiques ou de carburant. Les personnes travaillant avec des produits chimiques et des carburants doivent en connaître le maniement et les procédures d'action applicables en cas de déversement.

- Les récipients de produits chimiques et de carburant doivent être bien calés au sol et scellés, notamment quand ils sont entreposés dehors.

- Tous les fûts de carburant doivent disposer d'un deuxième confinement.

- On utilisera des bidons à becs verseurs pour remplir la cuve des groupes électrogènes ou les véhicules.

- La vidange de véhicules doit se faire de préférence à l'intérieur et en appliquant des dispositions appropriées de confinement.

- Dehors, le ravitaillement des groupes électrogènes et des véhicules doit s'effectuer sur des bacs collecteurs à matelas absorbants.

Déchets et déversements accidentels :

- Les déversements et/ou les rejets doivent être nettoyés le mieux possible et signalés au programme national compétent.

ANNEXE B

Lignes directrices applicables à l'aire scientifique

L'aire scientifique englobe la majorité de la ZGSA ; elle est divisée en quatre secteurs – le secteur d'air pur, le secteur calme, le secteur sous le vent et le secteur obscur (cartes 1 à 4). Le secteur d'air pur (SAP) garantit un air quasi-pur et un environnement de prélèvement de neige convenant aux recherches atmosphériques et sur les systèmes climatiques. Le secteur calme est une zone dans laquelle les activités bruyantes et ayant recours à des équipements sont limitées afin de minimiser les effets vibratoires sur les recherches sismologiques et autres recherches sensibles aux vibrations. Le secteur sous le vent offre un espace libre de toute obstruction convenant aux lâchers de ballons, à l'exploitation d'aéronefs et à d'autres activités « sous le vent ». Le secteur obscur a pour objectif d'offrir un espace de pollution lumineuse réduite et à faible bruit électromagnétique, pour faciliter les recherches en astronomie et en astrophysique. Vous trouverez ci-dessous les descriptions des objectifs et les lignes directrices spécifiques aux activités de chaque secteur de l'aire scientifique.

SECTEUR D'AIR PUR

Le secteur d'air pur (SAP) a été créé pour préserver les conditions uniques requises par les recherches atmosphériques engagées à la station polaire. L'atmosphère terrestre à proximité du pôle Sud est à l'écart de toute influence humaine ; comme le vent souffle principalement du nord (sur grille), l'observatoire de recherche atmosphérique se trouve au vent de toutes les autres installations pendant quatre-vingt-dix pour cent du temps. Ces conditions naturelles permettent de procéder à des mesures quasi-permanentes des importantes constantes à l'état de trace de l'atmosphère, dans un lieu éloigné de toute intervention d'origine anthropique. L'air échantillonné au pôle Sud est représentatif de l'atmosphère de fond de la planète, et c'est en réalité l'air le plus pur de la planète.

Limites géographiques du secteur d'air pur

Le secteur d'air pur est une zone en coin située à 150 km au vent (nord-est sur grille) de l'Observatoire de recherche atmosphérique (ORA) à la station antarctique et de la piste d'atterrissage (cartes 1 à 4). L'accès terrestre et aérien au SAP est limité pour préserver les valeurs scientifiques du secteur. Le secteur d'air pur est défini par les limites suivantes :

- le long d'une ligne de 150 km (81 milles marins) tirée à 340° sur grille depuis l'angle sud-ouest de l'ORA ;

- le long d'une ligne de 150 km (81 milles marins) tirée à 110° sur grille depuis l'angle sud-ouest de l'ORA ;

- un arc semi-circulaire reliant les deux lignes, s'étendant sur environ 340 km et maintenant une distance constante de 150 km (81 milles marins) depuis l'angle sud-ouest de l'ORA.

L'Administration océanographique et atmosphérique nationale des États-Unis (NOAA) a effectué de nombreuses heures de mesures de polluants générés par les aéronefs, et les données indiquent qu'il est possible de repérer des panaches sur des centaines de kilomètres dans des conditions atmosphériques stables. Pour protéger les mesures de l'ORA et dans la neige dans le secteur d'air pur, il a été recommandé que les aéronefs volent à une altitude de plus de 2 000 m, afin de rester au-dessus de la couche limite de l'air et de limiter le dépôt de particules et de gaz à la surface de la neige. Le rayon de 150 km a été choisi comme une distance tampon raisonnable, bien que les études arctiques semblent indiquer que le double de cette distance serait justifié.

Survol des aéronefs et restrictions d'atterrissage dans le secteur d'air pur

- Le survol d'aéronefs en dessous de 2 000 m et les atterrissages dans le secteur d'air pur sont interdits sauf à des fins essentielles scientifiques, opérationnelles, ou de gestion (p. ex., contrôles des autorités aéronautiques (comme celle des États-Unis, l'United States Federal Aviation Authority), missions scientifiques, photographie aérienne, trajectoires de vols d'urgences, etc.), qui doivent être autorisés au préalable en consultation avec les programmes nationaux opérant dans la zone.

- Les pilotes de tout aéronef sont priés de minimiser la contamination potentielle du secteur d'air pur (p. ex., en évitant les montées raides, les survols à répétition, et en empruntant la trajectoire praticable la plus directe, etc.).

Restrictions à l'accès terrestre vers et dans le secteur d'air pur

- Les activités, les structures et les instruments situés dans le secteur d'air pur ne doivent pas perturber les projets déjà en cours, sauf autorisation expresse délivrée par l'autorité nationale compétente.
- Tout personnel accédant à l'ORA depuis la station antarctique doit suivre le sentier balisé et observer les exigences des aires interdites aux véhicules de l'ORA et des aires à accès limité de la tour météorologique de l'ORA (Annexe C).
- L'accès au SAP est autorisé à des fins scientifiques, telles que les prélèvements de neige / d'air. L'accès peut être autorisé pour des mesures occasionnelles ou périodiques de propriétés telles que la profondeur et l'accumulation de neige, si cela est organisé au préalable, afin d'éviter tout conflit potentiel et si cela ne compromet pas les recherches en cours dans le secteur nécessitant des conditions de propreté.
- L'accès au SAP est autorisé pour le déblayage de la neige / des sentiers, comme l'excavation occasionnelle de la tour météorologique et de l'ORA.
- L'accès au SAP est autorisé pour le nettoyage et l'entretien occasionnels des balises de visibilité de la piste d'atterrissage situées à 353° est du nord de la grille (Tableau D.1).
- Tout accès terrestre au sein du SAP doit vs'effectuer et s'opérer de façon à minimiser toute contamination potentielle (p. ex. en ne laissant pas tourner inutilement les véhicules ou les équipements, en empruntant la route praticable la plus directe, en se ravitaillant en carburant à l'extérieur du SAP, etc.).
- Les programmes nationaux opérant dans la zone doivent documenter toute excursion piétonne / de véhicule de surface dans le secteur d'air pur.

Autres directives concernant le secteur d'air pur et l'ORA

- L'accès au toit du bâtiment qui abrite l'ORA est interdit. Veuillez contacter le programme antarctique des États-Unis (USAP) si l'accès au toit est indispensable aux fins du projet. Les personnes utilisant la toiture de l'observatoire doivent enregistrer leur passage dans le journal des visites au secteur d'air pur. Toutes les structures, objets, etc. susceptibles de perturber l'échantillonnage de l'air ou situés à une hauteur de plus de 1,3 mètre au-dessus de la toiture sont interdits sur le toit de l'observatoire de recherche atmosphérique en raison des risques d'interférence avec les instruments de mesure du rayonnement solaire et tellurique. Les équipements et le matériel ne doivent pas bloquer les ouvertures de la toiture.
- L'accès à la tour météorologique orange et blanche et à la surface neigeuse avoisinante est interdit. Les objets et les activités menées sur la tour ou la surface neigeuse à proximité (notamment dans une zone correspondant à une distance d'environ trois fois la hauteur de la tour) peuvent perturber les mesures effectuées depuis la tour. Veuillez contacter l'USAP pour obtenir l'autorisation d'accéder à la tour.
- Les structures ne doivent pas être placées de manière à dériver au vent de l'observatoire de recherche atmosphérique, sous le bâtiment ou à proximité.
- Tous les instruments utilisés à l'ORA et dans le secteur d'air pur doivent être conformes aux critères en vigueur définis par l'autorité nationale compétente.
- Du fait de la sensibilité électromagnétique (ÉM) des mesures du rayonnement atmosphérique solaire et thermique réalisées à l'ORA ou à proximité, il est interdit d'utiliser des émetteurs ÉM autour de l'observatoire, sauf en cas d'utilisation ponctuelle mais néanmoins indispensable de radios portatives.
- Toute personne ou organisation souhaitant réaliser une expérience à l'ORA et/ou dans le secteur d'air pur doit coordonner ses activités avec celles des programmes nationaux opérant dans la zone.

Produits chimiques interdits

Il est interdit d'utiliser à l'ORA et dans le SAP (y compris dans la zone située en dessous du bâtiment, sur la toiture et à proximité de la tour météorologique orange et blanche de la NOAA) les produits chimiques énumérés au Tableau B.1, ou tous produits ou équipements susceptibles de les contenir ou de les émettre (cf. Annexe C). Il convient de contacter les programmes nationaux opérant dans la zone pour obtenir des conseils sur les produits de substitution.

Le Tableau B.1 est une liste partielle de substances chimiques spécifiques suivies dans les installations d'air pur de l'ORA, et pourrait varier dans le temps. Les concentrations atmosphériques de la plupart de ces produits sont calculées en partie par trillion et sont extrêmement sensibles à toute contamination d'origine locale.

Tableau B.1 : Produits chimiques interdits à l'ORA et dans le SAP.

Classe	Formule	Description	Dénomination	Utilisation
Chlorofluorocarbones (CFC)	CCl_3F	trichlorofluorométhane	CFC-11	Réfrigérants, solvants, agents d'expansion, propulseurs d'aérosols ou fluides caloporteurs (fabrication désormais interdite aux États-Unis d'Amérique)
	CCl_2F_2	dichlorodifluorométhane	CFC-12	
	CCl_2FCClF_2	trichlorotrifluoroéthane	CFC-113	
Hydrochlorofluorocarbones (HCFC)	$CHCl_2F$	dichlorofluorométhane	HCFC-21	Réfrigérants, solvants, agents d'expansion, propulseurs d'aérosols ou fluides caloporteurs (on trouve des HCFC dans les feuilles de "Placoplâtre" utilisées au pôle Sud)
	$CHClF_2$	chlorodifluorométhane	HCFC-22	
	CF_3CHClF	chlorotetrafluoroéthane	HCFC-124	
	CCl_2FCH_3	dichlorofluoroéthane	HCFC-141b	
	$CClF_2CH_3$	chlorodifluoroéthane	HCFC-142b	
Hydrofluorocarbones (HFC)	CF_3CH_2F	tétrafluoroéthane	HFC-134a	Réfrigérants, agents d'expansion et propulseurs d'aérosols
	CH_3CHF_2	difluoroéthane	HFC-152a	
Halons	$CBrClF_2$	bromochlorodifluorométhane	halon-1211	Agents de lutte contre l'incendie et dans les systèmes d'extinction (fabrication désormais interdite aux États-Unis d'Amérique)
	$CBrF_3$	bromotrifluorométhane	halon-1301	
Chlorocarbones	CH_3Cl	chlorométhane	chlorure de méthyle	Solvants, agents nettoyants, agents de dégraissage et dans d'autres applications plus rares
	CH_2Cl_2	dichlorométhane	bichlorure de méthylène	
	$CHCl_3$	trichlorométhane	chloroforme	
	CCl_4	tétrachlorométhane	tétrachlorure de carbone	
	CH_3CCl_3	trichloroéthane	méthylchloroforme	
	C_2Cl_4	tétrachloroéthane	perchloroéthane	
Bromocarbones	CH_3Br	bromométhane	bromure de méthyle	
	CH_2Br_2	dibromométhane	bromure de méthylène	
	$CHBr_3$	tribromométhane	bromoforme	
Idocarbones	CH_3I	iodométhane	iodure de méthyle	
Autres	N_2O	oxyde nitreux		Agent oxydant
	SF_6	hexafluorure de soufre		Transformateurs électriques

SECTEUR CALME

Le secteur calme est une zone où on limite le bruit et l'utilisation d'équipements afin de faciliter les recherches sismologiques et les autres travaux sensibles aux vibrations. Pour offrir un laboratoire à distance permettant de réaliser des expériences exigeant un environnement sans vibrations, l'USAP a créé l'observatoire de sismologie et de géoscience du pôle Sud (SPRESSO), qui se trouve à environ 7,5 km au sud-est (sur grille) de la station antarctique. Des appareils sismographiques sont utilisés en permanence au pôle Sud depuis 1957-1958, l'Année géophysique internationale (AGI).

Limites géographiques du secteur calme

La limite externe du secteur calme est définie par, et coïncide avec l'aire scientifique et la limite de la ZGSA, à 20 km de la station surélevée (Carte 2). Les limites internes du secteur calme sont définies par une ligne tirée à 110° sur grille à partir de l'ORA (partagée par le secteur d'air pur) et par une ligne tirée à 185° sur grille à partir de l'origine du secteur calme (partagée par le secteur sous le vent), et par la limite avec l'aire des opérations.

Lignes directrices pour le secteur calme

- Le secteur calme est réservé aux expériences scientifiques devant se dérouler dans des conditions de calme, voire de calme absolu. Le secteur calme a les valeurs de bruit sismique mesurées les plus basses de la Terre à des périodes de moins de 1 seconde. Les lignes directrices concernant les installations et les opérations du secteur calme sont les suivantes : les activités, les structures et les instruments situés dans le secteur calme ne doivent pas produire de vibrations sismiques à des niveaux plus élevés que ceux du modèle des bruits bas (LNM) des Services géologiques américains (USGS) à des périodes de plus de 1 seconde. À des périodes de moins de 1 seconde, les seuils ne devraient pas dépasser 12 dB en deçà du

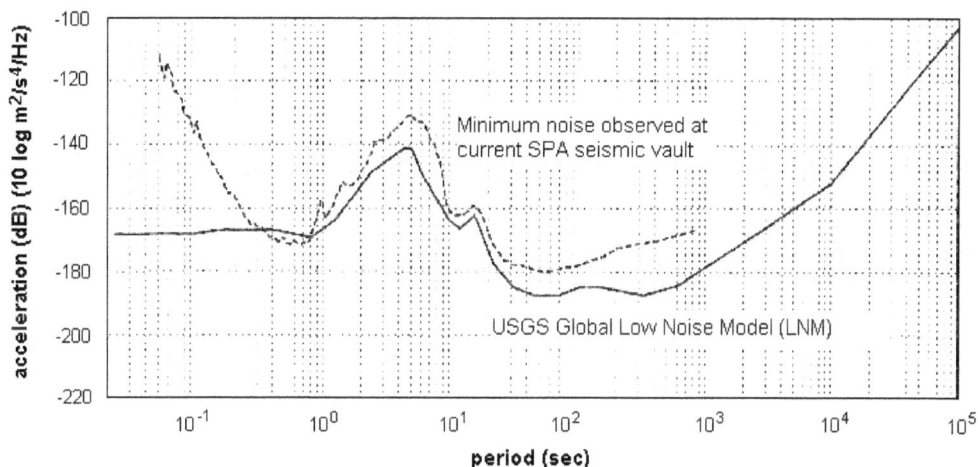

LNM (figure B.1) ;

Figure B.1. Seuils de bruit dans le secteur calme. Les niveaux de bruit les plus faibles obtenus dans la cave sismique (en 2000) et le modèle de bruit faible (LNM) de l'USGS fondé sur les plus faibles bruits observés dans le monde. La bande sismique présentant un intérêt va de 80 Hz aux fréquences tidales (<0,001 MHz).

- Les structures susceptibles d'offrir une résistance au vent et de produire des vibrations parasites détectables doivent être situées en dessous de la surface neigeuse ;

- tous les instruments situés dans le SPRESSO doivent être conformes aux critères de calme définis par les programmes nationaux opérant dans la zone pour les instruments sismologiques ;

- tous les instruments situés dans le SPRESSO doivent pouvoir être opérés à distance depuis la station antarctique, notamment pendant l'hiver austral ;

- toute personne ou organisation souhaitant réaliser une expérience dans le secteur calme doit coordonner ses activités avec celles des programmes nationaux opérant dans la zone ;
- il est interdit d'utiliser des véhicules motorisés à l'intérieur du cercle calme défini au sein du secteur calme, sauf aux fins du soutien logistique au SPRESSO et aux quelques exceptions définies ci-après :
  - l'accès au secteur calme est autorisé pour l'entretien des pistes, par exemple quand une route damée doit être empruntée pour rejoindre le SPRESSO. Cela exige en général plusieurs passages de véhicules lourds à

    chaînes pour éliminer les amoncellements de neige créés par les tempêtes de neige ;
  - l'accès au secteur calme peut être autorisé pour des mesures occasionnelles ou périodiques de propriétés telles que la profondeur et l'accumulation de neige, si cela est organisé au préalable, afin d'éviter tout conflit potentiel et si cela ne compromet pas les recherches sismologiques et autres recherches sensibles aux vibrations dans le secteur ;
  - l'accès au secteur calme est autorisé pour le nettoyage et l'entretien occasionnels des balises de visibilité de la piste d'atterrissage située à 113° est du nord de la grille (Tableau D.1).
  - Tout accès terrestre au sein du secteur calme doit s'effectuer et s'opérer de façon à minimiser toute contamination potentielle (p. ex. en ne laissant pas tourner inutilement les véhicules ou les équipements, en empruntant la route praticable la plus directe, en utilisant le véhicule le plus léger pour atteindre ses objectifs, etc.) et les véhicules doivent autant que possible éviter de circuler à moins de 100 m du SPRESSO.
  - Les programmes nationaux opérant dans la zone peuvent pénétrer dans le secteur calme pour en enlever les équipements scientifiques qui ne sont plus utilisés et qui risquent de perturber d'autres travaux de recherche scientifique.
- Les programmes nationaux opérant dans la zone tiennent des relevés de toutes les excursions effectuées dans le secteur calme.

SECTEUR SOUS LE VENT

Le secteur sous le vent a été créé pour maintenir une zone totalement dégagée en vue des lâchers de ballons de recherche, de l'exploitation des aéronefs et d'autres activités. Les activités scientifiques et opérationnelles sont toutes deux autorisées dans le secteur sous le vent.

Limites géographiques du secteur sous le vent

La limite externe du secteur sous le vent est définie par, et coïncide avec l'aire scientifique et la limite de la ZGSA, à 20 km de la station surélevée (Carte 2). Les limites internes du secteur sous le vent sont définies par une ligne tirée à 185° sur grille (partagée par le secteur calme) et par une ligne tirée à 230° sur grille (partagée par le secteur obscur) à partir de l'origine du secteur sous le vent, et par les limites de l'aire des opérations et des aires à accès limité pour l'exploitation d'aéronefs associées à la piste d'atterrissage.

Lignes directrices pour le secteur sous le vent

- Les activités conduites dans le secteur sous le vent ne doivent pas nécessiter de travaux d'entretien (p. ex. l'enlèvement de neige) et ne doivent pas perturber les lâchers de ballons de recherche ou l'exploitation d'aéronefs.

SECTEUR OBSCUR

Le secteur obscur a été créé pour préserver la faible pollution lumineuse et la faible interférence électromagnétique (IÉM) à la station antarctique et favoriser la réalisation d'importantes observations astrophysiques, astronomiques et aéronomiques.

Limites géographiques du secteur obscur

La limite externe du secteur obscur est définie par, et coïncide avec l'aire scientifique et la limite de la ZGSA, à 20 km de la station surélevée (Carte 2). Les limites internes du secteur obscur sont définies par une ligne tirée à 230° sur grille à partir de l'origine du secteur obscur (partagée par le secteur sous le vent) et par une ligne tirée à 340° sur grille à partir de l'ORA (partagée par le secteur d'air pur), et par les limites de l'aire des opérations et des aires à accès limité pour l'exploitation d'aéronefs associées à la piste d'atterrissage.

Lignes directrices pour le secteur obscur

- Les seules activités scientifiques autorisées dans le secteur obscur sont celles qui n'exigent pas l'émission de lumière ou d'IÉM au-dessus des niveaux approuvés.

- Les télescopes et autres instruments scientifiques sensibles à la lumière et/ou aux IÉM doivent être maintenus dans le secteur obscur.

- Les activités à la fois dans et à l'extérieur du secteur obscur qui émettent des IÉM ou pourraient bloquer l'horizon doivent prendre en compte leur influence potentielle sur les valeurs scientifiques du secteur obscur. En particulier, des évaluations de compatibilité électromagnétique (CÉM) doivent être effectuées le cas échéant avant l'activité pour minimiser les conflits entre les utilisations, notamment entre les sources opérationnelles d'IÉM et d'instruments scientifiques, et pour minimiser les impacts sur les recherches scientifiques dans le secteur calme tout en permettant le fonctionnement d'opérations essentielles. Ceci s'applique aussi aux projets scientifiques ou opérationnels à partir d'aéronefs ou de plateformes satellites nécessitant des émissions de radiofréquences (RF) actives (p. ex. l'imagerie radar, comme le radar à synthèse d'ouverture, etc.) ou des instruments émettant de la lumière (p. ex. LiDAR).

- Pour contribuer à protéger les observations scientifiques sensibles du secteur obscur d'IÉM inutiles, les pilotes d'aéronefs entrant dans le secteur obscur doivent veiller à minimiser, dans la mesure du possible, les émissions de radiofréquences (RF) opérationnelles (p. ex. radars de navigation, altimètres, radars sondeurs, radars de glace, radio-communications etc.) en survolant le secteur.

Annexe C

Lignes directrices pour les aires à accès limité

Six sites de la zone ont été désignés comme aires à accès limité (cartes 3 et 4), définies par les limites et les politiques d'accès suivantes :

1. Aire à accès limité pour l'exploitation d'aéronefs :

Description :	Une surface d'environ 60 ha dans l'aire des opérations comprenant la piste d'atterrissage pour aéronefs sur skis, la zone de roulage, de ravitaillement en carburant, et de stationnement des aéronefs (cartes 3 et 4).
Limites :	Les limites sont définies par le périmètre des zones d'opération des aéronefs, indiqué sur la Carte 4.
Critères d'accès :	L'accès à l'aire est interdit sauf au personnel autorisé, les politiques d'accès s'appliquant particulièrement aux pilotes, au personnel logistique et aux passagers d'aéronefs, et plus généralement à tout autre membre du personnel du pôle Sud énuméré dans la Section 7(i) de ce plan de gestion.

2. Aire à accès limité à l'ancienne station du pôle :

Description :	Une surface d'environ 70 ha dans le secteur obscur de l'aire scientifique qui inclut l'ancien site de la station antarctique de 1957 et ses environs jusqu'à 300 – 500 m (cartes 3 et 4).
Limites :	Dans le sens des aiguilles d'une montre depuis l'angle sud-est de l'aire, la limite s'étend sur une distance de 1,2 km nord-ouest sur grille depuis l'aire des opérations, au-delà et immédiatement au nord-est sur grille du laboratoire du secteur obscur. De là, la limite avance 1 m nord-ouest sur grille vers un point à 200 m du secteur d'air pur, puis s'étend sur une distance de 750 m parallèlement à, et à 200 m du secteur d'air pur en direction de l'aire des opérations. La limite partage alors la limite de l'aire des opérations sur une distance de 440 m sud-ouest sur grille jusqu'à l'angle sud-est de l'aire.
Critères d'accès :	L'accès à l'aire à accès limité de l'ancienne station du pôle est interdit sauf au personnel autorisé à des fins scientifiques, opérationnelles ou de gestion essentielles. Bien que des travaux de restauration aient été effectués sur le site, il peut encore présenter des dangers souterrains, tels que des vides ou des structures qu'il convient d'éviter.

3. Aire à accès limité de l'ORA « interdite aux véhicules »

Description :	Une zone semi-circulaire de 0,5 ha dans l'aire des opérations qui s'étend sur une distance de 50 m dans le sens du vent (sud-ouest sur grille) à partir de l'angle sud-ouest du bâtiment de l'ORA (Carte 4).
Limites :	Définies par le périmètre du demi-cercle décrit ci-dessus. Une partie de la limite sud-est est partagée par l'aire à accès limité du champ d'antennes.
Critères d'accès :	L'accès des véhicules est interdit sans l'autorisation préalable de la NOAA et du programme antarctique des États-Unis. Tous les véhicules qui approchent l'ORA doivent emprunter le sentier balisé et stationner au « rond-point » situé en bordure de l'aire à accès limité, où un panneau indique « No Vehicles Beyond This Point ».

L'aire à accès limité est destinée à limiter les émissions de véhicules à proximité des installations de l'ORA, qui abrite des instruments de suivi atmosphérique sensibles.

4. Aire à accès limité de la « Tour météorologique » de l'ORA

Description :
Une zone circulaire de 0,13 ha à l'intérieur de l'aire des opérations entourant la tour météorologique de l'ORA s'étend sur une distance de 20 m à partir du centre de l'installation (Carte 4).

Limites :
Définies par le périmètre d'un cercle de 20 cm entourant la tour météorologique de l'ORA.

Critères d'accès :
L'accès par des véhicules et des piétons est interdit sans l'autorisation préalable de la NOAA et du programme antarctique des États-Unis. Les véhicules et les piétons doivent éviter la moitié nord-ouest sur grille de l'aire à accès limité pour limiter toute perturbation de la surface de la neige dans cette zone, où l'albédo fait l'objet d'un suivi.

5. Aire à accès limité du champ d'antennes :

Description :
Une zone à l'intérieur de l'aire des opérations d'environ 25 ha située sud-est sur grille par rapport à la route en direction de l'ORA (carte 4).

Limites :
Dans le sens des aiguilles d'une montre à partir de l'ORA, la limite nord-est partage la limite 110° sur grille du SAP sur une distance d'environ 550 m en partant de l'ORA, puis s'étend sur une distance de 300 m sud sur grille, puis 550 m ouest sur grille, puis 440 m nord-ouest sur grille, en direction de la route de l'ORA, mais s'arrêtant à 20 m d'elle, puis 200 m en direction de l'est vers l'aire à accès limité de l'ORA interdite aux véhicules, partageant cette limite sur encore environ 50 m jusqu'au SAP.

Critères d'accès :
L'accès à l'aire est interdit sauf au personnel autorisé par les programmes nationaux opérant dans la zone. Le personnel travaillant dans l'aire doit éviter de perturber la zone lorsque des piquets y sont posés pour mesurer l'accumulation de neige (Carte 4) et doit veiller aux autres infrastructures scientifiques sensibles ou antennes.

6. Aire à accès limité des communications :

Description :
Une zone à l'intérieur de l'aire des opérations d'environ 9,5 ha, dont le centre est situé à environ 1 km sud-ouest sur grille de la station surélevée (Carte 4).

Limites :
Définies par un rectangle ayant une largeur d'environ 185 m et une longueur d'environ 510 m.

Critères d'accès :
L'accès à l'aire est interdit sauf au personnel autorisé par les programmes nationaux opérant dans la zone.

Annexe D

Lignes directrices générales pour les visiteurs non gouvernementaux du pôle Sud

Chaque été austral, le pôle Sud accueille de nombreux visiteurs relevant d'expéditions non gouvernementales, la plupart d'entre lesquels sont amenés par des sociétés privées qui offrent un transport, des guides, et un soutien logistique. Ces lignes directrices ont été établies pour améliorer la coordination entre les programmes nationaux opérant dans la zone et les visiteurs non gouvernementaux (VNG) au pôle Sud. Cette annexe vise à informer les VNG des ressources disponibles sur le site, de leurs responsabilités et des dangers que pose le pôle Sud, tandis que l'Annexe E offre des lignes directrices spécifiques aux approches terrestres.

Toute personne présente au pôle Sud est tenue de se conformer au Protocole au Traité sur l'Antarctique relatif à la protection de l'environnement et aux politiques régissant leurs programmes nationaux respectifs.

• Aux fins du présent plan de gestion, l'expression « visiteurs non gouvernementaux » inclut toutes les personnes ou organisations ne relevant pas d'un programme antarctique national.

• Le programme antarctique américain exploite la station antarctique Amundsen-Scott. Il n'est pas autorisé à apporter son appui aux organisations non gouvernementales, sauf en cas d'urgence.

• Tous les VNG empruntant la voie terrestre doivent être conscients des bornes de visibilité de la piste d'atterrissage situées à des distances diverses du pôle Sud géographique dans quatre directions autour de la station (Tableau D.1). Toutes les bornes font quatre pieds de hauteur sur huit pieds de large, à l'exception des bornes de 1 mile, qui font huit pieds sur huit, élevées à quatre pieds au-dessus de la surface de la neige.

Tableau D.1 Bornes de visibilité autour de la station antarctique

Direction	Borne 1		Borne 2		Borne 3		Borne 4		Borne 5		Borne 6	
(° E de la grille N)	miles	km	miles	km	miles	km	miles	km	miles	km	miles	km
113	0,5	0,8	1	1,6	1,5	2,6	2	3,2	-		-	
204	0,5	0,8	1	1,6	1,5	2,6	2	3,2	3	4,8	4	6,4
270	0,75	1,2	1	1,6	2	3,2	3	4,8	-		-	
353	0,5	0,8	1	1,6	1,5	2,6	2	3,2	-		-	

• Les VNG qui ont prévu d'affréter un aéronef dans l'aire ou d'atterrir sur la piste d'atterrissage pour aéronefs sur skis doivent obtenir l'autorisation préalable des programmes nationaux opérant la piste et le contrôle aérien associé. Si l'autorisation préalable est octroyée, les pilotes de VNG doivent se reporter à, et suivre les directives du Manuel d'information de vol en Antarctique (AFIM) et les informations fournies par les programmes nationaux opérant dans la zone.

• Les VNG ne doivent pas effectuer d'opérations en parachute depuis un aéronef et aucun pilote d'aéronef de VNG ne peut autoriser qu'une opération en parachute soit effectuée depuis cet aéronef au-dessus de, ou à proximité de la piste ou de toute autre infrastructure de la zone, à moins qu'une autorisation écrite spécifique n'ait été accordée au préalable par les programmes nationaux opérant la piste d'atterrissage et le contrôle aérien associé.

• Aucun accès à une messagerie électronique, à des téléphones, ou à des radios ne sera offert sauf aux conditions autorisées par le programme national compétent.

• Le moment idéal pour visiter la station antarctique est le dimanche, entre 13h et 17h, heure de la station antarctique [de 00:00 à 04:00 GMT/UTC]. Cet horaire est recommandé pour réduire toute perturbation à la station scientifique et à ses opérations. Les services et l'accès à la station à d'autres moments sont très peu probables.

- Les VNG doivent être autonomes en ce qui concerne leurs transports, leur campement, leurs provisions, leurs communications et tout autre soutien requis par leur expédition.

- À l'intérieur de l'aire des opérations, les VNG doivent rester dans les zones de campement et de stationnement désignées (Carte 4), ou dans la zone qui entoure directement les bornes du pôle Sud de cérémonie et du pôle Sud géographique, et doivent se déplacer entre ces sites en empruntant une ligne droite, ou en suivant la route désignée pour les véhicules, sauf autorisation contraire des programmes nationaux opérant dans la zone. Cette disposition garantit que les sites dangereux tels que l'ancienne station du pôle et les aires à accès limité pour l'exploitation d'aéronefs et les zones de recherches scientifiques utilisant du matériel très sensible sont évités, tout en assurant la sécurité des autres zones où il se peut que des véhicules ou de la machinerie lourde soient utilisés, souvent dans des conditions de visibilité réduite.

- La zone de campement désignée pour les VNG dans l'aire des opérations a été choisie pour les raisons suivantes : elle est située à proximité des zones de stationnement d'aéronefs pour VNG et elle est près des services médicaux ou d'urgences (si nécessaire), elle ne perturbe généralement pas la circulation de véhicules ou les opérations d'aéronefs de l'USAP, et se trouve éloignée de la plupart des zones dangereuses, des installations de communications et d'équipements scientifiques sensibles.

- Pour éviter de perturber les activités officielles de l'USAP, tous les bâtiments de la station antarctique et toutes les zones d'opérations et scientifiques sont interdits au personnel de VNG sauf lorsqu'ils sont accompagnés par une personne désignée par l'USAP, ou lorsqu'ils se trouvent dans les zones énumérées plus haut.

- Dans l'éventualité où un aéronef se trouverait en état d'urgence ou en cas d'urgence médicale dans la zone, les VNG doivent immédiatement notifier le Centre des communications de la station antarctique Amundsen-Scott (COMMS). Le personnel de la station notifiera le représentant de la Fondation nationale de la science des États-Unis (NSF) sur place et d'autres membres du personnel si nécessaire.

- Le personnel de la station antarctique Amundsen-Scott doit enregistrer les arrivées et les départs de VNG et mettre ces informations à disposition des membres des Parties au Traité sur l'Antarctique si ceux-ci demandent à les consulter.

Annexe E

Lignes directrices pour les visiteurs non gouvernementaux empruntant la voie terrestre vers le pôle Sud

Aucune approche du pôle Sud par le secteur d'air pur

- Le secteur d'air pur s'étend sur une distance de 150 km nord-est sur grille à partir du pôle Sud, son point d'origine étant l'angle sud-ouest sur grille du bâtiment de l'Observatoire de recherche atmosphérique (ORA) dans la station antarctique Amundsen-Scott. Le secteur s'étend entre une ligne tirée à 340° sur grille et une ligne tirée à 110° sur grille à partir de l'ORA, ce qui équivaut approximativement à la zone située entre 020° O et 110° E (dans le sens des aiguilles d'une montre).

- N'approchez pas le pôle Sud par le secteur d'air pur (consultez les cartes).

Approche par le nord-ouest – ouest sur grille (plateforme glaciaire de Ronne / passage Hercules, etc.)

- L'approche nord-ouest et ouest sur grille du pôle Sud est située entre 020° O et 110° O.

- En empruntant cette voie d'approche, au moment d'atteindre la limite de la ZGSA située à 20 km du pôle Sud, procédez directement vers le « West Waypoint » (point de cheminement occidental) à 89° 59,0' S, 16° 00' O, où se trouve un panneau. N'entrez pas dans le secteur d'air pur (consultez les cartes).

- Appelez la station antarctique Amundsen-Scott au moins 24 heures avant votre arrivée prévue au pôle Sud pour communiquer votre position et vos plans. Attendez-vous à attendre et éventuellement à camper, jusqu'à ce que l'on vous dise que vous pouvez avancer en toute sécurité.

- Lorsque vous arrivez au « West Waypoint », continuez sur le sentier balisé (par des piquets en bambou et des drapeaux) sur 0,88 km vers le campement pour les visiteurs non gouvernementaux, puis sur 1 km vers le pôle Sud (2016), en veillant à ne pas traverser le secteur d'air pur, dont la limite est indiquée par des drapeaux.

Approche par le sud – sud-ouest sur grille (McMurdo / plateforme glaciaire de Ross)

- L'approche sud – sud-ouest sur grille au pôle Sud se situe entre 110° E et 110° O.

- En empruntant cette approche, au moment d'atteindre la limite de la ZGSA à 20 km du pôle Sud, procédez directement vers le « Turn 1 Waypoint » à 89° 55,29' S 132° 00,0' O où se trouve un panneau, en suivant la route de traverse du pôle Sud sur le méridien 132° O aussi loin que possible. N'entez pas dans le secteur calme (consultez les cartes).

- Appelez la station antarctique Amundsen-Scott au moins 24 heures avant votre arrivée prévue au pôle Sud pour communiquer votre position et vos plans.

- Lorsque vous avez atteint le « Pole Turn 1 Waypoint », qui est à 8,8 km du pôle Sud (2016), arrêtez-vous et appelez la station antarctique Amundsen-Scott avant de continuer. Attendez-vous à camper au « Pole Turn 1 Waypoint » jusqu'à ce que la station antarctique Amundsen-Scott vous indique que vous pouvez avancer en toute sécurité. Il s'agit d'une mesure de précaution visant à assurer votre sécurité, car la voie d'approche se trouve à proximité de la piste d'atterrissage.

- Depuis le « Pole Turn 1 Waypoint », avancez sur 5,2 km sur la voie d'approche du pôle Sud jusqu'à la bordure de la piste d'atterrissage, où vous verrez un panneau à l'extrémité sud sur grille de la piste.

- Depuis la bordure de piste, avancez parallèlement à et le long du côté **ouest sur grille** de la piste d'atterrissage (c.-à-d. le côté gauche de l'approche, en direction du pôle) pendant 4 km, en conservant une distance d'au moins 30 m de la ligne de drapeaux qui marque le bord de la piste. Avancez sur la route entre la station surélevée et les bâtiments scientifiques du secteur obscur, où se trouve un phare lumineux rouge sur le point de passage désigné de la zone de roulage d'aéronefs à l'extrémité nord sur grille de la piste d'atterrissage (cf. la Carte 6).

- N'entrez pas sur la piste d'atterrissage à part au niveau du point de passage désigné, ou en cas d'urgence.
- Ne traversez pas la zone de roulage d'aéronefs à l'extrémité de la piste d'atterrissage si le phare lumineux rouge est en train de clignoter.
- Lorsque cela ne présente pas de risque, traversez la zone de roulage d'aéronefs au niveau du point de passage désigné et avancez en direction des balises du pôle Sud, vers le campement pour visiteurs non gouvernementaux.

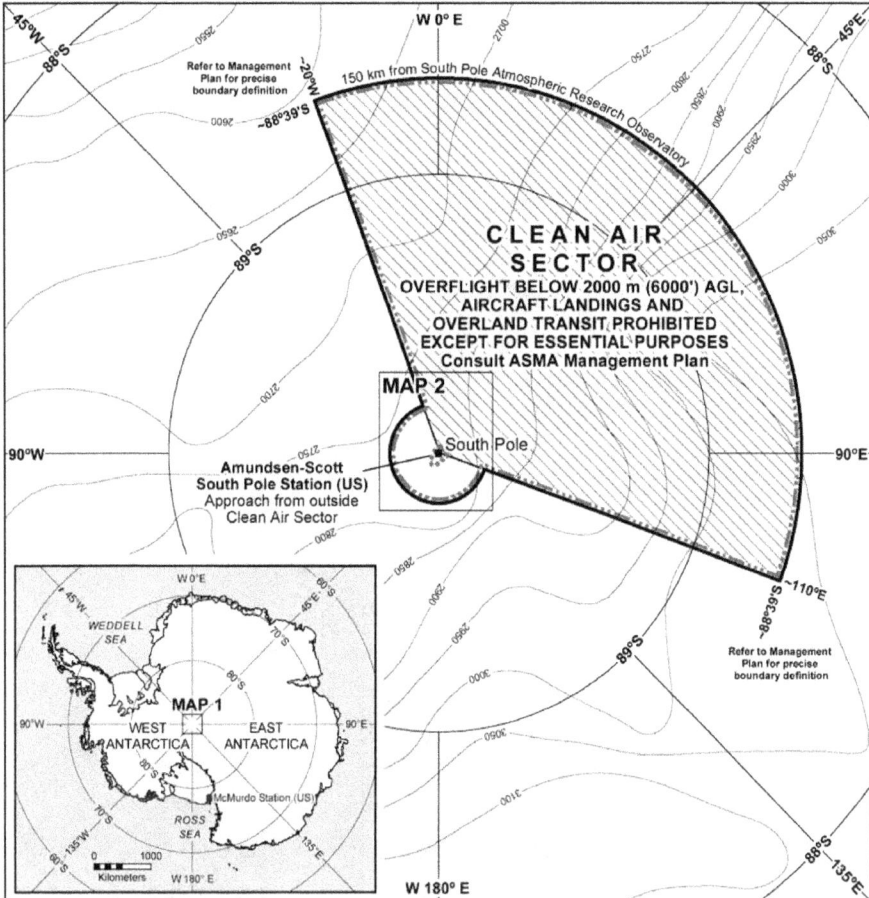

Map 1: ASMA No. 5 - South Pole - Location and topography

23 Mar 2017 (Map ID: 10069 010 07)
United States Antarctic Program
Environmental Research & Assessment

Contour (50 m) | ASMA Boundary | Clean Air Sector
Permanent ice | Scientific Zone | Station building

Projection: Polar Stereographic.
Spheroid and horizontal datum: WGS84.
Data source: Coast & topography: SCAR ADD (v 6 - 2012);
ASMA boundary, Zones & Sectors: ERA (Feb 2017).

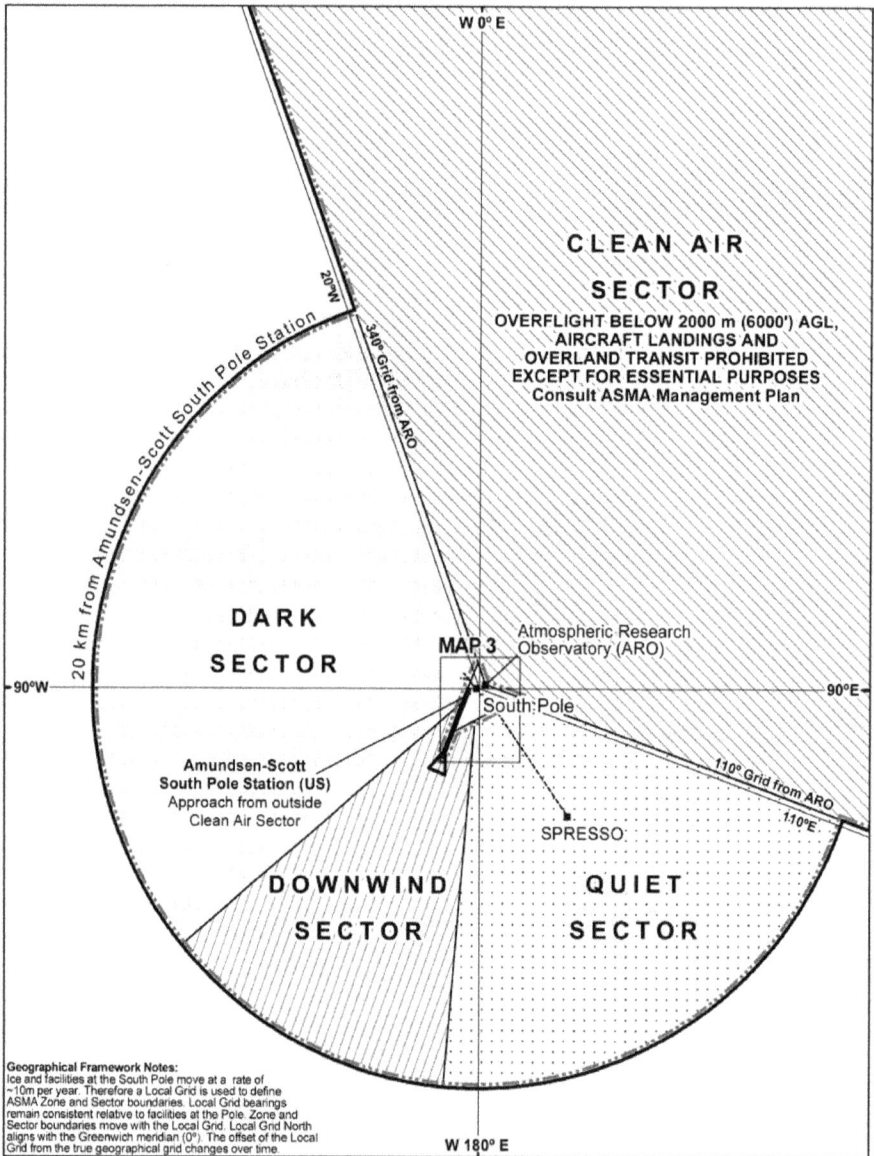

W 0° E

20°W

340° Grid from ARO

20 km from Amundsen-Scott South Pole Station

CLEAN AIR SECTOR

OVERFLIGHT BELOW 2000 m (6000') AGL, AIRCRAFT LANDINGS AND OVERLAND TRANSIT PROHIBITED EXCEPT FOR ESSENTIAL PURPOSES Consult ASMA Management Plan

DARK SECTOR

MAP 3

Atmospheric Research Observatory (ARO)

-90°W   South Pole   **90°E-**

Amundsen-Scott South Pole Station (US) Approach from outside Clean Air Sector

110° Grid from ARO

110°E

SPRESSO

DOWNWIND SECTOR

QUIET SECTOR

Geographical Framework Notes:
Ice and facilities at the South Pole move at a rate of ~10m per year. Therefore a Local Grid is used to define ASMA Zone and Sector boundaries. Local Grid bearings remain consistent relative to facilities at the Pole. Zone and Sector boundaries move with the Local Grid. Local Grid North aligns with the Greenwich meridian (0°). The offset of the Local Grid from the true geographical grid changes over time.

W 180° E

Map 2: ASMA No. 5 - South Pole - Management Zones and Sectors

GRID

23 Mar 2017 (Map ID: 10069.011.10)
United States Antarctic Program
Environmental Research & Assessment

ASMA Boundary	Downwind Sector	■ Station building
Operations Zone	Dark Sector	Ski-way
Scientific Zone	Clean Air Sector	△ Skiway threshold
	Quiet Sector	Vehicle trail

0   5   10
Kilometers

Projection: Polar Stereographic.
Spheroid and horizontal datum: WGS84.
Data source: Infrastructure: ASC CAD Survey (2016/17);
ASMA boundary, Zones & Sectors: ERA (Feb 2017)

CLEAN AIR SECTOR

OVERFLIGHT BELOW 2000 m (6000') AGL, AIRCRAFT LANDINGS AND OVERLAND TRANSIT PROHIBITED EXCEPT FOR ESSENTIAL PURPOSES
Consult ASMA Management Plan

MAP 4

Old Pole

Dark Sector Laboratory

IceCube Laboratory

MAPO

Aircraft parking

340° Grid from ARO

Atmospheric Research Observatory (ARO)

110° Grid from ARO

Ceremonial South Pole

Aircraft parking

Elevated Station

(2017)

Antenna Field

DARK SECTOR

NGV access route

Aircraft taxi, fueling & parking

OPERATIONS ZONE

Vehicle trail to SPRESSO

Communications

S K I - W A Y

NGV access route

DOWNWIND SECTOR

QUIET SECTOR

DOWNWIND SECTOR

Legend:

⸼	Ceremonial South Pole
+	South Pole
⊛	Crossing beacon
⋎	Antenna
▲	Designated camping area
⚑	Station building
▭	Ski-way
====	Vehicle trail
- - -	Non-Governmental Visitor (NGV) access route
▥	Old Pole Station - No Entry
	IceCube footprint (2011)
	Operations Zone
	Restricted Zone - Authorized personnel only
	Scientific Zone
	Downwind Sector
	Dark Sector
	Clean Air Sector
	Quiet Sector

Map 3: ASMA No. 5 - Amundsen-Scott South Pole Station - Operations Zone

03 Apr 2017 (Map ID: 10069.013.12)
United States Antarctic Program
Environmental Research & Assessment

0   500   1000
Meters

GRID

Projection: Polar Stereographic
Spheroid and horizontal datum: WGS84
Data source: Infrastructure: ASC CAD Survey (2016/17);
Zones & Sectors: ERA (Feb 2017)

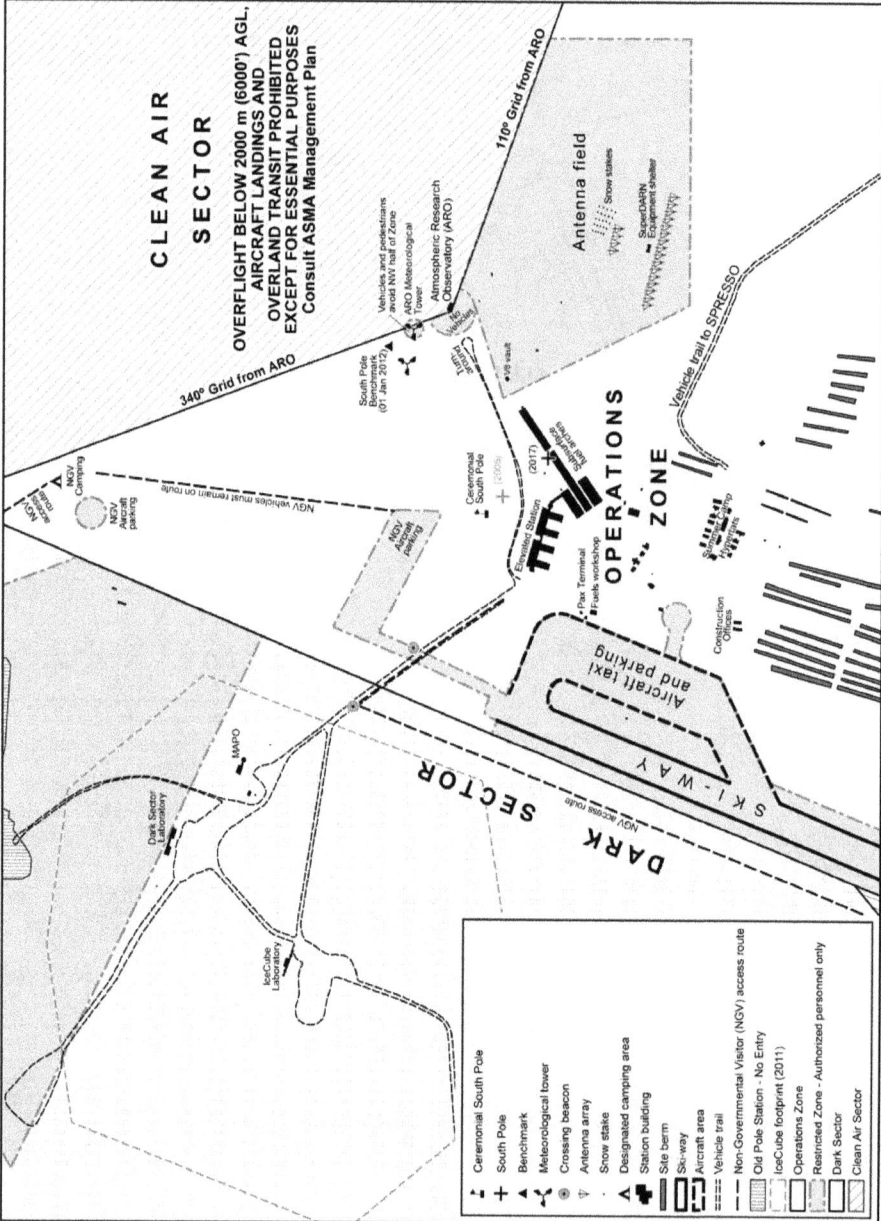

Map 4: ASMA No. 5 - Amundsen-Scott South Pole Station

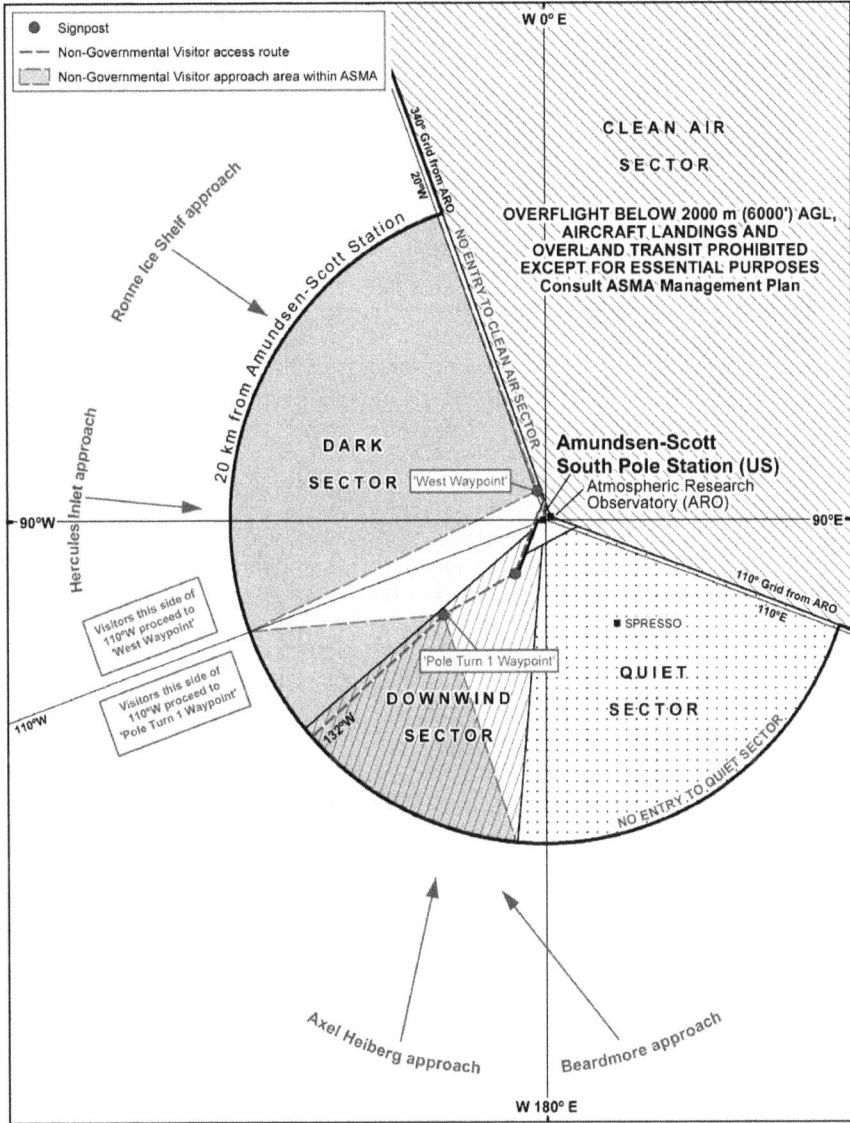

Legend:
- Signpost
- Non-Governmental Visitor access route
- Non-Governmental Visitor approach area within ASMA

W 0° E

CLEAN AIR SECTOR

OVERFLIGHT BELOW 2000 m (6000') AGL, AIRCRAFT LANDINGS AND OVERLAND TRANSIT PROHIBITED EXCEPT FOR ESSENTIAL PURPOSES
Consult ASMA Management Plan

340° Grid from ARO
20°W

NO ENTRY TO CLEAN AIR SECTOR

Ronne Ice Shelf approach

20 km from Amundsen-Scott Station

Hercules Inlet approach

DARK SECTOR

'West Waypoint'

Amundsen-Scott
South Pole Station (US)
Atmospheric Research Observatory (ARO)

90°W

90°E

Visitors this side of 110°W proceed to 'West Waypoint'

110° Grid from ARO
110°E

■ SPRESSO

Visitors this side of 110°W proceed to 'Pole Turn 1 Waypoint'

110°W

'Pole Turn 1 Waypoint'

QUIET SECTOR

DOWNWIND SECTOR

132°W

NO ENTRY TO QUIET SECTOR

Axel Heiberg approach

Beardmore approach

W 180° E

Map 5: South Pole Non-Governmental Visitor approach routes & guidelines overview

23 May 2017 (Map ID: 10069-008-10)
United States Antarctic Program
Environmental Research & Assessment

GRID

0   5   10
Kilometers
Projection: Polar Stereographic;
Spheroid and horizontal datum: WGS84;
Data source: Infrastructure: ASC CAD Survey (2016/17);
ASMA boundary, Zones & Sectors, NGV access guidance: ERA (Feb 2017)

- ASMA Boundary
- Operations Zone
- Downwind Sector
- Dark Sector
- Clean Air Sector
- Quiet Sector
- Station building
- Ski-way

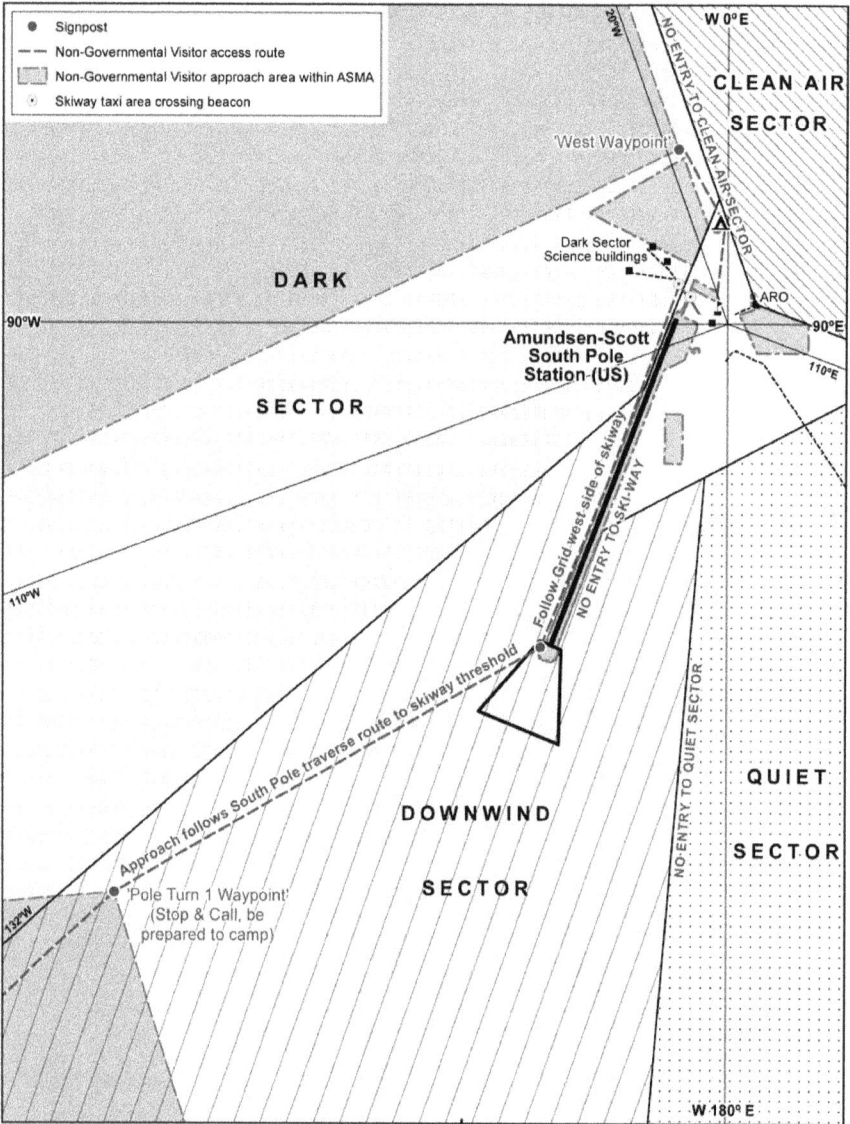

Map 6: ASMA No. 5 - South Pole Non-Governmental Visitor approach guidelines

03 Apr 2017 (Map ID: 10069.007.11)
United States Antarctic Program
Environmental Research & Assessment

Projection: Polar Stereographic.
Spheroid and horizontal datum: WGS84.
Data source: ASMA boundary, Zones & Sectors.
NGV access guidance: ERA (Feb 2017);
Infrastructure: ASC CAD Survey (2016/17).

PARTIE III

Discours d'ouverture et de clôture et rapports

1. Discours des d'ouverture et de clôture

Remarques de S.E. monsieur Zhang Gaoli
Vice-premier ministre du Conseil d'État de la République populaire de Chine
Lors de la séance inaugurale de la 40è Réunion consultative du Traité sur l'Antarctique

Beijing, 23 mai 2017

Défendre les principes du Traité sur l'Antarctique
Et promouvoir un développement durable pour l'humanité

Cher Président,

Délégués,

Mesdames et Messieurs,

Amis,

Bonjour. Le mois de mai est synonyme de vigueur et de vitalité à Beijing. Il y a quelques jours, nous avons organisé avec succès le premier forum de l'initiative « Route et Ceinture » pour la coopération internationale. Aujourd'hui nous participons à la 40ᵉ Réunion consultative du Traité sur l'Antarctique et à la 20ᵉ réunion du Comité pour la protection de l'environnement de l'Antarctique. La Chine attache beaucoup d'importance à la question de la gouvernance et du développement de l'Antarctique. Le Président Xi Jinping a observé que les expéditions scientifiques en Antarctique étaient essentielles et nobles, et qu'elles contribuaient au bien-être de l'humanité. La Chine se tient prête à travailler de concert avec la communauté internationale en vue d'améliorer les connaissances, la protection et l'exploitation de l'Antarctique. Le premier ministre Li Keqiang a souligné que les expéditions polaires devraient être plus approfondies, viser plus loin et progresser plus rapidement. C'est la première fois que la Chine accueille la réunion consultative depuis qu'elle a signé le *Traité sur l'Antarctique* en 1983 et qu'elle est devenue Partie consultative en 1985. Au nom du gouvernement chinois, j'aimerais saluer l'ouverture de la réunion et souhaiter la bienvenue à tous les éminents invités présents.

Les caractéristiques géographiques et environnementales uniques font de l'Antarctique un continent important en termes de changement climatique mondial, ainsi que pour la survie et le développement humains. Le *Traité sur l'Antarctique*, ratifié en 1959, a fourni un cadre légal pour la gouvernance de l'Antarctique et ouvert un nouveau chapitre de coopération dans cette région. Les Parties consultatives du Traité sur l'Antarctique ont par la suite formulé le *Protocole au Traité sur l'Antarctique relatif à la protection de l'environnement*, ainsi que d'autres conventions et protocoles, et ont adopté des décisions et mesures pertinentes. Au cours des 58 dernières années, le système juridique afférent à la gouvernance de l'Antarctique n'a cessé de s'améliorer. L'amélioration du mécanisme de gouvernance a permis la création d'une base juridique solide pour le développement des connaissances, de la protection et de l'exploitation de l'Antarctique par l'homme. Conformément aux règlements et aux orientations du Système du Traité sur l'Antarctique et à ses principes fondateurs (c-à-d. que toute activité menée en Antarctique doit être mue par des objectifs de paix, dans un cadre de recherche scientifique libre et de coopération internationale), les pays ont travaillé de concert et ont obtenu des résultats fructueux en termes de recherche scientifique, de protection de l'environnement, de soutien logistique et d'inspections en Antarctique.

La Réunion consultative du Traité sur l'Antarctique constitue une plate-forme essentielle pour mener les discussions et prendre des décisions sur les questions liées à l'Antarctique. Elle est également le principal mécanisme multilatéral pour la gestion de l'Antarctique. Nous devons continuer à en faire bon usage et à perpétuer l'esprit du *Traité sur l'Antarctique,* et poursuivre les efforts, sans relâche, en vue de créer de meilleurs lendemains pour le développement de l'Antarctique, et plus largement, du monde.

Mesdames et messieurs,

Chers amis,

En sa qualité de Partie consultative au *Traité sur l'Antarctique*, la Chine s'est engagée à défendre les objectifs et les principes du Traité et les intérêts généraux de la communauté internationale, à remplir ses droits et obligations en vertu du Traité, en promouvant toujours la cause de l'Antarctique et en apportant son savoir et sa force à la compréhension, à la protection et à l'exploitation de l'Antarctique par l'homme.

La Chine est un acteur important dans la gouvernance de l'Antarctique. À la suite de son adhésion au Traité en 1983, la Chine a participé activement aux affaires de l'Antarctique et a contribué à la construction d'un ordre pacifique, écologique et stable pour l'Antarctique. La Chine a adhéré à la majorité des conventions internationales les plus importantes pour cette région. Après s'être associée aux principaux mécanismes internationaux pour l'Antarctique (tels que la Réunion Consultative du Traité sur l'Antarctique et son Comité pour la protection de l'environnement, et la Commission pour la conservation de la faune et de la flore marines de l'Antarctique), la Chine a pris part à de nombreux projets et collaborations au sein des cadres de travail pertinents. La Chine promeut un principe d'égalité dans les processus de consultation et de prise de décisions, en se basant sur le Système du Traité sur l'Antarctique, et encourage l'établissement d'un système de gouvernance de l'Antarctique plus inclusif, rationnel et coopératif. La Chine attache beaucoup d'importance aux inspections menées en Antarctique. Nous avons nous-mêmes effectué des inspections et apporté notre soutien aux inspections menées par d'autres pays en vue de s'assurer de la bonne mise en œuvre des objectifs du *Traité sur l'Antarctique.*

La Chine contribue activement à l'exploration de l'Antarctique. Avec comme objectifs d'explorer l'inconnu, d'acquérir de nouvelles connaissances et d'encourager une exploitation pacifique de l'Antarctique, la Chine a mené des recherches sur les questions connexes de la science et de l'environnement en Antarctique pour sa protection et son exploitation. Depuis 1984, la Chine a mené 33 expéditions scientifiques fructueuses, totalisant plus de 5 000 entrées pour la région de l'Antarctique, continuant ainsi à développer les activités d'exploration. Les scientifiques chinois ont effectué des études systématiques sur la géographie, le climat, l'écologie et l'océanographie et ont fait d'importantes découvertes. La Chine a également réalisé de grands progrès dans la poursuite d'expéditions scientifiques, le renforcement de capacités et la recherche scientifique et son application ; elle a mené des projets scientifiques coopératifs bilatéraux et multilatéraux et a apporté sa contribution à l'exploration de l'Antarctique et aux avancées des sciences en Antarctique.

La Chine est une force vive dans la protection de l'environnement de l'Antarctique. La protection de l'Antarctique figure parmi les objectifs défendus par le gouvernement chinois. Depuis 1997, conformément au *Protocole au Traité sur l'Antarctique relatif à la protection de l'environnement*, la Chine a soumis 69 rapports d'évaluation sur les impacts des activités en Antarctique, englobant des domaines variés comme les activités de terrain, la construction d'infrastructures et les études scientifiques. La Chine accorde beaucoup d'importance à la protection et à la gestion de l'Antarctique et a proposé, seule ou avec l'aide d'autres pays, trois zones spécialement protégées, une zone gérée spéciale et deux sites historiques, et a activement participé aux discussions relatives aux aires marines protégées de l'Antarctique. Afin de promouvoir plus encore la protection environnementale en Antarctique, la Chine, les États-Unis et l'Australie entre autres, ont présenté l'initiative conjointe « expédition verte » au Comité pour la protection de l'environnement, qui encourage des expéditions plus propres et respectueuses de l'environnement.

Mesdames et Messieurs,

Chers amis,

« Tout bon principe doit s'adapter aux changements ». L'avenir de l'Antarctique est lié à la survie et au développement de l'humanité. Il est dans l'intérêt de chacun que l'Antarctique soit stable, écologique et durable. Et c'est ce que nous promettons à nos enfants et à nos petits-enfants. Dans un esprit de paix, de coopération et d'État de droit tel que le stipule le *Traité sur l'Antarctique*, nous devons unir nos efforts afin de créer un avenir radieux pour l'Antarctique et son développement, et promouvoir la paix et la prospérité à l'échelle mondiale. À cette fin, je souhaiterais faire une proposition en cinq points clés.

Premièrement, nous insistons sur l'importance d'une exploitation pacifique de l'Antarctique et travaillons à la construction d'une communauté partageant un avenir dans la région. La paix et la stabilité sont un prérequis fondamental à toute activité humaine en Antarctique. Nous devons à tout moment garder à l'esprit et respecter les principes du *Traité sur l'Antarctique*, à savoir que « seules les activités pacifiques sont autorisées dans l'Antarctique », et maintenir et promouvoir une paix, une sécurité et une stabilité durables dans la région, ce qui est dans l'intérêt général de tous les pays et de la communauté internationale. Nous devons renforcer la confiance mutuelle sur le plan politique et développer un sens accru de responsabilité partagée. Dans un esprit d'intégration et d'enseignement mutuel, nous devons approfondir le dialogue et les consultations, et élaborer des plans et des solutions concertés afin de gérer les problèmes et les défis posés à la région et de garantir le développement sain et inclusif de l'Antarctique.

Deuxièmement, nous devons faire respecter le Système du Traité sur l'Antarctique et améliorer le modèle de gestion de l'Antarctique, blequel se fonde sur des règlementations. Puisque le mécanisme actuel de gouvernance basé sur Système du Traité sur l'Antarctique fonctionne bien, les Parties doivent continuer à faire avancer la gouvernance de l'Antarctique au sein du cadre de travail du Système du Traité sur l'Antarctique. Le principe de consensus doit être préservé et les Réunions consultatives du Traité sur l'Antarctique doivent jouer pleinement leur rôle dans les processus de prise de décision et de coordination. Les règlementations internationales doivent être précisées, et ce dans tous les domaines relatifs à l'Antarctique, afin d'améliorer la situation dans la région. Il convient également d'examiner la formulation de ces règlementations en dehors du Système du Traité sur l'Antarctique afin de renforcer la coordination et l'interaction entre les institutions de gestion de l'Antarctique et d'autres mécanismes internationaux pertinents.

Troisièmement, nous encourageons les consultations sur un pied d'égalité et les intérêts mutuels et souhaitons transformer l'Antarctique en un lieu de coopération internationale. Le Traité sur l'Antarctique est le fruit d'une coopération et il continue de se développer en collaboration. Avec l'avenir de la gouvernance de l'Antarctique en ligne de mire, nous devons continuer à aspirer à des consultations menées sur un pied d'égalité et à la gouvernance coopérative, utiliser les institutions et plates-formes bilatérales et multilatérales existantes et continuer d'élargir les domaines et la portée de la coopération en Antarctique. Il est nécessaire de promouvoir la coopération internationale institutionnalisée, régulière et sur le long terme à travers des projets concrets de coopération. Le niveau de coopération doit être renforcé et les résultats des collaborations mis en œuvre comme il se doit afin d'offrir les services et les soutiens nécessaires. Cela permettra d'assurer une gouvernance efficace de l'Antarctique et de faire profiter des bénéfices de la protection et de l'exploitation de l'Antarctique à toute l'humanité.

Quatrièmement, nous devons défendre la liberté de la recherche scientifique en Antarctique et continuer de consolider les fondements scientifiques pour sa protection et son exploitation. Les connaissances humaines sur l'Antarctique sont encore très limitées. La recherche en Antarctique est un secteur important, pouvant permettre de lever le voile sur les mystères de la nature et ouvrir de nouvelles pistes de développement. Les efforts investis aujourd'hui dans ce domaine auront un impact considérable demain. Nous devons continuer à adhérer au principe de liberté de la recherche scientifique tel que stipulé dans le *Traité sur l'Antarctique*. Nous devons centrer nos efforts sur l'élaboration de meilleurs programmes pour la recherche et le renforcement de capacités en matière de recherche et d'enseignement. Notre priorité doit aller à la recherche sur les impacts des changements climatiques et environnementaux à l'échelle mondiale et aux champs d'études émergents ou connexes. Nous avons besoin d'en apprendre plus sur ce qui gouverne le changement et le développement de l'Antarctique, de fonder notre processus de décisions sur des données scientifiques tout en prenant les bonnes décisions pour promouvoir les avancées scientifiques, renforçant ainsi la base scientifique visant la protection et l'exploitation de l'Antarctique.

Cinquièmement, nous devons protéger l'environnement naturel de l'Antarctique et nous garantir l'équilibre écologique et le développement durable dans la région. Avec son climat et sa géographie uniques, l'Antarctique possède un environnement naturel et un système écologique fragiles, vulnérables aux impacts extérieurs. Lorsque nous explorons et exploitons l'Antarctique, nous devons nous efforcer d'employer des méthodes appropriées et coordonnées pour faire face aux problèmes posés partout en Antarctique et accorder une grande attention à la protection de son système écologique. Il est nécessaire de trouver le bon équilibre entre la protection et l'exploitation de l'Antarctique, si nous souhaiter parvenir à un développement écologique et durable du continent et libérer son potentiel et ses valeurs en promouvant les avancées scientifiques, la croissance économique et le développement durable pour le bien de l'humanité.

Pour conclure, je souhaite une pleine réussite à la 40ᵉ Réunion consultative du Traité sur l'Antarctique et à la 20ᵉ réunion du Comité pour la protection de l'environnement de l'Antarctique. J'espère que tous les invités passeront un agréable séjour à Beijing.

Merci.

2. Rapports des dépositaires et des observateurs

Rapport du gouvernement dépositaire du Traité sur l'Antarctique et de son Protocole au titre de la Recommandation XIII-2

Document d'information soumis par les États-Unis

Le présent rapport couvre les évènements liés au Traité sur l'Antarctique et à son Protocole relatif à la protection de l'environnement.

Au cours de l'année écoulée, aucune adhésion n'a été enregistrée pour le Traité sur l'Antarctique. Une adhésion a été enregistrée pour le Protocole au cours de l'année écoulée : La Malaisie a déposé son instrument d'accession au Protocole le 15 août 2016. De plus, la Suisse a déposé son instrument de ratification du Protocole, notamment l'Annexe V, le 2 mai 2017. Le Protocole et son Annexe V entreront en vigueur en Suisse le 1er juin 2017. Il y a cinquante-trois (53) Parties au Traité et trente-neuf (39) Parties au Protocole

Les pays suivants ont fourni une notification afin d'informer qu'ils avaient nommé comme arbitres les personnes indiquées ci-après, conformément à l'article 2 (1) de l'appendice du Protocole :

Bulgarie	Mme Guenka Beleva	30 juillet 2004
Chili	Amb. María Teresa Infante	juin 2005
	Amb. Jorge Berguño	juin 2005
	Dr Francisco Orrego	juin 2005
Finlande	Amb. Holger Bertil Rotkirch	14 juin 2006
Inde	Prof. Upendra Baxi	6 octobre 2004
	M. Ajai Saxena	6 octobre 2004
	Dr N. Khare	6 octobre 2004
Japon	Juge Shunji Yanai	18 juillet 2008
République de Corée	Prof. Park Ki Gab	21 octobre 2008
États-Unis	Prof. Daniel Bodansky	1er mai 2008
	M. David Colson	1er mai 2008

La liste des Parties au Traité et au Protocole et des Recommandations et Mesures, et leur adoption, accompagne le présent document.

Date de l'action la plus récente : 13 octobre 2015

**Traité sur
l'Antarctique**

Fait :   Washington; 1er décembre 1959

Entrée en vigueur : 23 juin 1961

Conformément à l'article XIII, le Traité a été soumis à la ratification des États signataires et il est ouvert à l'adhésion de tout État membre de l'Organisation des Nations Unies, ou de tout autre État qui pourrait être invité à adhérer au Traité avec le consentement de toutes les Parties contractantes, dont les représentants sont habilités à participer aux réunions énoncées à l'article IX du Traité ; les instruments de ratification et les instruments d'adhésion seront déposés au gouvernement des États-Unis d'Amérique. À l'issue du dépôt des instruments de ratification par tous les États signataires, le Traité est entré en vigueur pour ces États et pour les États qui avaient déposé des instruments d'adhésion au Traité. Le Traité est dès lors entré en vigueur pour tout État adhérent au dépôt de son instrument d'adhésion.

Légende : (aucune marque) = ratification ; a = accession ; d = succession ; w = retrait ou action équivalente

Participant	Signature	Consentement à être lié		Autre action	Notes
Argentine	1er décembre 1959	23 juin 1961			
Australie	1er décembre 1959	23 juin 1961			
Autriche		25 août 1987	a		
Bélarus		27 décembre 2006	a		
Belgique	1er décembre 1959	26 juillet 1960			
Brésil		16 mai 1975	a		
Bulgarie		11 septembre 1978	a		
Canada		4 mai 1988	a		
Chili	1er décembre 1959	23 juin 1961			
Chine		8 juin 1983	a		
Colombie		31 janvier 1989	a		
Cuba		16 août 1984	a		
République tchèque		1er janvier 1993	d		1
Danemark		20 mai 1965	a		
Équateur		15 septembre 1987	a		
Estonie		17 mai 2001	a		
Finlande		15 mai 1984	a		
France	1er décembre 1959	16 septembre 1960			
Allemagne		5 février 1979	a		2
Grèce		8 janvier 1987	a		
Guatemala		31 juillet 1991	a		
Hongrie		27 janvier 1984	a		
Islande		13 octobre 2015	a		

Inde		19 août 1983	a		
Italie		18 mars 1981	a		
Japon	1er décembre 1959	4 août 1960			
Kazakhstan		27 janvier 2015	a		
Corée (RPDC)		21 janvier 1987	a		
République de Corée (ROK)		28 novembre 1986	a		
Malaisie		31 octobre 2011	a		
Monaco		31 mai 2008	a		
Mongolie		23 mars 2015	a		
Pays-Bas		30 mars 1967	a		3
Nouvelle-Zélande	1er décembre 1959	1er novembre 1960			
Norvège	1er décembre 1959	24 août 1960			
Pakistan		1er mars 2012	a		
Papouasie-Nouvelle-Guinée		16 mars 1981	d		4
Pérou		10 avril 1981	a		
Pologne		8 juin 1961	a		
Portugal		29 janvier 2010	a		
Roumanie		15 septembre 1971	a		5
Fédération de Russie	1er décembre 1959	2 novembre 1960			6
République slovaque		1er janvier 1993	d		7
Afrique du Sud	1er décembre 1959	21 juin 1960			
Espagne		31 mars 1982	a		
Suède		24 avril 1984	a		
Suisse		15 novembre 1990	a		
Turquie		24 janvier 1996	a		
Ukraine		28 octobre 1992	a		
Royaume-Uni	1 décembre 1959	31 mai 1960			
États-Unis d'Amérique	1er décembre 1959	18 août 1960			
Uruguay		11 janvier 1980	a		8
Venezuela		24 mars 1999	a		

---

[1] Date d'entrée en vigueur de la succession de la République tchèque. La Tchécoslovaquie a déposé un instrument d'adhésion au Traité le 14 juin 1962. Le 31 décembre 1992, à minuit, la Tchécoslovaquie a cessé d'exister et a été scindée en deux États séparés et indépendants, la République tchèque et la République slovaque.

[2] L'ambassade de la République fédérale d'Allemagne à Washington a transmis au Département d'État une note diplomatique en date du 2 octobre 1990, libellée comme suit :

« L'ambassade de la République fédérale d'Allemagne présente ses compliments au Département d'État et a l'honneur d'informer le gouvernement des États-Unis d'Amérique, en sa qualité de gouvernement dépositaire du Traité sur l'Antarctique, que, suite à l'accession de la République démocratique allemande à la République fédérale d'Allemagne, qui a pris effet à compter du 3 octobre 1990, les deux États allemands s'uniront pour former un seul État souverain qui, en sa qualité de Partie contractante au Traité sur l'Antarctique, demeurera lié par les dispositions du Traité, et soumis aux recommandations adoptées lors des 15 réunions consultatives que la République fédérale d'Allemagne a approuvées. À compter de la date de réunification de l'Allemagne, la République fédérale d'Allemagne agira sous la désignation de « Allemagne » dans le cadre du Système de l'Antarctique.

« L'ambassade serait reconnaissante au gouvernement des États-Unis d'Amérique de bien vouloir informer toutes les Parties contractantes au Traité sur l'Antarctique du contenu de la présente note.
« L'ambassade de la République fédérale d'Allemagne saisit cette occasion pour renouveler au Département d'État l'assurance de sa plus haute considération. »

Avant l'unification, le 19 novembre 1974, la République démocratique allemande avait déposé un instrument d'accession au Traité, en l'accompagnant d'une déclaration traduite en anglais par le Département d'État américain, libellée comme suit :

« la République démocratique d'Allemagne considère que le premier paragraphe de l'Article XIII du Traité est contradictoire au principe selon lequel tous les États qui sont guidés dans leurs politiques par les objectifs et principes de la Charte des Nations Unies sont habilités à devenir Parties aux traités qui touchent les intérêts de tous les États. »

Ultérieurement, le 5 février 1979, la République fédérale d'Allemagne a déposé un instrument d'adhésion au Traité, en l'accompagnant d'une déclaration traduite en anglais par l'ambassade de la République fédérale d'Allemagne, libellée comme suit :

« Monsieur le Secrétaire,
« En relation avec le dépôt aujourd'hui de l'instrument d'adhésion au Traité sur l'Antarctique signé à Washington le 1er décembre 1959, j'ai l'honneur de déclarer au nom de la République fédérale d'Allemagne qu'à compter de la date d'entrée en vigueur du Traité pour la République fédérale d'Allemagne, ce dernier sera également appliqué à Berlin (Ouest), sous réserve des droits et responsabilités de la République française, du Royaume-Uni de Grande-Bretagne et de l'Irlande du Nord, et des États-Unis d'Amérique, notamment ceux relatifs au désarmement et à la démilitarisation.
« Je vous prie d'agréer, Excellence, l'expression de ma plus haute considération. »

[3] L'instrument d'adhésion au Traité déposé par les Pays-Bas signale que l'adhésion concerne le Royaume en Europe, le Suriname et les Antilles néerlandaises.

Le Suriname est devenu un État indépendant le 25 novembre 1975.

L'ambassade du Royaume des Pays-Bas à Washington a transmis au Département d'État une note diplomatique en date du 9 janvier 1986, libellée comme suit :

« L'ambassade du Royaume des Pays-Bas présente ses compliments au Département d'État et a l'honneur d'attirer l'attention du Département sur le point suivant concernant son rôle de dépositaire [du Traité sur l'Antarctique].
« Depuis le 1er janvier 1986, l'île d'Aruba – qui faisait antérieurement partie des Antilles néerlandaises – a obtenu l'autonomie interne en tant que pays au sein du Royaume des Pays-Bas. En conséquence, le Royaume des Pays-Bas comporte 3 pays depuis le 1er janvier 1986, à savoir : les Pays-Bas en Europe, les Antilles néerlandaises et Aruba.
« L'événement susmentionné porte uniquement sur un changement des relations constitutionnelles internes du Royaume des Pays-Bas , et le Royaume en tant que sujet de droit international, reste lié par les traités qu'il a conclu, les changements susmentionnés n'ayant aucune conséquence sur le droit international relatif aux traités conclus par le Royaume, traités dont l'application était étendue aux Antilles néerlandaises, y compris Aruba.

« Ces traités resteront alors applicables à Aruba dans son nouveau statut de pays autonome au sein du Royaume des Pays-Bas à compter du 1ᵉʳ janvier 1986.

« En conséquence, le [Traité sur l'Antarctique] auquel le Royaume des Pays-Bas est Partie, et qui a été étendu aux Antilles néerlandaises, sera appliqué aux trois pays du Royaume des Pays-Bas à compter du 1ᵉʳ janvier 1986.

« L'ambassade vous serait reconnaissante de bien vouloir informer les autres Parties concernées du point susmentionné.

« L'ambassade du Royaume des Pays-Bas saisit cette occasion pour renouveler au Département d'État l'assurance de sa plus haute considération. »

L'ambassade du Royaume des Pays-Bas à Washington a transmis une note diplomatique au Département d'État en date du 6 octobre 2010 dont voici en substance la teneur :

« Le Royaume des Pays-Bas comporte actuellement trois parties : les Pays-Bas, les Antilles néerlandaises et Aruba. Les Antilles néerlandaises comportent les îles de Curaçao, Saint-Martin, Bonaire, Saint-Eustache et Saba.

« À compter du 10 octobre 2010, les Antilles néerlandaises cesseront d'exister au sein du Royaume des Pays-Bas. À compter de cette date, le Royaume sera constitué de quatre parties : les Pays-Bas, Aruba, Curaçao et Saint-Martin. Curaçao et Saint-Martin bénéficieront d'une autonomie interne au sein du Royaume, comme Aruba et, jusqu'au 10 octobre 2010, les Antilles néerlandaises.

« Ces changements constituent une modification des relations constitutionnelles internes du Royaume des Pays-Bas. Le Royaume des Pays-Bas restera en conséquence sujet de droit international dans le cadre des accords conclus. Par conséquent, la modification de la structure du Royaume n'affectera pas la validité des accords internationaux ratifiés par le Royaume pour les Antilles néerlandaises ; ces accords continueront à s'appliquer à Curaçao et à Saint-Martin.

« Les autres îles qui ont jusqu'ici fait partie des Antilles néerlandaises – Bonaire, Saint-Eustache et Saba – continueront de faire partie des Pays-Bas, et formeront « la partie des Pays-Bas située dans les Caraïbes ». Les accords qui s'appliquent actuellement aux Antilles néerlandaises continueront de s'appliquer à ces îles ; toutefois, le gouvernement des Pays-Bas sera dorénavant responsable de la mise en œuvre de ces accords. »

[4] Date du dépôt de la notification de succession par la Papouasie-Nouvelle-Guinée ; entrée en vigueur le 16 septembre 1975, à la date de son indépendance.

[5] L'instrument d'adhésion de la Roumanie au Traité s'est accompagné d'une note signée de l'ambassadeur de la République socialiste de Roumanie aux États-Unis d'Amérique, en date du 15 septembre 1971, libellée comme suit :

« Monsieur le Secrétaire,

« En soumettant l'instrument d'adhésion de la République socialiste de Roumanie au Traité sur l'Antarctique, signé à Washington le 1ᵉʳ décembre 1959, j'ai l'honneur de vous informer des faits suivants :

« Le Conseil d'État de la République socialiste de Roumanie indique que les dispositions du premier paragraphe de l'article XIII du Traité sur l'Antarctique ne sont pas conformes au principe selon lequel les traités multilatéraux dont l'objet et les objectifs concernent la communauté internationale, dans son ensemble, devraient être ouverts à la participation universelle.

« Je vous demande cordialement, Monsieur le Secrétaire, de transmettre à toutes les Parties concernées le texte de l'instrument d'adhésion de la Roumanie au Traité sur l'Antarctique, ainsi que le texte du présent courrier contenant la déclaration du gouvernement roumain mentionnée ci-dessus.

« Je saisis cette occasion pour vous renouveler, Monsieur le Secrétaire, l'assurance de ma plus haute considération. »

Des exemplaires de la lettre de l'ambassadeur et de l'instrument d'adhésion de la Roumanie au Traité ont été transmis aux Parties au Traité sur l'Antarctique par le Secrétaire d'État, dans sa note circulaire en date du 1ᵉʳ octobre 1971.

[6] Le Traité a été signé et ratifié par l'ancienne Union des républiques socialistes soviétiques. Dans une note en date du 13 janvier 1992, la Fédération de Russie a informé le gouvernement des États-Unis d'Amérique qu'elle « continuera d'assumer les droits et remplir les obligations faisant suite aux accords internationaux signés par l'Union des républiques socialistes soviétiques. »

[7] Date d'entrée en vigueur de la succession de la République slovaque. La Tchécoslovaquie a déposé un instrument d'adhésion au Traité le 14 juin 1962. Le 31 décembre 1992, à minuit, la Tchécoslovaquie a cessé d'exister et a été scindée en deux États séparés et indépendants, la République tchèque et la République slovaque.

[8] L'instrument d'adhésion de l'Uruguay au Traité s'est accompagné d'une déclaration traduite en anglais par le Département d'État américain, libellée comme suit :

« Le gouvernement de la République orientale de l'Uruguay considère que, par son adhésion au Traité sur l'Antarctique signé à Washington (États-Unis d'Amérique) le 1er décembre 1959, il contribue à affirmer les principes en faveur de l'utilisation exclusive de l'Antarctique à des fins pacifiques, de l'interdiction de toute explosion nucléaire ou déchet radioactif dans cette région, de la liberté de recherche scientifique en Antarctique au service de l'humanité, et de la coopération internationale dans la réalisation des objectifs qui sont fixés dans ledit Traité. « Dans le cadre de ces principes, l'Uruguay propose, par le biais d'une procédure fondée sur le principe d'égalité juridique, l'établissement d'un statut général et définitif sur l'Antarctique dans lequel, tout en respectant les droits des États tels que reconnus dans le droit international, les intérêts de tous les États engagés dans, et appartenant à la communauté internationale, prise dans son ensemble, seraient considérés équitablement.

« La décision du gouvernement uruguayen d'adhérer au Traité sur l'Antarctique se fonde non seulement sur l'intérêt que l'Uruguay, à l'instar des membres de la communauté internationale, porte à l'Antarctique, mais également sur l'intérêt spécial, direct et substantiel qui provient de son emplacement géographique, du fait que sa ligne côtière atlantique s'ouvre sur le continent de l'Antarctique, de son influence qui en résulte sur le climat, l'écologie et la biologie marine, des liens historiques qui remontent aux premières expéditions lancées pour explorer ce continent et ses eaux et également des obligations souscrites conformément au Traité inter-américain d'assistance réciproque qui inclut une partie du territoire antarctique dans la zone décrite à l'article 4, en vertu duquel l'Uruguay partage la responsabilité de la défense de la région.

« En communiquant sa décision d'adhérer au Traité sur l'Antarctique, le gouvernement de la République orientale de l'Uruguay déclare qu'il réserve ses droits en Antarctique, conformément au droit international. »

PROTOCOLE AU TRAITÉ SUR L'ANTARCTIQUE RELATIF À LA PROTECTION DE L'ENVIRONNEMENT
Signé à Madrid le 4 octobre 1991*

État	Date de signature	Date de dépôt de la ratification, Acceptation (A) ou Approbation (AA)	Date de dépôt de l'instrument d'accession	Date d'entrée en vigueur	Date d'acceptation ANNEXE V**	Date d'entrée en vigueur de l'Annexe V
PARTIES CONSULTATIVES						
Argentine	4 oct. 1991	28 oct. 1993 [3]		14 jan. 1998	8 sept. 2000 (A)	24 mai 2002
Australie	4 oct. 1991	6 avr. 1994		14 jan. 1998	4 août 1995 (B)	24 mai 2002
					6 avr. 1994 (A)	
Belgique	4 oct. 1991	26 avr. 1996		14 jan. 1998	7 juin 1995 (B)	24 mai 2002
					26 avr. 1996 (A)	
					23 oct. 2000 (B)	
Brésil	4 oct. 1991	15 août 1995		14 jan. 1998	20 nov. 1998 (B)	24 mai 2002
Bulgarie			21 avril 1998	21 mai 1998	5 mai 1999 (AB)	24 mai 2002
Chili	4 oct. 1991	11 jan. 1995		14 jan. 1998	25 mars 1998 (B)	24 mai 2002
Chine	4 oct. 1991	2 août 1994		14 jan. 1998	26 jan. 1995 (AB)	24 mai 2002
République tchèque[1,2]	1er jan. 1993	25 août 2004 [4]		24 sept. 2004	23 avr. 2014 (B)	
Équateur	4 oct. 1991	4 jan. 1993		14 jan. 1998	11 mai 2001 (A)	24 mai 2002
					15 nov. 2001 (B)	
Finlande	4 oct. 1991	1er nov. 1996 (A)		14 jan. 1998	1er nov. 1996 (A)	24 mai 2002
					2 avr. 1997 (B)	
France	4 oct. 1991	5 fév. 1993 (AA)		14 jan. 1998	26 avr. 1995 (B)	24 mai 2002
					18 nov. 1998 (A)	
Allemagne	4 oct. 1991	25 nov. 1994		14 jan. 1998	25 nov. 1994 (A)	24 mai 2002
					1er sept. 1998 (B)	
Inde	2 juil. 1992	26 avr. 1996		14 jan. 1998	24 mai 2002 (B)	24 mai 2002
Italie	4 oct. 1991	31 mars 1995		14 jan. 1998	31 mai 1995 (A)	24 mai 2002
					11 fév. 1998 (B)	
Japon	29 sept. 1992	15 déc. 1997 (A)		14 jan. 1998	15 déc. 1997 (AB)	24 mai 2002
Rép. de Corée	2 juil. 1992	2 jan. 1996		14 jan. 1998	5 juin 1996 (B)	24 mai 2002
Pays-Bas	4 oct. 1991	14 avr. 1994 (A)[6]		14 jan. 1998	18 mars 1998 (B)	24 mai 2002
Nouvelle-Zélande	4 oct. 1991	22 déc. 1994		14 jan. 1998	21 oct. 1992 (B)	24 mai 2002
Norvège	4 oct. 1991	16 juin 1993		14 jan. 1998	13 oct. 1993 (B)	24 mai 2002
Pérou	4 oct. 1991	8 mars 1993		14 jan. 1998	8 mars 1993 (A)	24 mai 2002
					17 mars 1999 (B)	
Pologne	4 oct. 1991	1er nov. 1995		14 jan. 1998	20 sept. 1995 (B)	24 mai 2002
Fédération de Russie	4 oct. 1991	6 août 1997		14 jan. 1998	19 juin 2001 (B)	24 mai 2002
Afrique du Sud	4 oct. 1991	3 août 1995		14 jan. 1998	14 juin 1995 (B)	24 mai 2002
Espagne	4 oct. 1991	1er juil. 1992		14 jan. 1998	8 déc. 1993 (A)	24 mai 2002
					18 fév. 2000 (B)	
Suède	4 oct. 1991	30 mars 1994		14 jan. 1998	30 mars 1994 (A)	24 mai 2002
					7 avr. 1994 (B)	

Ukraine	4 oct. 1991	25 avr. 1995 [5]	25 mai 2001	24 juin 2001	25 mai 2001 (A)	24 mai 2002
Royaume-Uni	4 oct. 1991	17 avr. 1997		14 jan. 1998	21 mai 1996 (B)	24 mai 2002
États-Unis d'Amérique				14 jan. 1998	17 avr. 1997 (A)	24 mai 2002
					6 mai 1998 (B)	
Uruguay	4 oct. 1991	11 jan. 1995		14 jan. 1998	15 mai 1995 (B)	24 mai 2002

** L'indication suivante désigne la date relative soit à l'acceptation de l'annexe V, soit à l'approbation de la Recommandation XVI-10

(A) Acceptation de l'Annexe V   (B) Approbation de la Recommandation XVI-10

2. Rapports des dépositaires et des observateurs

Etat	Date d'Signature	Ratification Acceptation ou Approbation	Date de dépôt d'Accession	Date d'entrée en vigueur	Date Acceptation ANNEXE V**	Date d'entrée en vigueur de l'Annexe V
PARTIES NON CONSULTATIVES						
Autriche	4 oct. 1991		16 juil. 2008	15 août 2008		
Bélarus						
Canada	4 oct. 1991	13 nov. 2003		13 déc. 2003		
Colombie	4 oct. 1991					
Cuba	2 juil. 1992					
Danemark						
Estonie						
Grèce	4 oct. 1991	23 mai 1995		14 jan. 1998		
Guatemala	4 oct. 1991					
Hongrie	4 oct. 1991					
RPD de Corée	4 oct. 1991					
Malaisie			15 août 2016	14 sept. 2016		
Monaco			1er juil. 2009	31 juil. 2009		
Pakistan			1er mars 2012	31 mars 2012		
Papouasie–Nouvelle-Guinée						
Portugal			10 sept. 2014	10 oct. 2014		
Roumanie	4 oct. 1991	3 fév. 2003		5 mars 2003	3 fév. 2003	5 mars 2003
République slovaque[1,2]	1er jan. 1993	2 mai 2017[7]		1er juin 2017	2 mai 2017	1er juin 2017
Suisse	4 oct. 1991					
Turquie						
Venezuela			1er août 2014	31 août 2014		

* Signé à Madrid le 4 octobre 1991 ; puis à Washington jusqu'au 3 octobre 1992.

Le Protocole entrera en vigueur initialement au trentième jour après la date de dépôt des instruments de ratification, d'acceptation, d'approbation ou d'adhésion par tous les États qui étaient Parties consultatives au Traité sur l'Antarctique à la date où le Protocole a été adopté. (Article 23)

**Adopté à Bonn le 17 Octobre 1991, à la XVIe Réunion consultative sur l'Antarctique.

1. Signé pour les Républiques tchèque et slovaque le 2 octobre 1992 — la Tchécoslovaquie accepte la juridiction de la Cour internationale de justice et du Tribunal

arbitral pour la résolution des litiges selon l'article 19, paragraphe premier. Le 31 décembre 1992, à minuit, la Tchécoslovaquie a cessé d'exister et a été remplacée par deux États distincts et indépendants, la République tchèque et la République slovaque.

2. La date effective de succession, conformément à la signature de la Tchécoslovaquie, qui est soumise à ratification par la République tchèque et la République slovaque.

3. Elle s'est accompagnée d'une déclaration dont la traduction informelle en anglais a été fournie par l'ambassade d'Argentine, libellée comme suit : « La République argentine déclare que dans la mesure où le Protocole au Traité sur l'Antarctique relatif à la protection de l'environnement est un accord complémentaire du Traité sur l'Antarctique et que son article 4 respecte ainsi pleinement ce qui a été indiqué dans l'article IV, paragraphe 1, alinéa A) dudit traité, aucune de ses stipulations ne doit être interprétée ou être utilisée comme atteinte à ses droits, basé sur les titres, actes de possession, contiguïté et continuité de la géologie dans la région Sud du parallèle 60, dans laquelle il a proclamé et a maintenu sa souveraineté. »

4. Elle s'est accompagnée d'une déclaration dont la traduction informelle en anglais a été fournie par l'ambassade de la République tchèque, libellée comme suit : « La République tchèque accepte la juridiction de la Cour internationale de justice et du Tribunal arbitral au titre de l'Article 19, paragraphe premier du Protocole au Traité sur l'Antarctique relatif à la protection de l'environnement, fait à Madrid, le 4 octobre 1991. »

5. La ratification effectuée au nom du Royaume-Uni de Grande-Bretagne et d'Irlande du Nord, du bailliage de Jersey, du bailliage de Guernesey, de l'île de Man, d'Anguilla, des Bermudes, de la Terre antarctique britannique, des îles Caïman, des îles Falkland, de Montserrat, Sainte-Hélène et Dépendances, des îles de la Géorgie du Sud et Sandwich du Sud, des îles Turques-et-Caïques et des îles Vierges britanniques.

6. L'acceptation vaut pour le Royaume en Europe. Au moment de l'acceptation, le Royaume des Pays-Bas a déclaré qu'il choisissait les deux recours possibles pour la résolution des litiges mentionnés à l'Article 19, paragraphe premier du Protocole, à savoir la Cour internationale de justice et le Tribunal arbitral.

Une déclaration du Royaume des Pays-Bas en date du 15 octobre 2004 acceptant le Protocole pour les Antilles néerlandaises a été déposée le 27 octobre 2004, accompagnée d'une déclaration confirmant qu'il choisissait les deux recours possibles pour la résolution des litiges mentionnés à l'Article 19, paragraphe premier du Protocole.

L'ambassade du Royaume des Pays-Bas à Washington avait transmis une note diplomatique au Département d'État en date du 6 octobre 2010, dont voici en substance la teneur :

« Le Royaume des Pays-Bas comporte actuellement trois parties : les Pays-Bas, les Antilles néerlandaises et Aruba. Les Antilles néerlandaises comportent les îles de Curaçao, Saint-Martin, Bonaire, Saint-Eustache et Saba.

« À compter du 10 octobre 2010, les Antilles néerlandaises cesseront d'exister au sein du Royaume des Pays-Bas. À partir de cette date, le Royaume sera constitué de quatre parties : les Pays-Bas, Aruba, Curaçao et Saint-Martin. Curaçao et Saint-Martin jouiront d'un gouvernement autonome au sein du Royaume, au même titre qu'Aruba, et jusqu'au 10 octobre 2010, que les Antilles néerlandaises.

« Ces changements constituent une modification des relations constitutionnelles internes du Royaume des Pays-Bas. Le Royaume des Pays-Bas restera en conséquence sujet de droit international dans le cadre des accords conclus. Par conséquent, la modification de la structure du Royaume n'affectera pas la validité des accords internationaux ratifiés par le Royaume pour les Antilles néerlandaises ; ces accords continueront à s'appliquer à Curaçao et à Saint-Martin.

« Les autres îles qui ont jusqu'ici fait partie des Antilles néerlandaises – Bonaire, Saint-Eustache et Saba – continueront de faire partie des Pays-Bas, et formeront « la partie des Pays-Bas située dans les Caraïbes ». Les accords qui s'appliquent actuellement aux Antilles néerlandaises continueront à s'appliquer à ces îles ; toutefois, le gouvernement des Pays-Bas sera dorénavant responsable de la mise en œuvre de ces accords. »

Le 16 octobre 2014, le Royaume des Pays-Bas a déposé un instrument daté du 3 septembre 2014 déclarant que le Royaume des Pays-Bas approuvait l'Annexe V du Protocole pour la partie des Pays-Bas située dans les Caraïbes (les îles de Bonaire, Saint-Eustache et Saba).

7. L'instrument de ratification du Protocole par la Suisse comprend une déclaration, selon l'Article 19, paragraphe premier du Protocole, indiquant que la Suisse choisit la Cour internationale de Justice pour la résolution des litiges.

Département d'État,
Washington, le 2 mai 2017.

Rapport final de la XLè RCTA

Approbation, ainsi que notifié par le gouvernement des États-Unis d'Amérique, des mesures relatives à la promotion des principes et objectifs du Traité sur l'Antarctique

	16 Recommandations adoptées à la première Réunion (Canberra 1961) Approuvées	10 Recommandations adoptées à la deuxième Réunion (Buenos Aires 1962) Approuvées	11 Recommandations adoptées à la troisième Réunion (Bruxelles 1964) Approuvées	28 Recommandations adoptées à la quatrième Réunion (Santiago 1966) Approuvées	9 Recommandations adoptées à la cinquième Réunion (Paris 1968) Approuvées	15 Recommandations adoptées à la sixième Réunion (Tokyo 1970) Approuvées
Argentine	TOUTES	TOUTES	TOUTES	TOUTES	TOUTES	TOUTES
Australie	TOUTES	TOUTES	TOUTES	TOUTES	TOUTES	TOUTES
Belgique	TOUTES	TOUTES	TOUTES	TOUTES	TOUTES	TOUTES
Brésil (1983)+	TOUTES	TOUTES	TOUTES	TOUTES	TOUTES	TOUTES sauf 10
Bulgarie (1998)+						
Chili	TOUTES	TOUTES	TOUTES	TOUTES	TOUTES	TOUTES
Chine (1985)+	TOUTES	TOUTES	TOUTES	TOUTES	TOUTES	TOUTES sauf 10
République tchèque (2014)+	1-7, 10 & 12-14	1, 4, 6-7 & 9	1-2, 7 & 11	14-15, 18, 21-24 & 27	2-3 & 6-7	1, 3, 5-7 & 10-13
Équateur (1990)+						
Finlande (1989)+						
France	TOUTES	TOUTES	TOUTES	TOUTES	TOUTES	TOUTES
Allemagne (1981)+	TOUTES	TOUTES	TOUTES sauf 8	TOUTES sauf 16-19	TOUTES sauf 6	TOUTES sauf 9
Inde (1983)+	TOUTES	TOUTES	TOUTES sauf 8***	TOUTES sauf 18	TOUTES	TOUTES sauf 9 & 10
Italie (1987)+	TOUTES	TOUTES	TOUTES	TOUTES	TOUTES	TOUTES
Japon	TOUTES	TOUTES	TOUTES	TOUTES	TOUTES	TOUTES
République de Corée (1989)+	TOUTES	TOUTES	TOUTES	TOUTES	TOUTES	TOUTES
Pays-Bas (1990)+	TOUTES sauf 11 & 15	TOUTES sauf 3, 5, 8 & 10	TOUTES sauf 3, 4, 6 & 9	TOUTES sauf 20, 25, 26 & 2	TOUTES sauf 1, 8 & 9	TOUTES sauf 15
Nouvelle-Zélande	TOUTES	TOUTES	TOUTES	TOUTES	TOUTES	TOUTES
Norvège	TOUTES	TOUTES	TOUTES	TOUTES	TOUTES	TOUTES
Pérou (1989)+	TOUTES	TOUTES	TOUTES	TOUTES	TOUTES	TOUTES
Pologne (1977)+	TOUTES	TOUTES	TOUTES	TOUTES	TOUTES	TOUTES
Russie	TOUTES	TOUTES	TOUTES	TOUTES	TOUTES	TOUTES
Afrique du Sud	TOUTES	TOUTES	TOUTES	TOUTES	TOUTES	TOUTES
Espagne (1988)+	TOUTES	TOUTES	TOUTES	TOUTES	TOUTES	TOUTES
Suède (1988)+	TOUTES	TOUTES	TOUTES	TOUTES	TOUTES	TOUTES
R.-U.	TOUTES	TOUTES	TOUTES	TOUTES	TOUTES	TOUTES
Uruguay (1985)+	TOUTES	TOUTES	TOUTES	TOUTES	TOUTES	TOUTES
États-Unis	TOUTES	TOUTES	TOUTES	TOUTES	TOUTES	TOUTES

208

* IV-6, IV-10, IV-12, et V-5 annulées par VIII-2

*** Acceptée en tant que ligne directrice temporaire

+ Année d'obtention du statut de membre consultatif. Acceptation par cet État nécessaire pour que les recommandations ou mesures adoptées au cours des Réunions entrent en vigueur à partir de cette année.

Approbation, ainsi que notifié par le gouvernement des États-Unis d'Amérique, des mesures relatives à la promotion des principes et objectifs du Traité sur l'Antarctique

	9 Recommandations adoptées à la septième Réunion (Wellington 1972) Approuvées	14 Recommandations adoptées à la huitième Réunion (Oslo 1975) Approuvées	6 Recommandations adoptées à la neuvième Réunion (Londres 1977) Approuvées	9 Recommandations adoptées à la dixième Réunion (Washington 1979) Approuvées	3 Recommandations adoptées à la onzième Réunion (Buenos Aires 1981) Approuvées	8 Recommandations adoptées à la douzième Réunion (Canberra 1983) Approuvées
Argentine	TOUTES	TOUTES	TOUTES	TOUTES	TOUTES	TOUTES
Australie	TOUTES	TOUTES	TOUTES	TOUTES	TOUTES	TOUTES
Belgique	TOUTES	TOUTES	TOUTES	TOUTES	TOUTES	TOUTES
Brésil (1983)+	TOUTES sauf 5	TOUTES	TOUTES	TOUTES	TOUTES	TOUTES
Bulgarie (1998)+						
Chili	TOUTES	TOUTES	TOUTES	TOUTES	TOUTES	TOUTES
Chine (1985)+	TOUTES sauf 5	TOUTES	TOUTES	TOUTES	TOUTES	TOUTES
République tchèque (2014)+	4 & 6-8	1, 4, 6-10, 12 & 14	1 et 2	1-3 & 8	TOUTES sauf 2	TOUTES sauf 3-5
Équateur (1990)+						
Finlande (1989)+						
France	TOUTES	TOUTES	TOUTES	TOUTES	TOUTES	TOUTES
Allemagne (1981)+	TOUTES sauf 5	TOUTES sauf 2 & 5	TOUTES	TOUTES	TOUTES	TOUTES
Inde (1983)+	TOUTES	TOUTES	TOUTES	TOUTES sauf 1 & 9	TOUTES	TOUTES
Italie (1987)+	TOUTES sauf 5	TOUTES	TOUTES	TOUTES sauf 1 & 9		
Japon	TOUTES	TOUTES	TOUTES	TOUTES	TOUTES	TOUTES
République de Corée (1989)+	TOUTES	TOUTES	TOUTES	TOUTES	TOUTES	TOUTES
Pays-Bas (1990)+	TOUTES	TOUTES	TOUTES sauf 3	TOUTES sauf 9	TOUTES sauf 2	TOUTES
Nouvelle-Zélande	TOUTES	TOUTES	TOUTES	TOUTES	TOUTES	TOUTES
Norvège	TOUTES	TOUTES	TOUTES	TOUTES	TOUTES	TOUTES
Pérou (1989)+	TOUTES	TOUTES	TOUTES	TOUTES	TOUTES	TOUTES
Pologne (1977)+	TOUTES	TOUTES	TOUTES	TOUTES	TOUTES	TOUTES
Russie	TOUTES	TOUTES	TOUTES	TOUTES	TOUTES	TOUTES
Afrique du Sud	TOUTES	TOUTES	TOUTES	TOUTES	TOUTES	TOUTES
Espagne (1988)+	TOUTES	TOUTES	TOUTES	TOUTES sauf 1 & 9	TOUTES sauf 1	TOUTES
Suède (1988)+	TOUTES	TOUTES	TOUTES	TOUTES	TOUTES	TOUTES
R.-U.	TOUTES	TOUTES	TOUTES	TOUTES	TOUTES	TOUTES
Uruguay (1985)+	TOUTES	TOUTES	TOUTES	TOUTES	TOUTES	TOUTES
États-Unis	TOUTES	TOUTES	TOUTES	TOUTES	TOUTES	TOUTES

209

* IV-6, IV-10, IV-12, et V-5 annulées par VIII-2
***Acceptée en tant que ligne directrice temporaire
+ Année d'obtention du statut de membre consultatif. Acceptation par cet État nécessaire pour que les recommandations ou mesures adoptées au cours des Réunions entrent en vigueur à partir de cette année.

Approbation, ainsi que notifié par le gouvernement des États-Unis d'Amérique, des mesures relatives à la promotion des principes et objectifs du Traité sur l'Antarctique

	16 Recommandations adoptées à la treizième Réunion (Bruxelles 1985) Approuvées	10 Recommandations adoptées à la quatorzième Réunion (Rio de Janeiro 1987) Approuvées	22 Recommandations adoptées à la quinzième Réunion (Paris 1989) Approuvées	13 Recommandations adoptées à la seizième Réunion (Bonn 1991) Approuvées	4 Recommandations adoptées à la dix-septième Réunion (Venise 1992) Approuvées	1 Recommandation adoptée à la dix-huitième Réunion (Kyoto 1994) Approuvée
Argentine	TOUTES	TOUTES	TOUTES	TOUTES	TOUTES	TOUTES
Australie	TOUTES	TOUTES	TOUTES	TOUTES	TOUTES	TOUTES
Belgique	TOUTES	TOUTES	TOUTES	TOUTES	TOUTES	TOUTES
Brésil (1983)+	TOUTES	TOUTES	TOUTES	TOUTES	TOUTES	TOUTES
Bulgarie (1998)+				XVI-10		
Chili	TOUTES	TOUTES	TOUTES	TOUTES	TOUTES	TOUTES
Chine (1985)+	TOUTES	TOUTES	TOUTES	TOUTES	TOUTES	TOUTES
République tchèque (2014)+	1-3, 5-6, 8, 11 & 15-16	1, 3, 5, 7-8 & 10	2, 5, 12-19 & 21	1, 2, 5-6 & 10-12	TOUTES sauf 2	TOUTES
Équateur (1990)+				1, 2, 5, 6, 10 & 12	TOUTES sauf 2 & 3	TOUTES
Finlande (1989)+				TOUTES	TOUTES	TOUTES
France	TOUTES	TOUTES	TOUTES	TOUTES	TOUTES	TOUTES
Allemagne (1981)+	TOUTES	TOUTES	TOUTES sauf 3, 8, 10, 11 & 22	TOUTES	TOUTES	TOUTES
Inde (1983)+	TOUTES	TOUTES	TOUTES	TOUTES	TOUTES	TOUTES
Italie (1987)+		TOUTES	TOUTES	TOUTES	TOUTES	TOUTES
Japon	TOUTES	TOUTES	TOUTES	TOUTES sauf 1,3-9, 12 & 13	TOUTES sauf 1-2 & 4	TOUTES
République de Corée (1989)+	TOUTES	TOUTES sauf 9	TOUTES sauf 1-11, 16, 18 & 19	TOUTES sauf 12	TOUTES sauf 1	TOUTES
Pays-Bas (1990)+	TOUTES	TOUTES	TOUTES sauf 22	TOUTES	TOUTES	TOUTES
Nouvelle-Zélande	TOUTES	TOUTES	TOUTES	TOUTES	TOUTES	TOUTES
Norvège	TOUTES		TOUTES	TOUTES	TOUTES	TOUTES
Pérou (1989)+			TOUTES sauf 22	TOUTES sauf 13	TOUTES	TOUTES
Pologne (1977)+	TOUTES	TOUTES	TOUTES	TOUTES	TOUTES	TOUTES
Russie	TOUTES	TOUTES	TOUTES	TOUTES	TOUTES	TOUTES
Afrique du Sud	TOUTES	TOUTES	TOUTES	TOUTES	TOUTES	TOUTES
Espagne (1988)+	TOUTES	TOUTES	TOUTES	TOUTES	TOUTES	TOUTES
Suède (1988)+			TOUTES	TOUTES	TOUTES	TOUTES
R.-U.	TOUTES	TOUTES sauf 2	TOUTES sauf 3, 4, 8, 10 & 11	TOUTES sauf 4, 6, 8 & 9	TOUTES	TOUTES
Uruguay (1985)+	TOUTES	TOUTES	TOUTES	TOUTES	TOUTES	TOUTES
États-Unis	TOUTES	TOUTES	TOUTES sauf 1-4, 10 & 11	TOUTES	TOUTES	TOUTES

---

* IV-6, IV-10, IV-12, et V-5 annulées par VIII-2

*** Acceptée en tant que ligne directrice temporaire

+ Année d'obtention du statut de membre consultatif. Acceptation par cet État nécessaire pour que les recommandations ou mesures adoptées au cours des Réunions entrent en vigueur à partir de cette année.

2. Rapports des dépositaires et des observateurs

Approbation, ainsi que notifié par le gouvernement des États-Unis d'Amérique, des mesures relatives à la promotion des principes et objectifs du Traité sur l'Antarctique

	5 Mesures adoptées à la dix-neuvième Réunion (Séoul 1995)	2 Mesures adoptées à la vingtième Réunion (Utrecht 1996)	5 Mesures adoptées à la vingt et unième Réunion (Christchurch 1997)	2 Mesures adoptées à la vingt-deuxième Réunion (Tromsø 1998)	1 Mesure adoptée à la vingt-troisième Réunion (Lima 1999)
	Approuvées	**Approuvées**	**Approuvées**	**Approuvées**	**Approuvée**
Argentine	TOUTES	TOUTES	TOUTES	TOUTES	TOUTES
Australie	TOUTES	TOUTES	TOUTES	TOUTES	TOUTES
Belgique	TOUTES	TOUTES	TOUTES	TOUTES	TOUTES
Brésil (1983)+	TOUTES	TOUTES	TOUTES	TOUTES	TOUTES
Bulgarie (1998)+					
Chili	TOUTES	TOUTES	TOUTES	TOUTES	TOUTES
Chine (1985)+	TOUTES	TOUTES	TOUTES	TOUTES	TOUTES
République tchèque (2014)+	TOUTES sauf 1 & 2 XIX-3	TOUTES sauf 1	TOUTES sauf 1 & 2 XXI-3	TOUTES sauf 1	
Équateur (1990)+					
Finlande (1989)+	TOUTES	TOUTES	TOUTES	TOUTES	TOUTES
France	TOUTES	TOUTES	TOUTES	TOUTES	TOUTES
Allemagne (1981)+	TOUTES	TOUTES	TOUTES	TOUTES	TOUTES
Inde (1983)+	TOUTES	TOUTES	TOUTES	TOUTES	TOUTES
Italie (1987)+	TOUTES	TOUTES	TOUTES	TOUTES	TOUTES
Japon	TOUTES (sauf 2 & 5)	TOUTES (sauf 1)	TOUTES (sauf 1-2 & 5)		
République de Corée (1989)+	TOUTES	TOUTES	TOUTES	TOUTES	TOUTES
Pays-Bas (1990)+	TOUTES	TOUTES	TOUTES	TOUTES	TOUTES
Nouvelle-Zélande	TOUTES	TOUTES	TOUTES	TOUTES	TOUTES
Norvège	TOUTES	TOUTES	TOUTES		
Pérou (1989)+	TOUTES	TOUTES	TOUTES	TOUTES	TOUTES
Pologne (1977)+	TOUTES	TOUTES	TOUTES	TOUTES	TOUTES
Russie	TOUTES	TOUTES	TOUTES	TOUTES	TOUTES
Afrique du Sud	TOUTES	TOUTES	TOUTES	TOUTES	TOUTES
Espagne (1988)+	TOUTES	TOUTES	TOUTES	TOUTES	TOUTES
Suède (1988)+	TOUTES	TOUTES	TOUTES	TOUTES	TOUTES
R.-U.	TOUTES	TOUTES	TOUTES	TOUTES	TOUTES
Uruguay (1985)+	TOUTES	TOUTES	TOUTES	TOUTES	TOUTES
États-Unis	TOUTES	TOUTES	TOUTES	TOUTES	TOUTES

« + Année d'obtention du statut de membre consultatif. Acceptation par cet État nécessaire pour que les recommandations ou mesures adoptées au cours des Réunions entrent en vigueur à partir de cette année. »

Approbation, ainsi que notifié par le gouvernement des États-Unis d'Amérique, des mesures relatives à la promotion des principes et objectifs du Traité sur l'Antarctique

	2 Mesures adoptées à la douzième Réunion extraordinair (La Haye 2000) Approuvées	3 Mesures adoptées à la vingt-quatrième Réunion (St-Pétersbourg 2001) Approuvées	1 Mesure adoptée à la vingt-cinquième Réunion (Varsovie 2002) Approuvée	3 Mesures adoptées à la vingt-sixième Réunion (Madrid 2003) Approuvées	4 Mesures adoptées à la vingt-septième Réunion (Le Cap 2004) Approuvées
Argentine			*	XXVI-1 *, XXVI-2 *, XXVI-3 **	XXVII-1 *, XXVII-2 *, XXVII-3 **, XXVII-4
Australie	TOUTES	TOUTES	TOUTES	XXVI-1, XXVI-2 *, XXVI-3 **	XXVII-1 *, XXVII-2 *, XXVII-3 **, XXVII-4
Belgique	TOUTES	TOUTES	TOUTES	TOUTES	TOUTES
Brésil (1983)+	TOUTES	TOUTES	TOUTES	TOUTES	XXVII-1, XXVII-2, XXVII-3
Bulgarie (1998)+				XXVI-1, XXVI-2 *, XXVI-3 **	XXVII-1 *, XXVII-2 *, XXVII-3 **
Chili	TOUTES	TOUTES	TOUTES	TOUTES	XXVII-1 *, XXVII-2 *, XXVII-3 **
Chine (1985)+	TOUTES	TOUTES	TOUTES	TOUTES	TOUTES
République tchèque (2014)+	TOUTES	TOUTES	TOUTES	TOUTES	XXVII-1 *, XXVII-2 *, XXVII-3 **, XXVII-4
Équateur (1990)+	RCETA XII-1	XXIV-3	*	XXVI-1, XXVI-2 *, XXVI-3 **	XXVII-1 *, XXVII-2 *, XXVII-3 **, XXVII-4
Finlande (1989)+	TOUTES	TOUTES	*	XXVI-1, XXVI-2 *, XXVI-3 **	XXVII-1, XXVII-2 *, XXVII-3, XXVII-4
France	TOUTES (sauf RCETA XII-2)	TOUTES	*	XXVI-1, XXVI-2 *, XXVI-3 **	XXVII-1 *, XXVII-2 *, XXVII-3 **
Allemagne (1981)+	TOUTES	TOUTES	TOUTES	TOUTES	XXVII-1 *, XXVII-2 *, XXVII-3 **
Inde (1983)+	TOUTES	TOUTES	TOUTES	TOUTES	XXVII-1 *, XXVII-2 *, XXVII-3 **
Italie (1987)+		TOUTES		XXVI-1, XXVI-2 *, XXVI-3 **	XXVII-1 *, XXVII-2 *, XXVII-3 **, XXVII-4
Japon		TOUTES	*	TOUTES	XXVII-1 *, XXVII-2 *, XXVII-3 **, XXVII-4
République de Corée (1989)+	TOUTES	TOUTES	*	XXVI-1, XXVI-2 *, XXVI-3 **	XXVII-1 *, XXVII-2 *, XXVII-3 **, XXVII-4
Pays-Bas (1990)+	TOUTES	TOUTES	TOUTES	TOUTES	XXVII-1 *, XXVII-2 *, XXVII-3 **, XXVII-4
Nouvelle-Zélande	TOUTES	TOUTES	TOUTES	TOUTES	TOUTES
Norvège		TOUTES		XXVI-1, XXVI-2 *, XXVI-3 **	XXVII-1 *, XXVII-2 *, XXVII-3 **, XXVII-4
Pérou (1989)+	TOUTES	TOUTES	TOUTES	XXVI-1, XXVI-2 *, XXVI-3 **	XXVII-1 *, XXVII-2 *, XXVII-3 **
Pologne (1977)+		TOUTES	TOUTES	TOUTES	TOUTES
Russie	TOUTES	TOUTES	TOUTES	XXVI-1, XXVI-2, XXVI-3 **	XXVII-1 *, XXVII-2 *, XXVII-3 **, XXVII-4
Afrique du Sud	TOUTES	TOUTES	TOUTES	TOUTES	TOUTES
Espagne (1988)+			*	XXVI-1, XXVI-2 *, XXVI-3 **	XXVII-1 *, XXVII-2 *, XXVII-3 **
Suède (1988)+	TOUTES	TOUTES	TOUTES	TOUTES	XXVII-1 *, XXVII-2 *, XXVII-3 **
Ukraine (2004)+					XXVII-1 *, XXVII-2 *, XXVII-3 **
R.-U.	TOUTES (sauf RCETA XII-2)	TOUTES (sauf XXIV-3)	TOUTES	TOUTES	XXVII-1 *, XXVII-2 *, XXVII-3 **, XXVII-4
Uruguay (1985)+	TOUTES	TOUTES	*	XXVI-1, XXVI-2 *, XXVI-3	XXVII-1 *, XXVII-2 *, XXVII-3 **, XXVII-4
États-Unis	TOUTES	TOUTES		XXVI-1, XXVI-2 *, XXVI-3 **	XXVII-1 *, XXVII-2 *, XXVII-3 **

« + Année d'obtention du statut de membre consultatif. Acceptation par cet État nécessaire pour que les recommandations ou mesures adoptées au cours des Réunions entrent en vigueur à partir de cette année. »

* Les plans de gestion des sites et monuments historiques révisée et actualisée annexée à cette mesure a été jugée approuvée conformément à l'article 8(2) de l'Annexe V au Protocole relatif à la protection de l'environnement au Traité sur l'Antarctique, et la mesure ne précisait pas de méthode d'adoption différente.

** La liste des sites et monuments historiques révisé et actualisé annexe à cette mesure a été jugée approuvée conformément à l'article 6(1) de l'Annexe V au Protocole relatif à la protection de l'environnement au Traité sur l'Antarctique, et la mesure ne précisait pas de méthode d'adoption différente.

Approbation, ainsi que notifié par le gouvernement des États-Unis d'Amérique, des Mesures relatives à la promotion des principes et objectifs du Traité sur l'Antarctique

	5 Mesures adoptées à la vingt-huitième Réunion (Stockholm 2005) Approuvées	4 Mesures adoptées à la vingt-neuvième Réunion (Édimbourg 2006) Approuvées	3 Mesures adoptées à la trentième Réunion (New Delhi 2007) Approuvées	14 Mesures adoptées à la trente et unième Réunion (Kiev 2008) Approuvées
Argentine	XXVIII-2 *, XXVIII-3 *, XXVIII-4 *, XXVIII-5 **	XXIX-1 *, XXIX-2 *, XXIX-3 **, XXIX-4 ***	XXX-1 *, XXX-2 *, XXX-3 **	XXXI-1 - XXXI-14 *
Australie	XXVIII-1, XXVIII-2 *, XXVIII-3 *, XXVIII-4 *, XXVIII-5 **	XXIX-1 *, XXIX-2 *, XXIX-3 **, XXIX-4 ***	XXX-1 *, XXX-2 *, XXX-3 **	XXXI-1 - XXXI-14 *
Belgique	TOUTES sauf Mesure 1	TOUTES	TOUTES	XXXI-1 - XXXI-14 *
Brésil (1983)	TOUTES sauf Mesure 1	XXIX-1 *, XXIX-2 *, XXIX-3 **, XXIX-4 ***	XXX-1 *, XXX-2 *, XXX-3 **	XXXI-1 - XXXI-14 *
Bulgarie (1998)+	XXVIII-2 *, XXVIII-3 *, XXVIII-4 *, XXVIII-5 **	XXIX-1 *, XXIX-2 *, XXIX-3 **, XXIX-4 ***	XXX-1 *, XXX-2 *, XXX-3 **	XXXI-1 - XXXI-14 *
Chili	TOUTES sauf Mesure 1	XXIX-1 *, XXIX-2 *, XXIX-3 **, XXIX-4 ***	XXX-1 *, XXX-2 *, XXX-3 **	XXXI-1 - XXXI-14 *
Chine (1985)+	TOUTES sauf Mesure 1	XXIX-1 *, XXIX-2 *, XXIX-3 **, XXIX-4 ***	XXX-1 *, XXX-2 *, XXX-3 **	XXXI-1 - XXXI-14 *
République tchèque (2014)+	TOUTES sauf Mesure 1	TOUTES	TOUTES	TOUTES sauf Mesure 8
Équateur (1990)+	XXVIII-1, XXVIII-2 *, XXVIII-3 *, XXVIII-4 *, XXVIII-5 **	XXIX-1 *, XXIX-2 *, XXIX-3 **, XXIX-4 ***	XXX-1 *, XXX-2 *, XXX-3 **	XXXI-1 - XXXI-14 *
Finlande (1989)+	XXVIII-1, XXVIII-2 *, XXVIII-3 *, XXVIII-4 *, XXVIII-5 **	XXIX-1 *, XXIX-2 *, XXIX-3 **, XXIX-4 ***	XXX-1 *, XXX-2 *, XXX-3 **	XXXI-1 - XXXI-14 *
France	XXVIII-2 *, XXVIII-3 *, XXVIII-4 *, XXVIII-5 **	XXIX-1 *, XXIX-2 *, XXIX-3 **, XXIX-4 ***	XXX-1 *, XXX-2 *, XXX-3 **	XXXI-1 - XXXI-14 *
Allemagne (1981)+	XXVIII-2 *, XXVIII-3 *, XXVIII-4 *, XXVIII-5 **	XXIX-1 *, XXIX-2 *, XXIX-3 **, XXIX-4 ***	XXX-1 *, XXX-2 *, XXX-3 **	XXXI-1 - XXXI-14 *
Inde (1983)+	XXVIII-2 *, XXVIII-3 *, XXVIII-4 *, XXVIII-5 **	XXIX-1 *, XXIX-2 *, XXIX-3 **, XXIX-4 ***	XXX-1 *, XXX-2 *, XXX-3 **	XXXI-1 - XXXI-14 *
Italie (1987)+	XXVIII-1, XXVIII-2 *, XXVIII-3 *, XXVIII-4 *, XXVIII-5 **	XXIX-1 *, XXIX-2 *, XXIX-3 **, XXIX-4 ***	XXX-1 *, XXX-2 *, XXX-3 **	XXXI-1 - XXXI-14 *
Japon	XXVIII-2 *, XXVIII-3 *, XXVIII-4 *, XXVIII-5 **	XXIX-1 *, XXIX-2 *, XXIX-3 **, XXIX-4 ***	XXX-1 *, XXX-2 *, XXX-3 **	XXXI-1 - XXXI-14 *
République de Corée (1989)+	XXVIII-2 *, XXVIII-3 *, XXVIII-4 *, XXVIII-5 **	XXIX-1 *, XXIX-2 *, XXIX-3 **, XXIX-4 ***	XXX-1 *, XXX-2 *, XXX-3 **	XXXI-1 - XXXI-14 *
Pays-Bas (1990)+	TOUTES	TOUTES	TOUTES	TOUTES
Nouvelle-Zélande	XXVIII-1, XXVIII-2 *, XXVIII-3 *, XXVIII-4 *, XXVIII-5 **	XXIX-1 *, XXIX-2 *, XXIX-3 **, XXIX-4 ***	XXX-1 *, XXX-2 *, XXX-3 **	XXXI-1 - XXXI-14 *
Norvège	XXVIII-1, XXVIII-2 *, XXVIII-3 *, XXVIII-4 *, XXVIII-5 **	XXIX-1 *, XXIX-2 *, XXIX-3 **, XXIX-4 ***	XXX-1 *, XXX-2 *, XXX-3 **	XXXI-1 - XXXI-14 *
Pérou (1989)+	XXVIII-1, XXVIII-2 *, XXVIII-3 *, XXVIII-4 *, XXVIII-5 **	XXIX-1 *, XXIX-2 *, XXIX-3 **, XXIX-4 ***	XXX-1 *, XXX-2 *, XXX-3 **	XXXI-1 - XXXI-14 *
Pologne (1977)+	TOUTES	TOUTES	TOUTES	XXXI-1 - XXXI-14 *
Russie	XXVIII-1, XXVIII-2 *, XXVIII-3 *, XXVIII-4 *, XXVIII-5 **	XXIX-1 *, XXIX-2 *, XXIX-3 **, XXIX-4 ***	XXX-1 *, XXX-2 *, XXX-3 **	XXXI-1 - XXXI-14 *
Afrique du Sud	XXVIII-1, XXVIII-2 *, XXVIII-3 *, XXVIII-4 *, XXVIII-5 **	TOUTES	XXX-1 *, XXX-2 *, XXX-3 **	XXXI-1 - XXXI-14 *
Espagne (1988)+	XXVIII-1, XXVIII-2 *, XXVIII-3 *, XXVIII-4 *, XXVIII-5 **	XXIX-1 *, XXIX-2 *, XXIX-3 **, XXIX-4 ***	XXX-1 *, XXX-2 *, XXX-3 **	XXXI-1 - XXXI-14 *
Suède (1988)+	XXVIII-1, XXVIII-2 *, XXVIII-3 *, XXVIII-4 *, XXVIII-5 **	XXIX-1 *, XXIX-2 *, XXIX-3 **, XXIX-4 ***	XXX-1 *, XXX-2 *, XXX-3 **	XXXI-1 - XXXI-14 *
Ukraine (2004)+	XXVIII-2 *, XXVIII-3 *, XXVIII-4 *, XXVIII-5 **	XXIX-1 *, XXIX-2 *, XXIX-3 **, XXIX-4 ***	XXX-1 *, XXX-2 *, XXX-3 **	XXXI-1 - XXXI-14 *
R.-U.	XXVIII-2 *, XXVIII-3 *, XXVIII-4 *, XXVIII-5 **	XXIX-1 *, XXIX-2 *, XXIX-3 **, XXIX-4 ***	XXX-1 *, XXX-2 *, XXX-3 **	XXXI-1 - XXXI-14 *
Uruguay (1985)+	XXVIII-2 *, XXVIII-3 *, XXVIII-4 *, XXVIII-5 **	XXIX-1 *, XXIX-2 *, XXIX-3 **, XXIX-4 ***	XXX-1 *, XXX-2 *, XXX-3 **	XXXI-1 - XXXI-14 *
États-Unis	XXVIII-2 *, XXVIII-3 *, XXVIII-4 *, XXVIII-5 **	XXIX-1 *, XXIX-2 *, XXIX-3 **, XXIX-4 ***	XXX-1 *, XXX-2 *, XXX-3 **	XXXI-1 - XXXI-14 *

« + Année d'obtention du statut de membre consultatif. Acceptation par cet État nécessaire pour que les recommandations ou mesures adoptées au cours des Réunions entrent en vigueur à partir de cette année. »

* Les plans de gestion annexés à cette mesure ont été jugés approuvés conformément à l'article 6(1) de l'Annexe V au Protocole relatif à la protection de l'environnement au Traité sur l'Antarctique, et la mesure ne précisait pas de méthode d'adoption différente.

** La liste des sites et monuments historiques révisée et actualisée annexée à cette mesure a été jugée approuvée conformément à l'article 8(2) de l'Annexe V au Protocole relatif à la protection de l'environnement au Traité sur l'Antarctique, et la mesure ne précisait pas de méthode d'adoption différente.

*** La modification apportée à la Pièce-jointe A de l'Annexe II au Protocole relatif à la protection de l'environnement au Traité sur l'Antarctique a été jugée approuvée conformément à l'article 9(1) de l'Annexe II au Protocole relatif à la protection de l'environnement au Traité sur l'Antarctique et la mesure ne précisait pas de méthode d'adoption différente.

Approbation, ainsi que notifié par le gouvernement des États-Unis d'Amérique, des Mesures relatives à la promotion des principes et objectifs du Traité sur l'Antarctique

	16 Mesures adoptées à la trente-deuxième Réunion (Baltimore 2009) Approuvées	15 Mesures adoptées à la trente-troisième Réunion (Punta del Este 2010) Approuvées	12 Mesures adoptées à la trente-quatrième Réunion (Buenos Aires 2011) Approuvées	11 Mesures adoptées à la trente-cinquième Réunion (Hobart 2012) Approuvées	21 Mesures adoptées à la trente-sixième Réunion (Bruxelles 2013) Approuvées
Argentine	XXXII-1 - XXXII-13* et XXXII-14**	XXXIII-1 - XXXIII-14* et XXXIII-15**	XXXIV-1 - XXXIV-10* et XXXIV-11 - XXXIV-12**	XXXV-1 - XXXV-10* et XXXV-11**	XXXVI-1 - XXXVI-17* et XXXVI-18 - XXXVI-21**
Australie	XXXII-1 - XXXII-13* et XXXII-14** ; XXXII-15	XXXIII-1 - XXXIII-14* et XXXIII-15**	XXXIV-1 - XXXIV-10* et XXXIV-11 - XXXIV-12**	XXXV-1 - XXXV-10* et XXXV-11**	XXXVI-1 - XXXVI-17* et XXXVI-18 - XXXVI-21**
Belgique	XXXII-1 - XXXII-13* et XXXII-14**	XXXIII-1 - XXXIII-14* et XXXIII-15**	XXXIV-1 - XXXIV-10* et XXXIV-11 - XXXIV-12**	XXXV-1 - XXXV-10* et XXXV-11**	XXXVI-1 - XXXVI-17* et XXXVI-18 - XXXVI-21**
Brésil (1983)+	XXXII-1 - XXXII-13* et XXXII-14**	XXXIII-1 - XXXIII-14* et XXXIII-15**	XXXIV-1 - XXXIV-10* et XXXIV-11 - XXXIV-12**	XXXV-1 - XXXV-10* et XXXV-11**	XXXVI-1 - XXXVI-17* et XXXVI-18 - XXXVI-21**
Bulgarie (1998)+	XXXII-1 - XXXII-13* et XXXII-14**	XXXIII-1 - XXXIII-14* et XXXIII-15**	XXXIV-1 - XXXIV-10* et XXXIV-11 - XXXIV-12**	XXXV-1 - XXXV-10* et XXXV-11**	XXXVI-1 - XXXVI-17* et XXXVI-18 - XXXVI-21**
Chili	XXXII-1 - XXXII-13* et XXXII-14**	XXXIII-1 - XXXIII-14* et XXXIII-15**	XXXIV-1 - XXXIV-10* et XXXIV-11 - XXXIV-12**	XXXV-1 - XXXV-10* et XXXV-11**	XXXVI-1 - XXXVI-17* et XXXVI-18 - XXXVI-21**
Chine (1985)+	XXXII-1 - XXXII-13* et XXXII-14**	XXXIII-1 - XXXIII-14* et XXXIII-15**	XXXIV-1 - XXXIV-10* et XXXIV-11 - XXXIV-12**	XXXV-1 - XXXV-10* et XXXV-11**	XXXVI-1 - XXXVI-17* et XXXVI-18 - XXXVI-21**
République tchèque (2014)+	TOUTES sauf 2 et 16	TOUTES	TOUTES	TOUTES	TOUTES
Équateur (1990)+	XXXII-1 - XXXII-13* et XXXII-14** ; XXXII-15	XXXIII-1 - XXXIII-14* et XXXIII-15**	XXXIV-1 - XXXIV-10* et XXXIV-11 - XXXIV-12**	XXXV-1 - XXXV-10* et XXXV-11**	XXXVI-1 - XXXVI-17* et XXXVI-18 - XXXVI-21**
Finlande (1989)+	XXXII-1 - XXXII-13* et XXXII-14** ; XXXII-16	XXXIII-1 - XXXIII-14* et XXXIII-15**	XXXIV-1 - XXXIV-10* et XXXIV-11 - XXXIV-12**	XXXV-1 - XXXV-10* et XXXV-11**	XXXVI-1 - XXXVI-17* et XXXVI-18 - XXXVI-21**
France	XXXII-1 - XXXII-13* et XXXII-14** ; XXXII-15	XXXIII-1 - XXXIII-14* et XXXIII-15**	XXXIV-1 - XXXIV-10* et XXXIV-11 - XXXIV-12**	XXXV-1 - XXXV-10* et XXXV-11**	XXXVI-1 - XXXVI-17* et XXXVI-18 - XXXVI-21**
Allemagne (1981)+	XXXII-1 - XXXII-13* et XXXII-14**	XXXIII-1 - XXXIII-14* et XXXIII-15**	XXXIV-1 - XXXIV-10* et XXXIV-11 - XXXIV-12**	XXXV-1 - XXXV-10* et XXXV-11**	XXXVI-1 - XXXVI-17* et XXXVI-18 - XXXVI-21**
Inde (1983)+	XXXII-1 - XXXII-13* et XXXII-14**	XXXIII-1 - XXXIII-14* et XXXIII-15**	XXXIV-1 - XXXIV-10* et XXXIV-11 - XXXIV-12**	XXXV-1 - XXXV-10* et XXXV-11**	XXXVI-1 - XXXVI-17* et XXXVI-18 - XXXVI-21**
Italie (1987)+	XXXII-1 - XXXII-13* et XXXII-14**	XXXIII-1 - XXXIII-14* et XXXIII-15**	XXXIV-1 - XXXIV-10* et XXXIV-11 - XXXIV-12**	XXXV-1 - XXXV-10* et XXXV-11**	XXXVI-1 - XXXVI-17* et XXXVI-18 - XXXVI-21**
Japon	XXXII-1 - XXXII-13* et XXXII-14** ; XXXII-15	XXXIII-1 - XXXIII-14* et XXXIII-15**	XXXIV-1 - XXXIV-10* et XXXIV-11 - XXXIV-12**	XXXV-1 - XXXV-10* et XXXV-11**	XXXVI-1 - XXXVI-17* et XXXVI-18 - XXXVI-21**
République de Corée (1989)+	XXXII-1 - XXXII-13* et XXXII-14** ; XXXII-15	TOUTES	TOUTES	TOUTES	TOUTES
Pays-Bas (1990)+	XXXII-1 - XXXII-13 et XXXII-14 ; XXXII-15 - XXXII-16	XXXIII-1 - XXXIII-14* et XXXIII-15**	XXXIV-1 - XXXIV-10* et XXXIV-11 - XXXIV-12**	XXXV-1 - XXXV-10* et XXXV-11**	XXXVI-1 - XXXVI-17* et XXXVI-18 - XXXVI-21**
Nouvelle-Zélande	XXXII-1 - XXXII-13* et XXXII-14** ; XXXII-15	XXXIII-1 - XXXIII-14* et XXXIII-15**	XXXIV-1 - XXXIV-10* et XXXIV-11 - XXXIV-12**	XXXV-1 - XXXV-10* et XXXV-11**	XXXVI-1 - XXXVI-17* et XXXVI-18 - XXXVI-21**
Norvège	XXXII-1 - XXXII-13* et XXXII-14**	XXXIII-1 - XXXIII-14* et XXXIII-15**	XXXIV-1 - XXXIV-10* et XXXIV-11 - XXXIV-12**	XXXV-1 - XXXV-10* et XXXV-11**	XXXVI-1 - XXXVI-17* et XXXVI-18 - XXXVI-21**
Pérou (1989)+	XXXII-1 - XXXII-13* et XXXII-14**	XXXIII-1 - XXXIII-14* et XXXIII-15**	XXXIV-1 - XXXIV-10* et XXXIV-11 - XXXIV-12**	XXXV-1 - XXXV-10* et XXXV-11**	XXXVI-1 - XXXVI-17* et XXXVI-18 - XXXVI-21**
Pologne (1977)+	XXXII-1 - XXXII-13* et XXXII-14**	XXXIII-1 - XXXIII-14* et XXXIII-15**	XXXIV-1 - XXXIV-10* et XXXIV-11 - XXXIV-12**	XXXV-1 - XXXV-10* et XXXV-11**	XXXVI-1 - XXXVI-17* et XXXVI-18 - XXXVI-21**
Russie	XXXII-1 - XXXII-13* et XXXII-14** ; XXXII-15	XXXIII-1 - XXXIII-14* et XXXIII-15**	XXXIV-1 - XXXIV-10* et XXXIV-11 - XXXIV-12**	XXXV-1 - XXXV-10* et XXXV-11**	XXXVI-1 - XXXVI-17* et XXXVI-18 - XXXVI-21**
Afrique du Sud	XXXII-1 - XXXII-13* et XXXII-14**	XXXIII-1 - XXXIII-14* et XXXIII-15**	XXXIV-1 - XXXIV-10* et XXXIV-11 - XXXIV-12**	XXXV-1 - XXXV-10* et XXXV-11**	XXXVI-1 - XXXVI-17* et XXXVI-18 - XXXVI-21**
Espagne (1988)+	XXXII-1 - XXXII-13* et XXXII-14**	XXXIII-1 - XXXIII-14* et XXXIII-15**	XXXIV-1 - XXXIV-10* et XXXIV-11 - XXXIV-12**	XXXV-1 - XXXV-10* et XXXV-11**	XXXVI-1 - XXXVI-17* et XXXVI-18 - XXXVI-21**
Suède (1988)+	XXXII-1 - XXXII-13* et XXXII-14**	XXXIII-1 - XXXIII-14* et XXXIII-15**	XXXIV-1 - XXXIV-10* et XXXIV-11 - XXXIV-12**	XXXV-1 - XXXV-10* et XXXV-11**	XXXVI-1 - XXXVI-17* et XXXVI-18 - XXXVI-21**
Ukraine (2004)+	XXXII-1 - XXXII-13* et XXXII-14**	XXXIII-1 - XXXIII-14* et XXXIII-15**	XXXIV-1 - XXXIV-10* et XXXIV-11 - XXXIV-12**	XXXV-1 - XXXV-10* et XXXV-11**	XXXVI-1 - XXXVI-17* et XXXVI-18 - XXXVI-21**
R.-U.	XXXII-1 - XXXII-13* et XXXII-14** ; XXXII-15 - XXXII-16	XXXIII-1 - XXXIII-14* et XXXIII-15**	XXXIV-1 - XXXIV-10* et XXXIV-11 - XXXIV-12**	XXXV-1 - XXXV-10* et XXXV-11**	XXXVI-1 - XXXVI-17* et XXXVI-18 - XXXVI-21**
Uruguay (1985)+	XXXII-1 - XXXII-13* et XXXII-14** ; XXXII-15	XXXIII-1 - XXXIII-14* et XXXIII-15**	XXXIV-1 - XXXIV-10* et XXXIV-11 - XXXIV-12**	XXXV-1 - XXXV-10* et XXXV-11**	XXXVI-1 - XXXVI-17* et XXXVI-18 - XXXVI-21**
États-Unis	XXXII-1 - XXXII-13* et XXXII-14** ; XXXII-16	XXXIII-1 - XXXIII-14* et XXXIII-15**	XXXIV-1 - XXXIV-10* et XXXIV-11 - XXXIV-12**	XXXV-1 - XXXV-10* et XXXV-11**	XXXVI-1 - XXXVI-17* et XXXVI-18 - XXXVI-21**

« + Année d'obtention du statut de membre consultatif. Acceptation par cet État nécessaire pour que les recommandations ou mesures adoptées au cours des Réunions entrent en vigueur à partir de cette année. »

* Les plans de gestion annexés à ces mesures ont été jugés approuvés conformément à l'article 6(1) de l'Annexe V au Protocole relatif à la protection de l'environnement au Traité sur l'Antarctique, et la mesure ne précisait pas de méthode d'adoption différente.

** Les modifications et/ou les ajouts apportés à la liste des sites et monuments historiques ont été jugés approuvés conformément à l'article 8(2) de l'Annexe V au Protocole relatif à la protection de l'environnement au Traité sur l'Antarctique, et la mesure ne précisait pas de méthode d'adoption différente.

	16 Mesures adoptées à la trente-septième Réunion (Brasilia 2014) Approuvées	19 Mesures adoptées à la trente-huitième Réunion (Sofia 2015) Approuvées	9 Mesures adoptées à la trente-neuvième Réunion (Santiago 2016) Approuvées
Argentine	XXXVII-1 - XXXVII-16*	XXXVIII-1 - XXXVIII-18* et XXXVIII-19**	XXXIX-1 - XXXIX-8* et XXXIX-9**
Australie	XXXVII-1 - XXXVII-16*	XXXVIII-1 - XXXVIII-18* et XXXVIII-19**	XXXIX-1 - XXXIX-8* et XXXIX-9**
Belgique	XXXVII-1 - XXXVII-16*	XXXVIII-1 - XXXVIII-18* et XXXVIII-19**	XXXIX-1 - XXXIX-8* et XXXIX-9**
Brésil (1983)+	XXXVII-1 - XXXVII-16*	XXXVIII-1 - XXXVIII-18* et XXXVIII-19**	XXXIX-1 - XXXIX-8* et XXXIX-9**
Bulgarie (1998)+	XXXVII-1 - XXXVII-16*	XXXVIII-1 - XXXVIII-18* et XXXVIII-19**	XXXIX-1 - XXXIX-8* et XXXIX-9**
Chili	XXXVII-1 - XXXVII-16*	XXXVIII-1 - XXXVIII-18* et XXXVIII-19**	XXXIX-1 - XXXIX-8* et XXXIX-9**
Chine (1985)+	XXXVII-1 - XXXVII-16*	XXXVIII-1 - XXXVIII-18* et XXXVIII-19**	XXXIX-1 - XXXIX-8* et XXXIX-9**
République tchèque (2014)+	XXXVII-1 - XXXVII-16*	XXXVIII-1 - XXXVIII-18* et XXXVIII-19**	XXXIX-1 - XXXIX-8* et XXXIX-9**
Équateur (1990)+	XXXVII-1 - XXXVII-16*	XXXVIII-1 - XXXVIII-18* et XXXVIII-19**	XXXIX-1 - XXXIX-8* et XXXIX-9**
Finlande (1989)+	XXXVII-1 - XXXVII-16*	XXXVIII-1 - XXXVIII-18* et XXXVIII-19**	XXXIX-1 - XXXIX-8* et XXXIX-9**
France	XXXVII-1 - XXXVII-16*	XXXVIII-1 - XXXVIII-18* et XXXVIII-19**	XXXIX-1 - XXXIX-8* et XXXIX-9**
Allemagne (1981)+	XXXVII-1 - XXXVII-16*	XXXVIII-1 - XXXVIII-18* et XXXVIII-19**	XXXIX-1 - XXXIX-8* et XXXIX-9**
Inde (1983)+	XXXVII-1 - XXXVII-16*	XXXVIII-1 - XXXVIII-18* et XXXVIII-19**	XXXIX-1 - XXXIX-8* et XXXIX-9**
Italie (1987)+	XXXVII-1 - XXXVII-16*	XXXVIII-1 - XXXVIII-18* et XXXVIII-19**	XXXIX-1 - XXXIX-8* et XXXIX-9**
Japon	XXXVII-1 - XXXVII-16*	XXXVIII-1 - XXXVIII-18* et XXXVIII-19**	XXXIX-1 - XXXIX-8* et XXXIX-9**
République de Corée (1989)+	XXXVII-1 - XXXVII-16*	XXXVIII-1 - XXXVIII-18* et XXXVIII-19**	XXXIX-1 - XXXIX-8* et XXXIX-9**
Pays-Bas (1990)+	XXXVII-1 - XXXVII-16*	XXXVIII-1 - XXXVIII-18* et XXXVIII-19**	XXXIX-1 - XXXIX-8* et XXXIX-9**
Nouvelle-Zélande	XXXVII-1 - XXXVII-16*	XXXVIII-1 - XXXVIII-18* et XXXVIII-19**	XXXIX-1 - XXXIX-8* et XXXIX-9**
Norvège	XXXVII-1 - XXXVII-16*	XXXVIII-1 - XXXVIII-18* et XXXVIII-19**	XXXIX-1 - XXXIX-8* et XXXIX-9**
Pérou (1989)+	XXXVII-1 - XXXVII-16*	XXXVIII-1 - XXXVIII-18* et XXXVIII-19**	XXXIX-1 - XXXIX-8* et XXXIX-9**
Pologne (1977)+	XXXVII-1 - XXXVII-16*	XXXVIII-1 - XXXVIII-18* et XXXVIII-19**	XXXIX-1 - XXXIX-8* et XXXIX-9**
Russie	XXXVII-1 - XXXVII-16*	XXXVIII-1 - XXXVIII-18* et XXXVIII-19**	XXXIX-1 - XXXIX-8* et XXXIX-9**
Afrique du Sud	XXXVII-1 - XXXVII-16*	XXXVIII-1 - XXXVIII-18* et XXXVIII-19**	XXXIX-1 - XXXIX-8* et XXXIX-9**
Espagne (1988)+	XXXVII-1 - XXXVII-16*	XXXVIII-1 - XXXVIII-18* et XXXVIII-19**	XXXIX-1 - XXXIX-8* et XXXIX-9**
Suède (1988)+	XXXVII-1 - XXXVII-16*	XXXVIII-1 - XXXVIII-18* et XXXVIII-19**	XXXIX-1 - XXXIX-8* et XXXIX-9**
Ukraine (2004)+	XXXVII-1 - XXXVII-16*	XXXVIII-1 - XXXVIII-18* et XXXVIII-19**	XXXIX-1 - XXXIX-8* et XXXIX-9**
R.-U.	XXXVII-1 - XXXVII-16*	XXXVIII-1 - XXXVIII-18* et XXXVIII-19**	XXXIX-1 - XXXIX-8* et XXXIX-9**
Uruguay (1985)+	XXXVII-1 - XXXVII-16*	XXXVIII-1 - XXXVIII-18* et XXXVIII-19**	XXXIX-1 - XXXIX-8* et XXXIX-9**
États-Unis	XXXVII-1 - XXXVII-16*	XXXVIII-1 - XXXVIII-18* et XXXVIII-19**	XXXIX-1 - XXXIX-8* et XXXIX-9**

« + Année d'obtention du statut de membre consultatif. Acceptation par cet État nécessaire pour que les recommandations ou mesures adoptées au cours des Réunions entrent en vigueur à partir de cette année. »

* Les plans de gestion annexés à ces mesures ont été jugés approuvés conformément à l'article 6(1) de l'Annexe V au Protocole relatif à la protection de l'environnement au Traité sur l'Antarctique, et la mesure ne précisait pas de méthode d'adoption différente.

** Les modifications et/ou les ajouts apportés à la liste des sites et monuments historiques ont été jugés approuvés conformément à l'article 8(2) de l'Annexe V au Protocole relatif à la protection de l'environnement au Traité sur l'Antarctique, et la mesure ne précisait pas de méthode d'adoption différente.

Bureau du conseiller juridique adjoint pour les affaires relatives au Traité
Ministère des Affaires étrangères
Washington, le 25 avril 2017.

Rapport du gouvernement dépositaire de la Convention sur la conservation de la faune et la flore marines de l'Antarctique (CAMLR)

Document d'information soumis par l'Australie

Extrait

Un rapport est fourni par l'Australie en sa qualité de gouvernement dépositaire de la *Convention sur la conservation de la faune et la flore marines de l'Antarctique* de 1980.

Contexte

L'Australie, en sa qualité de gouvernement dépositaire de la *Convention sur la conservation de la faune et la flore marines de l'Antarctique* de 1980 (ci-après « la Convention »), a le plaisir de rendre compte à la quarantième Réunion consultative du Traité sur l'Antarctique (XLe RCTA) de l'état de la Convention.

L'Australie informe les Parties au Traité sur l'Antarctique que, depuis la trente-neuvième Réunion consultative du Traité sur l'Antarctique (XXXIXe RCTA), il n'y a eu aucune activité dépositaire.

Un exemplaire de la liste de l'état de la Convention est disponible, sur internet, sur la Base de données australienne des Traités, à l'adresse suivante :

http://www.austlii.edu.au/au/other/dfat/treaty_list/depository/CCAMLR.html

La liste de l'état de la Convention peut également être demandée au Secrétariat des Traités du ministère des Affaires étrangères et du Commerce australien. Les requêtes peuvent être adressées par le biais des missions diplomatiques australiennes.

Rapport du gouvernement dépositaire de l'Accord sur la conservation des albatros et des pétrels (ACAP)

Document d'information soumis par l'Australie

Extrait

Un rapport est fourni par l'Australie en sa qualité de gouvernement dépositaire de l'*Accord sur la conservation des albatros et des pétrels* de 2001.

Contexte

L'Australie, en sa qualité de gouvernement dépositaire de l'*Accord sur la conservation des albatros et des pétrels* de 2001 (ci-après « l'Accord »), a le plaisir de rendre compte à la quarantième Réunion consultative du Traité sur l'Antarctique (XLe RCTA) de l'état de l'Accord.

L'Australie informe les Parties au Traité sur l'Antarctique que, depuis la trente-neuvième Réunion consultative du Traité sur l'Antarctique (XXXIXe RCTA), aucun État n'a adhéré à l'Accord.

Un exemplaire de la liste de l'état de l'Accord est disponible, sur internet, sur la Base de données australienne des Traités à l'adresse suivante :

http://www.austlii.edu.au/au/other/dfat/treaty_list/depository/consalbnpet.html

Elle peut également être demandée au Secrétariat des Traités du ministère des Affaires étrangères et du Commerce australien. Les requêtes peuvent être adressées par le biais des missions diplomatiques australiennes.

Rapport rédigé par le Royaume-Uni en sa qualité de gouvernement dépositaire de la Convention pour la protection des phoques de l'Antarctique (CCAS) en vertu de la Recommandation XIII-2, paragraphe 2(D)

Parties à la Convention et nouvelles adhésions

En sa qualité d'État dépositaire de la Convention pour la protection des phoques de l'Antarctique (CCAS), le Royaume-Uni a fait savoir qu'aucune nouvelle demande d'adhésion à cette Convention, ni aucun instrument d'adhésion, n'avait été déposé depuis le précédent rapport (XXXIXe RCTA/IP 2).

La liste exhaustive des États signataires originels de la Convention, ainsi que des États qui y ont adhéré par la suite, est jointe au présent rapport (Annexe A).

Déclaration annuelle 2015-2016 pour la CCAS

L'Annexe B reprend les données fournies par les Parties contractantes à la CCAS relatives au nombre de phoques de l'Antarctique capturés et tués au cours la période allant du 1er mars 2015 au 29 février 2016. Toutes les captures signalées avaient des fins scientifiques.

Prochaine déclaration annuelle pour la CCAS

Le Royaume-Uni rappelle aux Parties contractantes à la CCAS que l'échange d'informations dont il est question dans le paragraphe 6(a) de l'Annexe à la Convention, pour la période du 1er mars 2016 au 28 février 2017, est attendu pour le **30 juin 2017**. Les Parties à la CCAS sont priées de présenter leur déclaration, y compris les déclarations nulles, au Royaume-Uni ainsi qu'au SCAR. Le Royaume-Uni invite toutes les Parties contractantes à la CCAS à soumettre leurs résultats dans les délais impartis.

Le rapport de la CCAS pour la période examinée, soit 2016-2017, sera présenté à la XLIe RCTA, après l'échéance de juin 2017 fixée pour l'échange d'informations.

Parties à la Convention pour la protection des phoques de l'Antarctique (CCAS)

Londres, 1er juin-31 - décembre 1972 ; la Convention est entrée en vigueur le 11 mars 1978.

État	Date de signature	Date de dépôt (ratification ou acceptation)
Argentine*	9 juin 1972	7 mars 1978
Australie	5 octobre 1972	1 juillet 1987
Belgique	9 juin 1972	9 février 1978
Chili*	28 décembre 1972	7 février 1980
France**	19 décembre 1972	19 février 1975
Japon	28 décembre 1972	28 août 1980
Norvège	9 juin 1972	10 décembre 1973
Russie****	9 juin 1972	8 février 1978
Afrique du Sud	9 juin 1972	15 août 1972
Royaume-Uni**	9 juin 1972	10 septembre 1974***
États-Unis d'Amérique	28 juin 1972	19 janvier 1977

Adhésions

État	Date de dépôt de l'instrument d'adhésion
Brésil	11 février 1991
Canada	4 octobre 1990
Allemagne	30 septembre 1987
Italie	2 avril 1992
Pologne	15 août 1980
Pakistan	25 mars 2013

* Déclaration ou réservation
** Objection
*** L'instrument de ratification incluait les îles anglo-normandes et l'île de Man
**** Ex-URSS

Rapport annuel de la CCAS 2015-2016

Résumé des déclarations, conformément à l'article 5 et à l'Annexe à la Convention : Phoques capturés et tués au cours de la période allant du 1er mars 2015 au 29 février 2016.

Partie contractante	Phoques antarctiques capturés	Phoques antarctiques tués
Argentine	151 (a)	0
Australie	4 (b)	0
Belgique	0	0
Brésil	0	0
Canada	Pas de déclaration reçue	Pas de déclaration reçue
Chili	58 (c)	0
France	117 (d)	0
Allemagne	18 (e)	1 (f)
Italie	0	0
Japon	0	0
Norvège	0	0
Pakistan	Pas de déclaration reçue	Pas de déclaration reçue
Pologne	0	0
Russie	0	0
Afrique du Sud	0	1 (k)
Royaume-Uni	38 (g)	2 (h)
États-Unis d'Amérique	2716 (i)	27 (j)

Toutes les captures communiquées avaient des fins scientifiques.

(a) **Phoque de Weddell :** 22 adultes (sexe inconnu). **Phoque crabier :** 10 adultes (sexe inconnu). **Éléphant de mer du sud :** 4 adultes, 15 jeunes, et 100 petits sevrés (sexe inconnu).
(b) Éléphant de mer : 4 (âge et sexe inconnus).
(c) **Otarie :** 29 femelles adultes, 29 bébés (sexe inconnu).
(d) **Phoque de Weddell :** 4 mâles adultes, 75 femelles adultes, 19 bébés mâles, 19 bébés femelles.
(e) **Phoque de Weddell :** 8 mâles adultes, 10 femelles adultes.
(f) **Phoque de Weddell :** 1 femelle adulte est morte des suites d'une apnée irréversible, après une intervention pharmacologique et mécanique opérée sans succès.
(g) **Otarie :** 31 mâles adultes, 3 femelles adultes, 4 bébés (sexe inconnu).
(h) **Otarie :** 2 mâles adultes sont morts suite à une anesthésie, bien que les procédures aient été respectées lors de son exécution.
(i) **Otarie :** 46 adultes/jeunes, et 442 bébés (sexe inconnu). **Léopard de mer :** 11 adultes/jeunes (sexe inconnu). **Éléphant de mer du sud :** 50 adultes/jeunes et 63 bébés (sexe inconnu) et 76 (âge et sexe inconnus). **Phoque de Weddell :** 16 adultes/jeunes et 26 bébés (sexe inconnu), 246 femelles adultes, 3 (âge et sexe inconnus), 35 bébés (des deux sexes), 12 adultes (des deux sexes), 309 bébés mâles, 330 bébés femelles, 97 mâles adultes, 1 jeune femelle, 2 jeunes mâles et 949 aux seules fins

d'observation (âge et sexe inconnus). **Phoque crabier :** 2, aux seules fins d'observation (âge et sexe inconnus).

(j) **Antarctic Fur Seals:** 2 adult females and 4 pups (sex unknown) all found dead on shore, not previously handled. **Weddell Seals:** 2 unintentional deaths (age and sex unknown); 10 adults and 9 pups (sex unknown) all found dead on shore, not previously handled.

(k) One seal died accidentally from stress during scientific handling to obtain biopsy samples. Now a museum specimen.

Rapport de la trente-cinquième réunion
de la Commission
(Hobart, Australie, du 17 au 28 octobre 2016)

Ouverture de la réunion

1.   La trente-cinquième réunion annuelle de la CCAMLR, qui s'est tenue à Hobart (Australie) du 17 au 28 octobre 2016, était présidée par M. Vasily Titushkin (Fédération de Russie).

2.   Vingt-quatre Membres, deux États adhérents, un État observateur et onze observateurs d'organisations non gouvernementales y ont participé.

Organisation de la réunion

Statut de la Convention

3.   L'Australie, en sa qualité de dépositaire, a annoncé que le statut de la Convention n'avait pas changé pendant la dernière période d'intersession.

Application et observation de la réglementation

4.   La Commission a approuvé le rapport CCAMLR de conformité pour 2016, quatrième année de la mise en œuvre de la procédure d'évaluation de la conformité de la CCAMLR.

5.   Le comité permanent sur l'application et l'observation de la réglementation (SCIC) a examiné d'autres questions telles que :

-     l'évaluation des notifications de projets de pêcheries nouvelles ou exploratoires pour la saison 2016/2017

-     la mise en œuvre du système de documentation des captures de la CCAMLR, notamment en ce qui concerne les efforts visant à renforcer l'engagement des Parties non contractantes vis-à-vis du système, l'analyse des données globales sur le commerce de la légine et l'état d'avancement du déploiement d'un nouvel SDC électronique sur le web (e-SDC) début 2017. L'Équateur a reçu le statut de PNC coopérant avec la CCAMLR en effectuant un suivi du commerce de légine, lequel lui donne un accès limité à l'e-SDC

-     les tendances apparentes de la pêche INN et l'intérêt de la collaboration avec le projet Scale d'Interpol

Administration et Finances

6.   La Commission a souscrit aux avis et recommandations du Comité permanent sur l'administration et les finances (SCAF), y compris en soutenant la recherche de nouvelles possibilités de génération de revenus et de réduction plus importante des coûts pour garantir un financement durable.

7.   La Commission a approuvé le budget de 2017 et les prévisions budgétaires pour 2018.

Rapport du Comité scientifique

Un rapport plus détaillé portant principalement sur les cinq questions d'intérêt commun pour le CPE et le SC-CAMLR, identifiés en 2009 lors de l'atelier conjoint CPE–SC-CAMLR à Baltimore (États-Unis), sera présenté à la XXe réunion du CPE par le président du Comité scientifique de la CCAMLR, Dr Mark Belchier (Royaume-Uni). Le CPE discutera également de l'examen continu des conclusions du second atelier CPE-SC-CAMLR qui s'est tenu à Punta Arenas (Chili) les 19 et 20 mai 2016. Lors de sa dernière réunion, le Comité scientifique a présenté des avis à la Commission sur les questions suivantes :

Ressource de krill

8.   À l'égard des captures de la saison 2015/16, la Commission a noté qu'en date du 14 septembre 2016, 11 navires avaient pêché dans la sous-zone 48 ; la capture totale s'élevait à 258 365 tonnes, dont 154 461 tonnes provenaient de la sous-zone 48.1 ; cette sous-zone a fermé le 28 mai 2016.

9.   Six Membres ont adressé des notifications concernant 18 navires pour la saison 2016/17.

10.   La Commission a remarqué que, sur la base de l'évaluation des risques, les risques d'effets localisés de la pêche au krill étaient en hausse et que la répartition actuelle du niveau de déclenchement relatif au krill de la zone 48 décrite dans la mesure de conservation (MC) 51-07 devrait être reconduite pour une période minimale de trois ans. Elle a demandé que le Comité scientifique fasse un état d'avancement annuel du cadre d'évaluation des risques, et qu'après trois ans, en 2019, il dresse un bilan exhaustif pour l'informer des progrès effectués vers une gestion par rétroaction et de l'allocation du niveau de déclenchement dans la MC 51-07.

Ressources de poissons

11.   En 2015/16, 12 Membres ont pêché de la légine (légine australe (*Dissostichus eleginoides*) et/ou légine antarctique (*D. mawsoni*)). La capture totale de *Dissostichus* spp. déclarée au 16 septembre 2016 s'élevait à 12 211 tonnes. Par comparaison, la capture totale déclarée de légine en 2014/15 était de 15 891 tonnes. La Commission a approuvé les avis du Comité scientifique sur les limites de capture en 2016/17 pour les pêcheries de *D. eleginoides* et *D. mawsoni*.

12.   Deux Membres, le Royaume-Uni et l'Australie, ont pêché le poisson des glaces (*Champsocephalus gunnari*) et le Chili a mené une pêche de recherche sur *C. gunnari*.

13.   La Commission a approuvé l'avis émis par le Comité scientifique sur la nécessité d'un suivi continu des pêcheries de la CCAMLR pour éviter une surcapacité de pêche et est d'avis que, bien qu'il n'y ait aucune indication d'un surcroît de capacité à présent, le secrétariat devrait continuer à comparer le nombre de navires faisant l'objet d'une notification au nombre de navires qui aura effectivement pêché dans une sous-zone chaque année, afin de détecter toute tendance à la hausse.

Pêche de fond et écosystèmes marins vulnérables

14.   La Commission a pris note des discussions du Comité scientifique sur la pêche de fond et les écosystèmes marins vulnérables (VME) et du fait qu'une notification de zone à risque de VME a été déposée pour la sous-zone 88.1 en 2015/16, ce qui porte à 76 le nombre total de zones à risque de VME.

Aires marines protégées

15.   La Commission a pris note des discussions du Comité scientifique sur la planification des AMP dans le domaine 1, des résultats préliminaires des campagnes de recherche dans l'AMP des îles Orcades du Sud et des dernières informations sur le développement de l'AMP de la mer de Weddell (WSMPA) (domaines 3 et 4). Elle a par ailleurs constaté que le Comité scientifique avait reconnu que les nombreuses informations présentées à l'égard de la mer de Weddell représentaient les meilleures informations scientifiques disponibles actuellement et qu'elles fournissaient les bases nécessaires pour la planification des AMP dans cette région. Elle a ajouté que de nouveaux travaux seraient nécessaires pour développer ces analyses et pour identifier comment les utiliser pour le développement d'une proposition de WSMPA et elle a encouragé la poursuite des travaux dans ce domaine.

16.   La Commission a adopté une nouvelle mesure de conservation établissant pour une durée limitée des zones spéciales destinées à l'étude scientifique dans les zones marines nouvellement exposées suite au recul ou à l'effondrement de plates-formes glaciaires.

Renforcement des capacités

17.   La Commission a félicité les candidats de l'Argentine et de la Chine qui ont reçu une bourse scientifique de la CCAMLR pour 2017 et 2018.

Priorités du Comité scientifique

18.   La Commission a examiné les résultats du Symposium du Comité scientifique de la CCAMLR qui s'est tenu au secrétariat de la CCAMLR, à Hobart (Australie), les 13 et 14 octobre 2016 et pris note de la discussion sur les priorités du Comité scientifique.

Système international d'observation scientifique de la CCAMLR

19.   La Commission a approuvé une augmentation progressive de l'observation de la pêcherie de krill pour qu'elle soit couverte à 100% par des observateurs d'ici à la saison de pêche 2020/21.

Impacts du changement climatique

20.   Au nom de sa délégation et de celle de la Norvège, l'Australie a présenté un rapport initial du groupe de correspondance de la période d'intersession (ICG pour *Intersessional Correspondence Group*) sur les approches envisageables au sein de la CCAMLR pour faciliter l'examen de l'impact du changement climatique. Le document fait le point sur les premiers travaux entrepris par le groupe en 2016, y compris les discussions sur les sujets d'inquiétude et les processus visant à améliorer la prise en considération des impacts du changement climatique. Il regroupe des idées sur l'évaluation du statut et des tendances et sur la mise en avant des principales recommandations issues du second atelier conjoint CPE–SC-CAMLR sur le changement climatique et son suivi qui s'est tenu à Punta Arenas, au Chili, les 19 et 20 mai 2016. Les débats étaient en faveur de l'inscription des travaux liés au changement climatique dans un cadre cohérent et hiérarchisé, comme l'illustre le Programme de travail en réponse au changement climatique du CPE. Les travaux de l'ICG ne seront pas limités aux questions et aux priorités scientifiques, mais s'appuieront sur ces travaux et chercheront également à tenir compte des considérations de politique et de gestion.

Mesures de conservation

21.   L'examen par la Commission des mesures de conservation et résolutions nouvelles ou révisées, et des questions s'y rapportant, est consigné dans la Liste officielle des mesures de conservation en vigueur 2016/17 publiée fin 2016.

22.   Parmi les mesures de conservation adoptées lors de la XXXVe réunion de la CCAMLR, on note une mesure portant création de l'AMP de la région de la mer de Ross, laquelle a été soumise pour la première fois à la Commission par la Nouvelle-Zélande et les États-Unis en 2012 puis révisée en 2013, 2014 et 2015. L'AMP qui prend effet le 1er décembre 2017 vise à conserver les ressources marines vivantes, à maintenir la structure et la fonction de l'écosystème, à protéger les processus vitaux de l'écosystème et les secteurs d'importance écologique et à promouvoir la recherche scientifique, y compris par l'établissement de zones de référence (voir annexe).

Mise en œuvre des objectifs de la Convention

Objectifs de la Convention

23.   Le Chili a présenté un compte rendu du second symposium de la CCAMLR qui s'est déroulé à Santiago du 5 au 8 mai 2015. Il estime que les conclusions du Symposium seront particulièrement utiles pour aider la Commission à examiner ses priorités stratégiques des 5 à 10 prochaines années. Compte tenu des résultats de ce Symposium et de ceux du Symposium du Comité scientifique qui a eu lieu juste avant la XXXVe réunion du SC-CAMLR, la Commission a accepté les termes de référence et les accords de travail d'un e-groupe de la période d'intersession qui devrait réfléchir aux priorités stratégiques de la Commission jusqu'en 2027.

Évaluation de performance

24.   La Commission a approuvé les termes de référence et la préparation de la seconde évaluation de performance (un compte rendu en sera présenté à la XXXVIe réunion de la CCAMLR en octobre). Sur l'invitation de la Commission, le président du CPE, Ewan McIvor, a accepté de participer au comité d'évaluation.

Coopération avec le système du Traité sur l'Antarctique et des organisations internationales

25.   Le secrétaire exécutif a présenté à la Commission un sommaire de diverses questions d'intérêt soulevées lors de la 39e réunion consultative du Traité sur l'Antarctique (XXXIXe RCTA).

26.   La Commission a été informée que l'observateur du SCAR avait présenté à la XXXVe réunion du SC-CAMLR un rapport faisant le point sur les très diverses activités du SCAR pertinentes pour les travaux du Comité scientifique et de la Commission et mettant en avant l'engagement réel entre le SCAR et la CCAMLR.

27.   Notant que la Commission a conclu des accords formels avec l'Accord sur la conservation des albatros et des pétrels (ACAP), la Commission pour la conservation du thon rouge du sud (CCSBT) et la Commission des pêches du Pacifique central et occidental (CPPCO), la Commission a encouragé le secrétariat à établir des protocoles d'accord avec d'autres organisations régionales de gestion de la pêche pertinentes.

Prochaine réunion

Élection des dirigeants

28.   La Commission a confirmé que l'Afrique du Sud assurerait la présidence des réunions de la Commission en 2017 et 2018.

29.   La Commission a confirmé la recommandation du SCIC d'élire Mme J.-r. Kim à la présidence du SCIC.

Date et lieu de la prochaine réunion

30.   La trente-sixième réunion se tiendra à Hobart (Australie) du 16 au 27 octobre 2017. La trente-sixième réunion du Comité scientifique se tiendra du 16 au 20 octobre 2017.

ANNEXE

Aire marine protégée de la région de la mer de Ross établie par la CCAMLR, avec délimitation de la zone de protection générale (zones i, ii et iii), de la zone spéciale de recherche et de la zone de recherche sur le krill (mesure de conservation 91-05).

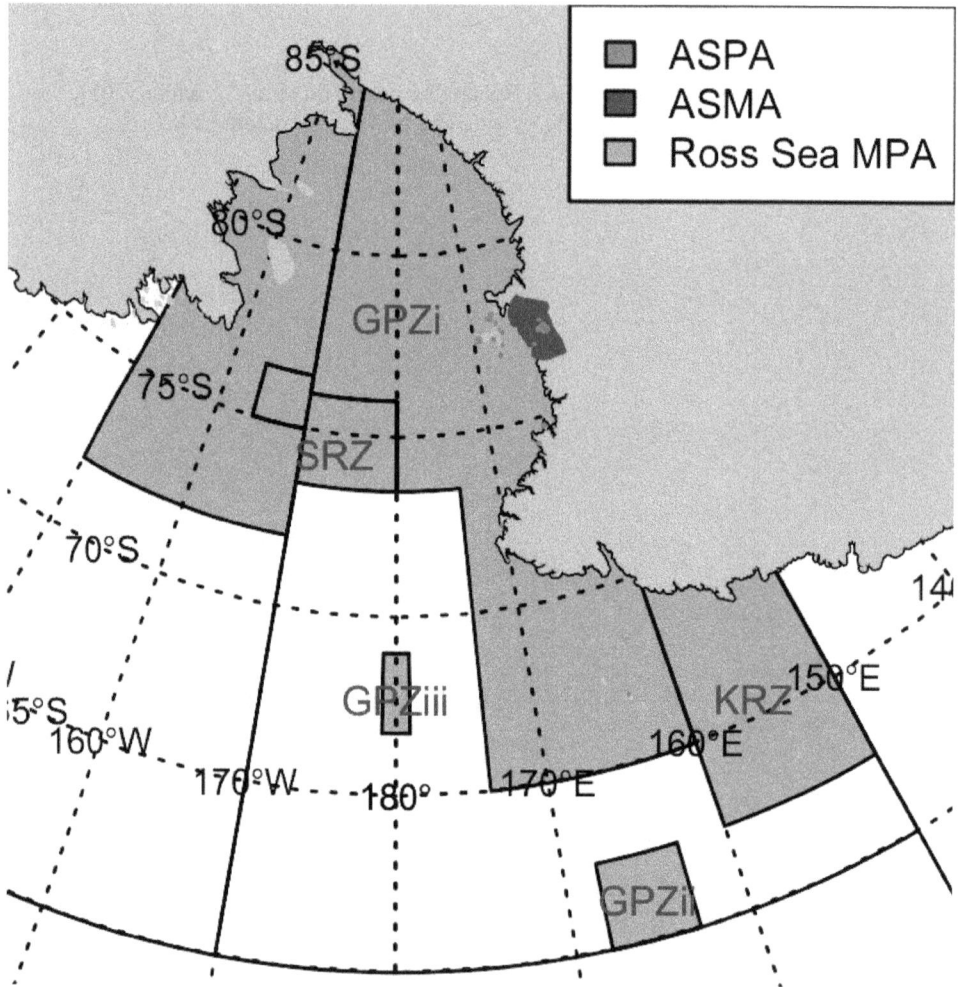

Rapport annuel 2016 - 2017 du Comité scientifique pour la recherche antarctique à la XLe Réunion consultative du Traité sur l'Antarctique

Document d'information présenté par le SCAR

Résumé

Ce document présente le rapport annuel du Comité scientifique pour la recherche antarctique (SCAR) à la Réunion consultative du Traité sur l'Antarctique. Pour faciliter leur examen, les principaux éléments de ce rapport sont présentés sous forme d'infographies.

Contexte

La mission du SCAR est de faire progresser la recherche sur l'Antarctique, notamment les observations de l'Antarctique, et de promouvoir la connaissance, la compréhension et l'éducation scientifiques de chaque aspect de la région de l'Antarctique. À cette fin, le SCAR est chargé de lancer et de gérer la coordination internationale des recherches en Antarctique et dans l'océan Austral qui seraient bénéfiques à la société mondiale. Le SCAR fournit des conseils et des informations scientifiques indépendants et objectifs au système du Traité sur l'Antarctique et à d'autres organismes, et agit en sa qualité de principal moyen d'échange d'informations sur l'Antarctique dans la communauté scientifique.

Une description des programmes des activités et des résultats scientifiques du SCAR est disponible sur le site : *http://www.scar.org/*.

En 2018, le SCAR célèbrera son 60ème anniversaire.

Récentes évolutions

En plus du résumé des résultats et des activités clés du SCAR présentés dans la Figure 1, les trois groupes scientifiques, les six programmes de recherche, et plusieurs groupes subsidiaires spécialisés du SCAR ont entrepris un grand nombre d'activités et fourni de nombreux résultats. Plusieurs d'entre eux sont formellement présentés durant cette réunion, notamment pendant la conférence du SCAR.

Un nouveau comité exécutif a été désigné par les délégués lors de la XXXIVe réunion du SCAR et de la Conférence scientifique ouverte qui se sont tenues à Kuala Lumpur, en Malaisie : Prof Steven L. Chown (Président) ; Prof Dr Karin Lochte (Vice-Président), Prof Terry Wilson (Vice-Président), Prof Dr Azizan bin Abu Samah (Vice-Président), Prof Jefferson Cardia Simões (Vice-Président), Prof Jerónimo López-Martínez (Président sortant). Le Dr Jenny Baeseman et la Directrice exécutive du SCAR. Le Dr Aleks Terauds et le représentant du SCAR au Comité pour la protection de l'environnement.

Sélection de réunions à venir

XIIe Symposium de Biologie du SCAR Du 10 au 14 juillet 2017, Bruxelles, Belgique.
http://www.scarbiology2017.org/

Conférence Past Antarctic Ice Sheet Dynamic (PAIS) 2017. Du 10 au 15 septembre 2017, Triest, Italie.
http://pais-conference-2017.inogs.it/

IXe Congrès latino-américain de la science en Antarctique. Du 4 au 6 octobre 2017, Punta Arenas, Chili.
http://www.inach.cl/inach/?p=21366

La XXXVe Réunion du SCAR et la conférence scientifique ouverte. Du 15 au 27 juin 2018, Davos, Suisse. La conférence scientifique publique traitera des deux régions polaires, puisqu'elle est organisée conjointement avec le Comité international des sciences arctiques (IASC). *http://www.polar2018.org/*

SCIENTIFIC COMMITTEE ON ANTARCTIC RESEARCH ANNUAL REPORT 2016-2017

XXXIV SCAR MEETINGS AND OPEN SCIENCE CONFERENCE

Participants: 849
Abstracts: 1030
Parallel sessions: 41
Mini-symposiums: 5

MEMBERSHIP

Full Members
Associate Members
New Associate Members

AWARDS

Medal for Excellence in Antarctic Research
Dr. Robert Dunbar, USA

Medal for International Scientific Coordination
Dr. Heinrich Miller, Germany

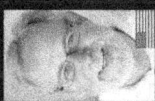
SCAR President's Medal for Outstanding Achievement
Dr. Francisco Herve, Chile

A YEAR IN NUMBERS

4 Early Career Fellowships

2 Visiting Professor Awards

110 Women in Antarctic Research Wikipedia Bios

1 New Partnership with the Asian Forum for Polar Sciences

1 New Strategic Plan

3 New Research Groups

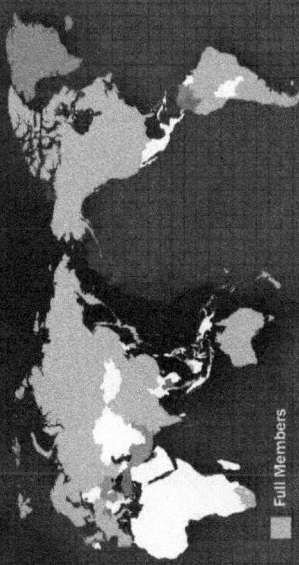

Graphic: Warren Clark

Find us at: scar.org

Rapport annuel 2016-2017 du Conseil des directeurs des programmes antarctiques nationaux (COMNAP)

Le COMNAP est l'organisation chargée de la gestion des programmes antarctiques nationaux. Il réunit notamment les responsables nationaux qui programment, dirigent et gèrent les soutiens apportés à la recherche scientifique en Antarctique au nom de leurs gouvernements respectifs.

Le COMNAP est une association internationale créée en septembre 1988 et ayant pour membres les 30 programmes antarctiques nationaux menés par les pays suivants : Afrique du Sud, Allemagne, Argentine, Australie, Biélorussie, Belgique, Brésil, Bulgarie, Chili, Chine, Équateur, Espagne, États-Unis, Fédération de Russie, Finlande, France, Inde, Italie, Japon, Norvège, Nouvelle-Zélande, Pays-Bas, Pérou, Pologne, République de Corée, République tchèque, Royaume-Uni, Suède, Ukraine, et Uruguay. Les programmes antarctiques nationaux du Canada (à partir d'août 2016), du Portugal (à partir d'août 2015) et du Venezuela (à partir d'août 2015) possèdent actuellement le statut d'Observateur au sein du COMNAP.

La mission du COMNAP vise à élaborer et à promouvoir les bonnes pratiques en matière de gestion des soutiens à la recherche scientifique dans l'Antarctique. Le Conseil s'emploie à apporter de la valeur aux efforts des programmes antarctiques nationaux en servant de forum où formuler des pratiques permettant de renforcer l'efficacité des activités dans le respect de l'environnement, en favorisant et en promouvant les partenariats internationaux et en offrant des opportunités et des systèmes favorisant l'échange d'informations.

Le COMNAP s'efforce de fournir au Système du Traité sur l'Antarctique des conseils techniques pratiques, objectifs et apolitiques qu'il tire de la vaste expérience des programmes antarctiques nationaux et de leurs connaissances directes de l'Antarctique. Depuis 1988, le COMNAP est un contributeur actif aux discussions de la RCTA et du CPE : il a présenté 32 documents de travail et 105 documents d'informations à ce jour.

Le COMNAP maintient une étroite collaboration avec d'autres organisations liées à l'Antarctique, en particulier avec le SCAR. Une réunion conjointe du Comité exécutif du COMNAP et du SCAR s'est tenue à Kuala Lumpur, en Malaisie, en août 2016. Le COMNAP était invité en qualité d'observateur à la réunion annuelle de l'IAATO et a présenté des rapports aux réunions du Forum of Arctic Research Operators (FARO), à la 14e Conférence de la Commission hydrographique sur l'Antarctique (CHA) et lors de la 17e édition des réunions du Groupe de travail international de cartographie des glaces (IICWG). Le point phare du COMNAP en 2016 était l'Atelier III - Système de recherche et de sauvetage (SAR), réuni en coopération avec la Direction générale chilienne du territoire maritime et de la marine marchande (DIRECTEMAR) et l'Instituto Antártico Chileno (INACH).

Le COMNAP a tenu sa réunion générale annuelle (RGA) en août 2016 à Goa, en Inde, organisée par le Centre national pour la recherche antarctique et océanique. Des sessions portant sur l'énergie et la technologie, la navigation et la sécurité s'y sont déroulées. Le professeur Kazuyuki Shiraishi de l'Institut national de recherche polaire du Japon continue d'assumer, dans le cadre son mandat de trois ans, les fonctions de Président de la RGA 2017 (août) du COMNAP. Michelle Rogan-Finnemore poursuit quant à elle l'exercice de ses fonctions de Secrétaire exécutive. Et l'université de Canterbury (Christchurch, Nouvelle-Zélande), continue d'accueillir le Secrétariat du COMNAP.

Principales réalisations du COMNAP en 2016-2017

Atelier III - Système de recherche et de sauvetage (SAR) - *réuni*

Afin de soutenir les opérations de sécurité réalisées dans la région du Traité sur l'Antarctique et conformément à la décision prise par le COMNAP en réponse à la Résolution 4 (2013) de la RCTA d'organiser régulièrement des séminaires afin de discuter du SAR et de l'intervention d'urgence, le COMNAP a organisé l'Atelier III du SAR les 1 et 2 juin 2016, co-organisé par DIRECTEMAR et l'INACH. Des délégués des programmes antarctiques nationaux, des centres de coordination des sauvetages (RCC), de l'IAATO, de la CCAMLR et du COSPAS-SARSAT y ont participé, et un exercice de recherche et de sauvetage a été organisé. Le rapport de l'atelier a été soumis en tant qu'IP à cette RCTA et se trouve également sur
https://www.comnap.aq/Publications/Comnap%20Publications/COMNAP_SAR_WorkshopIII_Fin al_Report_7July2016.pdf.

Symposium 2016 du COMNAP « Surmonter les défis polaires » *– réuni ; actes disponibles*

Le COMNAP a réuni son 17e Symposium (août 2016), avec pour thème « Surmonter les défis polaires ». Les Symposiums sont des tribunes ouvertes dans lesquelles les personnes participant à la gestion du soutien à la recherche scientifique en Antarctique peuvent partager leur expérience, leur expertise et leurs réflexions au profit des autres. De nombreux programmes antarctiques nationaux ont mis en place des stations d'hivernage ou des stations ouvertes à l'année. Les données scientifiques recueillies en Antarctique en hiver sont essentielles pour alimenter les études mondiales sur le système terrestre. L'objectif du Symposium a reconnu que l'hivernage présente des difficultés et a présenté des solutions tant opérationnelles et techniques que liées au personnel. 112 participants issus de 30 programmes antarctiques nationaux et d'autres organismes ont contribué aux discussions, réalisé des présentations ou affiché des posters. Les actes du Symposium (publiés en février 2017) peuvent être téléchargés sur :
https://www.comnap.aq/Publications/Comnap%20Publications/Proceedings%20of%20the%20CO MNAP%20Symposium%202016%20Winter-Over%20Challenges.pdf.

Groupe de travail sur les systèmes aériens sans pilote (GT-UAS) *– examen du Manuel*

Créé en tant que sous-groupe du Groupe d'experts aériens du COMNAP, l'objectif du GT-UAS est de « [...] réduire les risques encourus par les personnes, les infrastructures et l'environnement dans la zone du traité sur l'Antarctique, tout en permettant [...] d'utiliser les UAS dans la zone pour des applications spécifiques et un support scientifique ». Des experts provenant de quatorze programmes membres du COMNAP font partie du groupe. Au cours de la période intersessions, soit la période de soutien aux programmes scientifiques qui suit l'été antarctique, le GT-UAS a examiné le Manuel UAS et a effectué un sondage informel auprès des membres du COMNAP quant à l'utilisation des UAS dans la région du Traité sur l'Antarctique (voir l'IP de cette réunion de la RCTA/du CPE). Pendant les intersessions, le Secrétariat du COMNAP a entretenu une relation étroite avec le SCAR SC-ATS à propos de leur travail sur les UAS et les espèces sauvages.

Catalogue des stations *– en cours ; l'interface SIG en ligne est achevée*

Le Catalogue des stations du COMNAP, dont les travaux ont été lancés dans le cadre d'une collaboration avec l'initiative EU-PolarNet, offre des informations exhaustives sur les stations des programmes antarctiques nationaux, qui se révéleront utiles pour promouvoir les collaborations futures, les échanges entre scientifiques et le partage d'infrastructures. Les informations contenues dans le catalogue ont été fournies par les programmes antarctiques nationaux et seront mises à jour dans la base de données du COMNAP, qui réunit tous les produits et outils du COMNAP (voir les informations complémentaires sur le catalogue et la base de données dans l'IP de cette RCTA). Les données non sensibles sont accessibles au public par le biais d'une interface SIG sur :
https://www.comnap.aq/Members/SitePages/Home.aspx.

Bourse de recherche pour les études antarctiques du COMNAP – *cycle de candidatures ouvert*

Le COMNAP a mis en place la Bourse de recherche pour les études antarctiques en 2011 et a depuis été en mesure d'offrir huit bourses, plus quatre en collaboration avec le SCAR. Cette bourse vise à aider des chercheurs, des techniciens et des ingénieurs en début de carrière. Les bourses 2016 ont été attribuées à Ronja Reese (Potsdam Institute for Climate Impact Research, Allemagne) pour réaliser des recherches sur « L'importance du renforcement des plateformes de glace en Antarctique » au British Antarctic Survey ; à Blanca Figuerola (Université de Barcelone, Espagne), pour la réalisation de recherches sur la « Vulnérabilité des ectoprotes face au changement environnemental » au sein de la division antarctique de l'Australie ; et une bourse commune COMNAP/SCAR a de plus été attribuée à Christopher Horvat (Harvard University, États-Unis) aux fins de réaliser des recherches sur la « Modélisation de la taille des blocs de glace dans la mer antarctique » à l'Institut national de recherche sur l'eau et l'atmosphère (NIWA) de Nouvelle-Zélande. Le cycle de bourses de 2017 se concentre sur une liste de projets fondamentaux pour les programmes antarctiques nationaux et sera clos le 1er juillet 2017. Le SCAR et le COMNAP travaillent aussi avec la CCAMLR pour promouvoir leurs bourses. Voir https://www.comnap.aq/SitePages/fellowships.aspx.

Défis du plan d'action de l'Antarctique (ARC) – *terminé*

Le projet ARC du COMNAP, un projet corollaire du Tour d'horizon scientifique de l'Antarctique du SCAR, a exploré les défis liés à la technologie, à la logistique, aux opérations, au financement et à la collaboration internationale que les programmes antarctiques nationaux seront susceptibles de rencontrer en matière de diffusion de la science antarctique à moyen et à long terme. Voir l'IP 051 de la XXXIXᵉ RCTA du COMNAP (2016) pour les résultats complets du projet. Le projet s'est achevé en 2016 ; les résultats sont publiés dans *Antarctic Science*, volume 28, numéro 6, http://dx.doi.org/10.1017/S0954102016000481.

Produits et outils du COMNAP

Site internet du système de recherche et de sauvetage (SAR)
www.comnap.aq/membersonly/SitePages/SAR.aspx

Comme demandé dans la Résolution 4 (2013) de la RCTA, le COMNAP a créé une page web SAR régulièrement mise à jour en concertation avec les RCC. Les coordonnées du SAR sont également fournies sur le site web du COMNAP, sur la base des discussions de l'Atelier III du SAR.

Déclarations d'accidents, d'incidents et d'accidents évités de justesse (AINMR)
www.comnap.aq/membersonly/AINMR/SitePages/Home.aspx

L'AINMR a été développé pour faciliter la communication des informations et il est disponible sur l'espace réservé aux membres sur le site du COMNAP. L'objectif principal de l'AINMR est de rassembler les informations sur les évènements qui ont eu, ou qui aurait pu avoir des conséquences graves ; et/ou desquels des leçons sont à tirer ; et/ou qui sont nouveaux ou très rares. Les rapports détaillés sur les accidents peuvent aussi être mis en ligne, partagés, discutés et retravaillés sur le site.

Système de notification de la position des navires (SPRS)
www.comnap.aq/sprs/SitePages/Home.aspx

Le SPRS est un système optionnel et volontaire d'échange d'informations sur les opérations des navires des programmes antarctiques nationaux. Sa vocation première est de favoriser la collaboration Il peut aussi grandement contribuer à la sécurité, grâce à toutes les données SPRS mises à disposition des RCC et constituant une source d'informations qui complète tous les autres systèmes nationaux et internationaux existants. Un examen du SPRS a conduit à l'essai d'un nouveau « Système de surveillance des biens (CATS) » pendant la saison d'été 2016-2017. Le CATS avait enregistré des déplacements de navires et quelques déplacements aériens. Les résultats de l'essai du CATS seront examinés lors de la RGA 2017 du COMNAP.

Manuel d'information de vol en Antarctique (AFIM) e-AFIM

L'AFIM est un manuel d'informations aéronautiques publié par le COMNAP : il s'agit d'un outil visant à améliorer la sécurité lors des opérations aériennes en Antarctique conformément à la Résolution 1 (2013). Le COMNAP ne publie plus l'AFIM au format papier à reliure souple. Depuis le 1er octobre 2016, l'AFIM est publié au format PDF et est disponible pour tous les abonnés via un lien les redirigeant vers sa version la plus actuelle (portant la date et l'heure de sa publication).

Manuel des opérateurs de télécommunications en Antarctique (ATOM)

L'ATOM est une évolution du manuel sur les pratiques de télécommunications, auquel la Résolution X-3 de la RCTA, *Amélioration des télécommunications dans l'Antarctique et collecte et diffusion des données météorologiques de l'Antarctique*, fait référence. Les membres du COMNAP et les autorités du SAR ont accès à la dernière version (février 2017) via le site du COMNAP. Le format de l'ATOM sera révisé de façon à refléter le nouveau format de la base de données du COMNAP.

_____

www.comnap.aq

Annexe 1 : Responsables, projets, groupes d'experts et réunions du COMNAP

Comité exécutif (EXCOM)

Le président et les vice-présidents du COMNAP sont des membres élus du COMNAP. Les responsables élus et le Secrétaire exécutif constituent le Comité exécutif du COMNAP comme suit :

Poste	Membre	Fin du mandat
Président	Kazuyuki Shiraishi (NIPR) kshiraishi@nipr.ac.jp	RGA 2017
Vice-présidents	Javed Beg (NCAOR) javed.beg@gmail.com	RGA 2019
	Yves Frenot (IPEV) yves.frenot@ipev.fr	RGA 2017
	John Guldahl (NPI) john.guldahl@npolar.no	RGA 2019
	José Retamales (INACH) jretamales@inach.cl	RGA 2017
	Rob Wooding (AAD) rob.wooding@aad.gov.au	RGA 2017
	[John Hall (BAS) et Hyoung Chul Shin (KOPRI) ont terminé leur mandat de 3 ans à la vice-présidence en août 2016]	
Secrétaire exécutif	Michelle Rogan-Finnemore michelle.finnemore@comnap.aq	

Tableau 1 - Comité exécutif du COMNAP.

Projets

Projet	Gestionnaire de projet	Membre EXCOM (supervision)
Manuel d'information sur les vols en Antarctique (AFIM) - Mise en œuvre du format électronique	Paul Morin et Brian Stone (jusqu'à mai 2016)	John Hall (jusqu'août 2016) / Michelle Rogan-Finnemore
Groupe de travail sur les Défis du plan d'action de l'Antarctique (ARC)	Michelle Rogan-Finnemore	Kazuyuki Shiraishi
Mise à l'épreuve du Système de surveillance des biens (CATS) du COMNAP	Robb Clifton	Hyoung Chul Shin (jusqu'août 2016) / José Retamales
Base de données et catalogue des installations	Michelle Rogan-Finnemore et Andrea Colombo	Yves Frenot

Tableau 2 - Projets en cours de réalisation du COMNAP.

Groupe d'experts

Groupe d'experts (thème)	Responsable du groupe d'experts	Membre EXCOM (supervision)
Air (comprend le GT-UAS)	Paul Sheppard	John Guldahl
Énergie et technologie	Felix Bartsch & Pavel Kapler	Rob Wooding
Environnement	Anoop Tiwari	Rob Wooding
Médecine	Anne Hicks	Javed Beg
Sensibilisation/Éducation	Dragomir Mateev	Yves Frenot
Sécurité	Simon Trotter	Kazuyuki Shiraishi
Science (comprend le groupe d'experts SOOS)	Robb Clifton	José Retamales
Navigation	Miguel Ojeda	José Retamales
Formation	Veronica Vlasich	Yves Frenot

Tableau 3 - Groupes d'experts du COMNAP.

Réunions

12 derniers mois

1-2 juin 2016, Atelier III du Système de recherche et de sauvetage (SAR), co-organisé par l'Instituto Antartico Chileno (INACH) et DIRECTEMAR, Valparaiso, Chili.

16-18 août 2016, XXVIIIe Réunion générale annuelle (RGA) du COMNAP (2016), organisée par le Centre national pour la recherche antarctique et océanique (NCAOR), Goa, Inde.

19-20 août 2016, Symposium 2016 du COMNAP : « Surmonter les défis polaires » organisé par le Centre national pour la recherche antarctique et océanique (NCAOR), Goa, Inde.

21 août 2016, réunion conjointe SCAR/Comité exécutif COMNAP, Kuala Lumpur, Malaisie.

21-22 août 2016, Groupe d'experts conjoint sur la biologie humaine et sur la médecine (JEGHBM), Kuala Lumpur, Malaisie.

5-6 décembre 2016, réunion conjointe SCAR/Comité exécutif COMNAP organisée par le National Institute of Polar Research (NIPR), Tachikawa, Japon.

À venir

31 juillet-2 août 2017, XXIXe Réunion générale annuelle (RGA) du COMNAP (2017), organisée par le programme antarctique national de la République tchèque à l'université de Mazaryk, Brno, République tchèque. Comprendra la réunion conjointe 2017 du Comité exécutif du COMNAP et du SCAR ainsi qu'un atelier sur les exigences en matière d'énergie et de technologie pour le soutien scientifique, telles qu'identifiées par le projet ARC.

3. Rapports des experts

Rapport du Secrétariat de l'Organisation hydrographique internationale en tant que président de la commission hydrographique de l'OHI sur l'Antarctique

Introduction

L'Organisation hydrographique internationale (OHI) est une organisation intergouvernementale consultative et technique. Elle comprend 87 Etats membres. Chaque Etat est en principe représenté par le directeur de son Service hydrographique national.

L'OHI coordonne au niveau mondial l'établissement des normes pour les données hydrographiques et la fourniture de services hydrographiques à l'appui de la sécurité de la navigation et de la protection et de l'utilisation durable de l'environnement marin. L'objectif principal de l'OHI est d'assurer que toutes les mers, tous les océans et toutes les eaux navigables du monde soient hydrographiés et cartographiés.

Qu'est-ce que l'hydrographie ?

L'hydrographie est la branche des sciences traitant du mesurage et de la description des éléments physiques des océans, des mers, des zones côtières, des lacs et des fleuves. Les levés hydrographiques permettent d'identifier la forme et la nature des fonds marins et des dangers qui y reposent, et de comprendre l'impact des marées sur la profondeur et les mouvements de l'eau. Ces connaissances viennent à l'appui de toutes les activités maritimes, incluant les études scientifiques, la protection environnementale et le transport.

Importance de l'hydrographie dans l'Antarctique

Les informations hydrographiques sont une condition sine qua non du développement d'activités humaines réussies et durables, du point de vue de l'environnement, dans les mers et les océans. Malheureusement, on dispose de peu, voire d'aucune information hydrographique, pour de nombreuses parties du monde, particulièrement dans l'Antarctique.

Dans cette région particulière où les navires doivent parfois faire face aux conditions météorologiques les plus difficiles, tout échouement dû à un manque de levés hydrographiques ou de cartes marines appropriés peut entraîner des conséquences graves. Malheureusement, l'échouement de navires opérant en dehors de routes de navigation précédemment empruntées dans l'Antarctique n'est pas rare.

Le Code polaire, adopté par l'Organisation maritime internationale (OMI) en 2014, inclut d'importantes mises en garde relatives à l'hydrographie et à la cartographie marine.

Comme mentionné, le Code polaire

> ... « *traite des dangers qui peuvent entraîner des degrés de risque accrus car il est plus probable qu'ils surviennent, que leurs conséquences seront plus graves, ou pour ces deux raisons (...)* »

et note en particulier

> ... « *l'éloignement et l'absence possible de **données et de renseignements hydrographiques** précis et complets, la disponibilité limitée d'aides à la navigation et d'amers, ce qui crée des risques accrus d'échouement, aggravée par l'éloignement, des moyens SAR difficiles à déployer, des retards dans l'intervention d'urgence et des moyens de communication limités, ce qui peut compromettre l'intervention en cas d'événement (...)* »

La plupart des études scientifiques et la compréhension du milieu marin retirent les plus grands bénéfices de la connaissance de la nature et de la forme des fonds marins et des mouvements d'eau engendrés par les marées. Par conséquent, le manque de ces connaissances hydrographiques dans la plupart des eaux antarctiques, notamment dans les régions côtières et moins profondes, compromet de nombreux efforts scientifiques qui sont entrepris sous les auspices de la RCTA et des Etats membres individuellement.

Commission hydrographique de l'OHI sur l'Antarctique

La CHA comprend 24 Etats membres de l'OHI (Afrique du Sud, Allemagne, Argentine, Australie, Brésil, Chili, Chine, Colombie, Equateur, Espagne, Etats-Unis, Fédération de Russie, France, Grèce, Inde, Italie, Japon, Nouvelle-Zélande, Norvège, Pérou, République de Corée, Royaume-Uni, Uruguay, Venezuela), tous sont parties au Traité sur l'Antarctique et sont donc également directement représentés à la RCTA

La commission hydrographique de l'OHI sur l'Antarctique (CHA) a été créée en 1998 afin de coordonner les activités entre ses Etats membres pour améliorer la qualité, la couverture et la disponibilité de la cartographie marine et d'autres informations et services géospatiaux maritimes et hydrographiques couvrant la région.

Voies et moyens d'améliorer l'hydrographie et la cartographie marine dans l'Antarctique

L'OHI a régulièrement rendu compte du niveau insatisfaisant de connaissances hydrographiques dans l'Antarctique, depuis la XXXIème réunion de la RCTA (Kiev, 2008) ainsi que des risques inhérents pour toutes les activités maritimes atour du continent. A peine 5% de la profondeur des eaux de l'Antarctique a été mesurée. L'OHI a toujours affirmé qu'il était nécessaire d'obtenir un soutien aux plus hauts niveaux politiques si l'on voulait améliorer la situation de manière significative.

Fort heureusement la XXXVIIème RCTA a adopté la résolution 5 (2014) sur le renforcement de la coopération dans les levés hydrographiques et la cartographie marine des eaux antarctiques. Toutefois, l'impact et l'amélioration perceptibles ont été minimes sur la situation rapportée ci-dessus.

La CHA de l'OHI tente de travailler étroitement avec les organisations parties prenantes comme le COMNAP, l'IAATO, le SCAR, l'OMI et la COI. Cependant, à l'exception des travaux fructueux avec l'IAATO, aucun programme ou projet coopératif utilisant des navires d'opportunité ou d'autres ressources n'ont été menés à bien afin d'améliorer les données hydrographiques dans des zones de navigation à risque.

Mesure de la profondeur à inclure dans les programmes d'observation des données environnementales

L'OHI est impliquée dans la collecte et la gestion de jeux de données bathymétriques de référence nécessaires à la modélisation des divers mécanismes océaniques et côtiers, en particulier via le programme de la carte générale bathymétrique des océans (GEBCO), qui est co- géré par l'OHI et la COI, et via le centre de données l'OHI pour la bathymétrie numérique (DCDB) qui fait office de recueil mondial de données bathymétriques des océans, des mers et des eaux côtières du monde, à disposition du public, incluant les données sous-jacentes pour la GEBCO.

L'OHI encourage à présent des démarches innovantes de collecte et d'exploitation des données supplémentaires, afin d'accroître la connaissance de l'humanité sur la bathymétrie des mers, des océans et des eaux côtières incluant la bathymétrie participative (données géographiques participatives) y compris en Antarctique.

L'émergence de systèmes d'acquisition de données à très bas coût signifie qu'il est à présent possible d'utiliser un équipement existant de manière non intrusive pour que tous les navigateurs collectent et fournissent des données bathymétriques au DCDB de l'OHI. La plupart des navires sont intrinsèquement capables de mesurer et d'enregistrer au format numérique la profondeur des eaux côtières en utilisant l'équipement existant à bord, et un nombre croissant de navires ont la possibilité d'effectuer des mesurages dans des eaux plus profondes en utilisant l'équipement existant à bord. C'est notamment le cas des navires scientifiques et à passagers ainsi que des navires ravitailleurs.

L'OHI considère le mesurage, l'enregistrement et la restitution de données de profondeur comme une activité d'observation environnementale de routine qui devrait être entreprise chaque fois que les navires sont en mer, et là où aucune restriction ne s'applique.

Proposition de séminaire sur l'importance de l'hydrographie dans la région Antarctique

Lors de la 39ème réunion de la réunion des parties consultatives du Traité sur l'Antarctique à Santiago, Chili, le représentant de l'OHI avait suggéré qu'il serait utile d'examiner plus en détail l'impact de l'état des levés hydrographiques et de la cartographie marine couvrant les eaux antarctiques. Il avait été proposé que l'OHI envisage d'organiser un séminaire similaire à celui tenu lors de la XXXIème réunion de la RCTA en Ukraine en 2008. Le Chili et l'Equateur ont soutenu la proposition de l'OHI.

Par conséquent,

« …la réunion a décidé d'insérer une nouvelle priorité relative aux levés hydrographiques en Antarctique, et a convenu d'examiner la question en 2018 (cf. paragraphe 161 du rapport final de la RCTA).

L'OHI propose qu'un séminaire soit organisé au cours des premiers jours de la XLIème réunion de la RCTA en Equateur en 2018. Ce séminaire serait mené par le Secrétaire général de l'OHI, qui est également le président de la commission hydrographique de l'OHI sur l'Antarctique (CHA) et serait soutenu par les directeurs des services hydrographiques nationaux représentés à la CHA de l'OHI. D'autres organisations partenaires concernées fonctionnant sous l'égide de l'OHI, incluant les projets de la carte générale bathymétrique des océans (GEBCO) et de la carte bathymétrique internationale de l'océan austral (IBCSO) y contribueraient. Des organisations qui collaborent régulièrement avec l'OHI, incluant le SCAR, le COMNAP, le CCAMLR et l'IAATO seront invitées à fournir leur point de vue dans le cadre du séminaire.

Outre la déclaration faite par l'Equateur lors de la XXXIXème réunion de la RCTA au Chili soutenant l'idée d'organiser un séminaire en Equateur dans le cadre de la XLIème réunion de la RCTA en 2018, le Secrétariat de l'OHI a reçu, par échange de correspondances[1] avec l'Equateur, que le pays hôte de la XLIème réunion de la RCTA, soutenait cette proposition.

Le séminaire examinera en détail l'impact de l'état actuellement inacceptable des connaissances en matière d'hydrographie, de cartographie marine et de cartographie bathymétrique couvrant les eaux antarctiques, particulièrement en lien avec la sécurité, l'exploitation, la protection environnementale, les changements climatiques, la modélisation et la recherche océanographiques dans la région. Le séminaire continuera d'identifier différentes pratiques, des solutions à bas coût que les Etats et les autres organisations peuvent mettre en œuvre afin d'améliorer la situation

---

[1] Lettre du sous-secrétaire chargé de l'Amérique Latine et des Caraïbes, Ministère des relations extérieures, du 28 novembre 2016, au commandement général de la marine, Equateur.

actuelle. Le séminaire attirera également l'attention sur les dispositions actuelles de l'OHI qui permettent aux éventuels fournisseurs de données de la communauté de la RCTA d'identifier des domaines spécifiques dans lesquels leurs propres activités peuvent être utilisées pour fournir des données de profondeur indispensables au service du bien commun.

Le résultat du séminaire se traduira par plusieurs recommandations relatives à un plan de mise en œuvre coordonné aux fins d'approbation ultérieure par la RCTA.

Propositions aux fins d'examen par la RCTA

L'OHI invite la RCTA à inclure un séminaire sur l'état et l'impact de l'hydrographie dans l'Antarctique qui sera organisé par l'OHI dans le cadre du programme de la XLIème réunion de la RCTA en Equateur en 2018.

L'OHI invite la RCTA à envisager d'inclure dans ses politique/doctrine/règlement pertinents traitant des opérations des navires (navires à passagers, campagnes scientifiques, activités de ravitaillement, etc.), une incitation à considérer le mesurage, l'enregistrement et la restitution de données de profondeur comme une activité d'observation environnementale de routine qui devrait être entreprise chaque fois que les navires sont en mer, excepté lorsque des restrictions particulières s'appliquent.

Rapport annuel de l'OMM 2016-2017

L'Organisation météorologique mondiale[2](OMM) est une agence spécialisée <u>des Nations Unies</u> et comprend 191 États et territoires membres. L'Organisation météorologique mondiale est un organisme spécialisé des Nations Unies faisant autorité quant à l'état et au comportement de l'atmosphère de la Terre, à son interaction avec les océans, au climat qu'elle produit et à la répartition des ressources hydriques qui en résulte.

L'activité prioritaire des régions polaire et de haute montagne de l'OMM favorise et coordonne les observations pertinentes, la recherche et les services effectués en Antarctique, ainsi que dans les régions arctiques et de haute montagne par des pays et des groupes de pays. Elle interagit avec toutes les activités de l'OMM (y compris le climat mondial et les programmes de recherche météorologique mondiaux[3]) et d'autres programmes dans le monde entier, répondant aux exigences et aux besoins mondiaux en matière d'observations, de recherches et de services dans les régions polaires et de haute montagne.

La veille mondiale de la cryosphère (VMC) est à la base d'initiatives polaires de l'OMM, et sa composante d'observation est l'un des quatre systèmes essentiels des Systèmes d'observation mondiaux de l'OMM (voir IP 113 pour plus de détails). Trois stations ont également été ajoutées au Réseau d'observation de l'Antarctique (AntON), qui est entretenu par l'OMM et le SCAR (voir IP 117).

Le groupe de travail sur l'espace polaire de l'OMM assure la coordination entre les agences spatiales pour faciliter l'acquisition et la distribution d'ensembles de données satellites fondamentales et contribuer au, ou soutenir le développement de produits dérivés spécifiques pour la recherche scientifique cryosphérique, polaire et de haute montagne et ses applications. Le document d'information IP 114 donne des exemples de ces produits qui à notre avis seront intéressants pour les Parties au Traité.

L'Année de la prévision polaire (APP) est une initiative qui couvre la période 2017-2019 centrée sur 2018, et vise à améliorer les capacités de prévision environnementale en coordonnant les périodes d'observation intensive, de modélisation, de prédiction, de vérification, de participation des utilisateurs et d'activités éducatives. Une période d'observation spéciale est prévue dans l'Antarctique du 16 novembre 2018 au 15 février 2019 (voir IP 116 associé).

L'OMM prévoit de développer un réseau de centres régionaux du climat polaire antarctiques (PRCC) basé sur l'exemple et les enseignements tirés du réseau arctique du PRCC. Nous invitons les Parties au Traité et les autres organisations intéressées à s'engager envers le développement d'un PRCC antarctique (voir IP 118 associé).

Par le biais de son programme mondial de recherche météorologique[2] co-parrainé, l'OMM mène un certain nombre d'activités de recherche (souvent en partenariat avec le SCAR et d'autres organisations) présentant un intérêt pour les Parties au Traité. Cette année, nous soumettons deux documents supplémentaires, sur l'Initiative de prévisibilité du climat polaire (voir IP 115) et le modèle de réduction d'échelle dans l'Antarctique (voir IP 119).

L'OMM s'est investie dans un engagement positif et mutuellement bénéfique avec les Parties au Traité pour la météorologie en Antarctique et l'observation climatique, les services et la recherche.

---

[2] www.wmo.int

[3] Le programme mondial de recherche météorologique est co-parrainé par l'OMM, la Commission océanographique intergouvernementale (COI) et le Conseil international pour la science (CIUS). Pour plus de détails, veuillez consulter le site : <u>www.wcrp-climate.org</u>. Le programme mondial de recherche météorologique est parrainé par l'OMM. Voir www.wmo.int/wwrp

Rapport de la Coalition pour l'Antarctique et l'océan Austral

1. *Introduction*

L'ASOC se réjouit d'être présente à Pékin à l'occasion de la XLe Réunion consultative du Traité sur l'Antarctique. Le présent rapport décrit brièvement les activités menées par l'ASOC au cours de l'année écoulée, et expose certaines des questions clés pour cette RCTA.

Le Secrétariat de l'ASOC se trouve à Washington DC, aux États-Unis d'Amérique, et son site internet est le suivant : http://www.asoc.org. L'ASOC compte 24 groupes membres issus de dix pays, ainsi que des groupes adhérents issus de ces pays, et d'autres pays également.

2. *Activités intersessions*

Depuis la XXXIXe RCTA, l'ASOC et les représentants de ses groupes membres ont participé de manière active à des débats intersessions au sein de la RCTA et du CPE.

L'ASOC et les représentants de groupes membres ont participé à plusieurs réunions utiles pour la protection de l'environnement antarctique, notamment, la XXXVe réunion du CCAMLR, des réunions de l'Organisation maritime internationale sur le Code polaire, l'Open Science Conference 2016 du SCAR, la réunion annuelle de l'IAATO, entre autres. À l'occasion de la réunion de 2016 du CCAMLR, la zone marine protégée de la mer de Ross (RSMPA) a été désignée ; objectif auquel l'ASOC s'était attelée depuis 2008. En outre, à compter du 1er janvier 2017, le Code international pour la navigation en eaux polaires est entré en vigueur, autre objectif auquel l'ASOC œuvrait depuis 2008. L'ASOC a continué de participer aux travaux pour l'élaboration du plan de recherche et de suivi pour l'AMP. Ces efforts sont essentiels pour que les objectifs de l'AMP soient atteints.

Le WWF, une organisation membre de l'ASOC, a présenté son rapport *Tracking Antarctica* à l'occasion de la XXXVe CCAMLR et a fourni des informations dans *Tracking Antarctica: A WWF report on the state of Antarctica and the Southern Ocean* [Suivi de l'Antarctique : un rapport du WWF sur l'état de l'Antarctique et de l'océan Austral] (IP 152). *Tracking Antarctica* contient des informations scientifiques à jour sur l'état de l'Antarctique et de l'océan Austral et met en exergue les solutions recommandées. Ce rapport souligne notamment qu'il convient de redoubler d'efforts en vue de créer un réseau d'AMP dans l'océan Austral et de trouver une réponse plus vigoureuse au changement climatique.

L'ASOC et le WWF sont également membres du Fonds pour la recherche sur la faune de l'Antarctique (AWR), qui a alloué 150 000 $ pour financer trois projets de recherche scientifique sur les écosystèmes marins de l'Antarctique.

3. *Priorités pour la XLe RCTA*

L'ASOC a trois grandes priorités pour la RCTA. Nous détaillons ci-après nos recommandations d'actions que les PCTA peuvent entreprendre lors de cette RCTA dans chacun de ces domaines prioritaires.

- Extension du réseau des zones protégées

Le réseau des zones spécialement protégées de l'Antarctique (ZSPA) ne protège pas entièrement l'ensemble des valeurs reprises à l'Annexe V du Protocole. Dans l'IP *Considerations for the systematic expansion of the protected areas network* [Considérations pour l'extension systématique du réseau de zones protégées] (IP 153), l'ASOC souligne que lorsque l'on adopte une zone protégée en réponse à une menace, cela doit correspondre aux pressions environnementales actuelles devient de plus en plus nécessaire et urgente, vu que la présence humaine continue d'augmenter dans un ensemble d'environnements terrestres, côtiers et marins et que les conséquences du changement climatique s'aggravent. L'ASOC suggère que la RCTA entame un processus de planification systématique de la conservation le plus rapidement possible en vue d'étendre le réseau. Pour soutenir ce processus, l'ASOC a mis en place une base de données en ligne d'informations utiles pour la désignation de nouvelles zones. Nous espérons qu'elle sera utile pour les PCTA et nous attendons toutes les observations pour encore l'améliorer.

En outre, dans le document actualisé de l'ASOC, intitulé *ASOC update on Marine Protected Areas in the Southern Ocean 2016-2017 [Dcument de l'ASOC sur les Zones marines protégées dans l'Océan Austral 2016-2017]* (IP 149), nous fournissons des informations à jour sur les activités de la CCAMLR sur les AMP, notamment les discussions sur les AMP qui se sont tenues lors de la XXXVᵉ CCAMLR en 2016 et nous encourageons la RCTA à lancer un processus de planification systématique de la conservation similaire à celui de la CCAMLR. Ce processus serait important pour appliquer avec efficacité les instruments pour les zones protégées du Protocole sur l'environnement partout dans la zone visée par le Traité sur l'Antarctique.

- Gestion prudente du tourisme et des autres activités

La RCTA a abordé en long et en large le tourisme au cours des dernières années, mais a adopté peu de décision sur la voie à suivre. Pour aider la RCTA à franchir les étapes suivantes en la matière, l'ASOC a rédigé le document *Options for Visitor Management in the Antarctic* [Options pour la gestion des visiteurs en Antarctique] (IP 150). Ce document évoque plusieurs approches de gestion des visiteurs dans d'autres régions du monde et contient des suggestions pour que la RCTA puisse appliquer ces approches dans le cadre de l'Antarctique. Dans l'ensemble, l'ASOC souligne que pour la RCTA, il importe d'entamer un processus qui débouchera sur des décisions consensuelles sur le tourisme.

Le document *Managing non-SOLAS vessels in the Southern Ocean* [Gérer les navires non SOLAS dans l'océan Austral] (IP 151) souligne que les récents travaux sur le Code polaire au sein de l'Organisation maritime internationale ne couvrent pas les navires de pêche ou les bateaux de plaisance privés, qui représentent une part considérable des navires actifs dans l'océan Austral. Étant donné que nombre de PCTA avaient émis des inquiétudes quant aux risques potentiels pour la vie humaine et l'environnement en raison d'une exploitation dangereuse des navires, l'ASOC recommande que les Parties adoptent une décision soulignant l'importance d'une action concertée au sein de l'OMI pour faire en sorte que la phase 2 des activités à l'OMI visant les navires non soumis à la convention SOLAS commence d'urgence et débouche sur une conclusion satisfaisante sans plus tarder.

- Élaboration d'une réponse active de la RCTA au changement climatique en Antarctique

L'ASOC estime que le système du Traité sur l'Antarctique, en ce compris la RCTA, doit agir d'urgence pour combattre les conséquences du changement climatique qui touchent l'environnement de l'Antarctique. Dans le document d'information intitulé *Antarctic Climate Change Report Card [Résultats du changement climatique en Antarctique] (*IP 147), l'ASOC résume et met en évidence de récentes conclusions scientifiques sur le changement climatique qui démontrent la gravité des changements en cours en Antarctique. La RCTA pourrait adopter plusieurs mesures de gestion, notamment la désignation de zones protégées qui pourraient servir de zones climatiques de référence, ce qui pourrait accroître la résilience de l'écosystème et permettre aux scientifiques de suivre et de comprendre ces changements.

Dans l'ensemble, l'ASOC encourage la RCTA à faire preuve de proactivité sur les questions qui ont une influence significative sur l'Antarctique et à ne plus se contenter de discuter, et à enfin décider.

4.   *Remarques de fin*

Au cours de l'année écoulée, l'ASOC a travaillé avec des partenaires divers et variés, notamment l'IAATO, le SCAR, la CCAMLR, la Coalition des pêcheurs légaux de légine (COLTO), et le Fonds pour la recherche sur la faune de l'Antarctique (AWR), afin d'étendre les travaux pour identifier les forces et les faiblesses qui caractérisent les procédures et les pratiques du Système du Traité sur l'Antarctique, tout en proposant des solutions à apporter pour combler ces lacunes. Notre collaboration avec ces groupes, ainsi qu'avec les Parties au Traité sur l'Antarctique, est capitale pour nous.

L'ASOC voudrait en particulier souligner le document d'information rédigé avec l'IAATO, intitulé *Collaborating on Antarctic Education and Outreach* [Collaborer en matière d'éducation et de sensibilisation à l'Antarctique] (IP 148), qui décrit certaines activités conjointes couronnées de succès menées par nos organisations au cours de l'année écoulée. Nous avons l'intention de poursuivre ces efforts et donc d'approfondir les connaissances du public sur l'Antarctique. Nous serions heureux de collaborer à l'avenir avec d'autres Parties, d'autres Observateurs et d'autres Experts.

Rapport 2016-2017 de l'Association internationale des organisateurs de voyages dans l'Antarctique (IAATO)

en vertu de l'Article III, paragraphe 2, du Traité sur l'Antarctique

Introduction

L'Association internationale des organisateurs de voyages dans l'Antarctique (IAATO) a le plaisir de rendre compte de ses activités à la XLe RCTA, en vertu de l'Article III, paragraphe 2, du Traité sur l'Antarctique.

L'IAATO continue de mener ses activités de manière à servir sa mission, à savoir encourager le secteur privé à organiser des voyages dans l'Antarctique sûrs et respectueux de l'environnement. L'IAATO assure :

- la gestion quotidienne et efficace des activités de ses membres dans l'Antarctique ;
- l'organisation de projets pédagogiques, y compris la collaboration scientifique ; et
- le développement et la promotion de bonnes pratiques touristiques dans l'Antarctique.

Une description détaillée de l'IAATO, de sa déclaration de mission, de ses activités principales et des évolutions récentes est disponible dans la *Fiche d'information 2017-2018* et sur le site Web de l'IAATO : www.iaato.org.

Adhésion à l'IAATO et nombre de visiteurs en 2016-2017

L'IAATO compte 115 membres, associés et affiliés, qui représentent des entreprises implantées dans 66 % des pays qui compte au nombre des Parties consultatives au Traité sur l'Antarctique. Les organisateurs de l'IAATO transportent des ressortissants de presque toutes les Parties au Traité sur l'Antarctique et de 50 autres pays non parties. Depuis 2010, l'IAATO a représenté tous les navires de passagers menant des opérations dans les eaux antarctiques dans le cadre de la Convention internationale pour la sauvegarde de la vie humaine en mer (SOLAS), avec deux exceptions : le navire japonais ASUKA II pendant la saison 2015-2016 et le navire OCEAN DREAM en 2016-2017, deux navires se consacrant exclusivement aux activités de croisière.

Au cours de la saison touristique 2016-2017, 44 367 personnes ont fait appel aux opérateurs touristiques membres de l'IAATO pour voyager dans l'Antarctique, soit une augmentation de 15 % par rapport à la saison précédente. Les chiffres de l'IAATO n'ont pas atteint le pic de la saison 2007-2008 (46 265), mais les estimations préliminaires indiquent que le nombre de visites approchera ce record pour la saison 2017-2018.

Des statistiques détaillées sur le tourisme, relatives notamment aux activités et aux nationalités, sont disponibles dans le document d'information IP 163 rév. 1 de la XLe RCTA, intitulé *« IAATO Overview of Antarctic Tourism : 2016-17 Season and Preliminary Estimates for 2017-18 Season »*. Le répertoire des membres de l'IAATO ainsi que des statistiques complémentaires sur les activités des membres de l'IAATO sont disponibles sur www.iaato.org.

Activités et travaux récents

Un certain nombre d'initiatives ont été entreprises pendant l'année, principalement concernant le renforcement des systèmes de soutien à la gestion des activités en vue de pouvoir faire face à la croissance prévue :

- En septembre 2016, le groupe de travail dédié à la croissance du tourisme et le Comité exécutif de l'IAATO se sont réunis à Noto, en Sicile, pour un atelier de trois jours consacré au développement d'une proposition en matière d'approche stratégique et d'actions prioritaires pour l'IAATO, de façon à pouvoir gérer la croissance prévue des activités touristiques. Les résultats dudit atelier feront l'objet de discussions lors de la réunion annuelle 2017 de l'IAATO.

- L'IAATO continue d'investir dans le renforcement et la formation du personnel de terrain, reconnaissant son rôle majeur dans la mise en œuvre des accords du Traité et des normes et lignes directrices de l'IAATO. Plus spécifiquement :
  - 880 membres du personnel de terrain ont réussi l'évaluation du personnel de terrain et le programme de certification en ligne de l'IAATO pour la saison 2016-2017. Cela représente une augmentation de 30 % par rapport à la participation l'année dernière. La certification est obligatoire pour un grand nombre de membres de l'IAATO et 1 145 membres du personnel de terrain l'ont passée depuis la saison 2012-2013. L'évaluation est en constante évolution, afin d'examiner les connaissances du personnel sur le Manuel des opérations de terrain de l'IAATO, qui est actualisé tous les ans et inclut les mises à jour pertinentes des accords de la RCTA et du CPE.
  - en septembre 2017, l'IAATO, conjointement avec l'Association des opérateurs de croisières d'expédition en Arctique (AECO), son organisation homologue dans l'Arctique, organisera la deuxième conférence commune pour le personnel de terrain en Islande. Les représentants des Parties au Traité sont les bienvenus à cette conférence.

- L'éducation des membres, de leur personnel de terrain et de leurs clients aux questions scientifiques et de conservation dans l'Antarctique est une composante essentielle du travail de l'IAATO. Pendant la saison 2016-2017, l'IAATO a :
  - augmenté la fréquence de publication des bulletins d'information destinés au personnel de terrain, dans le but de toujours diffuser les dernières informations et de créer un esprit communautaire ;
  - établi et développé le projet de l'ambassadeur antarctique de l'IAATO sur différentes plateformes, dont les réseaux sociaux ;
  - renforcé la participation aux projets de science citoyens, notamment la collaboration avec des groupes de recherche et des programmes antarctiques nationaux ;
  - ajouté des documents et lignes directrices clés traduits dans plusieurs langues et perfectionné les traductions des films animés de l'IAATO.

- Chaque année, l'IAATO reçoit de nombreuses demandes de la part d'individus, d'opérateurs de yachts et de groupes privés qui planifient des expéditions en Antarctique. L'IAATO leur explique le système du Traité sur l'Antarctique et les processus de délivrance des permis/autorisations, et transmet les informations à l'autorité compétente.

- Le renforcement de la sécurité maritime reste une priorité pour l'organisation. Par exemple :
  - Le crowdsourcing concernant les données hydrographiques continue de prendre de l'ampleur, et ces données restent toujours disponibles dans les services hydrographiques et les groupes de recherche, comme demandé.
  - L'entrée en vigueur du Recueil sur la navigation polaire le 1er janvier 2017 a permis de mener des projets qui vont dans les sens de ces régulations. En collaborant avec POLARVIEW et l'Association internationale des sociétés de classification (IACS), l'IAATO participe à l'élaboration d'outils nécessaires à la mise en œuvre du Recueil,

comme une base de données contenant des informations sur les glaces et les températures, en soutien aux systèmes d'évaluation et d'indexation des risques des opérateurs.

- En plus de participer à l'atelier de recherche et de sauvetage du COMNAP directement après la XXXIXe RCTA, l'IAATO a organisé un exercice de recherche et de sauvetage avec le centre de coordination de sauvetage en mer du Chili en février 2017, et a pris part à l'atelier de recherche et de sauvetage en Arctique de même qu'à un exercice de simulation en Islande en avril 2017. Toutes ces initiatives, en plus de proposer des opportunités de formation capitales, permettent de créer des liens et d'établir des rapports de confiance et de compréhension.

Réunion de l'IAATO et participation à d'autres réunions en 2016-2017

La réunion annuelle de l'IAATO se tiendra entre les 2 et 4 mai 2017 à Edimbourg, au Royaume-Uni. Le présent rapport a été rédigé préalablement à cette réunion. Outre les initiatives citées ci-dessus, la réunion inclura :

- la présentation du nouveau directeur exécutif de l'IAATO, le Dr Damon Stanwell-Smith ;
- des discussions sur l'amélioration et le développement de la campagne d'informations de l'IAATO sur les yachts, qui s'adresse aux opérateurs de yachts commerciaux et privés qui ne sont pas membres de l'IAATO et qui prévoient des expéditions en Antarctique. Les détails de la campagne en cours peuvent être consultés sur www.iaato.org/yachts;
- des discussions centrées sur la gestion des initiatives de croissance pour servir la mission de l'association ;
- d'autres initiatives pour renforcer la formation, les compétences et les qualifications du personnel de terrain.
- une révision des ébauches de politiques pour les véhicules aériens téléguidés, suite aux retours obtenus lors des saisons précédentes et aux conseils du SCAR ;
- des propositions et des mises à jour de lignes directrices, par exemple sur la sensibilisation aux crevasses ou des conseils spécifiques sur la compréhension du comportement des otaries à fourrure.

Les représentants des Parties au Traité sont invités à participer aux sessions ouvertes organisées lors de la réunion annuelle de l'IAATO, ainsi qu'aux ateliers qui ont lieu par la suite.

Le personnel du secrétariat de l'IAATO et des représentants des Membres ont participé à des réunions internes et externes, au cours desquelles ils se sont mis en rapport avec des représentants de programmes antarctiques nationaux et d'organisations gouvernementales, scientifiques, environnementales et du secteur. En sus des réunions gouvernementales individuelles, l'IAATO a pris part à :

- **la 27e réunion annuelle du Conseil des directeurs de programmes antarctiques nationaux (COMNAP)**, Goa, Inde, août 2016. L'IAATO est très favorable à une bonne coopération/collaboration entre ses membres et les programmes antarctiques nationaux ;
- **la conférence et réunion annuelle de l'Association des opérateurs de croisières d'expédition en Arctique,**Oslo, Norvège, octobre 2016 ;
- **la Commission hydrographique** pour l'Antarctique, OHI, Tromsø, Norvège, juin 2016 ;
- **au Groupe de travail international de cartographie des glaces** – Ottawa, Canada, octobre 2016 ;
- L'IAATO continue de prendre activement part à l'élaboration du Recueil sur la navigation polaire de l'**Organisation maritime internationale** (OMI). Elle conseille l'Association internationale des lignes de croisière (CLIA) et participe à différentes réunions de l'OMI.

Suivi environnemental

L'IAATO continue de fournir des informations détaillées à la RCTA et au CPE sur les activités de ses membres dans l'Antarctique et collabore avec des institutions scientifiques en ce qui concerne notamment le suivi environnemental à long terme et les projets pédagogiques. Parmi ces projets figurent l'« Antarctic Site Inventory » (inventaire des sites de l'Antarctique), le Lynch Lab de l'université de Stony Brook et la Société zoologique de l'université de Londres/Oxford. En outre, les opérateurs de l'IAATO consignent leurs observations des bateaux de pêche, qu'ils transmettent ensuite à la CCAMLR pour soutenir sa lutte contre la pêche INN.

L'IAATO voit d'un bon œil les collaborations avec d'autres organisations.

Incidents liés au tourisme 2016-2017

L'IAATO continue de se faire l'écho des incidents qui ont lieu afin de s'assurer que tous les opérateurs antarctiques prennent conscience des risques qui existent et qu'ils en tirent les enseignements adéquats. Aucun incident majeur impliquant des opérateurs de l'IAATO n'a été observé pendant la saison 2016-2017.

Au total, huit évacuations médicales ont été rapportées par des opérateurs de l'IAATO, dont trois via la base McMurdo. Dans tous ces cas, l'IAATO et les opérateurs impliqués sont reconnaissants de l'assistance apportée.

Soutien scientifique et conservation

Au cours de la saison 2016-2017, des membres de l'IAATO ont transporté, à moindre coût ou gratuitement, plus de 279 membres de l'équipe de soutien scientifique et de conservation ainsi que leur équipement et leurs vivres entre des stations, des sites et des ports. Cela incluait :

- le transfert de scientifiques entre des stations ;
- les évacuations médicales non urgentes ;
- l'appui sur le terrain aux projets de recherche ;
- la collecte d'échantillons scientifiques et d'autres données dans le cadre de programmes de recherche (tous autorisés) ;
- le transport de matériel scientifique en provenance/à destination de stations ;
- des projets variés de science citoyenne incluant la collecte de données pour des projets comme HappyWhale.com.

Les premiers rapports indiquent que, en 2016-2017, les opérateurs de l'IAATO et leurs passagers ont contribué au budget des organisations scientifiques et de conservation présentes en Antarctique et dans la région subantarctique à hauteur d'environ 830 000 USD.

Au cours de la dernière décennie, ces dons s'élevaient à plus de 5 millions USD.

Remerciements

L'IAATO apprécie de pouvoir collaborer avec les Parties au Traité sur l'Antarctique, le COMNAP, le SCAR, la CCAMLR, l'OHI/CHA, l'ASOC et d'autres organisations afin d'assurer la protection à long terme de l'Antarctique.

PARTIE IV

Documents supplémentaires de la XL^è RCTA

1. Documents supplémentaires

Extrait de la conférence du SCAR

Que signifie pour l'Antarctique l'Accord de Paris sur le climat des Nations Unies?

Extrait de la conférence du SCAR

Résumé

La présentation Science du SCAR à la XLe RTCA exposera les implications pour l'Antarctique de l'Accord de Paris sur le climat de 2015[1] . Les principaux thèmes abordés sont les suivants :

- La relation entre le STA, ses accords et le SCAR et la convention-cadre des Nations Unies sur les changements climatiques (CCNUCC).

- Les conséquences pour l'Antarctique et l'océan Austral, un réchauffement de 1,5 °C, 2 °C et plus de 2 °C, sont présentées sur la base de la science internationale la plus récente, dont une grande partie a été réalisée sous les auspices des programmes de recherche stratégiques[2] du SCAR.

- Mal comprise, et potentiellement sous-estimée, attribuer la perte de glace de l'Antarctique à l'élévation future globale du niveau de la mer (ENM) est une grande incertitude en climatologie décisionnelle. Ceci a été mis en évidence dans le 5e Rapport de l'évaluation du groupe d'experts intergouvernemental sur l'évolution du climat (GIEC) en 2013[3]. Les progrès réalisés depuis 2013 au niveau de la compréhension seront présentés dans le contexte des pistes d''évolution du climat où   2 °C de réchauffement planétaire est atteint, ou alternativement, pas atteint.

- Comprendre les impacts et les impacts évités résultant de la réalisation de l'objectif visé par l'Accord de Paris sur le climat constitue, pour les Membres du STA, leurs activités et les implications pour le reste du monde, un défi majeur et un *Future Science Challenge* identifié par le SCAR[4,5] et le Conseil des directeurs des programmes antarctiques nationaux (COMNAP)[6] traité dans le WP2 point 15a de la XLe RTCA (voir le document de contexte 20).

L'Accord de Paris sur le climat

- L'Accord de Paris sur le climat a été signé par 196 pays membres de la CCNUCC à la 21eréunion de la Conférence des Parties (COP 21) en décembre 2015.

- La CCNUCC est un traité international environnemental négocié lors du Sommet de la Terre de Rio de Janeiro en 1992, dans le but de « stabiliser les concentrations de gaz à effet de serre dans l'atmosphère à un niveau qui empêcherait les interférences anthropiques dangereuses avec le système climatique ».

- L'Accord de Paris vise à maintenir le réchauffement de la planète en dessous de 2 °C - « la glissière de sécurité pour un changement climatique dangereux » identifiée par le GIEC et introduit par la CCNUCC à Copenhague en 2009.

- Cela se fera par le biais d'engagements déterminés au niveau national (NDCs) visant à réduire les émissions de gaz à effet de serre anthropiques à zéro avant la fin de ce siècle.

- Suite à la pression exercée par des pays africains vulnérables et des pays côtiers de faible altitude, les Parties sont en outre convenu de « poursuivre les efforts pour » limiter la hausse de la température à 1,5 °C.

- L'Accord de Paris sur le climat a par la suite été signé par 194 pays à New York le 22 avril 2016, Jour de la Terre, et l'Accord est entré en vigueur le 7 novembre 2016.

- L'Accord de Paris constitue un défi, surtout qu'au vu du rythme actuel des émissions mondiales, d'environ 40Gt par an, la température de surface de la terre pourrait atteindre une augmentation de 2 °C au cours des 15 prochaines années.

- Les NDCs déposés à Paris, s'ils sont mis en œuvre, restreindront le réchauffement de la planète à environ 2,7 °C. Ce chiffre se situe toujours au-dessus de la glissière de sécurité déterminé par la CCNUCC, et bien au-dessus de l'objectif plus ambitieux de 1,5 °C. De plus, une évaluation des paramètrespolitiques actuels voit les températures mondiales se stabiliser plus près de 3,5 °C.

- Pour être sur la bonne voie pour atteindre l'objectif de Paris, toutes les Parties doivent s'engager à une réduction de 40 % des émissions mondiales de GES par rapport aux niveaux de 1990, d'ici 2030. Il s'agit de l'engagement de l'Union européenne, mais les NDCs de nombreux pays tombent bien en-dessous. L'Accord oblige les parties à accroître leurs engagements envers les bilans mondiaux tous les 5 ans, pour atteindre l'objectif fixé.

La pertinence de la CCNUCC et du GIEC pour le STA.

- Le STA, chargé de la gouvernance du 5e plus grand continent du monde, ne dispse d'aucun statut au sein de la CCNUCC.

- Moins d'un tiers des 194 États membres de la CCNUCC appartient au STA et a un accès direct à l'Antarctique pour la recherche, mais la CCNUCC, à travers le processus du GIEC, exige de posséder ces connaissances scientifiques.

- Le SCAR a le statut d'observateur au sein du GIEC, par l'intermédiaire de ses membres du Conseil international des unions scientifiques (CIUS).

- Le SCAR/CIUS nomme les participants pour assister à des réunions du GIEC, ainsi que les candidats à prendre en considération pour la rédaction de rapports d'évaluation et de rapports spéciaux.

- Plus important encore, le SCAR contribue à mobiliser la communauté scientifique internationale pour gérer l'impact du changement climatique sur l'Antarctique, et le rôle que l'Antarctique joue dans le système climatique mondial.

- Deux des programmes de recherche stratégique du SCAR, *Dynamiques passées de la calotte glaciaire antarctique* (PAIS) et *Climat Antarctique dans le 21e siècle* (AntClim21) ont apporté des contributions importantes au 5e rapport d'évaluation du GIEC de l'héritage de plusieurs grandes initiatives de recherche de l'année polaire internationale et doivent se positionner pour apporter une contribution encore plus importante au 6e rapport d'évaluation.

- Des lacunes graves dans les connaissances et les priorités de recherche ont été identifiées au moyen d'évaluations stratégiques menées par les programmes nationaux antarctiques et des bailleurs de fonds[par exemple. 7] et par le projet « Horizon scan » du SCAR qui s'est tenu en Nouvelle-Zélande en 2014[4,5]. Ces points r^vêtent une pertinence et un intérêt directs pour le GIEC alors qu'il se prépare pour la rédaction de son 6e rapport d'évaluation intégré et deux rapports spéciaux récemment nommés - « Réchauffement de la planète à 1,5 °C » et « Changement climatique et les océans et la cryosphère ».

- Le STA et ses accords (par exemple, le Protocole relatif à la protection de l'environnement et la Convention sur la conservation de la faune et de la flore marines de l'Antarctique) requièrent également des politiques fondées sur des preuves et une prise de décision, qui incluent les connaissances des impacts du changement climatique.

- Pour relever ces défis, le Conseil des directeurs des programmes antarctiques nationaux (COMNAP) a lancé le défi d'établir une feuille de route de l'Antarctique (ARC), qui identifie les ressources, les infrastructures, la logistique et la prise en charge des technologies nécessaires pour permettre d'atteindre les objectifs scientifiques prioritaires au cours des prochaines décennies[6].

Références et sources d'informations

1. http://unfccc.int/paris_agreement/items/9485.php
2. http://www.scar.org/science
3. https://www.ipcc.ch/report/ar5/wg1/
4. Kennicutt, C., Chown, s., 2014. Observation : Six priorités pour la science antarctique. *Nature,* 512:23-25.
5. Kennicutt, C and 69 others, 2014. A roadmap for Antarctic and Southern Ocean science for the next two decades and beyond. *Antarctic Science,* 27-1, 3-18.
6. https://www.comnap.aq/Projects/SitePages/ARC.aspx
7. http://dels.nas.edu/Report/Strategic-Vision-Investments/21741?bname=prb

2. Liste des documents

2. Liste des documents

Documents de travail								
No.	Points de l'ordre du jour	Titre	Soumis par	A	F	R	E	Pièces jointes
WP001	RCTA 15a	Défis futurs de la science antarctique – point de vue britannique	Royaume-Uni					
WP002	CPE 7b	Discussions intersessions informelles : Mise en œuvre du Programme de travail en réponse au changement climatique	Nouvelle-Zélande					
WP003	RCTA 6	Rapport du Groupe de contact intersessions (GCI) sur les critères d'admission au statut consultatif	Chili Nouvelle-Zélande Uruguay					
WP004	RCTA 15a	Prochains défis pour la science antarctique	SCAR					
WP005	CPE 10a	Protocole de réponse aux espèces non indigènes	Royaume-Uni Espagne					Figure 1 Protocole de réponse ENI
WP006	RCTA 6	Approbation d'Observateurs auprès du CPE	Etats-Unis d'Amérique					
WP007 rev.1	CPE 9a	Révision du plan de gestion pour la zone spécialement protégée de l'Antarctique (ZSPA) n °111 Île Powell du Sud et îles Adjacentes, Îles Orcades du Sud	Royaume-Uni					ZSPA n° 111 Plan de gestion révisé
WP008	CPE 9a	Révision du plan de gestion pour la zone spécialement protégée de l'Antarctique (ZSPA) no 140, parties de l'île de la Déception, îles Shetland du Sud	Royaume-Uni					ZSPA no 140 : parties de l'île de la Déception, îles Shetland du Sud
WP009 rev.1	CPE 9a	Révision du plan de gestion pour la zone spécialement protégée de l'Antarctique (ZSPA) n° 129 pointe Rothera, île Adélaïde	Royaume-Uni					ZSPA n° 129 - pointe Rothera, île Adélaïde
WP010 rev.1	CPE 9a	Révision du plan de gestion pour la zone spécialement protégée de l'Antarctique	Royaume-Uni					ZSPA n° 110 – île Lynch, îles Orcades du Sud

Documents de travail								
No.	Points de l'ordre du jour	Titre	Soumis par	A	F	R	E	Pièces jointes
		(ZSPA) n° 110 île Lynch, îles Orcades du Sud						
WP011 rev.1	CPE 9a	Révision du Plan de gestion pour les zones spécialement protégées de l'Antarctique (ZSPA) no 115, île Lagotellerie, baie Marguerite, terre de Graham	Royaume-Uni	🗋	🗋	🗋	🗋	ZSPA n° 115 Plan de gestion révisé
WP012 rev.1	CPE 9a	Plan de gestion révisé pour la Zone spécialement protégée de l'Antarctique (ZSPA) n°109, île Moe, îles Orcades du Sud	Royaume-Uni	🗋	🗋	🗋	🗋	ZSPA n° 109 – île Moe, îles Orcades du Sud:
WP013	CPE 10c CPE 7a CPE 9a	L'Antarctique et le Plan stratégique pour la biodiversité 2011-2020	SCAR Belgique Monaco	🗋	🗋	🗋	🗋	Antarctica and the Strategic Plan for Biodiversity
WP014 rev.1	CPE 9a	Plan de gestion et cartes révisés pour la zone gérée spéciale de l'Antarctique n°5 station Amundsen-Scott South Pole, pôle Sud	Etats-Unis d´Amérique Norvège	🗋	🗋	🗋	🗋	ASMA No. 5 Map 1 ASMA No. 5 Map 2 ASMA No. 5 Map 3 ASMA No. 5 Map 4 ASMA No. 5 Map 5 ASMA No. 5 Map 6 ZGSA N° 5 – Station antarctique Amundsen-Scott, pôle Sud
WP015	RCTA 15a	Les projets Antarctic Science Horizon Scan (« Tour d'horizon de la science de l'Antarctique et de l'océan Austral ») du SCAR et Défis du plan d'action de l'Antarctique du COMNAP	COMNAP SCAR	🗋	🗋	🗋	🗋	
WP016	CPE 9e	Lignes directrices pour les désignations en Zone gérée spéciale de l'Antarctique (ZGSA)	Etats-Unis d´Amérique Norvège	🗋	🗋	🗋	🗋	Annexe A. Guide pour l'évaluation d'une zone en vue de sa désignation éventuelle en tant que Zone gérée spéciale de l'Antarctique Annexe B. Lignes directrices pour l'élaboration des plans de gestion des ZGSA
WP017	CPE 9e	Code de conduite du SCAR pour l'exploration et la recherche dans des environnements aquatiques sous-glaciaires	SCAR	🗋	🗋	🗋	🗋	Code de conduite du SCAR pour l'exploration et la recherche dans des environnements aquatiques sous-glaciaires
WP018	CPE 9e	Code de conduite du SCAR pour la recherche scientifique de	SCAR	🗋	🗋	🗋	🗋	SCAR's Environmental Code of Conduct for Terrestrial Scientific Field Research in Antarctica

Documents de travail

No.	Points de l'ordre du jour	Titre	Soumis par	A	F	R	E	Pièces jointes
		terrain en zone continentale en Antarctique						
WP019	RCTA 17	Collecte de données et établissement de rapports sur les activités des yachts en Antarctique pour la période 2016-2017	Royaume-Uni Argentine Chili IAATO	🗎	🗎	🗎	🗎	
WP020	RCTA 13 CPE 10c	État des connaissances sur les réactions de la faune sauvage aux systèmes aériens pilotés à distance (RPAS)	SCAR	🗎	🗎	🗎	🗎	
WP021	CPE 9e	Processus d'évaluation préalable pour la désignation des ZSPA/ZGSA	Royaume-Uni Norvège	🗎	🗎	🗎	🗎	Lignes directrices : Processus d'évaluation préalable pour la désignation de ZSPA et de ZSGA
WP022	RCTA 17	Activité non gouvernementale en Antarctique – la réalité actuelle, qui nécessite une réglementation juridique	Fédération de Russie	🗎	🗎	🗎	🗎	
WP023	RCTA 17	Nouveaux défis liés à la navigation à voile en Antarctique pour le système du Traité sur l'Antarctique	Fédération de Russie	🗎	🗎	🗎	🗎	
WP024	RCTA 11	Deuxième rapport du groupe de contact intersessions sur l'éducation et la sensibilisation	Bulgarie Belgique Brésil Chili Espagne Portugal Royaume-Uni	🗎	🗎	🗎	🗎	
WP025	CPE 4	Portail des environnements en Antarctique	Australie Etats-Unis d'Amérique Japon Norvège Nouvelle-Zélande SCAR	🗎	🗎	🗎	🗎	
WP026	CPE 10a	Plan d'action inter-Parties pour la gestion des moustiques non indigènes sur l'île du roi George, îles Shetland du Sud	Corée République de Chili Royaume-Uni Uruguay	🗎	🗎	🗎	🗎	Rapide questionnaire sur les insectes non indigènes (moustiques, Trichocera maculipennis) aux stations antarctiques
WP027	RCTA 6	Nomination des Présidents des groupes de travail de la RCTA	Australie Argentine Norvège Royaume-Uni	🗎	🗎	🗎	🗎	
WP028	CPE 6	Révision du Manuel de	Australie Royaume-	🗎	🗎	🗎	🗎	

Documents de travail								
No.	Points de l'ordre du jour	Titre	Soumis par	A	F	R	E	Pièces jointes
		nettoyage de l'Antarctique	Uni					
WP029	CPE 9e	Révision proposée pour les régions de conservation biogéographiques de l'Antarctique	Australie Nouvelle-Zélande SCAR					
WP030	RCTA 15a	Coopération internationale pour la réalisation des objectifs scientifiques communs en Antarctique	Australie					
WP031	RCTA 17	Une approche stratégique de l'écotourisme	Nouvelle-Zélande					
WP032	RCTA 6	Création de l'Aire marine protégée de la région de la mer de Ross par la CCAMLR	Etats-Unis d'Amérique Nouvelle-Zélande Argentine Chili France					
WP033	RCTA 17	Mise à jour de la Résolution 4 (2004) sur les plans d'urgence à établir, l'assurance et autres questions relatives aux activités touristiques et non gouvernementales, afin refléter le Recueil sur la navigation polaire de l'OMI	France Norvège Nouvelle-Zélande					
WP034	CPE 4	Soutenir le travail du Comité pour la protection de l'environnement (CPE) Un document établi par le président du CPE	Australie					
WP035	CPE 9a	Rapport sur les discussions intersessions informelles pour la période 2016-2017 concernant la proposition d'une nouvelle zone spécialement gérée de l'Antarctique à la station antarctique chinoise Kunlun, le Dôme A	Chine					
WP036	CPE 13	Expédition écologique en Antarctique	Allemagne Australie Chili Chine Corée République					Annexe A : Quelques exemples d'innovations technologiques

Documents de travail								
No.	Points de l'ordre du jour	Titre	Soumis par	A	F	R	E	Pièces jointes
			de Etats-Unis d´Amérique France Inde Norvège Nouvelle-Zélande Royaume-Uni					
WP037	CPE 9e	Zones spécialement protégées de l'Antarctique et Zones importantes pour la conservation des oiseaux	Royaume-Uni Australie Espagne Norvège Nouvelle-Zélande					
WP038	CPE 9a	Révision du plan de gestion pour la zone spécialement protégée de l'Antarctique (ZSPA) n° 165 Pointe Edmonson, mer de Ross	Italie					ZSPA n° 165 Plan de gestion révisé
WP039	RCTA 15	Projet Barrière de glace de Filchner : coopération scientifique et logistique entre la République fédérale d'Allemagne et le Royaume-Uni	Allemagne Royaume-Uni					
WP040	RCTA 14	Rapport du Groupe de contact intersessions sur les inspections en Antarctique en vertu de l'article VII du Traité sur l'Antarctique et de l'article 14 du Protocole environnemental	Pays-Bas Corée République de Etats-Unis d´Amérique					
WP041	CPE 8b	Évaluations d'impact sur l'environnement - Le point sur le débat politique plus large	Royaume-Uni Australie Belgique Norvège Nouvelle-Zélande					
WP042	CPE 9e	Évaluation préalable de la Zone spécialement protégée de l'Antarctique (ZSPA) proposée aux monts Sør Rondane	Belgique					
WP043	RCTA 14 CPE 12	Recommandations générales à l'issue des inspections conjointes menées par l'Argentine et le Chili en vertu de	Argentine Chili					

Documents de travail								
No.	Points de l'ordre du jour	Titre	Soumis par	A	F	R	E	Pièces jointes
		l'Article VII du Traité sur l'Antarctique et de l'Article 14 du Protocole relatif à la protection de l'environnement						
WP044	CPE 10c	Mécanismes de protection pour la colonie de manchots empereurs de l'île Snow Hill, au nord-est de la péninsule antarctique	Argentine	📄	📄	📄	📄	
WP045	CPE 9a CPE 9e	Rapport d'activité du Groupe subsidiaire sur les Plans de gestion pendant la période intersessions 2016-2017	Argentine	📄	📄	📄	📄	
WP046	RCTA 13	Infrastructures des opérateurs non gouvernementaux et activités liées aux opérations aériennes : impacts potentiels sur les programmes antarctiques nationaux	Norvège Australie Royaume-Uni	📄	📄	📄	📄	
WP047	CPE 9b	Rapport du groupe de contact intersessions mis en place pour l'élaboration de documents d'orientation sur les approches de conservation pour la gestion des objets du patrimoine antarctique	Norvège Royaume-Uni	📄	📄	📄	📄	

Documents d'information								
No.	Points de l'ordre du jour	Titre	Soumis par	A	F	R	E	Pièces jointes
IP001 rev.1	RCTA 4	Rapport du gouvernement dépositaire de la Convention pour la protection des phoques de l'Antarctique (CCAS) en vertu de la Recommandation XIII-2, paragraphe 2(D)	Royaume-Uni	📄	📄	📄	📄	
IP002	RCTA 13	Station de recherche antarctique bélarussienne: l'étape moderne de sa création et les perspectives du développement	Belarus	📄	📄	📄	📄	
IP003	CPE 6	Expérience en matière de réduction des sources de formation de déchets de l'expédition antarctique bélarussienne	Belarus	📄	📄	📄	📄	
IP004	RCTA 13 RCTA 4	Rapport de l'Organisation hydrographique internationale (OHI) et Proposition de séminaire sur l'importance de l'hydrographie dans la région antarctique	OHI	📄	📄	📄	📄	
IP005	CPE 8b	Towards establishing of values of critical loads and thresholds for the Antarctic environment	Belarus	📄		📄		
IP006	RCTA 15	Antarctic cooperation between Romania and Korea 2015-2017	Roumanie	📄				
IP007	RCTA 13	Austral Mid-Winter Medical Evacuation from Amundsen-Scott South Pole Station, Antarctica	Etats-Unis d'Amérique	📄				
IP008	CPE 11	Field Project Reviews: Fulfilling Environmental Impact Assessment (EIA) Monitoring Obligations	Etats-Unis d'Amérique	📄				
IP009	RCTA 4 CPE 5	Rapport annuel 2016-2017 du Conseil des directeurs des programmes antarctiques nationaux (COMNAP)	COMNAP	📄	📄	📄	📄	
IP010	RCTA 13	Search and Rescue Coordination and	COMNAP	📄				COMNAP SAR Workshop III Final Report

No.	Points de l'ordre du jour	Titre	Soumis par	A	F	R	E	Pièces jointes
		Response in the Antarctic: Report from the COMNAP Antarctic SAR Workshop III						
IP011	RCTA 4	Rapport de l'observateur de la CCAMLR à la quarantième réunion consultative du Traité sur l'Antarctique	CCAMLR	🗐	🗐	🗐	🗐	
IP012	RCTA 10	Operational information – national expeditions: Facilities & SAR categories	COMNAP	🗐				
IP013	RCTA 15 CPE 7a	U.K./U.S. Research Initiative on Thwaites: The Future of Thwaites Glacier and its Contribution to Sea-level Rise	Etats-Unis d´Amérique Royaume-Uni	🗐				
IP014	CPE 4	Antarctic Environments Portal: Content Management Plan	Australie Etats-Unis d´Amérique Japon Norvège Nouvelle-Zélande SCAR	🗐				
IP015	CPE 9e	Antarctic biogeography revisited: updating the Antarctic Conservation Biogeographic Regions	Australie Nouvelle-Zélande SCAR	🗐				Terauds, A. & Lee, J.R. (2016) Antarctic biogeography revisited: updating the Antarctic Conservation Biogeographic Regions, Diversity and Distributions, 1–5.
IP016	CPE 9e	Representation of Important Bird Areas in the network series of Antarctic Specially Protected Areas	Norvège Nouvelle-Zélande Royaume-Uni	🗐				Attachment A: supporting paper
IP017	CPE 9e	High resolution mapping of human footprint across Antarctica and its implications for the strategic conservation of bird life	Espagne Royaume-Uni	🗐				supporting paper
IP018	RCTA 15	Participación Venezolana en la Antártida 2017	Venezuela				🗐	
IP019	RCTA 11	Material divulgativo/educativo: Juega y aprende con el Tratado Antártico	Venezuela				🗐	
IP020	CPE 10c	The role of monitoring, education and EIA in the prevention of vegetation trampling within ASPA No. 140, Site C: Caliente Hill	Espagne Royaume-Uni	🗐				
IP021	RCTA 15	Absorbing Aerosols Monitoring Over	Espagne	🗐				

Documents d'information

No.	Points de l'ordre du jour	Titre	Soumis par	A	F	R	E	Pièces jointes
		Remote Regions						
IP022	CPE 11	Trace element contamination and availability within the Antarctic Treaty Area	Portugal Allemagne Chili Fédération de Russie Royaume-Uni	▣				
IP023	CPE 9e	Historical and geo-ecological values of Elephant Point, Livingston Island, South Shetland Islands	Portugal Brésil Espagne Royaume-Uni	▣				
IP024	RCTA 15 CPE 13	Future Challenges in Southern Ocean Ecology Research: another outcome of the 1st SCAR Horizon Scan	Portugal Allemagne Belgique Brésil Etats-Unis d'Amérique France Pays-Bas Royaume-Uni SCAR	▣				
IP025	CPE 9e	Report of the Antarctic Specially Managed Area No. 6 Larsemann Hills Management Group	Australie Chine Fédération de Russie Inde	▣				
IP026	RCTA 15	Australian Antarctic Science Program: highlights of the 2016/17 season	Australie	▣				
IP027	RCTA 13	Procedures for Safe use of Unmanned Aerial Systems in Antarctica	Nouvelle-Zélande	▣				New Zealand UAS manual (Summary version)
IP028	RCTA 11	Enlace web de divulgación y educación: Antártida en la escuela	Venezuela				▣	
IP029	RCTA 15	Preliminary overview of Canadian Antarctic research contributions (1997 – 2016)	Canada	▣				
IP030	RCTA 14 CPE 12	Australian Antarctic Treaty and Environmental Protocol inspections: December 2016	Australie	▣				Australian Antarctic Treaty Inspections December 2016
IP031	RCTA 4	Rapport du gouvernement dépositaire de l'Accord sur la conservation des albatros et des pétrels (ACAP)	Australie	▣	▣	▣	▣	
IP032	RCTA 4	Rapport du gouvernement dépositaire de la Convention sur la conservation de la faune et la flore	Australie	▣	▣	▣	▣	

Documents d'information

No.	Points de l'ordre du jour	Titre	Soumis par	A	F	R	E	Pièces jointes
		marines de l'Antarctique (CAMLR)						
IP033	RCTA 6	Gateway Access: Transit Visa Developments in South Africa	Afique du Sud	📄				
IP034	CPE 11 CPE 9e	Workshop on Environmental Assessment of the McMurdo Dry Valleys: Witness to the Past and Guide to the Future	Etats-Unis d'Amérique	📄				
IP035	RCTA 4 CPE 5	Rapport annuel 2016 - 2017 du Comité scientifique pour la recherche antarctique à la XLe Réunion consultative du Traité sur l'Antarctique	SCAR	📄	📄	📄	📄	
IP036	RCTA 15	The U.S. Antarctic Program Antarctic Infrastructure Modernization for Science Project	Etats-Unis d'Amérique	📄				
IP037	CPE 10c	Bird Monitoring in the Fildes Region	Allemagne	📄				
IP038	CPE 10c	Use of UAVs in Antarctica. A competent authority's perspective and lessons learned	Allemagne	📄				
IP039	CPE 10c	Study on monitoring penguin colonies in the Antarctic using remote sensing data	Allemagne	📄				
IP040	RCTA 13	Refurbishment and Modernization of the German Antarctic Receiving Station GARS O'Higgins	Allemagne	📄				
IP041	RCTA 13 CPE 8b	Final Modernization of GONDWANA Station, Terra Nova Bay, northern Victoria Land	Allemagne	📄				
IP042	RCTA 13	DROMLAND - Dronning Maud Land Air Network	Allemagne	📄				
IP043	RCTA 13	EDEN ISS: A facility to provide Neumayer Station III overwinterers with fresh food while advancing space technology	Allemagne	📄				
IP044	CPE 9e	Significant change to ASPA No 151 Lions Rump, King George Island (Isla 25 de Mayo), South Shetland Islands	Pologne	📄				

No.	Points de l'ordre du jour	Titre	Soumis par	A	F	R	E	Pièces jointes
		Documents d'information						
IP045	CPE 10c	UAV remote sensing of environmental changes on King George Island (South Shetland Islands): update on the results of the third field season 2016/2017	Pologne	📄				Annex 1. Supporting figures
IP046	CPE 10c	UAV impact – problem of a safe distance from wildlife concentrations	Pologne	📄				Preliminary study on nesting Adélie penguins disturbance by unmanned aerial vehicles. Korczak-Abshire et al 2016
IP047	CPE 10a	Eradication of a non-native grass Poa annua L. from ASPA No 128 Western Shore of Admiralty Bay, King George Island, South Shetland Islands	Pologne	📄				First step to eradication of Poa annua L. from Point Thomas Oasis (King George Island, South Shetlands, Antarctica). Galera et al. 2017
IP048	CPE 6	Clean-up of Scientific Equipment and Infrastructure from Mt. Erebus, Ross Island, Antarctica	Etats-Unis d'Amérique	📄				
IP049	CPE 6	Report on Clean-up at Metchnikoff Point, Brabant Island	Royaume-Uni	📄				
IP050	CPE 5	Report by the CEP Observer to the XXXIV SCAR Delegates' Meeting	Royaume-Uni	📄				
IP051	RCTA 11	Creating Awareness: the Role of the Antarctic Legacy of South Africa (ALSA)	Afique du Sud	📄				
IP052	CPE 7a	Integrating Climate and Ecosystem Dynamics in the Southern Ocean (ICED) programme	Royaume-Uni	📄				
IP053	CPE 5	Report by the SC-CAMLR Observer to the twentieth meeting of the Committee for Environmental Protection	CCAMLR	📄				
IP054	CPE 10a	Detection and eradication of a non-native Collembola incursion in a hydroponics facility in East Antarctica	Australie	📄				
IP055	RCTA 13	Actividades y Desarrollo del Programa Antártico Colombiano - PAC	Colombie				📄	
IP056	RCTA 13	Contribución de Colombia a la Seguridad Marítima en la Antártida	Colombie				📄	
IP057	RCTA 15	Actividades Verano Austral 2016 – 2017, Programa de	Colombie				📄	

Documents d'information

No.	Points de l'ordre du jour	Titre	Soumis par	A	F	R	E	Pièces jointes
		Investigación en Mamíferos Marinos Antárticos: Con especial atención hacia Cetáceos Migratorios a aguas colombianas y Pinnípedos Antárticos						
IP058	RCTA 15	Expediciones Científicas de Colombia a la Antártida	Colombie				📄	
IP059	RCTA 15	Contribución de Colombia al conocimiento de la biodiversidad y los ecosistemas en algunas áreas de la Península Antártica y de la Tierra Reina Maud, Antártica	Colombie				📄	
IP060	RCTA 11	Campaña de Educación "Todos Somos Antártica" Actividades 2016 - 2017	Colombie				📄	
IP061	RCTA 11	Aportes de Colombia al Conocimiento de la Cultura y Adaptación Antárticas	Colombie				📄	
IP062	RCTA 15	IV Expedición Científica de Colombia a la Antártica Verano Austral 2017-2018 "Almirante Tono"	Colombie				📄	
IP063	RCTA 13	Benefits of Logistic collaboration in Antarctica in support of Antarctic Science programmes: Australia's experience in 2016-17	Australie	📄				
IP064	RCTA 10 RCTA 13	Advances to the COMNAP database	COMNAP	📄				
IP065	RCTA 15	Malaysia's Activities and Achievements in Antarctic Research and Diplomacy	Malasia	📄				
IP066	RCTA 17	Blue Ice Runway by Romnæsfjellet	Norvège Belgique	📄				
IP067	RCTA 15 RCTA 17	Japan's Antarctic Outreach Activities	Japon	📄				
IP068	RCTA 15 CPE 11	Update on activities of the Southern Ocean Observing System (SOOS)	SCAR	📄				
IP069	CPE 7b	Mapping SCAR affiliated research to	SCAR	📄				Attachment A - Mapping SCAR research to the CEPs

Documents d'information								
No.	Points de l'ordre du jour	Titre	Soumis par	A	F	R	E	Pièces jointes
		the CEP's Climate Change Response Work Programme (CCRWP)						Climate Change Response Work Programme.
IP070	CPE 8b	Final Comprehensive Environmental Evaluation for the construction and operation of a gravel runway in the area of Mario Zucchelli Station, Terra Nova Bay, Victoria Land, Antarctica	Italie	🗎				
IP071	RCTA 16 CPE 7b	Agreement by CCAMLR to establish time-limited Special Areas for Scientific Study in newly exposed marine areas following ice shelf retreat or collapse in the Antarctic Peninsula region	Royaume-Uni Allemagne Belgique Espagne Finlande France Italie Pays-Bas Pologne Suède	🗎				
IP072	RCTA 13	Antarctic Mass Rescue Operations Response and Preparedness Challenges	Etats-Unis d'Amérique	🗎				
IP073	CPE 9e	Deception Island Antarctic Specially Managed Area (ASMA No. 4) - 2017 Management report	Etats-Unis d'Amérique Argentine Chili Espagne Norvège Royaume-Uni	🗎				
IP074	CPE 6	Clean-up and removal of Italy installations at Sitry airfield camp along the avio-route MZS-DDU, Antarctica	Italie	🗎				
IP075	CPE 10c	A Report on the Development and Use of UAS by the U.S. National Marine Fisheries Service for Surveying Marine Mammals	Etats-Unis d'Amérique	🗎				Marine Mammal Commission. 2016. Development and Use of UASs by the National Marine Fisheries Service for Surveying Marine Mammals. Marine Mammal Commission, Bethesda, MD, USA.
IP076	CPE 11	Supporting the analysis of environments and impacts: A tool to enable broader-scale environmental management	Nouvelle-Zélande	🗎				
IP077	RCTA 13 CPE 10c	Update from the COMNAP Unmanned Aerial Systems Working Group (UAS-WG)	COMNAP	🗎				
IP078	RCTA 13	Reconstruction of the Brazilian Station in Antarctica	Brésil	🗎				

Documents d'information

No.	Points de l'ordre du jour	Titre	Soumis par	A	F	R	E	Pièces jointes
IP079	CPE 11	Environmental monitoring of the reconstruction work of the Brazilian Antarctic Station (2015/16 and 2016/17)	Brésil	📄				
IP080 rev.1	RCTA 16 CPE 7a	Antarctic Climate Change and the Environment – 2017 Update	SCAR	📄				
IP081	CPE 11	Report of Oceanites, Inc.	SCAR	📄				
IP082	RCTA 15	Summary of the major research achievements of Chinese Arctic and Antarctic Environment Comprehensive Investigation & Assessment Program for the past five years since its implementation	Chine	📄				
IP083 rev.1	CPE 11	Update on work to develop a methodology to assess the sensitivity of sites used by visitors	Australie Etats-Unis d'Amérique IAATO Norvège Nouvelle-Zélande Royaume-Uni	📄				
IP084	CPE 7a	Climate change impacts on Antarctic ice-free areas	Australie	📄				
IP085	RCTA 15	Japan's Antarctic Research Highlights 2016–17	Japon	📄				
IP086	CPE 9e	Use of UAS for Improved Monitoring and Survey of Antarctic Specially Protected Areas	Nouvelle-Zélande	📄				
IP087	RCTA 4 RCTA 8	Liability Annex: Financial Security	IGP&I Clubs	📄				
IP088	RCTA 4 RCTA 8	The International Oil Pollution Compensation Funds	FIPOL	📄				
IP089	RCTA 7	Antarctic Treaty Secretariat Internship Grant for Republic of Turkey	Turquie	📄				
IP090	RCTA 15	The experience of having SCAR photo exhibition in Turkey as of a new SCAR member	Turquie	📄				
IP091	RCTA 15	Turkish Antarctic Expedition 2016 - 2017 (TAE - I)	Turquie	📄				

Documents d'information								
No.	Points de l'ordre du jour	Titre	Soumis par	A	F	R	E	Pièces jointes
		Experiences						
IP092	RCTA 15	Turkey-Chile Scientific Collaboration in Antarctica	Turquie Chili	📄				
IP093	RCTA 15	Turkey - Czech Republic Scientific Collaboration in Antarctica	Turquie République tchèque	📄				
IP094	RCTA 6 CPE 4	Ratification of Protocol on Environmental Protection to the Antarctic Treaty by Turkey	Turquie	📄				
IP095	RCTA 15	Opening of Chile-Korea Antarctic Cooperation Center	Chili Corée République de	📄				
IP096	RCTA 11	Programa de Educación Antártica	Chili				📄	
IP097	RCTA 15	Programa de Publicaciones Antárticas del INACH	Chili				📄	
IP098	RCTA 15	Expérience en matière d'utilisation d'un appareil sous-marin sans pilote téléguidé au cours de l'expédition antarctique bélarussienne pendant la saison 2016-2017	Belarus	📄	📄	📄	📄	
IP099	RCTA 11	Commemoration of the 25th Anniversary of the Protocol on Environmental Protection to the Antarctic Treaty – Presentation of Postage Stamps	Argentine	📄			📄	
IP100	RCTA 13	Fildes Bay Environmental Monitoring Coastal Environmental Observation Program (P.O.A.L.) 2017	Chili	📄			📄	
IP101	RCTA 13	Support to Antarctic Campaigns Meteorological Service of the Navy	Chili	📄			📄	
IP102	RCTA 13	Maintenance of Aids to Navigation in Antarctica, Summer Season 2016 - 2017	Chili	📄			📄	
IP103	RCTA 13	Search and Rescue Cases in the area of the Antarctic Peninsula Period 2016 / 2017 MRCC Chile	Chili	📄			📄	

Documents d'information								
No.	Points de l'ordre du jour	Titre	Soumis par	A	F	R	E	Pièces jointes
IP104	RCTA 13	Production of an Antarctic Nautical Chart by the Hydrographic and Oceanographic Service of the Chilean Navy: Nautical Chart 15350 (INT 9104) "Estrecho de Gerlache - Islote Useful a Isla Wednesday"	Chili	📄			📄	
IP105	RCTA 13	Chile in the Southern Antarctica Joint Scientific Polar Station "Union Glacier"	Chili	📄			📄	
IP106	CPE 8b	Auditoría Ambiental de Cumplimiento de la XX Campaña Antártica Ecuatoriana (2015-2016)	Equateur				📄	
IP107	RCTA 13	Capacidad logística de la Estación Científica Ecuatoriana "Pedro Vicente Maldonado"- Año 2017	Equateur				📄	
IP108	CPE 6	Gestión de los desechos sólidos generados en la Estación Maldonado - XXI Campaña Antártica (2016-2017)	Equateur				📄	
IP109	RCTA 13	Aplicación de la Norma de Operación en la XXI Campaña Antártica Ecuatoriana (2016-2017)	Equateur				📄	
IP110	RCTA 13 CPE 13	Plan de contingencias y riesgos durante la XXI Campaña Antártica Ecuatoriana (2016-2017)	Equateur				📄	
IP111	RCTA 15	XXI Expedición Científica Ecuatoriana a la Antártida (2016-2017)	Equateur				📄	
IP112	RCTA 4 CPE 5	Rapport annuel de l'OMM 2016-2017	OMM	📄	📄	📄	📄	
IP113	RCTA 15 CPE 11	The Global Cryosphere Watch and CroNet	OMM	📄				
IP114	RCTA 15 CPE 11	The Polar Space Task Group: Coordinating Space Data in the Antarctic Region	OMM	📄				
IP115	CPE 7a	The Polar Climate Predictability Initiative of the World	OMM	📄				

Documents d'information								
No.	Points de l'ordre du jour	Titre	Soumis par	A	F	R	E	Pièces jointes
		Climate Research Programme						
IP116	RCTA 15 CPE 5	Southern Hemisphere Key Activities and Special Observing Periods during the Year of Polar Prediction	OMM	⬇				
IP117	RCTA 15	The Antarctic Observing Network (AntON) to facilitate weather and climate information: an update	OMM SCAR	⬇				
IP118	RCTA 16 CPE 7a	Progress Update on WMO Polar Regional Climate Centres	OMM	⬇				
IP119	CPE 7a	Regional climate downscaling through the Antarctic-CORDEX project	OMM	⬇				
IP120	RCTA 15	Finland´s international collaboration in the Antarctic field work with different stations and other actors	Finlande	⬇				
IP121	RCTA 15	Status Report 2017: Ongoing and Recently Ended Antarctic Research Funded by the Academy of Finland	Finlande	⬇				
IP122	RCTA 15a	The Future Challenges of Antarctic Research – The Finnish Perspective	Finlande	⬇				
IP123	RCTA 13	The Polar Code – Finnish Views	Finlande	⬇				
IP124 rev.1	RCTA 17	Action taken following unauthorized presence of a French yacht in the Treaty Area during the 2015/2016 season	France	⬇				
IP125	RCTA 13	Report on the 19th edition of the Joint Antarctic Naval Patrol between Argentina and Chile	Argentine Chili	⬇			⬇	
IP126	RCTA 14 CPE 12	Report of the Joint Inspections' Program undertaken by Argentina and Chile under Article VII of the Antarctic Treaty and Article 14 of the Environmental Protocol	Argentine Chili	⬇			⬇	Inspection Report
IP127	CPE 9d	Update on the process of designation of a	Argentine Chili	⬇			⬇	

Documents d'information								
No.	**Points de l'ordre du jour**	**Titre**	**Soumis par**	**A**	**F**	**R**	**E**	**Pièces jointes**
		Marine Protected Area (MPA) in the West Antarctic Peninsula and South of the Arc of Scotia (Domain 1)						
IP128 rev.1	CPE 10a	Prevention of the Introduction of Non-native Species to the Antarctic Continent. Argentine Antarctic Program Operations Manual	Argentine	📄			📄	Manual para las operaciones del Programa Antártico Argentino
IP129	RCTA 11	Primeras Jornadas Antárticas, 2016	Equateur				📄	
IP130	RCTA 13	XXVII Reunión de Administradores de Programas Antárticos Latinoamericanos, 2016	Equateur				📄	
IP131	RCTA 17	Areas of tourist interest in the Antarctic Peninsula and South Orkney Islands region. 2016/2017 austral summer season	Argentine	📄			📄	
IP132	RCTA 13	Aids to navigation, beaconing and Antarctic cartography - (2016-2017)	Argentine	📄			📄	
IP133	RCTA 13	Report on the installation of Aids to Navigation on the Antarctic Continent	Argentine	📄			📄	
IP134	RCTA 11 RCTA 15	Actividades del Programa Nacional Antártico de Perú Período 2016 – 2017	Pérou				📄	
IP135	RCTA 13	Campaña Antártica ANTAR XXIV Verano austral 2016 - 2017	Pérou				📄	
IP136	RCTA 15	COMNAP Antarctic Station Catalogue Project	COMNAP	📄				COMNAP Station Catalogue examples
IP137	RCTA 17	Report on Antarctic tourist flows and cruise ships operating in Ushuaia during the 2016/2017 Austral summer season	Argentine	📄			📄	
IP138	RCTA 11 RCTA 15	Polar Scientific and Outreach Cooperation Between Bulgaria and Turkey	Bulgarie Turquie	📄				
IP139 rev.1	RCTA 13	An overview of the International Code for Ships Operating in Polar Waters	OMI	📄				

Documents d'information								
No.	Points de l'ordre du jour	Titre	Soumis par	A	F	R	E	Pièces jointes
IP140	RCTA 13	Brazilian XXXV Antarctic Operation	Brésil	🗎				
IP141	RCTA 15	Russian-Swiss Antarctic Circumnavigation Expedition 2016–2017	Fédération de Russie	🗎		🗎		
IP142	RCTA 15	To question on the project of the international scientific drifting station "Weddell-2"	Fédération de Russie	🗎		🗎		
IP143	RCTA 13	On use of the blue ice area in the vicinity of Romnaes Mount as a reserve airstrip	Fédération de Russie	🗎		🗎		
IP144	RCTA 8	Russian legislation on regulation of activities in the Antarctic	Fédération de Russie	🗎				Russian Federal Law
IP145	RCTA 8	Approximate list, scope and character of response actions	Fédération de Russie	🗎				
IP146	RCTA 4	Rapport de la Coalition pour l'Antarctique et l'océan Austral	ASOC	🗎	🗎	🗎	🗎	
IP147	RCTA 16 CPE 7a	Climate Change Report Card	ASOC	🗎				
IP148	RCTA 11	Collaborating on Antarctic Education and Outreach	ASOC IAATO	🗎				Pdf version of the IUCN poster produced by IAATO, ASOC and WWF
IP149	CPE 9e	ASOC update on Marine Protected Areas in the Southern Ocean 2016-2017	ASOC	🗎				
IP150	RCTA 17	Options for Visitor Management in the Antarctic	ASOC	🗎				
IP151	RCTA 13	Managing non-SOLAS vessels in the Southern Ocean	ASOC	🗎				Legal memo on the potential application of the Polar Code to fishing vessels and yachts
IP152 rev.1	RCTA 16 CPE 7a	Tracking Antarctica - A WWF report on the state of Antarctica and the Southern Ocean	ASOC	🗎				
IP153	CPE 9e	Considerations for the systematic expansion of the protected areas network	ASOC	🗎				
IP154	RCTA 15	MADICE –Joint Initiative of Scientific Programme at CDML by India and Norway	Inde Norvège	🗎				
IP155	RCTA 15	Creating spaces of collaboration: Meeting of Administrators of	Pérou Argentine Brésil Chili	🗎			🗎	

Documents d'information

No.	Points de l'ordre du jour	Titre	Soumis par	A	F	R	E	Pièces jointes
		Latin American Antarctic Programs	Equateur Uruguay					
IP156	RCTA 13	Greening of established infrastructure and logistics in Antarctica	Norvège	🖹				
IP157	CPE 4	Committee for Environmental Protection (CEP): summary of activities during the 2016/17 intersessional period	Australie	🖹				
IP158 rev.2	RCTA 4	Rapport du gouvernement dépositaire du Traité sur l'Antarctique et de son Protocole au titre de la Recommandation XIII-2	Etats-Unis d'Amérique	🖹	🖹	🖹	🖹	Liste des Recommandations/Mesures et leur approbation Tableau relatif au statut concernant le Protocole Tableau relatif au statut concernant le Traité sur l'Antarctique
IP159	RCTA 13	Decarbonizing Antarctic Operations	ASOC	🖹				
IP160	RCTA 17	Maritime Antarctic tourism through Ushuaia: from the beginning of the activity to present times	Argentine	🖹			🖹	
IP161	RCTA 15a	Que signifie pour l'Antarctique l'Accord de Paris sur le climat des Nations Unies ?	SCAR	🖹	🖹	🖹	🖹	
IP162	RCTA 4	Rapport 2016-2017 de l'Association internationale des organisateurs de voyages dans l'Antarctique (IAATO)	IAATO	🖹	🖹	🖹	🖹	
IP163 rev.1	RCTA 17	IAATO Overview of Antarctic Tourism: 2016-17 Season and Preliminary Estimates for 2017-18	IAATO	🖹				
IP164	RCTA 17 CPE 9c	Report on IAATO Operator Use of Antarctic Peninsula Landing Sites and ATCM Visitor Site Guidelines, 2016-17 Season	IAATO	🖹				
IP165	RCTA 17	Document Withdrawn	Afique du Sud	🖹				
IP166	RCTA 17 CPE 9e	Systematic Conservation Plan for the Antarctic Peninsula	SCAR IAATO	🖹				
IP167	RCTA 13 RCTA 17	New IAATO Guidelines for Submersibles and Remote Operated Vehicle activities	IAATO	🖹				

Documents d'information								
No.	**Points de l'ordre du jour**	**Titre**	**Soumis par**	**A**	**F**	**R**	**E**	**Pièces jointes**
IP168	RCTA 9	An Update on Status and Trends Biological Prospecting in Antarctica and Recent Policy Developments at the International Level	Pays-Bas					
IP169	RCTA 6	Statement by Iceland	Islande					
IP170	RCTA 15	The Kazakh Geographical Society	Kazakhstan					
IP171	RCTA 11	Romanian Antarctic Education and Outreach Activities during 2015-2017	Roumanie					
IP172	RCTA 15	Cooperation of Romania with Australia, China, India and Russian Federation within ASMA No. 6 Larsemann Hills, East Antarctica	Roumanie					
IP173	RCTA 15	Cooperation of Romania with Argentina in Antarctica – Romanian RONARE 2017 Expedition in cooperation with Argentina	Roumanie					
IP174	RCTA 15	Report from Asian Forum for Polar Sciences to the ATCM XL	Chine					
IP175 rev.2	RCTA 6	Chair's Summary of the Special Meeting "Our Antarctica: Protection and Utilisation"	Chine					

Documents de contexte

No.	Points de l'ordre du jour	Titre	Soumis par	A	F	R	E	Pièces jointes
BP001	RCTA 13 CPE 10c	Best Practice for Minimising Remotely Piloted Aircraft System Disturbance to Wildlife in Biological Field Research	SCAR	📄				Hodgson and Koh article
BP002	RCTA 15	Scientific and Science-related Cooperation with the Consultative Parties and the Wider Antarctic Community	Corée République de	📄				
BP003	CPE 8b	Information on the Progress of the Renovation of the King Sejong Korean Antarctic Station on King George Island, South Shetland Islands	Corée République de	📄				
BP004	CPE 9b	Antarctic Historic Resources: Ross Sea Heritage Restoration Project. Conservation of Hillary's Hut, Scott Base, Antarctic HSM 75	Nouvelle-Zélande	📄				
BP005	RCTA 13	Plans for the revitalization of the Dobrowolski Station	Pologne	📄				
BP006	RCTA 15	South African National Antarctic Program (SANAP): Science Highlights 2016/7	Afique du Sud	📄				
BP007	RCTA 14 CPE 12	Measures taken on the recommendations by Inspection team at Arctowski Polish Antarctic Station in 2016/2017	Pologne	📄				
BP008	CPE 11	Using virtual reality technology for low-impact monitoring and communication of protected and historic sites in Antarctica	Nouvelle-Zélande	📄				
BP009	RCTA 11	Piloto Luis Pardo Villalón: Rescatando del olvido a un héroe chileno	Chili			📄		
BP010	RCTA 11	Celebración de la	Chili			📄		

Documents de contexte								
No.	Points de l'ordre du jour	Titre	Soumis par	A	F	R	E	Pièces jointes
		Semana Antártica en Punta Arenas						
BP011	RCTA 15	Monitoring of Antarctic flora – new Ukrainian-Turkish cooperation, a key for understanding biodiversity in the Argentine Islands, West Antarctica	Ukraine Turquie	📄				
BP012	RCTA 15	Sightings of cetaceans during the First Joint Ukrainian-Turkish Antarctic Scientific Expedition 2016	Ukraine Turquie	📄				
BP013	RCTA 11	Pratique de la tenue des conférences scientifiques et pratiques internationales, consacrées aux problèmes de l'Antarctique, en République du Bélarus	Belarus	📄	📄	📄	📄	
BP014	RCTA 14 CPE 12	Follow-up to the Recommendations of the Inspection Teams at the Eco-Nelson Facility	République tchèque	📄				
BP015	RCTA 15	Incidencia de factores bióticos y abióticos en la composición y abundancia de la comunidad fito planctónica y las migraciones zoo planctónicas en la Antártida, las islas Galápagos y el Ecuador continental	Equateur				📄	
BP016	RCTA 15	Estudio de la dinámica poblacional y adaptación al cambio climático de microorganismos acuáticos de los cuerpos de agua dulce en la Isla Dee, Islas Shetland del Sur	Equateur				📄	
BP017	RCTA 15	Estudio comparativo de la diversidad liquénica antártica versus andina con fines de bioprospección y biomonitoreo	Equateur				📄	

Documents de contexte

No.	Points de l'ordre du jour	Titre	Soumis par	A	F	R	E	Pièces jointes
BP018	RCTA 15	Inventario y caracterización preliminar de la biodiversidad de moluscos marinos en transeptos litorales de la estación antártica ecuatoriana Pedro Vicente Maldonado	Equateur				📄	
BP019	RCTA 15	Tratamiento de lodos de la planta de aguas residuales de la Estación Científica Pedro Vicente Maldonado (2016-2017)	Equateur				📄	
BP020	RCTA 15a	The SCAR Lecture: What does the United Nations Paris Climate Agreement mean for Antarctica?	SCAR	📄				Figures referenced in the document
BP021	RCTA 15	The Polish Programme on Polar Research and Strategy of Polish Polar Research – concept for years 2017-2027	Pologne	📄				
BP022	RCTA 13	Capacidades y limitaciones de la Base Antártica "Pdte. Eduardo Frei M." en apoyo a los Programas Antárticos Nacionales y Extranjeros	Chili				📄	
BP023	RCTA 6	Ingreso no Autorizado a la Estación Machu Picchu Período 2016 – 2017	Pérou				📄	

Documents du Secrétariat								
No.	**Points de l'ordre du jour**	**Titre**	**Soumis par**	**A**	**F**	**R**	**E**	**Pièces jointes**
SP001 rev.1	RCTA 3	Ordre du jour et calendrier de la XLe RCTA et du XXe CPE	STA					Programme de travail stratégique pluriannuel 2016 (PTSPA)
SP002	CPE 2 CPE 3 CPE 7b	Ordre du jour provisoire pour le XXe CPE - Plan de travail quinquennal du CPE - Programme de travail en réponse au changement climatique	STA					
SP003	RCTA 6	Liste des Mesures portant la mention « Pas encore en vigueur »	STA					rapport d'état
SP004 rev.3	RCTA 7	Rapport du Secrétariat 2016/2017	STA					Annexe 1 : Rapport financier certifié 2015/2016 Annexe 2 : Rapport financier provisoire 2016/2017 Annexe 3 : Cotisations reçues par le Secrétariat du Traité sur l'Antarctique 2016/2017
SP004 rev.4	RCTA 7	Rapport du Secrétariat 2016/2017	STA					Annexe 1 : Rapport financier certifié 2015/2016 Annexe 2 : Rapport financier provisoire 2016/2017 Annexe 3 : Cotisations reçues par le Secrétariat du Traité sur l'Antarctique 2016/2017
SP005 rev.1	RCTA 7	Programme du Secrétariat pour l'exercice 2017/2018	STA					Barème des contributions 2018-2019 Grille des salaires 2017-2018 Rapport prévisionnel de l'exercice financier 2016-2017, budget de l'exercice financier 2017-2018, budget prévisionnel de l'exercice financier 2018-2019 Rapport prévisionnel de l'exercice financier 2016-2017, budget de l'exercice financier 2017-2018, budget prévisionnel de l'exercice financier 2018-2019
SP005 rev.2	RCTA 7	Programme du Secrétariat pour l'exercice 2017/2018	STA					Barème des contributions 2018-2019 Grille des salaires 2017-2018 Rapport prévisionnel de l'exercice financier 2016-2017, budget de l'exercice financier 2017-2018, budget prévisionnel de l'exercice financier 2018-2019 Rapport prévisionnel de l'exercice financier 2016-2017, budget de l'exercice financier 2017-2018, budget prévisionnel de l'exercice financier 2018-2019
SP006	RCTA 7	Projet du profil budgétaire quinquennal	STA					Profil budgétaire prévisionnel quinquennal 2017/18-2021/22

No.	Points de l'ordre du jour	Titre	Soumis par	A	F	R	E	Pièces jointes
Documents du Secrétariat								
		prévisionnel 2017-2022						
SP006 rev.1	RCTA 7	Projet du profil budgétaire quinquennal prévisionnel 2017/18-2021/22	STA	☑				Profil budgétaire prévisionnel quinquennal 2017/18-2021/22
SP007 rev.2	CPE 8b	Liste annuelle des évaluations préliminaires (EPIE) et globales (EGIE) d'impact sur l'environnement réalisées entre le 1er avril 2016 et le 31 mars 2017	STA	☑	☑	☑	☑	
SP008	RCTA 16 CPE 7a	Actions adoptées par le CPE et la RCTA à la suite des recommandations de la RETA sur les changements climatiques	STA	☑	☑	☑	☑	
SP009	RCTA 17 CPE 11	Mise à jour sur l'état actuel des recommandations concernant l'étude 2012 du CPE sur le tourisme	STA	☑	☑	☑	☑	
SP010	RCTA 10	Rapport d'étude sur le fonctionnement du SEEI	STA	☑	☑	☑	☑	
SP011	RCTA 1 RCTA 18 RCTA 19 RCTA 2 RCTA 20 RCTA 21 RCTA 3 RCTA 4 RCTA 5	ATCM Plenary Schedule, Annotated Agenda and Summary of Papers	STA	☑				
SP012	CPE 2	CEP XX Schedule, Annotated Agenda and Summary of Papers	STA	☑				
SP013	RCTA 10 RCTA 11 RCTA 12 RCTA 6 RCTA 7 RCTA 8 RCTA 9	ATCM Working Group 1 Schedule, Annotated Agenda and Summary of Papers	STA	☑				
SP014 rev.2	RCTA 13 RCTA 14 RCTA 15 RCTA 15a RCTA 16 RCTA 17	ATCM Working Group 2 Schedule, Annotated Agenda and Summary of Papers	STA	☑				

3. Liste des participants

3. Liste des participants

Parties consultatives			

Partie	Titre	Nom	Poste
Afrique du Sud	M.	Abader, Moegamat Ishaam	Représentant du CPE
Afrique du Sud	M.	Bapela, Sonnyboy	Représentant du CPE
Afrique du Sud	Mme	Brammer, Romi	Conseillère
Afrique du Sud	M.	Dopolo, Mbulelo	Représentant du CPE
Afrique du Sud	D^r	Mphepya, Jonas	Chef de délégation
Afrique du Sud	Mme	Pretorius, Hester	Déléguée
Afrique du Sud	D^r	Siko, Gilbert	Conseiller
Afrique du Sud	M.	Skinner, Richard	Conseiller
Allemagne	M.	Duebner, Walter	Délégué
Allemagne	Prof. D^r	Gaedicke, Christoph	Délégué
Allemagne	D^r	Hain, Stefan	Délégué
Allemagne	D^r	Herata, Heike	Représentante du CPE
Allemagne	Mme	Heyn, Andrea	Déléguée
Allemagne	D^r	Lassig, Rainer	Chef de délégation
Allemagne	D^r	Läufer, Andreas	Délégué
Allemagne	M.	Liebschner, Alexander	Délégué
Allemagne	D^r	Nixdorf, Uwe	Délégué
Allemagne	Mme	Reppe, Silvia	Déléguée
Argentine	Secr.	Barreto, Juan	Délégué
Argentine	Mme	Capurro, Andrea	Déléguée
Argentine	Secr.	Cortelletti, Juan Manuel	Délégué
Argentine	Secr.	D'onofrio, María Guillermina	Déléguée
Argentine	Min.	Gowland, Máximo	Chef de délégation
Argentine	Amb.	Guelar, Diego Ramiro	Délégué
Argentine	M.	Humarán, Adolfo Ernesto	Conseiller
Argentine	Amb.	Kralikas, María Teresa	Chef de délégation
Argentine	Min.	Millicay, Fernanda	Suppléante
Argentine	M.	Musso Soler, Carlos Claudio	Conseiller
Argentine	L.	Ortúzar, Patricia	Représentante du CPE
Argentine	M.	Sánchez, Rodolfo	Délégué
Argentine	Secr.	Sartor, Jorge	Délégué
Argentine	L.	Vereda, Marisol	Conseillère
Argentine	M.	Videla, Enrique	Conseiller
Australie	Mme	Buttermore, Erin	Déléguée
Australie	M.	Clark, Charlton	Suppléant
Australie	Mme	Cooper, Katrina	Chef de délégation
Australie	Mme	Crosbie, Sophie	Déléguée
Australie	D^r	Fenton, Gwen	Déléguée
Australie	M.	Gales, Nicholas	Conseiller
Australie	M.	Googan, Michael	Délégué
Australie	D^r	Kiessling, Ilse	Déléguée
Australie	Mme	Kingston, Melissa	Déléguée
Australie	Mme	Lewis, Alicia	Déléguée
Australie	Mme	Mason, Jennifer	Déléguée
Australie	M.	McIvor, Ewan	Délégué
Australie	Prof.	Rayfuse, Rosemary	Conseillère

	Parties consultatives		
Partie	**Titre**	**Nom**	**Poste**
Australie	Prof.	Stephens, Timothy	Conseiller
Australie	D^r	Tracey, Phillip	Représentant du CPE
Australie	M.	Westcombe, Alexander	Délégué
Belgique	M.	André, François	Représentant du CPE
Belgique	Directeur	Touzani, Rachid	Délégué
Belgique	Mme	Vancauwenberghe, Maaike	Déléguée
Belgique	Directeur	Vanden Bilcke, Christian	Chef de délégation
Belgique	Mme	Wilmotte, Annick	Conseillère
Brésil	M.	Batista De Melo, Renato	Suppléant
Brésil	Expert	Chiarelli V. de Azevedo, Paulo José	Chef de délégation
Brésil	M.	Da Costa Pereira Junior, Eduardo	Conseiller
Brésil	M.	Gaspar Fernandes, Ronald Alexandre	Conseiller
Brésil	M.	Leite, Marcio Renato	Conseiller
Brésil	M.	Pazeto, Flavio	Conseiller
Bulgarie	M.	Chakarov, Danail	Chef de délégation
Bulgarie	Prof.	Kuchev, Yuriy	Conseiller
Bulgarie	M.	Mateev, Dragomir	Représentant du CPE
Bulgarie	Mme	Petrova, Elena	Conseillère
Bulgarie	Prof.	Pimpirev, Christo	Suppléant
Bulgarie	Amb.	Porozhanov, Grigor	Suppléant
Bulgarie	Mme	Raycheva, Sasha	Déléguée
Chili	Amb.	Berguño, Francisco	Chef de délégation
Chili	M.	Figueroa, Miguel	Conseiller
Chili	M.	Gamboa, César	Conseiller
Chili	M.	Gonzalez, Gustavo	Délégué
Chili	M.	Heine, Jorge	Délégué
Chili	M.	Leppe, Marcelo	Conseiller
Chili	Colonel	Marchessi Acuña, Rodrigo	Conseiller
Chili	M.	Mendez Olave, Julio	Suppléant
Chili	D^r	Retamales, José	Suppléant
Chili	M.	Sepulveda, Victor	Conseiller
Chili	M.	Silva, Manuel	Conseiller
Chili	M.	Vega, Edgardo	Conseiller
Chili	M.	Velásquez, Ricardo	Délégué
Chine	M.	Ao, Shan	Délégué
Chine	Mme	Bai, Jiayu	Conseillère
Chine	Mme	Chen, Danhong	Déléguée
Chine	M.	Chen, Jianzhong	Délégué
Chine	Mme	Chen, Yue	Déléguée
Chine	M.	Ding, Huang	Conseiller
Chine	M.	Dong, Yue	Conseiller
Chine	Mme	Fang, Lijun	Déléguée
Chine	Mme	Fu, Sha	Déléguée
Chine	M.	Gao, Zhiguo	Conseiller
Chine	M.	Gou, Haibo	Délégué
Chine	Mme	Lan, Hua	Conseillère
Chine	M.	Li, Hanyu	Délégué
Chine	Mme	Lin, Dan	Déléguée
Chine	M.	Lin, Shanqing	Suppléant
Chine	M.	Liu, Yang	Délégué

Parties consultatives			
Partie	**Titre**	**Nom**	**Poste**
Chine	M.	Liu, Zhenmin	Président de la RCTA
Chine	Mme	Liu, Ying	Déléguée
Chine	M.	Long, Wei	Délégué
Chine	Prof.	Lu, Zhibo	Conseiller
Chine	M.	Ma, Xinmin	Délégué
Chine	M.	Mu, Zhilin	Délégué
Chine	M.	Qin, Weijia	Représentant du CPE
Chine	M.	Shao, Yong	Délégué
Chine	M.	Sun, Shengzhi	Délégué
Chine	M.	Xia, Liping	Conseiller
Chine	M.	Xu, Hong	Suppléant
Chine	M.	Yang, Jian	Conseiller
Chine	Mme	Yang, Fan	Déléguée
Chine	M.	Zhai, Yong	Délégué
Chine	Mme	Zheng, Yingqin	Conseillère
Corée (République de Corée)	M.	Cho, Minjun	Délégué
Corée (République de Corée)	M.	Cho, Namdeuk	Délégué
Corée (République de Corée)	Mme	Choi, Song A	Délégué
Corée (République de Corée)	D^r	Kim, Ji Hee	Représentant du CPE
Corée (République de Corée)	Mme	Kim, Min-Sun	Déléguée
Corée (République de Corée)	D^r	Kim, Jeong Hoon	Délégué
Corée (République de Corée)	D^r	Seo, Wonsang	Délégué
Corée (République de Corée)	D^r	Shin, Hyoung Chul	Délégué
Corée (République de Corée)	M.	Song, Kwan-Sung	Délégué
Corée (République de Corée)	M.	Yoon, Ho Il	Délégué
Corée (République de Corée)	M.	Yun, Sang Hun	Délégué
Corée (République de Corée)	M.	Ri, Chol Ho	Chef de délégation
Corée (République de Corée)	M.	Ri, Kum Song	Délégué
Équateur	Amb.	Baus Palacios, Mauricio Efrain	Chef de délégation
Équateur	Capt.	Proaño, Juan	Conseiller
Équateur	Mme	Rochina, Marcia	Déléguée
Espagne	M.	Aguilera, Francisco	Suppléant
Espagne	M.	Catalan, Manuel	Suppléant
Espagne	M.	López, Jerónimo	Conseiller
Espagne	M.	Muñoz de Laborde Bardin, Juan Luis	Chef de délégation
Espagne	M.	Ojeda, Miguel Angel	Conseiller
Espagne	D^r	Quesada, Antonio	Délégué
Espagne	Mme	Ramos, Sonia	Déléguée

Parties consultatives			
Partie	**Titre**	**Nom**	**Poste**
États-Unis d'Amérique	D^r	Bergmann, Trisha	Déléguée
États-Unis d'Amérique	M.	Bloom, Evan T.	Chef de délégation
États-Unis d'Amérique	M.	Edwards, David	Délégué
États-Unis d'Amérique	D^r	Falkner, Kelly	Déléguée
États-Unis d'Amérique	M.	Ganser, Peter	Suppléant
États-Unis d'Amérique	M.	Kill, Theodore P.	Délégué
États-Unis d'Amérique	Mme	Knuth, Margaret	Déléguée
États-Unis d'Amérique	D^r	McGinn, Nature	Déléguée
États-Unis d'Amérique	D^r	Penhale, Polly A.	Représentante du CPE
États-Unis d'Amérique	M.	Rudolph, Lawrence	Délégué
États-Unis d'Amérique	M.	Titmus, Andrew	Délégué
Fédération de Russie	Mme	Chernysheva, Larisa	Déléguée
Fédération de Russie	M.	Lukin, Valerii	Représentant du CPE
Fédération de Russie	M.	Pomelov, Victor	Délégué
Fédération de Russie	M.	Tarasenko, Sergey	Délégué
Fédération de Russie	M.	Timokhin, Konstantin	Délégué
Fédération de Russie	M.	Titushkin, Vasily	Chef de délégation
Fédération de Russie	M.	Tsaturov, Iury	Délégué
Finlande	Mme	Lahti, Johanna	Déléguée
Finlande	Mme	Mähönen, Outi	Représentante du CPE
Finlande	Mme	Valjento, Liisa	Chef de délégation
Finlande	M.	Valtonen, Veli Pekka	Conseiller
France	Mme	Bellemere, Olivia	Suppléante
France	D^r	Frenot, Yves	Représentant du CPE
France	Mme	Guillemain, Anne	Déléguée
France	M.	Lebouvier, Marc	Représentant du CPE
France	M.	Olivier, Guyonvarch	Conseiller
France	M.	Ortolland, Didier	Chef de délégation
Inde	M.	Jayakumar, Rocheus S.	Délégué
Inde	Mme	John, David Thelma	Chef de délégation
Inde	D^r	Ravichandran, Muthalagu	Chef de délégation
Italie	D^r	Fioretti, Anna	Déléguée
Italie	Ing.	Mecozzi, Roberta	Déléguée
Italie	Expert	Sgrò, Eugenio	Chef de délégation
Italie	D^r	Torcini, Sandro	Représentant du CPE
Japon	M.	Hokari, Toshiyuki	Suppléant
Japon	Mme	Nakano, Akiko	Représentante du CPE
Japon	Prof.	Shiraishi, Kazuyuki	Délégué
Japon	Officier	Takehara, Mari	Suppléant
Japon	Premier suppléant	Tanaka, Kenichiro	Chef de délégation
Japon	Prof.	Watanabe, Kentaro	Délégué
Kazakhstan	M.	Daulet, Sharipov	Délégué
Kazakhstan	M.	Mukushev, Murat	Chef de délégation
Norvège	Mme	Abrahamsen, Sunniva Helen	Conseillère
Norvège	M.	Breidal, Ola	Conseiller
Norvège	M.	Fliflet, Jon Gudbrand	Délégué

Parties consultatives			
Partie	**Titre**	**Nom**	**Poste**
Norvège	M.	Gabrielsen, Trond	Délégué
Norvège	M.	Guldahl, John Erik	Conseiller
Norvège	M.	Halvorsen, Svein Tore	Délégué
Norvège	Mme	Heggelund, Kristin	Déléguée
Norvège	Mme	Høgestøl, Astrid Charlotte	Déléguée
Norvège	Mme	Johansen, Therese	Déléguée
Norvège	Mme	Krutnes, Anniken Ramberg	Chef de délégation
Norvège	Mme	Njaastad, Birgit	Représentante du CPE
Norvège	Mme	Strengehagen, Mette	Suppléante
Norvège	D^r	Winther, Jan-Gunnar	Délégué
Nouvelle-Zélande	M.	Beggs, Peter	Conseiller
Nouvelle-Zélande	D^r	Gilbert, Neil	Conseiller
Nouvelle-Zélande	Mme	Laurenson, Amy	Chef de délégation
Nouvelle-Zélande	D^r	Morgan, Fraser	Conseiller
Nouvelle-Zélande	Mme	Newman, Jana	Représentante du CPE
Nouvelle-Zélande	Mme	Stent, Danica	Conseillère
Nouvelle-Zélande	M.	Townend, Andrew	Conseiller
Nouvelle-Zélande	M.	Trotter, Simon	Conseiller
Nouvelle-Zélande	Mme	Wilkinson, Kelsie	Conseillère
Nouvelle-Zélande	M.	Wilson, Gary	Conseiller
Pays-Bas	D^r	Badhe, Renuka	Conseillère
Pays-Bas	Prof. D^r	Bastmeijer, Kees	Conseiller
Pays-Bas	M.	Breukel, Sebastiaan	Conseiller
Pays-Bas	D^r	Eijs, Arthur	Représentant du CPE
Pays-Bas	Mme	Elstgeest, Marlynda	Conseillère
Pays-Bas	D^r	Kroef, van der, Dick A.	Conseiller
Pays-Bas	Prof. D^r	Lefeber, René J.M.	Chef de délégation
Pays-Bas	M.	Peijs, Martijn	Conseiller
Pays-Bas	M.	Splinter, Jorden	Conseiller
Pays-Bas	M.	Van Bracht, Gerard	Conseiller
Pérou	Mme	Bello Chirinos, Cinthya	Déléguée
Pérou	M.	Capunay, Juan Carlos	Chef de délégation
Pérou	M.	Casafranca, Jaime	Délégué
Pérou	M.	Celis, David	Délégué
Pérou	M.	Vargas Murillo, Ignacio Alejandro	Délégué
Pologne	D^r	Bialik, Robert	Suppléant
Pologne	M.	Dajda, Aleksander	Délégué
Pologne	M.	Jakukowicz, Tomasz	Délégué
Pologne	D^r	Kidawa, Anna	Déléguée
Pologne	Mme	Krawczyk-Grzesiowska, Joanna	Déléguée
Pologne	Prof.	Lewandowski, Marek	Délégué
Pologne	D^r	Marciniak, Konrad	Chef de délégation
Pologne	Prof.	Szumowski, Lukasz	Délégué
République tchèque	Mme	Filippiova, Martina	Suppléante
République tchèque	D^r	Nyvlt, Daniel	Conseiller
République tchèque	D^r	Smolek, Martin	Chef de délégation
République tchèque	D^r	Štěpánek, Přemysl	Représentant du CPE
République tchèque	D^r	Válek, Petr	Suppléant
République tchèque	M.	Venera, Zdenek	Représentant du CPE
Royaume-Uni	Mme	Clarke, Rachel	Déléguée

Parties consultatives			
Partie	**Titre**	**Nom**	**Poste**
Royaume-Uni	M.	Doubleday, Stuart	Représentant du CPE
Royaume-Uni	M.	Downie, Rod	Délégué
Royaume-Uni	Prof.	Francis, Jane	Déléguée
Royaume-Uni	M.	Garrod, Simon	Délégué
Royaume-Uni	Mme	Griffiths, Lowri	Déléguée
Royaume-Uni	M.	Howes, James (Jamie)	Délégué
Royaume-Uni	D^r	Hughes, Kevin	Délégué
Royaume-Uni	Mme	Rumble, Jane	Chef de délégation
Royaume-Uni	Capt.	Stockings, Tim	Délégué
Suède	D^r	Carman, Rolf	Chef de délégation
Suède	D^r	Johnsson, Mats	Conseiller
Suède	D^r	Bergkvist, Maud	Conseiller
Suède	D^r	Selberg, Pia Cecilia	Conseillère
Ukraine	M.	Cheberkus, Dmytro	Chef de délégation
Ukraine	M.	Fedchuk, Andrii	Délégué
Ukraine	Mme	Mykhalchenkova, Olena	Déléguée
Ukraine	M.	Rozhdestvenskyi, Artem	Délégué
Ukraine	Mme	Savchenko, Valeriia	Déléguée
Uruguay	Contre-amiral	Nuñez, Daniel	Suppléant
Uruguay	Mme	Casavalle Bonilla, Agustina	Déléguée
Uruguay	Mme	Caula, Nicole	Représentante du CPE
Uruguay	M.	Lluberas, Albert	Délégué
Uruguay	Amb.	Lugris , Fernando	Chef de délégation
Uruguay	Mme	Silva Garcia, Laura Elena	Déléguée
Uruguay	M.	Torres Gutierrez, Miguel Angel	Délégué

Parties non consultatives			
Partie	**Titre**	**Nom**	**Poste**
Bélarus	D^r	Gaidashov, Aleksei	Chef de délégation
Bélarus	D^r	Kakareka, Sergey	Délégué
Bélarus	M.	Pilshchikov, Igor	Délégué
Bélarus	M.	Vergeichik, Sergei	Délégué
Canada	Mme	File, Susan	Conseillère
Canada	M.	Scott, David	Suppléant
Canada	M.	Taillefer, David	Chef de délégation
Canada	Mme	Wark, Jutta	Conseillère
Colombie	M.	Diaz Sanchez, Christian Michael	Conseiller
Colombie	M.	Mesa Salazar, Daniel	Conseiller
Colombie	M.	Molano, Mauricio	Conseiller
Colombie	M.	Montenegro Coral, Ricardo	Chef de délégation
Colombie	M.	Rueda García, Oscar Orlando	Délégué
Colombie	M.	Torres Parra, Rafael Ricardo	Conseiller
Danemark	Mme	Steenberg, Eva	Chef de délégation
Islande	M.	Ragnarsson, Tómas Orri	Chef de délégation
Malaisie	M.	Abd Rahman, Mohd Nasaruddin	Délégué
Malaisie	M.	Adinan, Norazizi	Délégué
Malaisie	Mme	Kassim, Syarina	Déléguée
Malaisie	M.	Kua, Abun	Chef de délégation
Malaisie	D^r	Mohd Nor, Salleh	Délégué

Parties non consultatives			
Partie	**Titre**	**Nom**	**Poste**
Malaisie	Prof.	Mohd Shah, Rohani	Conseiller
Malaisie	Mme	Shuib, Nor Azimah	Déléguée
Monaco	D^r	Le Bohec, Céline	Chef de délégation
Pakistan	M.	Abbas, Shozab	Conseiller
Portugal	D^r	Baptista, Alexandra	Déléguée
Portugal	D^r	Espada, Maria De Jesus	Déléguée
Portugal	Amb.	Pereira, Jorge Torres	Délégué
Portugal	D^r	Xavier, José Carlos Caetano	Chef de délégation
République slovaque	S.E. M.	Bella, Dušan	Représentant du CPE
République slovaque	M.	Gajdoš, Lukáš	Suppléant
Roumanie	M.	Lupeanu, Adrian-Daniel	Suppléant
Roumanie	Mme	Sascau, Giorgiana	Déléguée
Roumanie	D^r	Sidoroff, Manuela Elisabeta	Chef de délégation
Roumanie	D^r	Toparceanu, Florica	Déléguée
Roumanie	Mme	Tusa, Iris Maria	Déléguée
Suisse	M.	Krebs, Martin	Délégué
Turquie	Mme	Bayar, Eda	Conseillère
Turquie	M.	Durak, Onur Sabri	Conseiller
Turquie	M.	Oktar, Ozgun	Conseiller
Turquie	M.	Önder, Ali Murat	Conseiller
Turquie	D^r	Ozalp, Egemen	Délégué
Turquie	M.	Ozdem, Mustafa Ilker	Délégué
Turquie	Prof. adj.	Özsoy Çiçek, Burcu	Conseiller
Turquie	M.	Şahinkaya, Ibrahim Cem	Conseiller
Turquie	Mme	Unal, Eda	Conseillère
Turquie	Mme	Unal, Elife	Chef de délégation
Turquie	M.	Uykur, Teoman	Conseiller
Venezuela	M.	Bardinet, Mauricio	Conseiller
Venezuela	Capt.	Carlos , Castellanos	Délégué
Venezuela	L.	Quintero, Juan Pablo	Délégué
Venezuela	D^r	Sira, Eloy	Chef de délégation
Venezuela	Mme	Yao, Tongyu	Employée

Observateurs, Experts et invités			
Partie	**Titre**	**Nom**	**Poste**
ASOC	Mme	Arthur, Lindsay	Conseiller
ASOC	Mme	Bai, Yunwen	Conseillère
ASOC	D^r	Brooks, Cassandra	Conseillère
ASOC	M.	Chen, Jiliang	Conseiller
ASOC	Mme	Christian, Claire	Chef de délégation
ASOC	M.	Dolan, Ryan	Conseiller
ASOC	Mme	He, Liu	Conseillère
ASOC	Mme	Kavanagh, Andrea	Conseillère
ASOC	Mme	Lau, Winnie	Conseillère
ASOC	M.	Li, Shuo	Conseiller
ASOC	M.	Liu, Nengye	Conseiller
ASOC	D^r	O'reilly, Jessica	Conseillère
ASOC	D^r	Roura, Ricardo	Conseiller

Observateurs, Experts et invités			
Partie	**Titre**	**Nom**	**Poste**
ASOC	M.	Tamm-Buckle, Sune	Conseiller
ASOC	M.	Walker, Mike	Conseiller
ASOC	M.	Werner Kinkelin, Rodolfo	Conseiller
ASOC	Mme	Xue, Guifang	Conseillère
ASOC	Mme	Xue, Yi	Conseillère
ASOC	Mme	Yao, Songqiao	Conseillère
CCAMLR	D^r	Belchier, Mark	Représentant du CPE
CCAMLR	M.	Wright, Andrew	Chef de délégation
COMNAP	Mme	Colombo, Andrea	Délégué
COMNAP	Mme	Rogan-Finnemore, Michelle	Chef de délégation
FIPOL	M.	Liebert, Thomas Alain	Suppléant
FIPOL	M.	Maura, José	Chef de délégation
IAATO	D^r	Crosbie, Kim	Chef de délégation
IAATO	Mme	Hohn-Bowen, Ute	Conseillère
IAATO	Mme	Kelley, Lisa	Suppléante
IAATO	M.	Li, Zhenyu	Conseiller
IAATO	M.	Liu, Fubin	Conseiller
IAATO	Mme	Lynnes, Amanda	Représentante du CPE
IAATO	M.	Rootes, David	Conseiller
IAATO	Mme	Schillat, Monika	Conseillère
IAATO	D^r	Stanwell-Smith, Damon	Conseiller
IAATO	Mme	Yuan, Ru	Conseillère
IGP&I Clubs	D^r	Wu, Chao	Chef de délégation
OACI	M.	Ha, Huho	Délégué
OHI	M.	Ward, Robert	Chef de délégation
OMI	M.	De Boer, Jan Engel	Chef de délégation
OMM	M.	Charpentier, Etienne	Délégué
OMM	D^r	Sparrow, Mike	Chef de délégation
SCAR	D^r	Baeseman, Jenny	Chef de délégation
SCAR	Prof.	Chown, Steven L.	Chef de délégation
SCAR	Prof.	Karentz, Deneb	Délégué
SCAR	Prof.	Naish, Timothy	Délégué
SCAR	D^r	Terauds, Aleksandrs	Représentant du CPE

Secrétariat du pays hôte			
Partie	**Titre**	**Nom**	**Poste**
Secrétariat du pays hôte	Mme	Guo, Xiaomei	Secrétaire exécutif HC
Secrétariat du pays hôte	M.	Hai, Qian	Membre du personnel
Secrétariat du pays hôte	M.	Jing, Li	Membre du personnel
Secrétariat du pays hôte	Mme	Qiaoping, Lyu	Membre du personnel
Secrétariat du pays hôte	Mme	Xiaofei, Sun	Membre du personnel
Secrétariat du pays hôte	Mme	Yang, Xiaoning	Membre du personnel
Secrétariat du pays hôte	M.	Yeqing, Zou	Membre du personnel

Secrétariat du Traité sur l'Antarctique			
Partie	**Titre**	**Nom**	**Poste**
STA	M.	Acero, José Maria	Suppléant
STA	M.	Agraz, José Luis	Membre du personnel
STA	Mme	Balok, Anna	Membre du personnel
STA	Mme	Dahl, Justiina Miina Ilona	Membre du personnel
STA	Mme	Dahood-Fritz, Adrian	Membre du personnel
STA	M.	Davies, Paul Ronald	Membre du personnel
STA	Mme	Erceg, Diane	Membre du personnel
STA	M.	González Vaillant, Joaquín	Membre du personnel
STA	Mme	Hodgson-Johnston, Indiah	Membre du personnel
STA	M.	Hokkanen, Eero Juhani	Membre du personnel
STA	M.	Joblin, Scott Grant	Membre du personnel
STA	Mme	Nielsen, Hanne Elliot Fonss	Membre du personnel
STA	M.	Phillips, Andrew	Membre du personnel
STA	Mme	Portella Sampaio, Daniela	Membre du personnel
STA	D^r	Reinke, Manfred	Chef de délégation
STA	M.	Wainschenker, Pablo	Membre du personnel
STA	Prof.	Walton, David Winston Harris	Membre du personnel
STA	M.	Wydler, Diego	Membre du personnel
Traduction et interprétation	Mme	Alal, Cecilia Viviana	Chef de délégation
Traduction et interprétation	Mme	Ávila, Patricia Evelin	Membre du personnel
Traduction et interprétation	Mme	Bachelier, Karine Lydie Alice	Membre du personnel
Traduction et interprétation	Mme	Bouladon, Sabine	Membre du personnel
Traduction et interprétation	Mme	Christopher, Vera	Membre du personnel
Traduction et interprétation	Mme	Cook, Elena	Membre du personnel
Traduction et interprétation	Mme	Coussaert, Joelle Rose	Membre du personnel
Traduction et interprétation	M.	Falaleyev, Andrei Gerkurievich	Membre du personnel
Traduction et interprétation	Mme	Garteiser, Claire	Membre du personnel
Traduction et interprétation	Mme	González García, Erika	Membre du

Secrétariat du Traité sur l'Antarctique			
Partie	**Titre**	**Nom**	**Poste**
			personnel
Traduction et interprétation	Mᵐᵉ	Hale, Sandra Beatriz	Membre du personnel
Traduction et interprétation	Mᵐᵉ	Kasimova, Zouchra Aikaterini	Membre du personnel
Traduction et interprétation	Mᵐᵉ	Malofeeva, Elena	Membre du personnel
Traduction et interprétation	Mᵐᵉ	Martínez, Silvia Renee	Membre du personnel
Traduction et interprétation	Mᵐᵉ	Mullova, Ludmila Dietrich	Membre du personnel
Traduction et interprétation	M.	Orlando, Marc	Membre du personnel
Traduction et interprétation	M.	Salvadori, Claudio Ezequiel	Membre du personnel
Traduction et interprétation	Mᵐᵉ	Speziali, Maria Laura	Membre du personnel
Traduction et interprétation	M.	Tanguy, Philippe Josue Samuel	Membre du personnel
Traduction et interprétation	Mᵐᵉ	Vignal, Edith	Membre du personnel

www.ingramcontent.com/pod-product-compliance
Lightning Source LLC
Chambersburg PA
CBHW051402200326
41520CB00024B/7467